T0130033

Schlüsselkompetenzen: Qualifikationen für Studium und Beruf

Herausgegeben von Vera Nünning

Mit Abbildungen und Graphiken

Verlag J.B. Metzler Stuttgart · Weimar

Die Herausgeberin

Vera Nünning, geb. 1961, ist Professorin für Englische Philologie und Prorektorin für Internationale Beziehungen an der Universität Heidelberg; Forschungsschwerpunkte und Veröffentlichungen: englische Literatur von der Renaissance bis zur Gegenwart, kulturwissenschaftliche Ansätze in der Literaturwissenschaft, Kulturgeschichte. Bei J.B. Metzler ist erschienen:»Einführung in die Kulturwissenschaften«, 2. Auflage 2008 (Mitherausgeberin),»Erzähltextanalyse und Gender Studies, 2004 (Mitherausgeberin).

Bibliografische Information Der Deutschen Nationalbibliothek
Die Deutsche Nationalbibliothek verzeichnet diese Publikation in der Deutschen Nationalbibliografie; detaillierte bibliografische Daten sind im Internet über < http://dnb.d-nb.de > abrufbar.

ISBN 978-3-476-02242-4
ISBN 978-3-476-05226-1 (eBook)
DOI 10.1007/978-3-476-05226-1

© 2008 Springer-Verlag GmbH Deutschland
Ursprünglich erschienen bei J.B. Metzler'sche Verlagsbuchhandlung
und Carl Ernst Poeschel Verlag GmbH in Stuttgart 2008

www.metzlerverlag.de
info@metzlerverlag.de

Vorwort

Schlüsselkompetenzen bzw. ›allgemeine berufsqualifizierende Kompetenzen‹ haben seit einiger Zeit Hochkonjunktur. Schenkt man Stellenanzeigen und Umfragen unter Personalchefs Glauben, dann ist die Bedeutung von ›Schlüsselqualifikationen‹, ›Schlüsselkompetenzen‹ und ›*soft skills*‹ für den Erfolg in Studium und Beruf kaum zu überschätzen. Besonders deutlich lässt sich der gestiegene Stellenwert von Schlüsselkompetenzen an den neuen BA- und MA-Studiengängen ablesen. Waren die bisherigen Studiengänge primär an einem Kanon von Inhalten, Fachwissen und Themen ausgerichtet, so orientiert sich die Konzeption der neuen BA- und MA-Studiengänge an den sogenannten *learning outcomes*, d.h. an der Frage, welche Kompetenzen Studierende durch das Studium erwerben.

Die Bedeutung von Schlüsselkompetenzen ist daher mittlerweile hinlänglich bekannt und es besteht Einigkeit darüber, dass ein breites Spektrum von Kompetenzen sowohl für das Studium als auch für einen erfolgreichen Berufseinstieg erforderlich ist. Weniger bekannt ist hingegen, welche Kompetenzen dies im Einzelnen sind und wie die erworbenen Qualifikationen bei Bewerbungen angemessen präsentiert werden können. Bislang unbeachtet ist vor allem die Einsicht, dass das Studium selbst zum Erwerb von Schlüsselqualifikationen genutzt werden kann. Wer umsichtig studiert und die gestellten Aufgaben klug bearbeitet, wird nicht nur mit den entsprechenden ›Scheinen‹ und erfolgreich absolvierten Examina belohnt, sondern auch mit der Aneignung von Schlüsselkompetenzen. Voraussetzung für ein solch effizientes Studium ist jedoch zum einen ein Bewusstsein davon, welche Qualifikationen man erwerben kann und sollte, und zum anderen eine knappe Einführung in die Grundlagen dieser Kompetenzen und die jeweiligen Arbeitsschritte und Prozesse, die sie kennzeichnen.

Beides möchte der vorliegende Band bereitstellen. Er verfolgt deshalb ein doppeltes Ziel: Zum einen möchte er einen kompakten Überblick geben über die wichtigsten Schlüsselkompetenzen, die für ein erfolgreiches Studium notwendig sind und die sich Studierende während ihres Studiums aneignen können. Zum anderen möchte er Studierenden ein Bewusstsein für ihre eigenen Qualifikationen und Kompetenzen vermitteln. Die nachfolgenden Kapitel behandeln daher alle wichtigen Schlüsselkompetenzen, die für ein gelungenes Studium ebenso erforderlich sind wie für einen vielversprechenden Einstieg in das Berufsleben. Die Beiträge setzen sich jeweils zum Ziel, die wichtigsten Qualifikationen in anschaulicher und übersichtlicher Form darzustellen, verständlich und zuverlässig das relevante Überblickswissen zu vermitteln sowie praxisorientierte Hinweise und Tipps zur selbständigen Entwicklung von Schlüsselqualifikationen zu geben. Auf diese Weise möchte dieser Band Studierenden nicht nur eine zielgerichtete Vorbereitung auf Lehrveranstaltungen und Prüfungen ermöglichen, sondern ihnen auch den Einstieg in das Berufsleben erleichtern.

Zum Gelingen dieses Bandes haben viele beigetragen, und es ist mir eine Freude, den Beteiligten herzlich dafür zu danken. An erster Stelle sind hier natürlich die Beiträgerinnen und Beiträger zu nennen, die sich bei der Struktur der Kapitel dankenswerterweise an der Konzeption des Bandes orientiert haben. Ohne deren Einhalten recht knapper Deadlines auf der einen, und deren Geduld sowie die Bereitschaft, rasch auf Rückfragen und Vorschläge zu reagieren, auf der anderen Seite wäre das termingerechte Erscheinen dieses Bandes nicht möglich gewesen.

Sehr wertvolle – und unerwartete – Hilfe bekam ich von der besten aller Lektor/innen, Frau Ute Hechtfischer, die kurzerhand selbst die erste Redigierung der Beiträge übernahm, als ich krankheitshalber eine Zeit lang außer Gefecht gesetzt war. Nicht nur hat sie diese Aufgabe ›auf Dauer‹ ausgeübt, sie hat zudem mit liebenswürdiger Beharrlichkeit darauf gedrängt, dass die Vorgaben des Verlags bezüglich der Gestaltung etwa von ›Definitionen‹ und ›Tipps‹ eingehalten und der Band für junge Studierende lesefreundlich eingerichtet wurde. Dies ging u. a. mit höheren Anforderungen an die Korrespondenz mit den Beiträgern einher; eine der Aufgaben, die meine Mitarbeiterin Stefanie Schäfer im Rahmen der Koordination des Buchprojekts mit viel Engagement und großer Liebenswürdigkeit übernommen hat. Eine Stefanie Schäfer kommt selten allein, und so möchte ich zusätzlich Frau Stefanie Schäfer (meiner studentischen Hilfskraft) danken, die mit unerschöpflicher Geduld und großer Sorgfalt die formalen Vorgaben umgesetzt und – immer wieder – letzte redaktionelle Änderungen eingegeben hat. Der größte Dank gebührt jedoch meinem Mann Ansgar, ohne den es nicht nur diesen Band nicht gäbe.

Heidelberg, im Mai 2008   Vera Nünning

Inhaltsverzeichnis

Vorwort V

1. Einleitung: Qualifikationen für Studium und Beruf 1
1.1 Bedeutung von Schlüsselkompetenzen und Zielsetzung des Bandes 1
1.2 Literatur zum Erwerb von Schlüsselkompetenzen 3
1.3 Zur Klärung der Begriffe ›Schlüsselkompetenzen‹,
    ›Schlüsselqualifikationen‹ und ›soft skills‹ 5
1.4 Arten von Schlüsselkompetenzen 7
1.5 Schlüsselkompetenzen durch das Studium ausbilden
    und weiterentwickeln 9
1.6 Könnensbewusstsein und Kompetenzprofile: Schlüssel-
    kompetenzen für den Berufseinstieg überzeugend präsentieren 12

2. Zeitmanagement 20
2.1 Zeitmanagement im Studium 20
2.2 Zustandsanalyse 21
2.3 Zielsetzung 24
2.4 Prioritäten 26
2.5 Zeitplanung 27
2.6 Pausen 30
2.7 Ergebniskontrolle 31
2.8 Hinweise und Empfehlungen 31

3. Projektmanagement 33
3.1 Der Prüfstein ›Projektmanagement‹ 33
3.2 Was ist ein Projekt? 34
3.3 Was ist Projektmanagement? 35
3.4 Grundformen und -werkzeuge des Projektmanagements 37
3.5 Wozu Projektmanagement? 42
3.6 Die neun Wissensgebiete des Projektmanagements 46

4. Recherchieren 49
4.1 Wie finde ich aktuelle, spezifische und relevante Literatur? 49
4.2 Welche Vorgehensweisen lassen sich unterscheiden? 49
4.3 Wie gehe ich mit neuen Medien um? 53
4.4 Umgang mit Forschungsliteratur und Wissensmanagement 59
4.5 Datenverwaltung und Sicherung 61

5. Begriffsbildung 64
5.1 Warum brauchen wir Begriffe? 64
5.2 Elemente des Begriffs 67
5.3 Begriffsbestimmung 72
5.4 Begriffsrekonstruktion 76

6.   Analysieren, Strukturieren, Argumentieren **78**
6.1   Einleitende Überlegungen 78
6.2   Analysieren 79
6.3   Strukturieren 82
6.4   Argumentieren 88

7.   Textsortenkompetenzen **91**
7.1   Einleitung: Zur Bedeutung von Textsortenkompetenzen 91
7.2   Begriffsklärungen: Text – Textsorten – Kompetenzen 92
7.3   Praxis I: Wichtige Textsorten im Studium und im Beruf 96
7.4   Praxis II: Tipps zur Schulung der Textsortenkompetenzen 100
7.5   Schreiben im Beruf: Zum Nutzen und zur Kulturspezifik
       von Textsortenkompetenzen 102

8.   Wissenschaftliches Schreiben **105**
8.1   Arbeitsorganisation und Themenfindung 105
8.2   Umgang mit Forschungsliteratur 108
8.3   Strukturieren 110
8.4   Einleitung und Schluss 116
8.5   Tipps gegen Schreibblockaden 119

9.   Prüfungsvorbereitung **123**
9.1   Aktives Lernen 123
9.2   Arbeitsorganisation 124
9.3   Wissen aufnehmen 126
9.4   Wissen verankern 128
9.5   Wissen speichern 132
9.6   Klausuren schreiben 134
9.7   Die mündliche Prüfung 137

10.   Lern- und Memorierungstechniken **140**
10.1   Lernbedingungen und das Gedächtnis 140
10.2   Lerntypen und ihre Verhaltensweisen 145
10.3   Aktives Lernen 148

11.   Rhetorik und Vortragstechniken **150**
11.1   Schlüsselkompetenzen Rhetorik und Vortragstechniken 150
11.2   Themenpräzisierung – Publikum und Ziele im Blick 152
11.3   Strukturierung und Gliederung des Vortrags 154
11.4   Formulierung des Vortrags 156
11.5   Vorbereitung des Vortrags 159
11.6   Vortragen 161

12.   Medien-, Präsentations- und Visualisierungskompetenzen   164
12.1   Einführung: Gründe für den Einsatz visueller Medien
       in Präsentationen 164
12.2   Zeitmanagement bei Präsentationen 165

12.3	Kontextanalyse	167
12.4	Visuelle Medien: Vor- und Nachteile	168
12.5	Präsentationssoftware	170
12.6	Abbildungen	174
12.7	Nonverbale Kommunikation	175
12.8	Der Erwerb von Präsentationstechniken	176

13. Kommunikation und Metakommunikation 179

13.1	Kommunikation: allgegenwärtig und doch unwahrscheinlich?	179
13.2	Kommunikation als Prozess	180
13.3	Eine Nachricht, viele Botschaften	182
13.4	Erfolgreich kommunizieren heißt angemessen kommunizieren	187
13.5	Die Wichtigkeit von Metakommunikation	191
13.6	Kommunikationsformen im Studium	193
13.7	Kommunikative Kompetenzen entwickeln	193

14. Moderationskompetenzen und Verhandlungsführung 195

14.1	Moderation	195
14.2	Gesprächs- und Verhandlungsführung	201

15. Kreativitätstechniken 207

15.1	Der übergeordnete Rahmen: Menschliches Denken	207
15.2	Kreativität	208
15.3	Was ist zu tun, um Kreativität zu fördern?	212
15.4	Praktische Empfehlungen	216

16. Interkulturelle Kompetenz 220

16.1	Zum Stellenwert interkultureller Kompetenz	220
16.2	Definitionen: Interkulturelle Kompetenz und interkulturelle Kommunikation	221
16.3	Praxis- und Handlungsfelder	227
16.4	Zur Erlernbarkeit interkultureller Kompetenz	229

17. Didaktische Kompetenzen 235

17.1	Zur Einführung – Wissen und Lernen im 21. Jahrhundert	235
17.2	Versuch der Definition des Gegenstands – Was ist Didaktik?	235
17.3	Didaktische Entscheidungsfelder	236
17.4	Zusammenfassung	245

18. Journalistisches Schreiben 247

18.1	Rahmenbedingungen des journalistisches Schreibens	247
18.2	Für welches Publikum schreiben?	249
18.3	In welcher Sprache schreiben?	251
18.4	Wie den Text aufbauen?	253
18.5	Die inhaltlichen Kriterien für den Textaufbau	256
18.6	Journalistische Textformen	259
18.7	Die Gestaltung journalistischer Texte	261

19. Soziale Kompetenzen **263**
19.1 Strukturen und Prozesse sozialer Kompetenz 263
19.2 Anforderungen in der Praxis 266
19.3 Bedeutung sozialer Kompetenzen im Berufsleben. 267
19.4 Entwicklung und Förderung sozialer Kompetenzen 271
19.5 Aneignung von sozialen Kompetenzen im Studium 272

20. Organisatorische Kompetenzen und Eventmanagement 275
20.1 Erwerb und Erprobung organisatorischer Kompetenzen
      im universitären Umfeld 275
20.2 Planungskompetenzen 277
20.3 Durchführungskompetenzen 282
20.4 Anforderungs- und Kenntnisprofil der Veranstaltungsorganisation . . . 285
20.5 Von der Veranstaltung zum Event als erlebnisorientierte
      Veranstaltung 287
20.6 Eventmanagement und Wissenschaftsmarketing 288

21. Bewerbungstraining. **290**
21.1 Die Vorbereitungsphase 290
21.2 Stellensuche 294
21.3 Schriftliche Bewerbung 297
21.4 Vorstellungsgespräch 302
21.5 Bewerbung im Ausland 305

**22. Ausblick: Berufschancen und Berufsfelder
      für Geistes- und Kulturwissenschaftler/innen** **308**
22.1. Die nackten Zahlen: Der Arbeitsmarkt für Geistes-
       wissenschaftler/innen 309
22.2 Berufsfelder für Geisteswissenschaftler/innen 310
22.3 Warum der Berufseinstieg für Geisteswissenschaftler/innen
      nicht einfach ist 312
22.4 Der optimale Berufseinstieg: Was Geisteswissenschaftler/innen
      tun können, um einen Job zu finden 313
22.5 Mehr Wissen schadet nicht: Aufbaustudiengänge
      und Weiterbildung 315
22.6 Aufbruch ins Ungewisse: Existenzgründung. 315

Die Autorinnen und Autoren **319**

1. Einleitung: Qualifikationen für Studium und Beruf*

1.1 Bedeutung von Schlüsselkompetenzen und
    Zielsetzung des Bandes
1.2 Literatur zum Erwerb von Schlüsselkompetenzen
1.3 Zur Klärung der Begriffe ›Schlüsselkompetenzen‹
    ›Schlüsselqualifikationen‹ und ›soft skills‹
1.4 Arten von Schlüsselkompetenzen
1.5 Schlüsselkompetenzen durch das Studium
    ausbilden und weiterentwickeln
1.6 Könnensbewusstsein und Kompetenzprofile:
    Schlüsselkompetenzen für den Berufseinstieg
    überzeugend präsentieren

1.1 | Bedeutung von Schlüsselkompetenzen und Zielsetzung des Bandes

Schlüsselkompetenzen bzw. ›**Allgemeine berufsqualifizierende Kompetenzen**‹ stehen seit einiger Zeit hoch im Kurs. Schenkt man Stellenanzeigen und Umfragen unter Personalchefs Glauben, dann ist die Bedeutung von ›Schlüsselqualifikationen‹, ›Schlüsselkompetenzen‹ und ›*soft skills*‹ für den Erfolg in Studium und Beruf kaum zu überschätzen. Auch die intensive Diskussion über dieses Thema in überregionalen Zeitungen – wie etwa die Folgen der Serie »Der Bachelor im Test« in der FAZ (vgl. www.faz.net/bachelor) – sowie die Tatsache, dass den Grundbegriffen ›Kompetenz‹ bzw. ›Schlüsselkompetenzen‹ in neuen Handbüchern wie dem *Handbuch interkulturelle Kommunikation und Kompetenz* (vgl. Straub et al. 2007) und dem *Handbuch Promotion* (vgl. Nünning/Sommer 2007) eigene Kapitel gewidmet werden, dokumentieren diese Entwicklung.

---

* Die grundlegenden Überlegungen zur Bedeutung von Schlüsselkompetenzen für das Studium, die Promotion und den Berufseinstieg habe ich in den letzten Jahren gemeinsam mit meinem Mann erarbeitet und in Seminaren erprobt. Diese Einleitung orientiert sich an dem von Ansgar Nünning geschriebenen Kapitel »Kompetent promovieren: Schlüsselkompetenzen für Promotion und Karriere ausbilden, trainieren und präsentieren«. In: Ders./Sommer, Roy (Hg.): *Handbuch Promotion: Forschung – Förderung – Finanzierung.* Stuttgart: J.B. Metzler Verlag 2007, 157–171, überträgt die von uns entwickelten Grundgedanken einer Wechselwirkung zwischen dem eigenen Tun und den dabei erworbenen Fähigkeiten und Kompetenzen jedoch auf grundständige Studiengänge und den Berufseinstieg.

Der gestiegene Stellenwert von Schlüsselkompetenzen lässt sich besonders deutlich an den bundesweit eingeführten **neuen BA- und MA-Studiengängen** ablesen. Im Zuge des **Bologna-Prozesses** werden die Diplom-, Magister- und Staatsexamensstudiengänge an den deutschen Universitäten bekanntlich flächendeckend umgestellt auf die neuen, am anglo-amerikanischen Vorbild orientierten BA- und MA-Studiengänge. Diese Hochschulreform führt unter anderem zur Einführung neuer Veranstaltungen, die auf die Vermittlung von Schlüsselqualifikationen bzw. sogenannten ›**Allgemeinen berufsqualifizierenden Kompetenzen**‹ abzielen. Die Konzeption der neuen BA- und MA-Studiengänge orientiert sich vor allem an den sogenannten *learning outcomes*, d.h. an der Frage, welche Kompetenzen und Schlüsselqualifikationen Studierende durch das Studium erwerben. Forciert wird diese Entwicklung durch die allseits erhobenen Forderungen nach einer stärkeren **Praxis- und Berufsfeldorientierung**.

Dies wird schon jetzt an einigen Universitäten (z. B. Freiburg, Heidelberg, LMU München, Potsdam, Tübingen – viele andere werden sicherlich bald nachziehen) umgesetzt mit der Einrichtung von **»Zentren für Schlüsselqualifikationen«** sowie von **Career Services**, die sich schwerpunktmäßig mit der Vermittlung von Schlüsselkompetenzen befassen. Dadurch sollen Studierende dazu befähigt werden, im Studium und im Laufe ihres Arbeitslebens immer wieder flexibel auf unterschiedliche Anforderungen zu reagieren, eigenständig Probleme zu lösen und adäquat mit sachlichen Herausforderungen und Kolleg/innen umzugehen.

Die Bedeutung von Schlüsselkompetenzen ist daher mittlerweile hinlänglich bekannt und es besteht Einigkeit darüber, dass ein breites Spektrum von Kompetenzen sowohl für das Studium als auch für einen erfolgreichen Berufseinstieg erforderlich ist. Weniger bekannt ist hingegen, welche Kompetenzen dies im Einzelnen sind, wie man sie systematisch ausbilden kann und wie die erworbenen Qualifikationen und Kompetenzen bei Bewerbungen angemessen präsentiert werden können.

Solche eigens auf Kernkompetenzen ausgerichtete Kurse bieten Studierenden eine willkommene Hilfestellung. Gleichzeitig kann auch das **Studium** selbst zum **Erwerb** von Schlüsselqualifikationen genutzt werden. Voraussetzung für ein solch effizientes Studium ist jedoch zum einen ein Bewusstsein davon, welche Schlüsselqualifikationen man sich aneignen kann und sollte, und zum anderen eine knappe Einführung in die Grundlagen dieser Kompetenzen und die jeweiligen Arbeitsschritte und Prozesse, die sie kennzeichnen.

Der vorliegende Band verfolgt deshalb ein doppeltes Ziel: Zum einen möchte er einen kompakten **Überblick** geben über die **wichtigsten Schlüsselkompetenzen**, die für ein erfolgreiches Studium notwendig sind und die sich Studierende zugleich während ihres Studiums sowie durch Praktika aneignen können. Zum anderen möchte er Studierenden ein stärker ausgeprägtes **Bewusstsein für ihre eigenen Qualifikationen** und **Kompetenzen** vermitteln. Wie ein Blick in das Inhaltsverzeichnis verdeutlicht, behandeln die nachfolgenden Kapitel alle wichtigen Schlüsselkompetenzen, die für ein erfolgreiches Studium und einen gelungenen Einstieg in das Berufsleben erforderlich sind.

Die **Kapitel dieses Bandes** setzen sich zum **Ziel**, die wichtigsten Schlüsselkompetenzen in anschaulicher und übersichtlicher Form darzustellen, verständlich und zuverlässig das relevante Überblickswissen zum Erwerb der jeweiligen Kompetenzen zu vermitteln sowie praxisorientierte Hinweise und Tipps zur selbständigen Entwicklung von Schlüsselqualifikationen zu geben. Auf diese Weise möchte es Studierenden zum einen eine zielgerichtete Vorbereitung auf Lehrveranstaltungen und Prüfungen ermöglichen. Zum anderen soll der Band ihnen den Einstieg in das Berufsleben erleichtern, indem er professionelles Wissen im Hinblick auf Arbeitstechniken und Kompetenzen vermittelt, die im Studium, im Beruf und im Privatleben gleichermaßen unverzichtbar und die aus modernen Firmen und Organisationen nicht mehr wegzudenken sind.

Ebenso wichtig wie der Erwerb von berufsrelevanten Qualifikationen sind die **Kenntnis und realistische Einschätzung der eigenen Schlüsselkompetenzen**. Ein solches Bewusstsein der eigenen Kompetenzen und die Fähigkeit, diese in Seminaren, Prüfungs- und Bewerbungssituationen (vgl. Nünning/Nünning 2007) überzeugend darstellen zu können, ist nicht nur eine wichtige Voraussetzung für ein erfolgreiches Studium, sondern bildet auch die Grundlage für erfolgreiche Bewerbungen, einen gelungenen Berufseinstieg und die weitere berufliche Karriere. Darüber hinaus kann der Glaube an die eigenen Kompetenzen nicht nur während des Studiums Berge versetzen, sondern auch im späteren Berufsleben – und zwar sowohl im Hochschulsystem als auch bei Tätigkeiten außerhalb der Universität. Deshalb ist es nicht nur unerlässlich, über ein möglichst breites Spektrum von Schlüsselqualifikationen zu verfügen, sondern auch sein eigenes **Kompetenzprofil** zu kennen und ein entsprechendes **Kompetenzbewusstsein** zu erwerben.

1.2 | Literatur zum Erwerb von Schlüsselkompetenzen

Auch wenn es keinen Mangel an Literatur zu bestimmten Schlüsselkompetenzen gibt, fehlt bislang ein kompakter, systematischer und zielgruppenspezifischen Überblick über alle studien- und berufsrelevanten Kompetenzen. Inzwischen tragen die ersten **neuen Buchreihen** – z. B. die im Klett-Verlag erscheinende Reihe »Uni Wissen Kernkompetenzen« sowie die im Metzler-Verlag erscheinenden Bände »Schlüsselkompetenzen« – dieser veränderten Situation Rechnung. Diese Bände richten sich in erster Linie an Studierende der neuen BA- und MA-Studiengänge. Sie sind nicht nur für Studierende im Grundstudium und in der Examensphase relevant, sondern auch an der Schwelle zum Berufseintritt sowie zum Beginn des Studiums.

Wer nach **Literatur zu bestimmten Schlüsselqualifikationen** bzw. Kernkompetenzen sucht, die für ein erfolgreiches Studium von besonderer Bedeutung sind, wird mit einer zum Teil kaum überschaubaren Vielzahl an Publikationen und Ratgebern konfrontiert. Dazu zählen etwa die Themen ›wissenschaftliches Schreiben‹ (vgl. Sommer 2006; Frank et al. 2007) und ›Techniken des wissenschaftlichen Arbeitens‹. Andere Schlüsselkompetenzen, die für das Studium und den Berufseinstieg nicht minder wichtig sind, werden hingegen sehr viel seltener behandelt. Beispiele dafür wären etwa didaktische Kompetenzen, die in der modernen Wissensgesellschaft in fast allen Bereichen von zentraler Bedeutung sind (vgl. Hallet 2006), Präsentationskompetenzen (vgl. Blod 2007), rhetorische Schlüsselkompetenzen wie Reden, Argumentieren und Überzeugen (vgl. Händel et al. 2007) sowie Projekt- und Zeitmanagement (vgl. Echterhoff/Neumann 2006).

Obgleich es auch **allgemeine Bücher zum Thema ›Schlüsselqualifikationen‹** in recht großer Zahl gibt, sind diese vielfach als Ratgeber, Trainingsprogramm oder didaktischer Leitfaden angelegt und setzen sich zum Ziel, Leser/innen Anleitungen und Übungen zum systematischen Erwerb von Schlüsselkompetenzen zu geben. Stellvertretend für einige andere seien etwa das *Kursbuch Schlüsselqualifikationen. Ein Trainingsprogramm* (Belz/Siegrist 2000), das *Trainingsprogramm Schlüsselqualifikationen* (Müller 2003) sowie der Band *Schlüsselqualifikationen vermitteln. Ein hochschuldidaktischer Leitfaden* (Franck 2000) genannt, der sich vor allem auf die Vermittlung der Fähigkeiten des Lesens, Schreibens und Redens konzentriert. Daneben gibt es aber auch etliche Veröffentlichungen, die das Konzept der Schlüsselqualifikationen vor allem aus berufspädagogischer Sicht kritisch unter die Lupe nehmen (vgl. Graichen 2002) und der Frage nachgehen, ob es sich dabei um eine bloße Leerformel oder ein innovatives Integrationskonzept handelt (vgl. Beck 2004). So interessant und nützlich die zum Teil aus Karriere-Seminaren stammenden Trainingsprogramme und Leitfäden für Bewerbungen und den Berufseinstieg im Einzelfall auch sein mögen, Studierende werden vergeblich darin Antworten auf die Fragen suchen, welche Schlüsselkompetenzen sie eigentlich durch ihr Studium erwerben und wie sie sich diese systematisch aneignen können. Gleichwohl unterstreichen die Veröffentlichungen zum Thema ›Schlüsselqualifikationen‹, dass dieses Thema gleichsam die Schnittstelle ist, an der sich die Interessen von Universität und Arbeitsmarkt, Bildungsdebatten und Berufspädagogik, Absolvent/innen bzw. Studierenden und prospektiven Arbeitgebern treffen.

1.3 | Zur Klärung der Begriffe ›Schlüssel-kompetenzen‹, ›Schlüsselqualifikationen‹ und ›soft skills‹

Eine grundlegende Voraussetzung, um Kompetenzen systematisch aufzubauen und in Bewerbungssituationen bewusst und erfolgreich präsentieren zu können, bildet die Kenntnis der Begriffe und der Fähigkeiten, die sie bezeichnen. Der Begriff der ›Schlüsselkompetenzen‹ und die meist synonym verwendeten Begriffe ›Schlüsselqualifikationen‹, ›Kernkompetenzen‹ und ›soft skills‹ werden inzwischen in Stellenanzeigen und Veröffentlichungen zur Personalauswahl sowie in Debatten um Bildung, Ausbildung und Berufspädagogik geradezu inflationär gebraucht. Allerdings mangelt es an klaren Definitionen dieser Konzepte, unter denen oft eine Vielzahl unterschiedlicher kognitiver Fähigkeiten, praktischer Fertigkeiten, Einstellungen und Kenntnisse subsumiert wird. Zu Recht ist daher kritisiert worden, dass der Begriff »eine **Tendenz zur Ausuferung**« (Honolka 2003, 7) besitze.

Überblickt man die vorliegenden Definitionen, so wird deutlich, dass sich → Schlüsselkompetenzen bzw. → Schlüsselqualifikationen vor allem durch **drei Merkmale** auszeichnen:

- Erstens unterscheiden sie sich von fachlichen Fähigkeiten und Kenntnissen dadurch, dass sie sich nicht auf eine bestimmte Disziplin oder einen beruflichen Sektor beziehen, sondern dass es sich um **disziplinen- und berufsübergreifende Kompetenzen** handelt.
- Zweitens versteht man unter diesen Begriffen solche Fähigkeiten und Einstellungen, die **transferierbar bzw. übertragbar** sind.
- Drittens zeichnen sich Schlüsselkompetenzen dadurch aus, dass sie Individuen für eine Vielzahl unterschiedlicher Anforderungen, Berufe, Funktionen und Positionen qualifizieren.

Definition

Schlüsselkompetenzen geben denjenigen, die über sie verfügen, gleichsam einen **Schlüssel in die Hand**, der ihnen im Studium und späteren Berufsleben viele Türen öffnen kann. Während Fachwissen zumeist auf das jeweils studierte Fach beschränkt ist, eröffnen Schlüsselkompetenzen aufgrund ihrer Übertragbarkeit vielfältige Berufsperspektiven. Die folgende Definition fasst einige der wichtigsten Merkmale prägnant zusammen:

> → Schlüsselqualifikationen sind relativ lange verwertbare Kenntnisse, Fähigkeiten, Fertigkeiten, Einstellungen und Werthaltungen zum Lösen gesellschaftlicher Probleme. Als Berufsqualifikationen sind es funktions- und berufsübergreifende Qualifikationen zur Bewältigung beruflicher Anforderungssituationen. Diese Fähigkeiten, Einstellungen und Haltungen reichen über die fachlichen Fähigkeiten und Kenntnisse hinaus und überdauern sie. Qualifikationsziel ist die berufliche Flexibilität und Mobilität (Beck 1993, 17 f.).

Diese Begriffsbestimmung verdeutlicht, dass die anschauliche ›Schlüssel‹-Metapher den Kern der gemeinten Kompetenzen erfasst. Zum einen sind Schlüsselqualifikationen gleichsam der **Schlüssel zum Erfolg im Studium**, denn mit ihrer Hilfe können Studierende in verschiedenen Fächern und Teilbereichen ihre Leistungen verbessern. Zum anderen sind sie wichtige Berufsqualifikationen, denn es handelt sich um fachübergreifende Kompetenzen, die es ermöglichen, ganz unterschiedliche berufliche Anforderungssituationen zu bewältigen.

Darüber hinaus handelt es sich bei Schlüsselqualifikationen insofern um eine Form von **Meta-Kompetenzen**, als sie Menschen die kognitiven, kommunikativen und sozialen Werkzeuge an die Hand geben, um sich selbständig weitere neue Bereiche, Fähigkeiten und Qualifikationen zu erarbeiten: »Schlüsselqualifikationen, so die Zielvorstellung, sollten es dem Individuum ermöglichen, sich **immer wieder neue Qualifikationen – und damit lebenslang Handlungsfähigkeit** in möglichst vielen Bereichen – zu erschließen« (Honolka 2003, 5).

Gerade in der modernen Medien- und **Wissensgesellschaft**, in der **lebenslanges Lernen** sowie **Flexibilität** und **Mobilität** in nahezu allen Berufs- und Lebensbereichen eine zentrale Rolle spielen, kommt der Aneignung von Schlüsselqualifikationen daher eine enorm gestiegene Bedeutung zu. Während fachliche und wissenschaftliche Kenntnisse nicht zuletzt durch den rasanten technischen Fortschritt sowie die Dynamik der Wissensproduktion immer schneller veralten, steigt die Bedeutung von Qualifikationen und Kompetenzen, die Menschen für ein breites Spektrum von Situationen und Tätigkeiten in unterschiedlichen Berufsfeldern qualifizieren. Dazu zählen etwa die Fähigkeit zum selbständigen und lebenslangen Lernen, Kreativität, Problemlösungskompetenzen, kommunikative Kompetenzen, Flexibilität, Mobilität und Teamfähigkeit.

Die Notwendigkeit zum Erwerb von Schlüsselkompetenzen wird noch forciert durch die **Internationalisierung und Globalisierung**, die Wirtschaft und Wissenschaft gleichermaßen betrifft. Dementsprechend hoch ist der Bedarf an Absolvent/innen, die nicht nur über sehr gute Fremdsprachenkenntnisse, sondern auch über **interkulturelle Kompetenzen** (vgl. Erll/Gymnich 2007; Straub et al. 2007) und die Fähigkeit zu **interkultureller Kommunikation** (vgl. Lüsebrink 2005) verfügen: »Eine

Spitzenposition auf der Skala der vielfach erwünschten Qualifikationen nimmt heute die *interkulturelle* Kompetenz ein« (Straub 2007, 34). Auf dem von Globalisierung geprägten europäischen Arbeitsmarkt sind neben sehr guten Fremdsprachenkompetenzen auch Fähigkeiten im Umgang mit interkulturellen, national geprägten Unterschieden in den Unternehmens- und Wissenschaftskulturen erforderlich. Interkulturelle Kompetenz zeigt sich daher auch in der erforderlichen Sensibilität und Offenheit für Menschen aus anderen Kulturen bei privaten, beruflichen und wissenschaftlichen Kontakten:

> Interkulturelle Kompetenz wird zu jenen *allgemeinen Schlüsselqualifikationen* und *soft skills* gezählt, welche – wie u. a. ›Führungskompetenz‹ oder ›Teamfähigkeit‹ – das in einem bestimmten Beruf benötigte Fachwissen und fachliche Können ergänzen. Häufig werden solche Schlüsselqualifikationen als *unverzichtbare Voraussetzungen* beruflichen Erfolgs aufgefasst. Demzufolge gibt es seit einigen Jahren ein stetig wachsendes Agebot an Zusatzausbildungen und berufsbegleitenden Fort- und Weiterbildungen.

Straub 2007, 34

1.4 | Arten von Schlüsselkompetenzen

Obgleich es bislang noch keinen Kanon von Schlüsselkompetenzen gibt, lässt sich doch ermitteln, welchen Kompetenzen sowohl im Studium als auch bei Stellenausschreibungen für Akademiker/innen besondere Bedeutung beigemessen wird. Zu den besonders **wichtigen Kompetenzen** gehören neben interkulturellen Kompetenzen vor allem Kommunikationskompetenzen, die Fähigkeit zum selbständigen Problemlösen, Transferfähigkeit sowie Projekt- und Zeitmanagement. Auch Informations- und Wissensmanagement, Argumentation, Rhetorik, Gesprachs- und Verhandlungsführung sowie Medien-, Präsentations- und Visualisierungskompetenzen zählen zu jenen Qualifikationen, die den Einstieg in den Beruf erleichtern.

Häufig wird in Stellenausschreibungen darüber hinaus eine Reihe von **Persönlichkeitsmerkmalen** genannt, über welche der oder die gesuchte Stelleninhaber/in ebenfalls verfügen sollte. Das Spektrum reicht von Ausdauer, Begeisterungsfähigkeit und Eigeninitiative über Kreativität, Leistungsbereitschaft und Stressresistenz bis zu Teamorientierung, Verantwortungsbereitschaft und Zuverlässigkeit.

Da die Liste der Schlüsselqualifikationen kaum überschaubar und potentiell unendlich ist, erscheint es nützlich, die unterschiedlichen Kompetenzen in Gruppen zu ordnen. Obgleich es bislang keine allgemein anerkannten **Kategorisierungen von Schlüsselkompetenzen** gibt und einzelne Qualifikationen zudem nicht immer klar voneinander trennbar sind (vgl. Honolka 2003, 7), erscheint der folgende Katalog aus der äußerst lesens- und empfehlenswerten Broschüre *Schlüsselqualifikationen – Das Plus eines universitären Studiums* des Instituts

Student und Arbeitsmarkt der Ludwig-Maximilians-Universität München (Honolka 2003) zur besseren Orientierung sehr hilfreich. Anstatt einfach aus einer langen Liste disparater Fähigkeiten und Qualifikationen zu bestehen, beruht dieser Katalog auf der sinnvollen **Unterscheidung von kognitiven, kommunikativen und sozialen Kompetenzen**, die wiederum von **Persönlichkeitsmerkmalen** und **allgemeinem Basiswissen** abgegrenzt werden:

Kategorisierung
von Schlüssel-
kompetenzen

- **Kognitive Kompetenzen:** Denken in Zusammenhängen, logisches und abstraktes Denken, konzeptuelles Denken, quantifizierendes Denken, Transferfähigkeit, Problemlösungsfähigkeit, Theorie-Praxis-Vermittlung;
- **Kommunikative Kompetenzen:** Schriftliche und mündliche Ausdrucksfähigkeit, Präsentationstechniken, Diskussionsfähigkeit, zielgruppenspezifische Kommunikation;
- **Soziale Kompetenzen:** Konflikt- und Kritikfähigkeit, Teamfähigkeit, Einfühlungsvermögen, Durchsetzungsvermögen, Führungsqualitäten, Kundenorientierung;
- **Persönlichkeitsmerkmale:** Selbständigkeit, Kreativität, Initiative, geistige Offenheit und Mobilität, Verantwortungsbereitschaft, Leistungsbereitschaft, Ausdauer, Zuverlässigkeit, Umgehen mit Unwägbarkeiten, demokratische Grundhaltung, ethisches Urteilsvermögen;
- **Allgemeines Basiswissen:** Allgemeinbildung, EDV-Kenntnisse, Fremdsprachen, interkulturelles Wissen, wirtschaftliches und juristisches Grundwissen, Arbeitswelterfahrungen, Lern- und Arbeitstechniken (Honolka 2003, 7).

Natürlich erhebt auch diese Kategorisierung keinen Anspruch auf Vollständigkeit. Vielmehr ließen sich unschwer weitere Schlüsselkompetenzen nennen, die man einer oder mehrerer dieser Kategorien zuordnen könnte. Dazu zählen etwa Medienkompetenzen, interkulturelle Kompetenzen sowie die unter Begriffen wie Event-, Projekt- und Zeitmanagement zusammengefassten Fähigkeiten. Dennoch ist ein solcher nach Kategorien geordneter Katalog von Schlüsselqualifikationen nicht nur als erste Information über in der beruflichen Praxis besonders gefragte Schlüsselkompetenzen nützlich; er kann auch als eine Art von Checkliste bei dem Versuch dienen, die eigenen Stärken und Schwächen realistisch einzuschätzen. Eine solche **Stärken-Schwächen-Analyse** bildet wiederum eine notwendige Voraussetzung dafür, persönliche Defizite festzustellen und sich gezielt darum zu bemühen, diese durch die Aneignung der entsprechenden Qualifikationen zu beheben.

Viele der in dem Katalog aufgeführten **Schlüsselkompetenzen** sind nicht bloß für den Berufseinstieg, sondern natürlich auch **für ein erfolgreiches Studium** von großer Bedeutung. Das heißt nicht, dass Studienanfänger/innen bereits über sämtliche dieser Fähigkeiten verfügen können müssten, um studieren zu können. Vielmehr bietet das Studium vielfältige Gelegenheiten, um sich ein breites Spektrum von Kompetenzen und Qualifikationen anzueignen. Welche Schlüsselkompetenzen durch ein Studium vor allem ausgebildet werden können, wird im nächsten Abschnitt gezeigt.

1.5 | Schlüsselkompetenzen durch das Studium ausbilden und weiterentwickeln

Das Studium ist nicht nur eine Phase intensiven Lernens und der Persönlichkeitsentwicklung bzw. Bildung, sondern auch eine entscheidende Qualifizierungsphase, die vielfältige Möglichkeiten bietet, sich die oben genannten Schlüsselkompetenzen anzueignen und sie weiterzuentwickeln. Da die wichtigsten Kompetenzen, die für ein erfolgreiches Studium und die weitere berufliche Laufbahn gleichermaßen von Bedeutung sind, in den nachfolgenden Kapiteln detailliert vorgestellt werden, genügt an dieser Stelle ein einführender Überblick. Dieser soll vor allem das Bewusstsein dafür schärfen, dass Studierende durch ihr Studium nicht nur Qualifikationen erwerben, die für eine wissenschaftliche Karriere notwendig sind, sondern darüber hinaus vielfältige Gelegenheiten haben, eine Vielzahl an Kernkompetenzen auszubilden.

→ Verdeutlichen Sie sich den Zusammenhang zwischen bestimmten Arbeitsschritten eines Studiums und den dadurch entwickelten Schlüsselkompetenzen und machen Sie sich von Beginn Ihres Studiums an bewusst, welche Kenntnisse und Fähigkeiten sie erwerben. Versuchen Sie dann gezielt, etwaige Schwächen auszugleichen. Ein Studium ist ein **großes Projekt**, für das man einen langen Atem und die Fähigkeit zu guter Planung braucht. Durch dessen erfolgreiche Durchführung bilden Sie ein hohes Maß jener **Persönlichkeitsmerkmale** aus, die oben genannt wurden: an erster Stelle Eigeninitiative und Selbständigkeit, die beide schon bei alltagsweltlichen Dingen wie der Zimmersuche und der Erstellung eines Stundenplans gefragt sind, sodann ein hohes Maß an Kreativität und geistige Offenheit, im weiteren Verlauf dann Ausdauer, Leistungsbereitschaft, Verantwortungsbereitschaft sowie Zuverlässigkeit.

Tipp

Durch ein Studium eignet man sich in der Regel darüber hinaus ein relativ hohes Maß an **Flexibilität, Stressresistenz** sowie **Frustrations- und Kontingenztoleranz** an. Fast jede/r wird die Erfahrung machen, dass auch die besten Arbeits- und Zeitpläne nicht immer eingehalten werden können, dass es bei einem komplexen und langwierigen Projekt wie einem Studium auch schwierige Phasen und Krisen zu meistern gilt. Gerade die Phase kurz vor dem Abschluss und den Prüfungen ist oft von Stress und Zeitdruck geprägt. Solche Stresssituationen haben jedoch auch ihre gute Seite, denn durch sie erwirbt man die Fähigkeit, mit Unwägbarkeiten, Druck, Frustrationen und unvorhersehbaren Problemen umzugehen. Solche Erfahrungen sind nicht nur für eine wissenschaftliche Karriere nützlich, sondern auch für Tätigkeiten im Management.

Neben solchen Persönlichkeitsmerkmalen erwirbt man im Verlauf eines Studiums spezifische Kompetenzen, die man erkennen und bewusst weiter entwickeln sollte. So gibt jedes Studium Studierenden, die nicht bloß Lehrveranstaltungen besuchen, sondern ihr Studium von Beginn an als ein Projekt begreifen (vgl. Echterhoff/Neumann 2006), reichhaltig Gelegenheit, Erfahrungen im **Projekt- und Zeitmanagement** zu erwerben. So kann ein Zeitplan, aus dem die geplanten Arbeitsschritte und die dafür benötigte Zeit hervorgehen, schon bei der Bewältigung kleinerer Aufgaben wie Referaten, Seminararbeiten oder Klausuren extrem hilfreich sein. Selbst wenn man die Erfahrung macht, die eigenen Zeitpläne hier und da nicht völlig einhalten zu können, wird man leicht feststellen, dass ein nicht (ganz) eingehaltener Zeitplan sehr viel besser ist, als keinen zu haben.

Die eigenständige **Entwicklung von wissenschaftlichen Fragestellungen**, die Formulierung von Hypothesen und die **Ausarbeitung von Seminar- und Abschlussarbeiten** setzen **kognitive Kompetenzen** nicht nur voraus, sondern sie bieten auch die Gelegenheit, sie zu üben und weiterzuentwickeln. Die Planung und Durchführung eines Studiums erfordern logisches, abstraktes und konzeptuelles Denken, Entscheidungsfreude, Problemlösungsfähigkeit sowie Zielstrebigkeit. Außerdem benötigt man die Fähigkeit, in Zusammenhängen zu denken und zwischen Theorie und Praxis bzw. Anwendung vermitteln zu können ebenso wie eine gewisse Risikobereitschaft. Diese Persönlichkeitsmerkmale und Kompetenzen, hohe **Eigenmotivation, Entscheidungsfreudigkeit, vernetztes und visionäres Denken, Organisationsfähigkeit, Risikobereitschaft** und **Zielorientierung** sind also nicht nur in der Wirtschaft gefragt, sondern auch ein **integraler Bestandteil eines erfolgreichen Studiums**.

Ebenso dienen die für Seminararbeiten notwendigen **bibliographischen Recherchen** der Aneignung weiterer Schlüsselkompetenzen. Dazu zählt vor allem die Fähigkeit, schnell und zuverlässig Forschungsliteratur zu einem Thema recherchieren und die wichtigsten Informationen zusammenzutragen. Angesichts der Fülle an Informationen, deren Flut geradezu zu einem Merkmal unserer Gesellschaft geworden ist, kommt auch den als ›**Wissens- und Informationsmanagement**‹ bezeichneten Fähigkeiten zur systematischen Archivierung und Ordnung dieser Fülle eine große Bedeutung zu.

Darüber hinaus geben **Lehrveranstaltungen** vielfältige Gelegenheiten, durch die Vorstellung eigener Projekte und die Diskussion mit anderen Studierenden wichtige berufsrelevante Schlüsselqualifikationen zu erwerben und auszuprägen. Dazu zählen zum einen die ›**kommunikativen Kompetenzen**‹ im schriftlichen und mündlichen Ausdruck, Diskussionskompetenzen sowie die Fähigkeit zu zielgruppenspezifischer Kommunikation. Zum anderen können Projektvorstellungen und Vorträge auf Workshops und Tagungen genutzt werden, um die eigenen **Medien- und Präsentationstechniken** (vgl. Blod 2007) sowie **didaktischen Kompetenzen** (vgl. Hallet 2006) zu verbessern. Selbst die Abschlussprüfungen dienen nicht nur dem Erwerb eines Zeugnisses; vielmehr bieten sie die Gelegenheit, Präsentationstechniken, didaktischen Kompetenzen, Diskussionsfähigkeiten und sicheres Auftreten in einer Stresssituation unter Beweis zu stellen. Wer in dieser Situation reüssiert hat, kann weiteren Herausforderungen ruhig entgegensehen (s. Kap. 9 und 10).

Schreiben: Durch ein weiteres Kernstück jedes Studiums – das **Schreiben einer Abschlussarbeit** (s. Kap. 8) – eignet man sich zudem eine Vielzahl von **Strategien professioneller Textproduktion** an, die für spätere Tätigkeiten innerhalb wie außerhalb der Universität von großer Bedeutung sind (s. Kap. 18). Das gleiche gilt für das Schreiben anderer Texte wie Manuskripten von (dann jedoch frei bzw. auf der Basis von Stichworten gehaltenen) Vorträgen, Exposés für Bewerbungen oder die Produktion anderer Textsorten wie Rezensionen oder Theaterkritiken, die an einigen Universitäten im Rahmen von Projektarbeiten oder Kursen zu diesem Thema eingeübt werden. Je mehr Erfahrungen Studierende mit unterschiedlichen Textsorten und Publikationsorganen gesammelt haben, desto größer wird ihre Textsortenkompetenz und ihre Fähigkeiten zur zielgruppengerichteten und mediengerechten Kommunikation.

Soziale Kompetenzen: Gerade Studierende, die nicht alleine arbeiten möchten, sondern die sich mit Gleichgesinnten zu Gruppen- oder Projektarbeiten zusammenschließen, haben außerdem vielfältige Möglichkeiten, während ihres Studiums neben kognitiven und kommunikativen Kompetenzen auch die nicht minder wichtigen **sozialen Kompetenzen** bzw. *soft skills* auszubilden. Durch den dauernden Austausch und Dialog mit anderen Studierenden und die Durchführung gemeinsamer Projekte trainieren sie nicht nur ihre **Teamfähigkeit**, ihr **Einfühlungsvermögen, ihre emotionale Intelligenz** und ihre **Dialog- und Diskussionsfähigkeiten**, sondern auch ihre **Konflikt- und Kritikfähigkeit**, ihr **Durchsetzungsvermögen** und je nach ihrer Rolle auch ihre **Führungsqualitäten**. Zudem bieten kollegiale Arbeitsformen vielfältige Möglichkeiten, um auf lokaler Ebene Netzwerke zu bilden (s. Kap. 19).

Kompetent studieren heißt somit nicht bloß Lehrveranstaltungen zu besuchen, wissenschaftliche Fragestellungen zu bearbeiten und einen Abschluss zu erwerben, sondern auch, sich ein breites **Spektrum von Schlüsselkompetenzen anzueignen**. Nicht minder wichtig ist es, ein Bewusstsein der eigenen Kompetenzen auszubilden. Mit dem Begriff ›**Kompetenzbewusstsein**‹ ist keineswegs Selbstüberschätzung oder gar arrogante Überheblichkeit gemeint, sondern eine realistische, weil wohl begründete und fundierte Einschätzung der eigenen Stärken und Schwächen. Nur wer weiß, was er oder sie kann, wird anderen die eigenen Fähigkeiten überzeugend vermitteln können.

1.6 | Könnensbewusstsein und Kompetenzprofile: Schlüsselkompetenzen für den Berufseinstieg überzeugend präsentieren

Insgesamt ist schon die erfolgreiche Durchführung eines Studiums somit ein Ausdruck von großer Leistungsfähigkeit, der jedem/r jenes Kompetenz- bzw. **Könnensbewusstsein** vermitteln sollte, das man als *self-efficacy* (›Selbstwirksamkeit‹) bezeichnet.

Definition

> → *Self-efficacy* bezeichnet den Glauben an die Fähigkeit, aufgrund eigener Kompetenzen erfolgreich zu handeln und selbst gesetzte Ziele erreichen zu können.

Wie Albert Bandura (1997) gezeigt hat, sind Menschen mit einem hohen Maß an *self-efficacy* in der Regel effektiver und erfolgreicher als solche, die an ihren Fähigkeiten zweifeln. Dass der Glaube an die eigenen Kompetenzen Berge versetzen kann und dass Erfolg in der Regel im Kopf beginnt, ist mittlerweile in der Sportpsychologie und im Management weithin bekannt. Auch erfolgreiche Absolvent/innen eines Studiums sollten ein angemessenes Könnensbewusstsein entwickeln, das ihnen die Bewältigung künftiger Herausforderungen erleichtert.

Obgleich die Bedeutung von **Schlüsselkompetenzen** – ebenso wie der Erfüllung stellenspezifischer fachlicher Anforderungen und praxisorientierten Erfahrungen – für den **erfolgreichen Berufseinstieg** unbestritten ist, sind die Konsequenzen, die dies konkret für Studierende hat, noch kaum erörtert worden. Besonders für Geistes-, Kultur- und Sozialwissenschafter ergibt sich aus der nach wie vor schwierigen Lage auf dem Arbeitsmarkt heute mehr denn je die Aufgabe, auch die erworbenen Kernkompetenzen stärker zu profilieren, überzeugend darzustellen, in unterschiedlichen Situationen anzuwenden. Bei **Bewerbungsgesprächen** (s. Kap. 21) gilt es sogar, sie im Sinne eines Selbst-Marketing erfolgreich zu verkaufen. Die große Bandbreite der Qualifikationen und Kompetenzen, die man sich während eines Hochschulstudiums aneignen kann, kann sich auch als Nachteil erweisen: Zum einen werden Ausbildungsprofile in der Hochschule bislang nur sehr selten explizit formuliert oder genauer definiert, so dass man sich oft selbst darüber klar werden muss, was man denn nun eigentlich kann; zum anderen ist die Bandbreite so groß, dass man in einem kurzen Bewerbungsgespräch kaum alles benennen kann, und im jeweiligen Kontext entscheiden muss, was denn nun die richtige Antwort auf die Frage nach den eigenen Kompetenzen ist.

Dabei können Sie eine ganze Menge, wie die folgende Übersicht über einige der zentralen Schlüsselqualifikationen zusammenhängend verdeutlichen mag. Die unterschiedlichen disziplinären Fachkompetenzen werden dabei bewusst nicht berücksichtigt, da Wissenschaftler/innen diese natürlich selbst am besten kennen und außerdem viele Absolvent/-innen im Beruf völlig andere Tätigkeiten ausüben als während des Studiums. Nicht zuletzt deshalb sind gerade die oben dargestellten Kompetenzen, die während eines Studiums gleichsam *en passant* erworben werden, von besonderer Bedeutung.

An erster Stelle sind einige **grundlegende Kompetenzen** zu nennen, deren Bedeutung angesichts der allseits geforderten Fähigkeit und Bereitschaft zur lebenslangen Fortbildung kaum überschätzt werden kann. Dazu zählen vor allem

- **Problemlösungskompetenzen:** Kenntnisse und Beherrschung von Strategien, um Fragen fundiert zu beantworten, Projekte eigenverantwortlich durchzuführen und Probleme eigenständig, strategisch und methodisch fundiert zu lösen (s. Kap. 3);

- **analytische Kompetenzen:** die Fähigkeiten, in Netzwerken zu denken und komplexe Zusammenhänge zu verstehen, zu gliedern und darzustellen (s. Kap. 5, 6 und 7);

- **Recherche- und Informationskompetenzen:** die Beherrschung von Techniken, um zu einem Thema gezielt, schnell und systematisch relevante Literatur bzw. Informationen zu ermitteln, zu beschaffen und systematisch aufzubereiten (s. Kap. 4 und 9);

- **interdisziplinäre Kompetenzen:** die Fähigkeiten, nach pragmatischen Gesichtspunkten unterschiedliche Theorien, Modelle und Methoden aus verschiedenen Bereichen oder Disziplinen zur Lösung von Problemen zu verbinden (s. Kap. 7 und 15).

Grundlegende Kompetenzen

Nicht minder wichtig für den Berufseinstieg ist neben diesen allgemeinen wissenschaftlichen Kompetenzen eine Reihe von Kommunikations-, Präsentations- und Vermittlungskompetenzen, die während eines Studiums erworben und systematisch weiterentwickelt werden können. Besonders zu nennen wären vor allem

- **Kommunikative Kompetenzen:** die Bereitschaft, auf andere Menschen zuzugehen, und die Fähigkeit, in unterschiedlichen Kontexten und Situationen adressaten- und situationsgerecht sprachlich handeln zu können (vgl. Schulz von Thun 1981, 1989, 1998; s. Kap. 6, 11 und 16).

- **Metakommunikative Kompetenzen:** die Fähigkeit, Kommunikationsabläufe zu analysieren, Probleme und Störungen menschlicher Kommunikation zu erkennen und zu lösen sowie erfolgreich *über* Kommunikation kommunizieren zu können (vgl. Watzlawick/Beavin/Jackson 1969; Schulz von Thun 1981; s. Kap. 13 und 14).

- **Didaktische Kompetenzen:** fundierte Kenntnisse und Beherrschung aktueller Lehr-/Lernformen, diagnostische Fähigkeiten sowie methodische Vermittlungsfähigkeiten, die erworbenen Kenntnisse in unterschiedlichen Lehr-/Lernsituationen erfolgreich anzuwenden (vgl. Hallet 2006; s. Kap. 17).

Kommunikations- und Vermittlungskompetenzen

- **Sprachliche und rhetorische Kompetenzen:** die Fähigkeit, komplexe Sachverhalte, Prozesse und Zusammenhänge sowie die Ergebnisse eigener Recherchen, Analysen und Forschungen sprachlich adäquat darzustellen und überzeugend zu begründen (s. Kap. 7 und 11).
- **Medienkompetenzen:** Kenntnisse und Fähigkeiten im Umgang mit neuen Medien als Forschungswerkzeug, Datenbank für Fachinformation und Präsentationsmedium, sowie Fähigkeiten in der Analyse der medienspezifischen Verfahren der Wirklichkeitsdarstellung und Wirklichkeitskonstruktion in der heutigen Medienkultur (s. Kap. 4 und 12).
- **Präsentationskompetenzen:** die Fähigkeit, Ergebnisse eigener Recherchen und Analysen mit Hilfe von Medien und Präsentationsprogrammen wie Power Point überzeugend präsentieren, strukturieren und visualisieren zu können (vgl. Blod 2007; s. Kap. 11).

Hinzu kommen bei zahlreichen Studierenden (etwa während Auslandssemestern oder -praktika vertiefte) interkulturelle Kommunikationskompetenzen, die angesichts fortschreitender Internationalisierung und Globalisierung neue Berufschancen eröffnen. Zum Bereich der interkulturellen Kompetenzen zählen:

Interkulturelle Kompetenzen

- **fremdsprachliche Kompetenzen:** die möglichst gute Beherrschung etwa des gesprochenen und geschriebenen Englisch, Französisch, Spanisch oder Russisch;
- **fremdsprachliche Textsortenkompetenz:** die Fähigkeit, ein breites Spektrum fremdsprachiger Texte zu verstehen und selbst Texte in verschiedenen Textsorten verfassen zu können;
- **fremdkulturelle Kenntnisse:** das *Know-how* über andere Kulturen und Kulturräume;
- **interkulturelle Kommunikationskompetenzen:** Kenntnisse über Fremdwahrnehmungsprozesse (Stereotypenbildung, Vorurteilsstrukturen etc; vgl. Lüsebrink 2005), und die Fähigkeit, mit Angehörigen anderer Kulturkreise adäquat zu kommunizieren sowie sich in fremden Kulturen zurechtzufinden und erfolgreich tätig zu sein (s. Kap. 16).

Nicht zu vergessen sind schließlich einige Fähigkeiten, die gern als ›allgemeine Schlüsselqualifikationen‹, ›Persönlichkeitsmerkmale‹ oder ›soft skills‹ bezeichnet werden und die – schenkt man der einschlägigen Ratgeberliteratur Glauben – oftmals über die Karriere entscheiden. Die vielleicht wichtigsten der oben umrissenen Schlüsselqualifikationen, die man sich durch ein Studium aneignen kann, seien hier kurz aufgelistet:

soft skills

- **Organisatorische Kompetenzen/Projektmanagement:** die Fähigkeit, komplexe Projekte zu planen, in Teilschritte zu strukturieren und erfolgreich durchzuführen (s. Kap. 3 und 20);

- **Zeitmanagement:** die Fähigkeit, ökonomisch mit der eigenen Zeit umzugehen, realistische Zeitpläne für die Durchführung von Projekten zu entwickeln und diese einzuhalten (s. Kap. 2);
- **Zielorientierung:** die Fähigkeit, auf ein entfernt liegendes Ziel hinzuarbeiten, den eigenen Fortschritt regelmäßig zu überprüfen und das Ziel in der geplanten Zeit zu erreichen.

Obgleich entsprechende Aufzählungen von *soft skills* nicht nur Legion, sondern auch mit einer gewissen Skepsis zu genießen sind, sei hier stellvertretend für eine Reihe ähnlicher Listen zumindest eine exemplarisch genannt. In ihrem Buch mit dem neudeutschen Titel ***Karriere-Tools für Highpotentials*** haben Christine Demmer und Brigitte Thurn die Sprache der Stellenausschreibungen unter die Lupe genommen, wobei der Untertitel – *Die Wahrheit über die Schlüsselqualifikationen für den Aufstieg* – Augenzwinkern und einen gehörigen Schuss Ironie signalisiert. Am Schluss nennen die beiden Autorinnen 26 Eigenschaften, die den sogenannten ›Highpotential‹ und seine beeindruckende Persönlichkeit auszeichnen und die für eine erfolgreiche Karriere angeblich ausschlaggebend sind:

- Analytisches Denkvermögen	- Kreativität
- Begeisterungsfähigkeit	- Marketingorientierung
- Charisma	- Mobilitätsbereitschaft
- Durchsetzungsstärke	- Organisationsfähigkeit
- Eigenmotivation	- Persönlichkeit
- Emotionale Intelligenz	- Positives Denken
- Entscheidungsfreude	- Risikobereitschaft
- Flexibilität	- Sicheres Auftreten
- Führungskompetenz	- Stressresistenz
- Hierarchiefreies Denken	- Teamorientierung
- Interkulturelle Kompetenz	- Unternehmerisches Denken
- Kommunikationsstärke	- Verantwortungsbereitschaft
- Kontaktstärke	- Vernetztes Denken

Karriereförderliche Persönlichkeitsmerkmale

Obgleich man vor so viel geballter Kompetenz zunächst in Ehrfurcht erstarren mag, sollte es für Studierende eigentlich beruhigend sein, dass ihnen ihr Studium vielfältige Möglichkeiten bietet, neben ihren wissenschaftlichen Qualifikationen auch diese *soft skills* auszuprägen. Um diese Gelegenheiten erkennen und nutzen zu können, sollte man möglichst früh eine klare Vorstellung davon entwickeln, worauf es im Studium und im Beruf ankommt.

Tipp

> → Identifizieren Sie ›Lücken‹ in Ihrem Kompetenzspektrum und
> eignen Sie sich diese in Lehrveranstaltungen, Praktika oder Aus-
> landsaufenthalten bewusst an.
> Für Studierende ist es vor allem wichtig, sich klar zu machen,
> dass sie Kernkompetenzen keineswegs nur ›zusätzlich‹ in nur zu
> diesem Zweck besuchten Lehrveranstaltungen und Workshops
> erwerben können, sondern dass der **erfolgreiche Abschluss eines
> BA-Studiums** in drei Jahren oder eines MA-Studiums in weiteren
> zwei Jahren selbst der beste Beweis für viele der hoch gehandelten
> Schlüsselkompetenzen ist.

Wer ein BA-/MA-Studium in einer überschaubaren Anzahl von Jahren
mit einem sehr guten Ergebnis abschließt, hat überzeugend demons-
triert, dass sie oder er über eine hohe **Eigenmotivation, Entscheidungsfreudigkeit, Kreativität, vernetztes und visionäres Denken, Organisationsfähigkeit, Risikobereitschaft, selbständiges und eigenverantwortliches
Arbeiten, Stressresistenz und Zielorientierung** verfügt. Wer darüber
hinaus im Vorstellungsgespräch sein Gegenüber davon überzeugt, dass
sie oder er auch noch über Begeisterungsfähigkeit, Charisma, Kommunikationsstärke und positives Denken verfügt, dürfte auch in Zukunft
gute Chancen auf eine adäquate Stelle haben.
In Bewerbungssituationen kommt es darüber hinaus vor allem darauf
an, sich nicht etwa selbst in Bewerbungsanschreiben oder Vorstellungsgesprächen Schlüsselkompetenzen zu attestieren (»Außerdem verfüge
ich über Flexibilität, Kommunikationsstärke und Teamfähigkeit«), sondern sie vielmehr durch das, was man bislang getan und erreicht hat,
zu belegen und sie in Bewerbungsgesprächen unter Beweis zu stellen
(vgl. Nünning/Nünning 2007). Über Kontaktfreudigkeit und Kommunikationsstärke verfügen nicht die, die dies einfach behaupten, sondern
die, die dies durch ihr persönliches Auftreten zeigen. Obgleich es auch
dafür, wie man Schlüsselkompetenzen bei Bewerbungen möglichst
gekonnt präsentiert, kein Patentrezept gibt, finden sich in der bereits
empfohlenen Broschüre *Schlüsselqualifikationen – Das Plus eines universitären Studiums* einige nützliche Empfehlungen:

> → Arbeitgeber entnehmen der Art und Weise, wie Sie auf eine
> Stellenausschreibung antworten, aus dem beigefügten Lebenslauf
> und den Zeugnissen, vor allem aber Ihrem persönlichen Auftreten,
> ob Sie tatsächlich kommunikativ, flexibel, teamorientiert sind.
> Aussagekräftig ist auch, was zusätzlich zum Bewerbungsschreiben
> unternommen wird, etwa in Form von Telefonaten, Mails usw. **Das
> gesamte Bewerbungsverfahren wird als eine Art Bewerbungs- und
> Persönlichkeitsprobe gewertet**, es ist gewissermaßen Ihre Visiten-
> karte (Honolka 2003, 12).

Tipp

In der gleichen Broschüre findet sich auch ein Hinweis, wie Schlüsselqualifikationen in der schriftlichen Bewerbung besonders effektiv
und überzeugend dargestellt werden können:»Eine häufiger werdende
Form der Präsentation von Schlüsselqualifikationen sind **persönliche
Kompetenzblätter**. In ihnen stellen Bewerber ihre Schlüsselqualifikationen zusammen und geben an, wie und wo sie diese erworben haben«
(Honolka 2003, 12). Hervorgehoben (z. B. durch Fettdruck oder als Zwischenüberschriften) sind in solchen Kompetenzblättern die jeweiligen
Schlüsselkompetenzen, die darunter jeweils durch die entsprechenden
Stationen aus dem Lebenslauf, besuchte Kurse, Praktika, Auslandsauf-
enthalte etc. belegt werden.

Wer darüber hinaus über ein realistisches **Kompetenz- und Könnensbewusstsein** (s.o.: *self-efficacy*) verfügt, dürfte auch in der Lage sein,
Personalchefs überzeugend darzulegen, wie er oder sie sich die in der
Wirtschaft gefragten *soft skills* durch die Phasen des Studiums konkret
angeeignet hat.

Das oben skizzierte **Qualifikations- und Kompetenzprofil** wird abge-
rundet durch weitere Kompetenzen, die man im Studium erwirbt, wie
z. B. Kreativität, Neugier und Wissensdrang, Bereitschaft zur Flexibilität
und Mobilität, Risikobereitschaft, Erfahrung in Teamarbeit sowie fundierte Einblicke in das Projekt- und Zeitmanagement: Selbst wer noch
nie professionell mit dem Projektmanagement-Programm MS Project
gearbeitet hat, weiß durch die Arbeit an der eigenen Abschlussarbeit,
was sog. *milestones*, *timelines* und *deadlines* sind. Das betriebswirt-
schaftliche Fachvokabular lässt sich im Zweifelfall schneller nachholen
als die durch das Studium nachgewiesene Fähigkeit zum zielorientier-
ten wissenschaftlichen Arbeiten, das ein hohes Maß an Belastbarkeit
und Stressfähigkeit voraussetzt.

> → Legen Sie frühzeitig ein persönliches Kompetenzblatt an, das Sie
> dann im Laufe des Studiums weiter ergänzen.

Tipp

Es versteht sich von selbst, dass man all diese Schlüsselqualifikationen durch ein Studium nicht einfach automatisch erlangt. Vielmehr müssen sich Studierende solche Kompetenzen aktiv aneignen und hart erarbeiten. Dafür, wie das geschieht, gibt es zwar kein Patentrezept; aber die Seminare und Veranstaltungen, die im Studium und in Zentren für Schlüsselqualifikationen angeboten werden, können wesentlich dazu beitragen, dass in Zukunft möglichst viele Absolvent/innen über ein so vielfältiges und attraktives Spektrum von Schlüsselkompetenzen verfügen, dass sie sich auf dem Arbeitsmarkt erfolgreich durchsetzen können.

Da es besonders für Studierende der Geistes-, Kultur- und Sozialwissenschaften darauf ankommt, ihre Schlüsselqualifikationen und **Kompetenzprofile bei Bewerbungen** angemessen und überzeugend darstellen zu können, ist ein **Kompetenz- und Könnensbewusstsein** *(self-efficacy)*, d.h. eine möglichst genaue Kenntnis und realistische Einschätzung der durch das Studium erworbenen Schlüsselqualifikationen eine wichtige Voraussetzung für einen erfolgreichen Berufseinstieg. Kompetent studieren heißt deshalb auch, sich ein breites Kompetenzprofil anzueignen, ein realistisches Kompetenzbewusstsein auszubilden und in der Lage zu sein, die eigenen Kompetenzen überzeugend anwenden und präsentieren zu können. Um welche Schlüsselqualifikationen es sich dabei im Einzelnen handelt und wie diese gezielt angeeignet, ausgebildet und trainiert werden können, das verdeutlichen die nachfolgenden Kapitel dieses Bandes.

Literatur

Bandura, Albert (1997): Self-Efficacy. The Exercise of Control. London: Worth.

Beck, Herbert (1993): Schlüsselqualifikationen. Bildung im Wandel. Darmstadt: Winkler.

Beck, Simon (2004): Schlüsselqualifikationen im Spannungsfeld von Bildung und Qualifikation. Leerformel oder Intergrationskonzept. Analyse einer berufspädagogischen Debatte. Stuttgart: ibw Hohenheim.

Belz, Horst/Siegrist, Marco (2000): Kursbuch Schlüsselqualifikationen. Ein Trainingsprogramm [1997]. Freiburg i.Br.: Lambertus.

Blod, Gabriele (2007): Präsentationskompetenzen: Überzeugend präsentieren in Studium und Beruf. Stuttgart: Klett.

Demmer, Christine/Thurn, Brigitte (2001): Karriere-Tools für Highpotentials. Die Wahrheit über die Schlüsselqualifikationen für den Aufstieg. Frankfurt a. M.: Eichborn.

Echterhoff, Gerald/Neumann, Birgit (2006): Projekt- und Zeitmanagement. Strategien für ein erfolgreiches Studium. Stuttgart: Klett.

Erll, Astrid/Gymnich, Marion (2007): Interkulturelle Kompetenzen: Erfolgreich kommunizieren zwischen den Kulturen. Stuttgart: Klett.

Franck, Norbert (2000): Schlüsselqualifikationen vermitteln. Ein hochschuldidaktischer Leitfaden. Marburg: Tectum.

Frank, Andrea/Haacke, Stefanie/Lahn, Swantje (2007): Schlüsselkompetenzen: Schreiben in Studium und Beruf. Stuttgart: J.B. Metzler.

Graichen, Olaf (2002): Schlüsselqualifikationen. Eine kritische Beurteilung eines aktuellen Konzepts aus berufspädagogischer Sicht. Marburg: Tectum.

Händel, Daniel/Kresimon, Andrea/Schneider, Jost (2007): Schlüsselkompetenzen: Reden – Argumentieren – Überzeugen. Stuttgart: J.B. Metzler.

Hallet, Wolfgang (2006): Didaktische Kompetenzen. Lehr- und Lernprozesse
erfolgreich gestalten. Stuttgart: Klett.
Honolka, Harro (Hg.) (2003): Schlüsselqualifikationen – Das Plus eines universitären
Studiums. Informationen für Studierende, Lehrende und Arbeitgeber. München:
LMU München.
Lüsebrink, Hans-Jürgen (2005): Interkulturelle Kommunikation. Interaktion,
Fremdwahrnehmung, Kulturtransfer. Stuttgart: J.B. Metzler.
Müller, Meike (2003): Trainingsprogramm Schlüsselqualifikationen. Die besten
Übungen aus Karriere-Seminaren. Frankfurt a.M.: Eichborn.
Nünning, Ansgar (2007): »Kompetent promovieren. Schlüsselkompetenzen für
Promotion und Karriere ausbilden, trainieren und präsentieren«. In: Ders./Roy
Sommer (Hg.): Handbuch Promotion: Forschung – Förderung – Finanzierung.
Stuttgart: J.B. Metzler, 157–171.
—/Nünning, Vera (2007): »Erfolgreich bewerben. Anforderungen an Bewerbungen
auf Stipendien und Stellen«. In: Ansgar Nünning/Roy Sommer (Hg.): Handbuch
Promotion: Forschung – Förderung – Finanzierung. Stuttgart: J.B. Metzler, 142–154.
—/Sommer, Roy (Hg.) (2007): Handbuch Promotion: Forschung – Förderung –
Finanzierung. Stuttgart: J.B. Metzler.
—/Zierold, Martin (2008): Kommunikationskompetenzen. Erfolgreich kommunizieren
in Studium und Berufsleben. Stuttgart: Klett.
Schulz von Thun, Friedemann (1981): Miteinander Reden 1: Störungen und Klärungen.
Allgemeine Psychologie der Kommunikation. Reinbek: Rowohlt.
— (1989): Miteinander Reden 2: Stile, Werte und Persönlichkeitsentwicklung.
Differentielle Psychologie der Kommunikation. Reinbek: Rowohlt.
— (1998): Miteinander Reden 3: Das innere Team und Situationsgerechte
Kommunikation. Kommunikation, Person, Situation. Reinbek: Rowohlt.
Sommer, Roy (2006): Schreibkompetenzen. Erfolgreich wissenschaftlich schreiben.
Stuttgart: Klett.
Straub, Jürgen (2007): »Kompetenz«. In: Ders./Weidemann/Weidemann, 34–46.
—/Weidemann, Arne/Weidemann, Doris (Hg.) (2007): Handbuch interkulturelle
Kommunikation und Kompetenz: Grundbegriffe – Theorien – Anwendungsfelder.
Stuttgart: J.B. Metzler.
Watzlawick, Paul/Beavin, Janet H./Jackson, Don D. (1969): Menschliche
Kommunikation: Formen, Störungen, Paradoxien. Bern/Stuttgart/Wien: Huber.

Vera Nünning

2. Zeitmanagement

2.1   Zeitmanagement im Studium
2.2   Zustandsanalyse
2.3   Zielsetzung
2.4   Prioritäten
2.5   Zeitplanung
2.6   Pausen
2.7   Ergebniskontrolle
2.8   Hinweise und Empfehlungen

2.1 | Zeitmanagement im Studium

Studierende kennen die Situation: Ein neuer Arbeitstag steht bevor und die Aufgaben sind mental bereits klar der Reihe nach aufgelistet: Vormittags stehen ein Seminar und eine Übung an, am Nachmittag folgt eine Vorlesung und abends muss dringend die WG-Küche geputzt werden. Dazwischen sollten noch mehrere Texte für zwei Seminare gelesen und die Mitschrift der letzten Vorlesung nachbereitet werden. Aber am Ende des Tages sind nur anderthalb Texte gelesen, die Mitschrift der Vorlesung ziert den Ablagestapel des Schreibtisches und die WG-Harmonie wird auf eine harte Probe gestellt. Die Erfahrung zeigt, dass das Erstellen einer Liste allein oft nicht für eine effektive Arbeitsplanung ausreicht. Allerdings bestehen Korrelationen zwischen akademischen Leistungen von Studierenden und deren Tendenzen zur Anwendung von Zeitmanagementstrategien und -techniken, wie eine amerikanische Studie bereits 1990 feststellte (Hoff Macan/Shahani 1990, 765). Doch was bedeutet Zeitmanagement eigentlich?

Definition

> → **Zeitmanagement:** Unter diesem weit gefassten Begriff werden all jene Techniken der Arbeitsorganisation und des effektiven Arbeitens verstanden, die einen ökonomischen Umgang mit der eigenen Zeit fördern (vgl. Lexikon der Psychologie, Bd. 5, 2002, 33).

Aus dieser Definition ergibt sich eine Fülle an möglichen Arbeitstechniken, die je nach Art der geplanten Arbeitsphasen (z.B. Lernphasen, universitärer Alltag etc.) oder Projekte (z.B. Referat, Kurzpräsentation, schriftliche Arbeit, Praktikum etc.) im Bereich des Zeitmanagements unterschiedlich angewendet werden können. Der Kern jeden Zeitmanagements kann jedoch auf sechs grundlegende Aspekte der Zeit- und Projektplanung reduziert werden, die eine realistische und zielorientierte Arbeitsorganisation ermöglichen: **Ziele, Prioritäten, Zeiteinteilung** und **Puffer, Pausen** und **Nachkontrolle**. Damit man diese Aspekte zur Verbesserung des eigenen Zeitmanagements berücksichtigen kann, sollte man zunächst seinen bisherigen Umgang mit der Zeit unter die Lupe nehmen.

2.2 | Zustandsanalyse

Durch eine Analyse des Umgangs mit der eigenen Zeit können Studierende ihre Stärken und Schwächen im Zeitmanagement aufdecken und gewinnen so ein klareres Bewusstsein über den tatsächlichen Verbleib ihrer Zeit im Lauf eines Arbeitstages. Denn der zeitliche Anteil von wichtigen Arbeitsphasen und unwichtigen Nebentätigkeiten wird meist falsch eingeschätzt, wie Erfahrungen aus der Berufswelt gezeigt haben (vgl. Covey 2003, 9 f.).

Zeittagebuch: Einen guten Überblick verschafft ein sogenanntes Zeittagebuch. Es empfiehlt sich, ein solches Zeittagebuch etwa eine Woche lang, mindestens jedoch für drei repräsentative Arbeitstage, möglichst genau zu führen (vgl. Seiwert 2005, 29; Mackenzie 1995, 66). Um zuvor bereits einen ersten Anhaltspunkt über den Verbleib der Zeit zu gewinnen, sollten die auf die Bereiche Arbeit, Studium, Haushalt, Privatleben, Freizeit und Schlaf entfallenden Stunden bereits grob eingeschätzt und in einem Kreisdiagramm zur besseren Veranschaulichung festgehalten werden (vgl. Boeglin 2007, 28 f.). Ein Vergleich dieser Einschätzung mit den späteren Ergebnissen des Zeittagebuchs enthüllt den Grad der Diskrepanz zwischen der vermeintlichen und der tatsächlichen Zeitverteilung und sensibilisiert für die damit verbundenen Probleme.

Zeittagebuch

Führung des Zeittagebuchs: Dabei ist darauf zu achten, alle Vorgänge und Tätigkeiten sofort zu protokollieren. Nachträgliche Notizen bergen die Gefahr, kurze Phasen der Arbeitsunterbrechung und Ablenkung auszulassen, da sie bereits vergessen sein können. Gerade auch diesen Momenten gilt es jedoch auf die Spur zu kommen (vgl. Mackenzie 1995, 64 f.).

Ein Zeittagebuch kann auf unterschiedliche Weise geführt werden. Bei einer **Variante nach Seiwert** werden zwei getrennte Tabellen angelegt. In der ersten werden zunächst Uhrzeit, Dauer und Art der Beschäftigungen eingetragen, während in vier weiteren Spalten Platz für die spätere Auswertung bleibt. Die zweite Tabelle dient der Buchführung über sämtliche Störungen und Unterbrechungen. In ihr werden ebenfalls Uhrzeit und Dauer sowie darüber hinaus die beteiligten Personen und Verursacher der Störung vermerkt; eine weitere Spalte steht für Bemerkungen offen, z. B. über die Gründe oder Bedeutung der Störung (vgl. Seiwert 2005, 26 f.).

Tätigkeits- und
Zeitanalyse
(Zeittagebuch
nach Seiwert 2005)

Tätigkeits- und Zeitanalyse						
Tätigkeit/ Beschäftigung	von ... bis ...	Dauer	F1	F2	F3	F4

Analyse von
Störungen
(Zeittagebuch
nach Seiwert 2005)

Analyse von Störungen				
Art der Störung	Person	von ... bis ...	Dauer	Bemerkung (z. B. Gründe für die Störung)

Am Ende der Beobachtungsphase folgt die Auswertung der Ergebnisse. Ein erster Blick auf die beiden Tabellen zeigt bereits grob die eigenen Stärken und Schwächen in Zeitplanung und Arbeitsorganisation. Eine gezielte Auswertung der ersten Tabelle bietet weitere Anhaltspunkte für mögliche Probleme und damit auch Ansätze zur Verbesserung des Zeitmanagements. Die Auswertung erfolgt anhand der folgenden Ja-Nein-Fragen. Für die Antworten stehen die letzten vier Spalten der Tabelle zur Verfügung.

Leitfragen
der Zeittage-
buchanalyse

1. War das Ergebnis der Tätigkeit wichtig? (F1)
2. War der Zeitaufwand angemessen? (F2)
3. Hat die Ausführung der Tätigkeit ihren Zweck erfüllt? (F3)
4. Wurde die Tätigkeit zu einem sinnvollen Zeitpunkt durchgeführt? (F4)

Ergibt die Gesamtdauer der Tätigkeiten, bei denen die erste Frage mit Nein beantwortet wurde, mehr als 10 % des gesamten Arbeitspensums des betreffenden Tages, kann dies auf Probleme in der Prioritätensetzung (s. Abschnitt 4) hinweisen. Tritt dasselbe Antwortmuster bei Frage 2 auf, könnten Arbeitstechniken und Konzentrationsfähigkeit (s. Abschnitt 3 und 6) sowie die Arbeitsdisziplin Schwierigkeiten bereiten, während das entsprechende Ergebnis bei den Fragen 3 und 4 auf Probleme bei der Zeitplanung, Organisation und Arbeitsvorbereitung hindeutet (s. Abschnitt 3 und 5; zur Vertiefung förderlicher Kompetenzen s. Kap. 6, 8, 9, 10 und 15).

Die Auswertung der zweiten Tabelle beleuchtet die Gründe, Verursacher sowie die Notwendigkeit und Bedeutung von Störungen. Hier gilt es, über mögliche Ursachen nachzudenken und erste Sofortmaßnahmen zu formulieren. Dabei sollte jedoch auch berücksichtigt werden, dass Störungen Symptome für andere Probleme sein können wie beispielsweise schlechte Pausenregelungen oder ungenaue Zielvorstellungen für die eigentliche Beschäftigung (vgl. Seiwert 2005, 26 f.).

Eine andere **Variante des Zeittagebuchs nach Mackenzie** geht über die Analyse der reinen Protokollierung des gewohnten Arbeitsalltags hinaus. Bereits von Beginn an integriert sie wichtige Techniken des Zeitmanagements – Zielformulierung, Prioritätensetzung und Terminierung –, auf denen teilweise die anschließende Analyse basiert.

Vor Beginn des Arbeitstages werden drei bis vier wichtige Aufgaben und ihre Ziele formuliert, nach ihrer Wichtigkeit sortiert und je einem festen Termin zugewiesen. Diese Angaben werden in den oberen Abschnitt eines Zeittagebuchfomulars nach folgendem Muster eingetragen.

Tagesziel:	Frist:		Datum:	
1. _____	1. _____			
2. _____	2. _____			
3. _____	3. _____			
Uhrzeit	Dauer	Aktivität	Priorität	Anmerkung
Von ... bis ...				

Zeittagebuch (nach Mackenzie 1995)

Im Protokoll werden anschließend sämtliche Aktivitäten des Tages, deren Zeitpunkt, Dauer sowie ihre Priorität festgehalten; eine Spalte für Anmerkungen dient begleitenden Verbesserungsvorschlägen und Kommentaren. Der Bewertung der Priorität einer Tätigkeit dient eine Skala von 1 bis 4: »Wichtig und dringend« (1), »Wichtig« (2), »Routine« (3) und »Verschwendung« (4).

Die Auswertung des Protokolls folgt auch bei diesem Zeittagebuch einem ähnlichen Fragenkatalog wie oben, der mit den für den Tag gesteckten Zielen beginnt (vgl. Mackenzie 1995, 70 f.).

- Wann wurde die wichtigste Arbeit des Tages durchgeführt?
- Gab es Phasen ungestörter Arbeit und wie lang waren sie?
- In welchem Zeitraum konnte am produktivsten gearbeitet werden?
- Zu wie viel Prozent wurden die festgelegten Ziele des Tages erreicht?
- Wurden die Termine für die Tagesprioritäten eingehalten?
- Wurde jeweils der richtige Zeitpunkt für die Aufgaben gewählt?
- Hätte die Arbeit auf produktivere Weise erledigt werden können?

Fragen zur Auswertung

- Wie viel Zeit nahmen die einzelnen Tätigkeiten in Anspruch?
- Waren dringliche Aufgaben auch wichtige Aufgaben?
- Welche Störungen und Unterbrechungen gab es?
- Waren Störungen wichtiger als die unterbrochene Arbeit?
- Hätte bessere Selbstorganisation Zeit sparen können?
- Wie wurden Übergangs- und Wartezeiten genutzt?
- Gab es übereilt ausgeführte Arbeiten, die wiederholt werden mussten?
- Stand der zeitliche Aufwand einer Tätigkeit in Relation zu ihrer Priorität?
- Welche Routineaufgaben gab es und wie viel Zeit kosteten sie?
- Wie viele fixe Termine mussten berücksichtigt werden?
- Wurden auch Pausen und Erholungszeiten eingelegt?

Die Antworten auf diese Fragen sollen Stärken und Schwächen des bisherigen Zeitmanagement-Verhaltens aufdecken und ein Bewusstsein für eine Anzahl von Schwierigkeiten, die bei einer Zeitplanung auftreten können, schaffen.

Ganz gleich, welche Zeittagebuch-Variante gewählt wird, sollte das Ergebnis in einer **Sensibilisierung für die Problematik realistischer Zeiteinschätzung** sowie für den Umgang mit der eigenen Zeit bestehen. Von dieser Situation ausgehend kann man eine Verbesserung des Zeitmanagements durch die Berücksichtigung seiner grundlegenden Aspekte in Angriff nehmen.

2.3 | Zielsetzung

Eine der wichtigsten Grundlagen guten Zeitmanagements ist die Festlegung von Zielen. Aktivitäten, die auf bestimmte Ziele hinauslaufen, können sinnvoller geplant und gestaltet werden. Dabei ist jedoch zu beachten, dass auch Ziele bestimmte **Merkmale** aufweisen müssen, um effizientes Handeln zu ermöglichen (vgl. für das Folgende Mackenzie 1995, 53 f.; Stickel-Wolf/Wolf 2006, 343; Echterhoff/Neumann 2006, 22 f.):

Merkmale sinnvoller Ziele

Realisierbarkeit: Ziele müssen realistisch und erreichbar sein. Unrealistische Vorstellungen und Wünsche wirken schnell demotivierend und können destruktiven Stress hervorrufen. Häufiges Scheitern kann schließlich zu Frustrationen führen. Zum einen sollte daher immer früh mit der Planung begonnen werden, um einen realistischen Zeitraum für die Erreichung eines Ziels überhaupt erst zu gewährleisten. Zum anderen sollten die Rahmenbedingungen bei der Formulierung eines Ziels gut überprüft und eingeschätzt werden. Hierzu zählen auch Faktoren wie die zur Verfügung stehenden Hilfsmittel und die Grenzen der eigenen Belastbarkeit und Leistungsfähigkeit. Die Einschätzung der Realisierbarkeit ist eine der schwierigsten Aufgaben, die mit wachsender Erfahrung einfacher wird. Studierende sollten sich von anfänglichen

Fehlschlägen daher nicht entmutigen lassen (vgl. Echterhoff/Neumann 2006, 43 f.).

Tipp

> → Bei der Überprüfung der Rahmenbedingungen müssen auch Wechselbeziehungen zwischen verschiedenen Zielen berücksichtigt werden. So ist im Studium darauf zu achten, dass die zeitlichen Dimensionen eines Nebenjobs nicht die universitären Leistungen beeinträchtigen. Gleichzeitig kann eine Stelle als wissenschaftliche Hilfskraft aber auch den Zielen des Studiums dienlich sein.

Herausforderung: Anspruchsvolle Ziele, die eine zu meisternde Herausforderung darstellen, fördern die Motivation und führen zur Weiterentwicklung der eigenen Fähigkeiten (Stickel-Wolf/Wolf 2006, 343).

Klarheit und Spezifität: Während globale Ziele der allgemeinen Orientierung dienen, sollten einzelne Handlungen konkreten Zielvorgaben folgen. Je spezifischer ein Ziel formuliert ist, desto leichter können zweckdienliche Maßnahmen gefunden und umgesetzt werden. Bei Projekten wie beispielsweise einem Referat, einer schriftlichen Arbeit oder der Examensvorbereitung empfiehlt es sich daher, einzelne Teilschritte mit eigenen konkreten Teilzielen zu definieren, die zur Erreichung des Gesamtziels notwendig sind.

Flexibilität: Nicht bei jeder Planung können wirklich alle Faktoren berücksichtigt werden. Treten beispielsweise relevante Veränderungen der Rahmenbedingungen auf, sollten Ziele überprüft und angepasst werden können. Allerdings sollte Flexibilität nicht zu übereilten Reaktionen auf irrelevante Faktoren führen. Gleichfalls darf sie nicht als Ausrede für die Untergrabung von Zeit- und Handlungsplänen missbraucht werden (Mackenzie 1995, 53 f.).

Positive Formulierung: Grundsätzlich können Ziele sowohl positiv als auch negativ formuliert werden, d.h. Handlungen können das Erreichen eines gewünschten oder die Verhinderung eines unerwünschten Zustands bewirken. Da das Studium eine Ansammlung zu bewältigender Herausforderungen darstellt (Referate, schriftliche Arbeiten, Klausuren etc.), sollten auch die Ziele im Studium positiv formuliert werden. Eine solche Formulierung wirkt außerdem motivierend und trägt zu einer leichteren Konkretisierung der Maßnahmen bei (vgl. Echterhoff/ Neumann 2006, 23; Dörner 2007, 75 f.).

Nach der Klärung handlungsleitender Ziele unter Berücksichtigung der genannten Merkmale sollte das Ergebnis schließlich **schriftlich** festgehalten werden. Auf diese Weise wird zum einen das Gedächtnis entlastet, zum anderen kann man jede Handlung ständig auf ihre Zweckmäßigkeit hin überprüfen. Die **schriftliche** Fixierung stärkt auf diese Weise auch die Verbindlichkeit der Ziele und kann als eine Art Vertrag des Studierenden mit sich selbst gesehen werden (vgl. Seiwert 2005, 54).

2.4 | Prioritäten

Bereits das Zeittagebuch sensibilisiert dafür, dass nicht alle Tätigkeiten von gleicher Wichtigkeit und Dringlichkeit sind. Täglich beschäftigen wir uns mit Zielen von unterschiedlicher Bedeutung. Nicht selten kommt es dabei zu einem unverhältnismäßig hohen Aufwand an Zeit und Energie für weniger bedeutsame Aufgaben, während weitaus wichtigere Tätigkeiten häufig vernachlässigt werden (vgl. Mackenzie 1995, 66 f.).

ABC-Methode: Um diesem Problem entgegenzuwirken, sollten daher vor der Erstellung eines Zeitplans die einzelnen Elemente auf ihre Priorität hin überprüft werden. So werden bei der Projektplanung alle Teilschritte und Maßnahmen nach ihrer Bedeutung für das Gesamtprojekt und ihrem Verhältnis zueinander bewertet, während bei der Erstellung eines Tages- oder Wochenplans sämtliche Arbeiten aus allen Bereichen (z. B. Studium, Haushalt und Nebenjob) berücksichtigt werden.

Eine Möglichkeit, diese Aufgaben und Ziele nach Prioritäten zu ordnen, bietet die sogenannte **ABC-Methode** (vgl. Seiwert 2005, 133; Stickel-Wolf/Wolf 2006, 349). Bei dieser Methode werden die gesammelten Posten in drei Gruppen unterteilt:

- Gruppe A (wichtigste Aufgaben/Muss-Aufgaben)
- Gruppe B (wichtige Aufgaben/Soll-Aufgaben)
- Gruppe C (weniger wichtige Aufgaben)

Entscheidend ist, Wichtigkeit und Dringlichkeit nicht zu verwechseln.

Das Ergebnis der Prioritätenverteilung sieht bei einem Tagesplan in der Regel wie folgt aus: Nimmt man den Zeitaufwand für die Aufgaben in den Blick, so machen A-Aufgaben zahlenmäßig meist nur 15 bis 20 % der anstehenden Arbeiten aus, ebenso wie B-Aufgaben, während sich die Zahl der C-Aufgaben oft auf etwa 60 % beläuft (vgl. Seiwert 2005, 133). Häufig verleitet dieses Verhältnis zu einer entsprechenden Zeitverteilung, obwohl man sich gerade den Aufgaben von höchster Priorität wesentlich länger widmen sollte als den anderen.

Eisenhower-Prinzip: Eine der ABC-Methode ähnliche Form der Prioritätenanalyse, in der jedoch der Faktor der Dringlichkeit transparent berücksichtigt wird, ist die Einteilung nach dem so genannten Eisenhower-Prinzip (benannt nach dem amerikanischen Präsidenten, der die Methode ebenfalls angewendet haben soll). Diese Methode stuft Aufgaben nach folgendem Raster in vier Bereiche ein:

Eisenhower-Prinzip (nach Stender-Monhemius 2006, 8)

Wichtigkeit ↑ hoch	B – Aufgaben	A – Aufgaben
niedrig	D – Aufgaben	C – Aufgaben
	niedrig	hoch
	Dringlichkeit →	

A-Aufgaben haben auch in diesem Modell die absolute Priorität und müssen sofort in Angriff genommen werden. B-Aufgaben sind ebenfalls wichtig und sollten strategisch geplant und bereits fest terminiert werden, während den C-Aufgaben hinsichtlich der Wichtigkeit eine vergleichsweise geringe Bedeutung zukommt. In der Geschäftswelt werden letztere oft delegiert. Da dies im Studium nur selten möglich ist, sollte stattdessen überprüft werden, wann sich solche Aufgaben ohne großen Aufwand erledigen lassen oder ob sie sogar durch effizienteres Planen reduziert werden können.

> → Für schriftliche Arbeiten und Referate lohnt es sich beispielsweise, eine Formatvorlage nach den Vorgaben des jeweiligen Instituts zu erstellen. Damit kann die Wiederholung einer lästigen C-Aufgabe vermieden werden. Gleichermaßen kann während des Schreibens Zeit gespart werden, wenn längere Fachbegriffe in die Liste der Autovervollständigung aufgenommen oder Funktionen und Befehle nicht per Mausklick, sondern über Tastenkombination eingegeben werden.

Tipp

Die letzte Gruppe, die der D-Aufgaben, hat die geringste Priorität und wird nach dem ursprünglichen Modell des Präsidenten dem Papierkorb anvertraut. Allerdings ist zu bedenken, dass auch D-Aufgaben zu C-Aufgaben aufrücken können, sollte ihre Dringlichkeit mit der Zeit wachsen. Insofern müssen auch diese Aufgaben in der langfristigen Planung berücksichtigt werden (vgl. Stender-Monhemius 2006, 7 f.).

Bei Projekten bietet die Einstufung nach Prioritäten zudem die Möglichkeit, bei zeitlichen Engpässen handlungsfähig zu bleiben und schnell zu entscheiden, welche Aufgaben und Beschäftigungen zuerst wegfallen können. So sollte man beispielsweise, wenn während der Examensvorbereitung die Zeit knapp wird, besser die Grundaspekte der Hauptthemen mit der höchsten Priorität behandeln, statt Nebenaspekte eines anderen Themas weiter zu vertiefen.

2.5 | Zeitplanung

Bei der Zeitplanung ist zwischen **langfristigen Projekten**, **Tagesplänen** und Plänen für spezielle Arbeitsphasen wie beispielsweise intensive **Lernphasen** zu unterscheiden.

Langfristige Projekte sollten früh geplant werden, um alle Faktoren des Zeitmanagements berücksichtigen zu können und zeitliche Engpässe zu vermeiden. Nach der Festlegung des Gesamtziels sollte das Projekt in einzelne Etappen mit eigenen Zielen unterteilt werden (s. Kap. 3). Für diese Unterteilung empfiehlt sich die aus der Problemlösungstheorie

Langfristige Projekte

stammende **Rückwärtsplanung** (vgl. Dörner 2007, 237 f.). Im Gegensatz zur natürlichen Vorwärtsplanung, bei der in Teilschritten vom Ausgangspunkt aus geplant wird, beginnt die Strategie der Rückwärtsplanung bei einem vorher **festgelegten Endpunkt** beziehungsweise einem erwünschten Endzustand. Von diesem ausgehend wird rückwärts überlegt, welcher letzte Arbeitschritt zu diesem Ziel nötig wäre. Daraufhin folgt die Planung für die Voraussetzung dieses Schrittes. Der Vorgang wird schließlich bis zur Ausgangssituation wiederholt. Auf diese Weise können alle erforderlichen Ziele und Maßnahmen und ihre Priorität ermittelt werden. Sind die Etappen geklärt, erfolgt auf der Grundlage eigener Erfahrungen und der Analyse der projektspezifischen Rahmenbedingungen eine erste grobe Schätzung des zeitlichen Aufwands der einzelnen Phasen sowie des Gesamtprojekts.

Anschließend wird die benötigte Zeit unter Berücksichtigung von Puffern (40 %–50 % der Arbeitszeit) und freien Tagen mit der zur Verfügung stehenden Zeit verglichen. Sollte es sich ergeben, dass letztere kürzer als die Gesamtzeit des Projekts ist, müssen die Teilschritte erneut auf ihre Relevanz überprüft, entsprechend gekürzt, abgewandelt oder gar gestrichen werden (vgl. Echterhoff/Neumann 2006, 56 f.). Auch wenn kein von außen vorgegebener Termin besteht, sollte ein eigener Zeitpunkt für die Fertigstellung bestimmt werden, um arg ausgedehnte Arbeitsphasen zu vermeiden, die nicht selten demotivierend wirken und im schlimmsten Fall sogar zum Scheitern des Projekts führen.

Erstellung von Tagesplänen: Wie bei der Planung von Projekten muss auch hierbei der zeitliche Aufwand jeder Tätigkeit geklärt werden. Zusätzlich ist auch der jeweils günstigste Zeitpunkt für ihre Durchführung von Interesse. Dieser richtet sich nach der Priorität der einzelnen Aktivität und der **persönlichen Leistungsfähigkeit**.

Täglich durchläuft jeder Mensch verschiedene Phasen der Konzentrations- und Leistungsfähigkeit, auf die die Tätigkeiten abgestimmt werden sollten. Zwar ist jede **Leistungskurve** individuell verschieden; einen vorläufigen Anhaltspunkt bietet jedoch die auf Statistiken beruhende REFA-Normkurve (nach Seifert 2005).

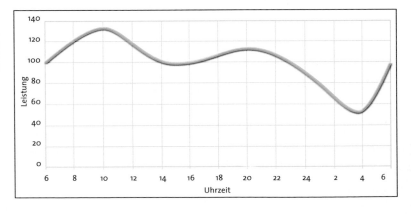

Demnach ist der Mensch im Durchschnitt am Vormittag zwischen ca. 7 und 13 Uhr am leistungsfähigsten, wenn wichtige innere Organe wie Bauchspeicheldrüse und Herz aktiv arbeiten und den Kreislauf in Schwung bringen. Doch bereits über Mittag nimmt die Müdigkeit zu und der Körper fordert eine erste Ruhephase. Am Nachmittag steigt die Leistungskurve erneut, wenn sie auch das Hoch des Vormittags nicht mehr erreicht. Diese zweite der Konzentration förderliche Phase liegt etwa zwischen 16 und 23 Uhr. Danach sinkt die Kurve in der Regel unter das durchschnittliche Tagesniveau ab.

Bei der Erstellung einer persönlichen Leistungskurve kann es durchaus zu größeren Abweichungen der individuellen Werte vom statistischen Durchschnitt kommen. Dies ist vor allem bei Menschen zu erwarten, die erst am Abend zur Höchstform auflaufen (vgl. Uhlig 2005, 54 f.).

Die hier beschriebenen Schwankungen sollten wenn möglich in die tägliche Zeitplanung aufgenommen und die wichtigsten und anspruchsvollsten Arbeiten in Phasen höchster Konzentrationsfähigkeit erledigt werden. Weitere leistungsstarke Stunden dienen der Erledigung von B-Aufgaben, während typische C-Aufgaben meist weniger Konzentration verlangen.

→ Obwohl Abendmenschen zwischen 20 und 23 Uhr ihr Tageshoch durchlaufen, empfiehlt es sich auch für sie, wichtige A-Arbeiten bereits am Vormittag zu erledigen, während die Kurve sich über dem Tagesdurchschnitt bewegt. Dies ist sinnvoll, da erledigte Aufgaben motivieren, während aufgeschobene A-Aufgaben Arbeitsblockaden auslösen können.

Tipp

Schließlich sollte für die Aufgaben ihren Prioritäten entsprechend ausreichend Arbeitszeit eingeplant werden. Als Faustregel gilt, dass umgekehrt zu ihrem zahlenmäßigen Anteil an den insgesamt anstehenden Aktivitäten A-Aufgaben mindestens 65 % der zur Verfügung stehenden Zeit zugedacht werden sollten (vgl. Seiwert 2005, 133 f.). Dies bedeutet ebenfalls, dass bei realistischer Kalkulation meist nicht mehr als zwei bis drei davon am Tag gründlich und stressfrei bearbeitet werden können.

Für B-Aufgaben umfasst der empfohlene Aufwand nach derselben Faustregel ca. 20 % der gesamten Arbeitszeit und für C-Aufgaben schließlich nicht mehr als 15 % (vgl. ebd.). Diese Werte schließen die jeweiligen Pausen (s. Abschnitt 6) und Puffer bereits mit ein. Letztere dienen dazu, unvorhergesehene Störungen oder unerwartet zeitintensive Arbeitsabläufe abzufedern (vgl. Stickel-Wolf/Wolf 2006, 130). Generell wird empfohlen, dass 40 % bis 50 % der Arbeitszeit über den Tag verteilt als **Puffer** frei gehalten werden. Für Projekte gilt Entsprechendes (vgl. Echterhoff/Neumann 2006, 36).

Eine besondere Zeit während des Studiums stellen Phasen intensiver Prüfungsvorbereitung dar. Nicht selten scheinen nur noch A-Aufgaben zu existieren, die die gesamte Arbeitszeit in Anspruch nehmen. Doch auch hier gilt es, bereits bei der Planung konsequent zu bleiben und das wirklich Wichtige vom weniger Wichtigen zu trennen.

Lernphasen: Bei deren Planung sollte man außerdem die positive Wirkung von regelmäßigen Pausen (s. Abschnitt 6) berücksichtigen und auf einen gewissen Grad der Abwechslung des Lernstoffes und der Lerntechniken achten, um den Lernprozess zu erleichtern (vgl. Dahmer 2003, 186 f.; s. Kap. 10).

Des Weiteren ist es sinnvoll, die persönliche Leistungskurve besonders bei der Planung von Lerntagen zu beachten und Lerneinheiten ihren Prioritäten und Anforderungen an die Konzentrationsfähigkeit entsprechend auf den Tag zu verteilen. Im Allgemeinen ist es ratsam, auch bei Prüfungsvorbereitungen nicht mehr als zehn Stunden am Tag zu arbeiten (Dahmer 2003, 190).

2.6 | Pausen

Gutes Zeitmanagement zeichnet sich zu einem wesentlichen Teil auch durch die **sinnvolle Planung von Pausen** aus. Sie garantieren den Erhalt der Leistungsfähigkeit über den Tag hinweg und spielen eine wichtige Rolle bei mentalen Lernprozessen. Wird in längeren Arbeitsphasen auf Pausen verzichtet, kommt es schnell zu einem frühzeitigen Absinken der Konzentrations- und Leistungsfähigkeit (vgl. Dahmer 1998, 191). Um dem entgegenzuwirken, empfiehlt sich folgende Pausenregelung zur Orientierung:

Bereits nach 40 bis 60 Minuten einer Arbeitsphase sollte eine erste kurze Pause von etwa drei bis fünf Minuten eingelegt werden. Nach insgesamt anderthalb bis zwei Stunden ist zusätzlich eine zehn- bis fünfzehnminütige Erholungspause erforderlich. In dieser Zeit sollte auch der Arbeitsraum gut gelüftet werden. Spätestens nach vier Stunden ist es Zeit für eine längere Entspannungspause von einer halben bis einer Stunde. Sie sollte dem leiblichen Wohl dienen und beispielsweise für ein ruhiges Mittagessen, eine entspannende Siesta oder für Sport genutzt werden. Wichtig ist hierbei, dass sich die Pausentätigkeit klar von der vorherigen Arbeit unterscheidet, um ein Abschalten zu ermöglichen (vgl. Esselborn-Krumbiegel 2006, 58).

Wie die Leistungsfähigkeit von Mensch zu Mensch schwankt, unterscheidet sich auch das optimale Pausenverhalten. Daher ist es empfehlenswert, einen **persönlichen Pausenrhythmus** zu finden. Dabei sollte jedoch immer der Grundsatz beachtet werden, Pausen präventiv einzusetzen und nicht erst, wenn Müdigkeit und Erschöpfung eintreten (vgl. Dahmer 1998, 191 f.).

In Lernphasen sind Pausen besonders wichtig. Sie sind nötig für die postmentale Verarbeitungsphase. Daher sollten Lerneinheiten durch kurze störungsfreie Pausen von mindestens drei bis fünf Minuten klar abgegrenzt werden. Wird dies missachtet, kann es durch die zeitliche Nähe verschiedener Lerninhalte zu einer Lernhemmung kommen, der sogenannten Intervallhemmung (vgl. Dahmer 1998,186 f.).

Generell gilt, je anstrengender der Lernstoff oder die Arbeitsphase, desto mehr Pausen sollten eingelegt werden, die im Ganzen **20 % der gesamten Arbeitszeit** jedoch nicht überschreiten sollten (Dahmer 1998, 190). Darüber hinaus sollte man sich grundsätzlich einen Tag pro Arbeitswoche frei nehmen.

2.7 | Ergebniskontrolle

Die Erstellung von Zeitplänen kann nicht allein auf der Einhaltung bestimmter Prinzipien fußen, sondern ist immer auch eine Frage der Erfahrung. Aufgrund der Vielfalt der zu berücksichtigenden Faktoren und manchmal unvorhersehbarer Entwicklungen muss bei jeder Zeit- und Projektplanung mit Fehlern und Misserfolgen gerechnet werden (vgl. Echterhoff/Neumann 2006, 39 f.). Diese Erfahrungen sollten jedoch zur steten Verbesserung und Kompetenzerweiterung genutzt werden. Daher werden Zeit- und Projektpläne mit einer Ergebniskontrolle und Überprüfung der einzelnen Arbeitsabschnitte sowie einer Analyse der Ursachen aufgetretener Fehler abgeschlossen. Hierbei helfen erneut die Leitfragen der Zeittagebuchanalyse (s. Abschnitt 2). Gleichzeitig sollte die letzte Phase der Überprüfung dazu genutzt werden, die seit den vorherigen Zeitplänen bereits erreichten Verbesserungen herauszustellen und sich so die eigenen Fortschritte im Zeitmanagement bewusst zu machen, die einen zusätzlichen Erfolg über die abgeschlossene Arbeit hinaus darstellen.

2.8 | Hinweise und Empfehlungen

Nicht selten ist zu beobachten, dass der Einsatz von Zeitmanagement-Methoden nach einem anfänglichen Enthusiasmus bald wieder aufgegeben wird (vgl. Klein et al. 2003, 166; Covey 2003, 9 f.). Dies kann möglicherweise auf zu große Demotivation durch Misserfolge, auf falschen Umgang mit Fehlern oder auf mangelnde Disziplin und Tendenzen zur Prokrastination zurückgeführt werden. Man sollte jedoch bedenken, dass wie bei jeder anderen **Verhaltensänderung** ein längerer Lernprozess notwendig ist. Willen und theoretisches Wissen allein reichen nicht aus. Vielmehr müssen neue Methoden in einer längeren Übergangsphase praktisch eingeübt werden, wobei ihre Anwendung durch die Analyse von Fehlern ständig verbessert werden sollte (vgl. Kanfer/Schmelzer 2005, 90f.).

Daher ist es ratsam, Zeitmanagementtechniken an kleinen Projekten wie beispielsweise einem Referat oder einer schriftlichen Arbeit auszuprobieren.

Literatur

Boeglin, Martha (2007): Wissenschaftlich arbeiten Schritt für Schritt. Gelassen und effektiv studieren. München: UTB/Fink.

Covey, Stephen/Roger, Merril und Rebecca (⁵2003): Der Weg zum Wesentlichen. Zeitmanagement der vierten Generation [1994]. Frankfurt a.M.: Campus.

Dahmer, Hella und Jürgen (1998): Effektives Lernen [1991]. Bindlach: Gondrom.

Dörner, Dietrich (2007): Die Logik des Misslingens. Strategisches Denken in komplexen Situationen [1989]. Hamburg: Rowohlt.

Esselborn-Krumbiegel, Helga (2006): Leichter lernen. Strategien für Prüfung und Examen. Paderborn: UTB/Schöningh.

Hoff Macan, Therese/Shahani, Comila et al. (1990): »College Students Time Management: Correlations With Academic Performance and Stress«. In: Journal of Educational Psychology 82 (4), 760–768.

Kanfer, Frederick H./Schmelzer, Dieter (2005): Wegweiser Verhaltenstherapie. Psychotherapie als Chance. Berlin/Heidelberg: Springer Medizin.

Klein, Stephan/König, Cornelius J./Kleinmann, Martin (2003): »Sind Selbstmanagement-Trainings effektiv?«. In: Zeitschrift für Personalpsychologie 2 (4), 157–168.

Mackenzie, Alec (1995): Die Zeitfalle [1991]. Heidelberg: Sauer.

Seiwert, Lothar J. (2005): Mehr Zeit für das Wesentliche. Besseres Zeitmanagement mit der Seiwert-Methode [2000]. Frankfurt a.M.: Redline Wirtschaft.

Stender-Monhemius, Kerstin (2006): Schlüsselqualifikationen: Zielplanung, Zeitmanagement, Kommunikation, Kreativität. München: DTV.

Uhlig, Beatris (2005): Karrierefaktor Zeitmanagement. Freiburg i.Br.: Haufe.

Empfohlene Literatur

Echterhoff, Gerald/Neumann, Birgit (2006): Projekt- und Zeitmanagement. Strategien für ein erfolgreiches Studium. Stuttgart: Klett.

Stickel-Wolf, Christine/Wolf, Joachim (2006): Wissenschaftliches Arbeiten und Lerntechniken. Erfolgreich studieren – gewusst wie [2001]. Wiesbaden: Gabler.

Simone Falk

3. Projektmanagement

3.1   Der Prüfstein ›Projektmanagement‹
3.2   Was ist ein Projekt?
3.3   Was ist Projektmanagement?
3.4   Grundformen und -werkzeuge des Projekt-
      managements
3.5   Wozu Projektmanagement?
3.6   Die neun Wissensgebiete des Projekt-
      managements

3.1 | Der Prüfstein ›Projektmanagement‹

»Fürs Gelingen wie fürs Misslingen gibt es eine Logik«, betitelt der international führende Management-Experte Fredmund Malik einen Artikel, in dem er zunehmende Komplexität als die bestimmende Größe des 21. Jahrhunderts identifiziert. Diese neue Komplexität betrifft laut Malik alle gesellschaftlichen Institutionen und bedeutet gegenüber dem 20. Jahrhundert einen kategorialen Wandel, der neue Bewältigungs-strategien erfordert. Solche Strategien zu entwickeln und anzuwenden wird für beruflichen Erfolg in Zukunft von zentraler Bedeutung sein – egal in welchem Bereich: »Wer besser mit Komplexität umgehen kann und besonders wer sie zu nutzen versteht, wird in allen Dimensionen des Wettbewerbs überlegen sein. Das Meistern von Komplexität ist das Erfolgsrezept der neuen Zeit« (Malik 2008). Zugleich hat in den letz-ten Jahren die Durchführung sogenannter ›Projekte‹, bei denen es sich definitionsgemäß um komplexe Vorhaben handelt, in Institutionen und Organisationen aller Art geradezu inflationär zugenommen. **Der Begriff ›Projekt‹** ist in aller Munde.

Die Leitung solcher Projekte zu übernehmen, gilt insbesondere in Wirtschaft und Industrie als Chance zum Karrieresprung, aber auch als besonderer Prüfstein auf dem Weg nach ›oben‹, denn: »Projekte laufen niemals wie geplant« (Dorau 2006). Die Devise ›mach mal‹ kann hier, wie die Wirtschaftsjournalistin Ute Dorau (ebd.) zu bedenken gibt, ver-heerende Auswirkungen haben. Wer diese vermeiden will, muss die Logik von Gelingen und Misslingen von Anfang an durchschauen und entsprechende Maßnahmen treffen. Um dies zu gewährleisten, bietet es sich an, auf die vielfach bewährten Prinzipien und **Werkzeuge des sogenannten ›Projektmanagements‹** zurückzugreifen. Egal in welcher Sparte, gutes Projektmanagement greift überall. Bereits im Studium lässt es sich gewinnbringend anwenden und dabei zugleich für den späteren beruflichen Gebrauch trainieren. Was aber ist ein ›Projekt‹

überhaupt, was bedeutet ›Projektmanagement‹ und was sind die Grundlagen erfolgreicher Projektarbeit?

3.2 | Was ist ein Projekt?

Der Begriff ›Projekt‹ bezeichnet im Unterschied zu routinemäßigen Aufgaben neuartige, komplexe und einmalige Vorhaben, deren Umsetzung mit einem relativ hohen Aufwand verbunden ist. Bei einem Projekt gilt es, innerhalb eines begrenzten Zeitrahmens ein bestimmtes Ziel zu erreichen, ohne dass der Weg zu diesem Ziel bereits bekannt wäre. Die Zeit sowie die personellen und finanziellen Ressourcen, die hierfür zur Verfügung stehen, sind definitionsgemäß begrenzt. Die Umsetzung des Projektes beinhaltet daher ein gewisses Risiko, zumal von einem Projekt nur dann die Rede sein kann, wenn Erfolg oder Misserfolg mit weitreichenden Konsequenzen verbunden sind. Die Definition eines Projektes ergibt sich somit aus sechs typischen Merkmalen (vgl. Echterhoff/Neumann 2006, 9):

Merkmale
eines Projekts

- Komplexität
- Neuartigkeit/Risiko
- relativ hoher Aufwand
- Unsicherheit bezüglich der Mittel der Zielerreichung
- begrenzte Ressourcen
- hohe Bedeutung von Erfolg oder Misserfolg

Diese Merkmale treffen auf alle möglichen Projektgebiete und Projekte zu, sei es in der Wirtschaft, in der Industrie, in NGOs (non-governmental organisations) oder im Kultursektor. Projektmanagement ist keineswegs auf seinen klassischen Einsatzbereich in der kommerziellen Wirtschaft beschränkt: In praktisch allen akademischen Berufsfeldern, sei es »im Sozial-, Bildungs-, Umwelt- oder Kulturbereich« (Stöger 2007, IX), geht es in der einen oder anderen Weise um die Durchführung von Projekten. Auf dem Gebiet der Kultur ist Projektmanagement etwa bei der Organisation von Ausstellungen, Film- oder Musikfestivals und Konzertreihen gefragt, und im universitären Bereich sind in diesem Zusammenhang wissenschaftliche Konferenzen oder Buchprojekte zu nennen. In den Natur- und Lebenswissenschaften lassen sich die Prinzipien des Projektmanagements beispielsweise bei der Entwicklung und Umsetzung von neuen Versuchsreihen gewinnbringend anwenden, und Gesellschaftswissenschaftler/innen können etwa bei der Neukonzeption und Durchführung von Meinungsumfragen davon profitieren. Selbst das Universitätsstudium lässt sich als Projekt begreifen, das wiederum aus verschiedenen Teilprojekten wie Referaten, Klausuren, mündlichen Prüfungen sowie Seminar- und Abschlussarbeiten besteht (vgl. Echterhoff/Neumann 2006). Die Grundsätze des Managements zu bedenken kann in all diesen Fällen von entscheidendem Vorteil sein.

3.3 | Was ist Projektmanagement?

3.3.1 | Das ›magische Dreieck‹ des Projektmanagements

Gutes Management besteht im Wesentlichen darin, »lohnende *Ziele* auf *effiziente* Weise zu erreichen« (Echterhoff/Neumann 2006, 13). Es geht also nicht darum, irgendwann an irgendeinem beliebigen Ziel anzukommen, sondern sich solche Ziele zu setzen, die zu erreichen es sich lohnt. Der Weg zum Ziel sollte dabei so geradlinig wie möglich gewählt, Zeit sowie materielle, finanzielle und psychische Ressourcen sollten gering gehalten und optimal genutzt werden. Leistung/Qualität, Kosten/Aufwand und Zeit bilden die drei Eckpunkte im sogenannten ›magischen Dreieck‹ des Projektmanagements (vgl. Aichele 2006, 26):

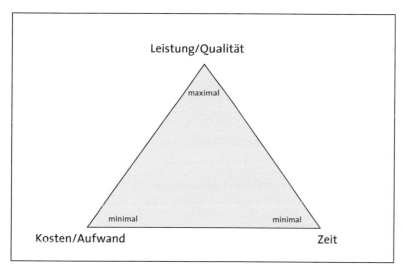

Das ›magische Dreieck‹ des Projektmanagements

Mit einer minimalen Investition von Kosten/Aufwand und Zeit sollten maximale Leistung und Qualität erzielt werden. Um dies sicherzustellen, sollten bei den Positionen ›Aufwand‹ (Finanzmittel, Personal) und ›Zeit‹ stets genügend Reserven eingeplant werden, damit ein unvorhergesehener Mehraufwand die erfolgreiche Durchführung eines Projektes nicht gefährdet.

3.3.2 | Die fünf Phasen des Projektmanagements

Wie bereits das ›magische Dreieck‹ impliziert, spielt sich Projektmanagement im Wesentlichen auf zwei Ebenen ab: der Produktebene und der Projektebene. Auf der **Produktebene** geht es um die Inhalte des Projekts und deren Qualität. Auf der **Projektebene** werden die

Rahmenbedingungen (Beschaffung und Verteilung der Ressourcen, Wirtschaftlichkeit) sichergestellt und die Interaktion zwischen den verschiedenen Prozessen des Projekts, den Mitarbeitern und der Leitung geregelt (vgl. Nausner 2006, 105 f.). Im Unterschied zu Unternehmen, die eine hierarchische Struktur aufweisen, sind Projekte in erster Linie nach Aufgabenbereichen sowie einzelnen, zeitlich und inhaltlich definierten Aufgaben gegliedert, die wiederum innerhalb des sogenannten ›**Projektlebenszyklus**‹, also der Gesamtdauer des Projektes von dessen Start bis zu seinem Abschluss, bestimmten Phasen zugeordnet sind.

Die Umsetzung eines Projektes mithilfe der Prinzipien des Managements verläuft grundsätzlich in fünf verschiedenen Phasen: Definition, Konzeption, Spezifikation, Realisation, Implementierung (ebd., 115). Daraus ergibt sich folgendes **Phasenmodell des Projektmanagements:**

Die fünf Phasen des Projekt-managements (vgl. Nausner 2006, 115)

Um zu begreifen, welche Vorgänge die Umsetzung eines Projektes mit sich bringt, sollte man sich zunächst die Bedeutung dieser Phasen bewusst machen:

1. In der Definitionsphase wird die Projektidee konkretisiert, wobei es auch die spezifischen Anforderungen und mögliche Probleme zu bedenken gilt.
2. In der Konzeptionsphase geht es darum, verschiedene Lösungsvarianten abzuwägen und Lösungswege zu finden. Im Zuge von »Optimierungsprozesse[n] zur Ermittlung des besten Lösungsansatzes« (ebd.) greifen professionelle Projektmanager in dieser Phase gerne auf die Ergebnisse sogenannter ›*feasibility studies*‹ zurück, auf Studien also, welche die Machbarkeit und den Nutzen eines bestimmten Projektes untersuchen. Erst am Ende dieser Phase wird entschieden, ob das Projekt umgesetzt werden soll oder nicht.
3. Die Spezifikationsphase dient dazu, das Projekt weiter zu konkretisieren und zu planen, wie es genau realisiert werden soll. Dies bedeutet, dass – bei größeren Projekten – die Voraussetzungen bezüglich der finanziellen, personellen und materiellen Ausstattung geklärt, einzelne Teilleistungen bei Bedarf ausgeschrieben und gegebenenfalls Kooperationsverträge mit anderen Partnern geschlossen werden.
4. In der Realisierungsphase wird die vorangegangene Planung des Projektes umgesetzt. Je nach Vielschichtigkeit können dabei verschiedene Vorgänge einander zeitlich überlagern und auf vielfältige Weise miteinander verbunden sein. Hierbei gilt es daher unter Umständen nicht nur die drei Eckpunkte des ›magischen Dreiecks‹ (Leistung/Qualität, Aufwand/Kosten und Zeit) zu überwachen, sondern auch die verschiedenen Vorgänge miteinander zu koordinieren. Dieses sogenannte ›Projektcontrolling‹ ist umso wichtiger, als die Über-

wachung häufig Abweichungen von der Planung ergibt, die ausgeglichen werden müssen.

5. Die Implementierungsphase schließlich bezeichnet den Abschluss des Projektes und beinhaltet vor allem dessen Dokumentation, die Präsentation seiner Ergebnisse sowie seine Auswertung (vgl. Nausner 2006, 117).

Um das Wissen über die eben skizzierten Vorgänge zu vertiefen und Lösungswege für komplexere Projekte – etwa für ein ganzes Universitätsstudium – aufzuzeigen, sei daher nun auf die wesentlichen Grundformen und ›Werkzeuge‹ des Projektmanagements eingegangen.

3.4 | Grundformen und -werkzeuge des Projektmanagements

Um die Planung zu erleichtern und einen möglichst reibungslosen Projektablauf zu gewährleisten, bedient sich das Projektmanagement einer Reihe von Tools, mithilfe derer sich die Untergliederung sowie der geplante Ablauf des Projektes graphisch darstellen und systematisieren lassen. Je größer und komplexer ein Projekt ist, desto wichtiger und schwieriger ist es, die einzelnen damit verknüpften Vorgänge stets übersichtlich und kontrollierbar zu halten. Übersicht und Kontrolle über Abläufe, Zeit- und Kostenaufwand sowie Ergebnisse besitzen für erfolgreiches Projektmanagement jedoch höchste Priorität. Daher sind für die erfolgreiche Umsetzung eines Projektes vor allem **drei Grundformen der Projektgestaltung** maßgeblich (vgl. Nausner 2006, 107 ff.):

- **Fragmentierung:** Zerlegung des Projekts in Einheiten/Aufgaben bzw. Arbeitspakete
- **Temporalisierung:** Zuweisung bestimmter Zeitfenster zu bestimmten Arbeitspaketen
- **Fraktalisierung:** Bildung komplexer Strukturen mithilfe selbstähnlicher Formen bzw. Organisationsbausteine

Grundformen der Projektgestaltung

3.4.1 | Fragmentierung

Der Begriff der Fragmentierung bezieht sich auf die »Aufteilung und Strukturierung von Vorhaben in logische ›Bausteine‹« (ebd., 107). Das aufgrund seiner Komplexität nur schwer überschaubare Projekt wird zunächst in verschiedene Bereiche, Einheiten, Aufgaben und Vorgänge bzw. Arbeitspakete zerlegt, die es klar voneinander abzugrenzen gilt. Das wichtigste Tool stellt in diesem Zusammenhang der sogenannte **Projektstrukturplan (PSP)** dar. Der Projektstrukturplan bildet »die zentrale Grundlage für die gesamte Projektplanung und Steuerung«

(ebd., 108), denn er ermöglicht es, die einzelnen Teilaufgaben und Maßnahmen innerhalb eines Projektes zu erfassen, zu beschreiben und systematisch darzustellen. Zwar unterscheidet man grundsätzlich zwischen ablauforientierten, funktionsorientierten und objektorientierten Projektstrukturplänen, doch werden diese Typen oft miteinander vermischt (vgl. ebd.). Strukturiert man etwa ein BA-Studium nach den Fächern und den einzelnen Modulen in der erforderlichen Reihenfolge, so ergibt sich folgender ablauforientierter Projektstrukturplan:

Projektstruktur-
plan am Beispiel
der Module
eines Studiums

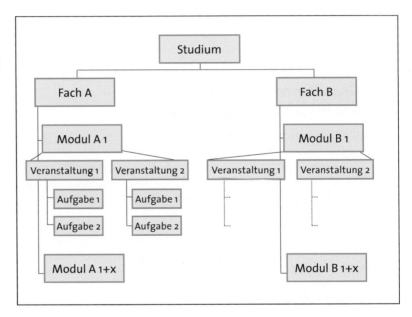

Die einzelnen Komponenten bzw. Arbeitspakete des komplexen Projektes ›Studium‹ lassen sich auf diese Weise übersichtlich strukturieren und darstellen. Der Überblick, den ein solcher Plan ermöglicht, ist die Grundvoraussetzung für eine gelungene Studienplanung und damit für einen erfolgreichen und zügigen Abschluss des Studiums. Analog gilt dies jedoch auch für jedes andere Projekt inner- und auch außerhalb des Studiums.

Tipp

→ Bei komplexeren Vorhaben, sei es ein Studium, eine Seminararbeit oder die Organisation einer Konferenz, sollte man stets einen Strukturplan erstellen. Auf diese Weise lässt sich vermeiden, dass man wichtige Aspekte zum falschen Zeitpunkt in Betracht zieht oder gar vergisst (s. Kap. 2).

3.4.2 | Temporalisierung

Ist das Projekt in einzelne Vorgänge und Maßnahmen gegliedert und übersichtlich strukturiert, gilt es die Ablauf- und Terminplanung in Angriff zu nehmen und die frühest-/spätestmöglichen Start- und Endpunkte der einzelnen Vorgänge zu bestimmen. Bei weniger komplexen Vorhaben reicht eine einfache Terminliste, aus der die Vorgänge sowie deren Anfangs- und Endpunkte hervorgehen. Vielschichtigere Projekte lassen sich mithilfe von einfachen und vernetzten Balkenplänen (leicht zu erstellen mit dem Programm ›Microsoft Project‹) oder von Netzplänen darstellen.

Balkenpläne bestehen aus einer vertikalen Achse, welche die einzelnen Vorgänge abbildet, und einer horizontalen Achse, die den Zeitverlauf nachzeichnet. Durch das Eintragen horizontaler Balken parallel zur Zeitachse lässt sich genau abbilden, wie lange ein Vorgang dauert. Durch Vernetzungen zwischen diesen Balken können außerdem die Abhängigkeiten zwischen den einzelnen Vorgängen zur Darstellung gebracht werden.

→ Mit Microsoft Office Project steht ein Programm zur Verfügung, mit dem sich Balkenpläne vergleichsweise einfach und zuverlässig erstellen lassen. Einer der Vorteile dieses Programms ist, dass sich bei Änderungen automatisch alle Elemente verschieben, die davon betroffen sind, was unvorhergesehene Fehler vermeiden hilft; auch Probleme (beispielesweise die Faktoren, die eine Terminänderung herbeiführen) lassen sich so besser auf ihre Ursache zurückverfolgen oder umgehen. Außerdem können mit dem Programm ›Was-wäre-wenn-Szenarien‹ erstellt werden, durch die sich sämtliche Auswirkungen möglicher Änderungsvorgänge erfassen lassen.

Tipp

Netzpläne sind deutlich komplizierter. Sie basieren auf der mathematischen Grundlage der Graphentechnik und stellen die Abläufe sowie die Abhängigkeiten innerhalb eines Projektes graphisch dar. Netzpläne sind jedoch nur bei besonders umfangreichen und zeitlich kritischen Projekten nötig und hier daher nicht weiter von Interesse.

Tipp
→ Bei der Zeitplanung sollte stets ein zusätzlicher Puffer veran-
schlagt werden; die Faustregel ist eine **Zeitaufteilung von 60 : 40**,
d.h. von 100 % der Zeit werden nur 60 % verplant. Muss auf eine
Maßnahme mehr Zeit verwendet werden als ursprünglich gedacht,
gewährleistet diese Pufferzeit, dass dadurch nicht gleich der
gesamte Zeitplan aus den Fugen gerät.

3.4.3 | Fraktalisierung

Der Begriff ›Fraktal‹ (lat. *fractus*: gebrochen) stammt aus der Geome-
trie und wurde 1975 von dem Mathematiker Benoît Mandelbrot geprägt.
Er bezeichnet Gebilde oder geometrische Muster, die sich durch einen
hohen Grad an Selbstähnlichkeit auszeichnen. Der Terminus ›Selbstähnlichkeit‹ wiederum besagt, dass sich ein Gegenstand, Körper o. Ä. aus
Strukturen zusammensetzt, die seiner Gesamtstruktur stark ähneln.
Die Merkmale und Funktionen der Teile entsprechen also denen des
Ganzen. Die Gesamtstruktur wird dadurch sehr überschaubar, da sich
einzelne selbstähnliche Fraktale oder ›Bausteine‹ auf mehreren Ebenen
wiederfinden. Wie nun kommt hier das Projektmanagement ins Spiel?

Im Kontext des Projektmanagements bedeutet ›Fraktalisierung‹, dass
größere **Projekte oder Aufgaben in kleinere Projekte oder Aufgaben zerlegt** werden, diese jedoch die gleiche Struktur aufweisen. Das Projekt
›Studium‹ etwa erscheint auf den ersten Blick geradezu abschreckend
unübersichtlich, lässt sich aber in weitere Projekte untergliedern. Es
besteht aus einem oder mehreren Fächern, und diese setzen sich jeweils
aus mehreren Modulen und Veranstaltungen zusammen, die sich ein
weiteres Mal in Teilprojekte wie Referate, Seminararbeiten oder Klausuren zerlegen lassen. Die Prinzipien und Tools des Projektmanagements
können auf all diese Teilprojekte in gleichem Maße angewendet werden.
Die Verfahrensweise ist dabei stets die gleiche: Jedes Mal werden die
fünf Phasen des Managements durchlaufen – egal, ob es sich um die
Planung des gesamten Studiums oder die Planung eines Kurzreferates
handelt. Das Verfahren der Fraktalisierung erhöht daher nicht nur die
Übersichtlichkeit des Gesamtprojekts, sondern lässt es aufgrund der
Aufteilung in kleinere, noch überschaubarere und ähnliche Einheiten
auch erheblich ›machbarer‹ erscheinen.

Die einzelnen Arbeitspakete des kompletten Projektstrukturplans,
der mithilfe der beschriebenen Verfahren entsteht, sollten im professionellen Projektmanagement am Ende Informationen zu folgenden
Aspekten enthalten (vgl. Keßler/Winkelhofer 2002, 237):

- Projektinhalte, Termine, Leistungsorte
- Kosten/Aufwand
- Qualitätskriterien
- Mengen/Umfänge
- Verantwortliche
- Leistungserbringer

Inhalte von
Arbeitspaketen

Wenngleich sich einige dieser Kriterien beim ›Privatgebrauch‹ von Prinzipien des Projektmanagements erübrigen, sollten die einzelnen Maßnahmen oder Arbeitspakete doch auch hier bezüglich der Faktoren Inhalt, Aufwand und Zeit genau umrissen werden.

3.4.4 | Das Prinzip der Verschriftlichung

In jeder Phase des Projektmanagements gilt dabei vor allem eines: Alle Stadien der Projektplanung sollten stets schriftlich festgehalten werden, seien es nun einzelne Arbeitspakete oder ein ganzer Projektstrukturplan. In manchen Handbüchern finden sich Beispielformulare für verschiedene Phasen der Projektgestaltung, die für den Privatgebrauch anfangs nicht nötig, im professionellen Projektmanagement jedoch unabdingbar sind (vgl. etwa Keßler/Winkelhofer 2002; Stöger 2006). Hierzu gehört auch, dass Schriftstücke klar, verständlich und intersubjektiv nachvollziehbar formuliert und geordnet abgelegt werden. Gerade bei größeren Projekten mit mehreren Beteiligten ist die Bedeutung einer gut gesteuerten und zu jedem Zeitpunkt nachverfolgbaren schriftlichen Kommunikation kaum zu überschätzen (vgl. ebd., 30f.).

Verschriftlichung

Besonders ganz am Anfang der Projektgestaltung kann es zudem helfen, Ziele, Inhalte und einzelne Schritte zunächst zu visualisieren und dann in eine geordnete Form zu bringen. Gerade in schwierigen Fällen bietet es sich hier – zumal, wenn einem keine professionelle Projektmanagement-Software zur Verfügung steht – durchaus an, Karteikarten und eine Pinnwand zu Hilfe zu nehmen. In diesem Fall werden Ausgangssituation und Ziel festgelegt, einzelne Etappen, Maßnahmen oder Arbeitspakete auf Karteikarten festgehalten und dann als **Weg zum Ziel** angeordnet. Auf diese Weise lassen sich mühelos verschiedene mögliche Varianten der Projektplanung durchspielen. Auch die Zeitplanung sollte schriftlich erfolgen. Dadurch fällt nicht nur die Aufteilung leichter, sondern die Verbindlichkeit wird erhöht, zielorientiertes Handeln wird erleichtert, und Fortschritte lassen sich besser ablesen, was wiederum die Motivation steigert (vgl. Echterhoff/Neumann 2006, 36).

3.5 | Wozu Projektmanagement?

Die Vorteile, welche die Umsetzung komplexerer Vorhaben mithilfe der Prinzipien des Projektmanagements mit sich bringt, liegen auf der Hand: Durch die Aufteilung eines Projektes in einzelne Maßnahmen, denen jeweils ein bestimmtes Zeitfenster zugewiesen ist, wird zum einen die Aufgabe überschaubarer, was zielorientiertes Handeln erleichtert und einen unnötigen Aufwand an Ressourcen zu vermeiden hilft. Zum anderen lassen sich mögliche Risiken, Probleme und Konflikte, die bei der Umsetzung des Projektes auftauchen können, schnell erkennen, was zügige und effiziente Gegenmaßnahmen ermöglicht. Um dies zu veranschaulichen, seien die erforderlichen Maßnahmen im Folgenden zusammenhängend dargelegt.

Bei einfacheren Projekten, wie sie etwa im Studium, in studienbegleitenden Praktika oder anschließenden Volontariaten begegnen, bietet sich zur besseren Veranschaulichung der erforderlichen Maßnahmen ein Modell an, aus dem die einzelnen Schritte des Projektmanagements deutlicher hervorgehen (nach Echterhoff/Neumann 2006, 14):

Ablauf des Projektmanagements

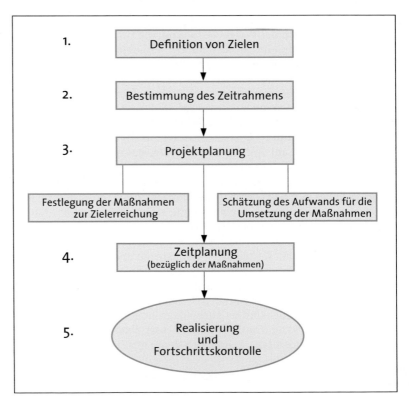

1. Definition von Zielen: Will man ein bestimmtes Ziel erreichen, so gilt es zunächst, dieses Ziel sowie die Ausgangssituation klar zu definieren. Um dies zu bewerkstelligen, bietet es sich bei komplexeren Projekten an, auf die bewährte Technik des Mindmapping (s. Kap. 8 und 9) zurückzugreifen. Bei größeren Projekten gehören zum anfänglichen Projektdesign auch die personelle Organisation (Sponsoren, Leitung und Mitarbeiter) sowie die Einbindung der Projektorganisation in die Unternehmensorganisation (vgl. Aichele 2006, 33).

Um zu erkennen, wie das Ziel am besten zu erreichen ist und welche besonderen Risiken es dabei zu berücksichtigen gilt, muss zunächst die Ausgangslage genau bestimmt werden. Die Ausgangssituation und die besonderen Herausforderungen eines Projektes lassen sich am besten mit Hilfe einer sogenannten **SWOT-Analyse** bestimmen. Die Funktionsweise dieses Werkzeugs steckt in dessen Namen, der ein Akronym ist und bestimmte Eigenschaften des Projektes beschreibt (vgl. Stöger 2006, 92 f.):

Strenghts (Stärken):	Welche Stärken hat das Projekt?
Weaknesses (Schwächen):	Welche Schwächen hat das Projekt?
Opportunities (Chancen):	Welche Chancen sind mit der Umsetzung des Projektes verbunden?
Threats (Gefahren):	Welche Gefahren bringt die Umsetzung des Projektes mit sich?

SWOT-Analyse der Herausforderungen für das Projekt

Mithilfe einer SWOT-Analyse sollten diese Aspekte eines Projektes zu Beginn genau erarbeitet, schriftlich festgehalten, analysiert und auf ihre Konsequenzen hin befragt werden. Auf diese Weise lässt sich ein Profil mit den besonderen Herausforderungen für das Projekt erstellen, aus dem deutlich hervorgeht, welche Punkte bei dessen Umsetzung besonders beachtet werden müssen (vgl. ebd.). Eine solche SWOT-Analyse kann schon bei einfacheren Projekten, etwa im Studium bei der Planung eines Referates oder einer Seminararbeit, sehr hilfreich sein. Wer sich beispielsweise zu Beginn einer solchen Arbeit deutlich vor Augen führt, dass er Probleme hat, wichtige Informationen von unwichtigen zu unterscheiden und dadurch Zeit verliert, wird dem von Anfang an bewusst entgegensteuern und so effizienter arbeiten können.

Tipp

> → Die genaue **Definition von Ausgangssituation und Ziel** ist auch bei der Studienplanung – gerade bei geisteswissenschaftlichen Fächern, die nicht auf ein konkretes Berufsbild ausgerichtet sind – sehr wichtig. Um stringent, effektiv und zeitsparend auf ein bestimmtes (Berufs-)Ziel hinarbeiten zu können, sollte man sich dieses von Anfang an möglichst genau bewusst machen. Vergegenwärtigen sollte man sich nicht nur, welchen Beruf man anstrebt, sondern auch, welche zusätzlichen Qualifikationen dieser über die normalen Studieninhalte hinaus erfordert. Wer diese Zusatzqualifikationen bereits parallel zum Studium durch gezielte Praktika erwirbt, ist nach dem Studium auf dem Arbeitsmarkt deutlich im Vorteil.

2. Bestimmung des Zeitrahmens: Als nächstes setzt bzw. vergegenwärtigt man sich den Zeitrahmen, der für das Erreichen dieses Ziels zur Verfügung steht, und berücksichtigt dabei auch die erforderliche Pufferzeit.

3. Projektplanung: Dann gilt es, die Maßnahmen bzw. die einzelnen Vorgänge und Arbeitspakete festzulegen, mithilfe derer das Ziel erreicht werden soll, und realistisch abzuschätzen, welchen finanziellen, materiellen und personellen Aufwand die Umsetzung dieser Etappen oder Maßnahmen erfordert. Hier kommen die bereits erwähnten Grundprinzipien der Fragmentierung, Temporalisierung und Fraktalisierung zum Tragen. Nun gilt es, sinnvoll Prioritäten zu setzen, um nicht zu viele Ressourcen auf vergleichsweise Unwichtiges zu verschwenden und Wichtiges dafür zu vernachlässigen. Um zu beurteilen, ob bestimmte Maßnahmen den dazu nötigen zeitlichen, finanziellen, materiellen oder emotional-kognitiven Aufwand wert sind, kann man auf die sogenannte **ABC-Analyse** zurückgreifen (vgl. Seiwert 1993, 133; s. Kap. 2).

In der Phase der Projektplanung sind die drei Eckpunkte des erwähnten ›magischen Dreiecks‹ stets im Auge zu behalten, wobei ein möglichst effektives Verhältnis zwischen diesen drei Planungsgrößen angestrebt werden sollte. Um dies zu erreichen, wird der ›Output‹ in einem mehrfach wiederholten und rekursiv verfahrenden Optimierungsprozess immer wieder an den ›Input‹ rückgekoppelt. Das heißt, dass solange bestimmte Lösungswege und die daraus resultierenden Konfigurationen der drei Planungsgrößen durchgespielt und auf Schwachstellen sowie Verbesserungsmöglichkeiten überprüft werden, bis der optimale Output, also die optimale Leistung und Qualität, auf möglichst effektive Weise erreicht wird. In diesen Zusammenhang gehört auch das **Verfahren der ›systematischen Müllabfuhr‹** (vgl. Stöger 2006, 30), das bei guten professionellen Projektmanagern hoch im Kurs steht. Alle Aufgaben werden auf ihre Notwendigkeit hin überprüft, und verzichtbare Aufgaben werden gestrichen, um mehr Freiraum für wichtigere Dinge zu schaffen (vgl. ebd.).

> → Projektplanung ist ein dynamischer Prozess – meist lohnt es sich, zunächst verschiedene Möglichkeiten zielorientierter Lösungen durchzuspielen, um die bestmögliche Variante zu finden. Gerät zum Beispiel bei einer Seminar- oder Abschlussarbeit der Gedankenfluss ins Stocken, hilft es oft, die Gliederung versuchsweise – eventuell sogar ganz – umzustellen. Immer wieder sollte die Arbeit zwischendurch auch kritisch daraufhin überprüft werden, welche Aspekte wirklich unerlässlich und welche unabdingbar sind: Oft ist weniger mehr.

Tipp

4. Zeitplanung: Gutes Projektmanagement verlangt immer auch gutes Zeitmanagement (s. Kap. 2). Aus diesem Grund wird in einem nächsten Schritt geplant, welche Zeit für die einzelnen Maßnahmen oder Arbeitspakete – anders gesagt: für die einzelnen Etappen auf dem Weg zum Ziel – zu veranschlagen ist. Hier ist unbedingt die Pufferzeit mit einzuplanen. Da das Projekt innerhalb eines bestimmten Zeitfensters abgeschlossen werden muss, ist eine gute Zeitplanung für die erfolgreiche Umsetzung unabdingbar.

5. Realisierung und Fortschrittskontrolle: Um zu gewährleisten, dass die Umsetzung der Einzelschritte nach Plan verläuft, sollte der Fortschritt des Projektes während dessen Realisierung stets kontrolliert werden. Wenn etwa eine Maßnahme länger dauert als ursprünglich geplant, muss dies schnellstmöglich erkannt und ausgeglichen werden, damit das Projekt dennoch innerhalb der verfügbaren Zeit erfolgreich umgesetzt werden kann.

> → Beim Schreiben von Klausuren sollte man nicht einfach loslegen, sondern sich eine Gliederung mit Zeitplan erstellen und mithilfe einer Uhr immer wieder kontrollieren, ob man diesen einhalten kann. Auf diese Weise lässt sich vermeiden, dass einzelne Punkte zu stark verkürzt werden müssen und für den Schluss nur noch wenig oder überhaupt keine Zeit mehr bleibt, was sich auf die spätere Bewertung sehr negativ auswirken würde.

Tipp

3.6 | Die neun Wissensgebiete des Projektmanagements

Die Anforderungen vergleichsweise einfacher Projekte, wie sie etwa im Studium begegnen, halten sich noch in einem recht überschaubaren Rahmen. Mit zunehmender Komplexität der umzusetzenden Projekte kommen jedoch zunehmend mehr Komponenten ins Spiel, die insbesondere von Projektleitern einiges an Spezialkompetenzen und Erfahrung verlangen. *In nuce* lassen sich die meisten dieser Komponenten, die dem vom Project Management Institute (PMI) herausgegebenen *Guide to the Project Management Body of Knowledge* (PMBOK) zufolge insgesamt neun Wissensgebiete betreffen, jedoch auch an kleinen Projekten beobachten. Da die besonderen Merkmale und Anforderungen des Projektmanagements daran besonders deutlich werden, seien diese kurz erläutert.

Neun Wissensgebiete

1. Integrationsmanagement: Da es sich bei Projekten definitionsgemäß um vielschichtige, komplexe Vorhaben handelt, gilt es die verschiedenen Elemente eines Projektes miteinander zu koordinieren.

2. Inhaltsmanagement: Während der Umsetzung des Projektes müssen außerdem die Ziele im Auge behalten und bei Abweichungen Gegenmaßnahmen getroffen werden.

3. Terminmanagement: Da diese Ziele innerhalb eines festgesetzten Zeitrahmens erreicht werden müssen, bildet das Terminmanagement einen weiteren wichtigen Bestandteil des Projektmanagements.

4. Personalmanagement: Bei größeren Projekten, die – anders als in der Regel das Studium – von einem ganzen Team durchgeführt werden, kommt noch das Personalmanagement hinzu: die Zuordnung von Aufgaben zu bestimmten Personen gemäß deren Fähigkeiten und Kapazitäten.

5. Kommunikationsmanagement: Insbesondere beim Projektleiter sind hier und beim Personalmanagement in besonderem Maße auch die sogenannten ›*soft skills*‹ oder sozialen Kompetenzen (s. Kap. 19) gefragt.

6. Beschaffungsmanagement: Reichen die personellen Ressourcen der eigenen Institution nicht aus, ist es Teil des Beschaffungsmanagements, dies durch Anstellungen oder Kooperationen mit Partnern auszugleichen; die Beschaffung materieller Ressourcen gehört jedoch ebenso in diesen Bereich.

7. Risikomanagement: Dieses ist eine weitere wichtige Komponente des Projektmanagements, da Projekte *per definitionem* aufgrund ihrer Neuartigkeit mehr oder weniger große Risiken bergen können, die es zu entdecken und denen es möglichst vorzubeugen gilt.

8. Qualitätsmanagement: Im Rahmen des Qualitätsmanagements ist dafür zu sorgen, dass die maximale Leistung bzw. Qualität erzielt wird.

9. Kostenmanagement: Schließlich ist noch ein gutes Kostenmanagement unabdingbar, damit das zur Verfügung stehende Budget eingehalten wird.

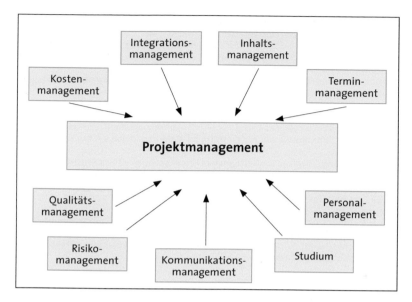

Die neun Wissens-
gebiete des Pro-
jektmanagements

Ungeachtet der Vorteile, welche die Prinzipien des Projektmanagements für die Umsetzung komplexer Vorhaben bieten, existiert derzeit noch kein anerkanntes Berufsbild, das als Grundlage »für eine anerkannte Ausbildung im Projektmanagement dienen könnte« (vgl. Keßler/Hönle 2002, 14). Entsprechend ist die Tätigkeit ›Projektleiter‹ auch nicht an einen bestimmten Studiengang gebunden. Wer aber aus der Not eine Tugend macht, indem er die Verfahren des Projektmanagements bereits während des Studiums anwendet und möglichst auch in entsprechenden Praktika einübt, erhöht nicht nur seine Aussichten auf einen sehr guten Studienerfolg, sondern auch seine Chancen auf dem Arbeitsmarkt.

→ Manche Hochschulen bieten im Rahmen von Initiativen zur Berufs- und Weiterbildung (Career Service) Kurse zur Einführung in das Projektmanagement an, in denen die Grundkenntnisse vermittelt werden. Der Besuch eines solchen Kurses erhöht die Chancen, einen Praktikums- oder Volontariatsplatz in diesem Bereich zu bekommen, deutlich.

Tipp

Literatur   Aichele, Christian (2006): Intelligentes Projektmanagement. Stuttgart: Kohlhammer.

Dorau, Ute (2006): »›Nein‹ zum Projektmanagement«. In: Frankfurter Allgemeine Zeitung, 2.9.2006. http://www.faz.net/s/ RubF43C315CBC87496AB9894372D014B9BD/Doc~E3C1B647465574D10B2DCD9086BA 46858~ATpl~Ecommon~Scontent.html (28.3.2008)

Echterhoff, Gerald/Neumann, Birgit (2006): Projekt- und Zeitmanagement. Strategien für ein erfolgreiches Studium. Stuttgart: Klett.

Keßler, Heinrich/Hönle, Claus (2002): Karriere im Projektmanagement. Berlin/ Heidelberg/New York: Springer.

Keßler, Heinrich/Winkelhofer, Georg (³2002): Projektmanagement. Leitfaden zur Steuerung und Führung von Projekten [1997]. Berlin/Heidelberg/New York: Springer.

Malik, Fredmund (2008): »Fürs Gelingen wie fürs Misslingen gibt es eine Logik«. In: Basler Zeitung, 7.1.2008. http://www.malik-mzsg.ch/corporate/download/ htm/12164/de/F%FCrs_Gelingen_wie_f%FCrs_Misslingen_gibt_es_eine_Logik_ BaZ_7.1.07.pdf (28.3.2008)

Nausner, Peter (2006): Projektmanagement. Wien: WUV.

Seiwert, Lothar J. (1993): Mehr Zeit für das Wesentliche. Besseres Zeitmanagement mit der Seiwert-Methode. Regensburg: Verlag Moderne Industrie.

Stöger, Roman (2007): Wirksames Projektmanagement. Mit Projekten zu Ergebnissen. Stuttgart: Schäffer-Poeschel.

Weiterführende   Malik, Fredmund (2006): Strategie des Managements komplexer Systeme. Ein Beitrag
Literatur   zur Management-Kybernetik evolutionärer Systeme. Bern/Stuttgart/Wien: Paul Haupt.

— (2007): Management. Das A und O des Handwerks. Frankfurt a. M.: Campus.

Zöllner, Uwe (2003): Praxisbuch Projektmanagement. Bonn: Galileo Press GmbH.

Caroline Lusin

4. Recherchieren

4.1   Wie finde ich aktuelle, spezifische und relevante
      Literatur?
4.2   Welche Vorgehensweisen lassen sich unter-
      scheiden?
4.3   Wie gehe ich mit neuen Medien um?
4.4   Umgang mit Forschungsliteratur und Wissens-
      management
4.5   Datenverwaltung und Sicherung

4.1 | Wie finde ich aktuelle, spezifische und relevante Literatur?

Schriftliche Hausarbeiten und wissenschaftliche Examensarbeiten sind in geisteswissenschaftlichen Fächern die Visitenkarte eines Studierenden und stellen neben der mündlichen Präsentation im Seminarkontext die wichtigste Gelegenheit dar, die erworbenen propädeutischen und fachwissenschaftlichen Fähigkeiten unter Beweis zu stellen. Selbstredend ist eine gründliche Vorbereitung der selbstverfassten Texte eine unabdingbare Notwendigkeit. Grundlage hierfür ist die sorgfältige Recherchearbeit – **das wissenschaftliche Bibliographieren**. So wird es möglich, die eigene kleine Analyse in den Zusammenhang der Forschungslandschaft zu stellen. Gerade für Hauptseminar- und Examensarbeiten ist es erforderlich, über die einführende Literatur hinaus spezielle Titel aus wissenschaftlichen Fachzeitschriften aufzuführen und nicht nur das entsprechende Regal in der Seminarbibliothek abzuschreiten. Tatsächlich ist der Blick ins Literaturverzeichnis einer eingereichten Arbeit für Korrektor/innen bereits vor der Lektüre des eigentlichen Textes ein – oftmals aussagekräftiges – Indiz für die Qualität der Gesamtleistung.

4.2 | Welche Vorgehensweisen lassen sich unterscheiden?

Für den Einstieg in die gewählte Thematik Ihrer Arbeit bieten **Fachlexikonartikel** und **Handbücher** geeignete Informationen in kondensierter Form. Die weitere Recherche lässt sich umso gezielter durchführen, je mehr **Überblickswissen** Sie sich bereits am Anfang aneignen.

Tipp

→ Reflektieren Sie als ersten Rechercheschritt über:
- Umfang des eigenen Erkenntnisinteresses
- Methode
- Quellengrundlage
- Theoretische Verortung
- Grundzüge der Gliederung der Arbeit

Beispiel

Brauchen Sie etwa für Facharbeiten im **sozial- oder politik-wissenschaftlichen** Bereich auch die so genannte »graue Literatur«, die nicht über den Buchhandel vertrieben wird, etwa in Form von Sitzungsprotokollen von EU-Gremien oder nationalen Legislativen? Für **historische Fragestellungen** gilt es, die gängigen Quelleneditionen zu kennen. Darüber hinaus müssen Studierende der **Literaturwissenschaft** verlässliche Werksausgaben finden.

Eine jüngere und sehr nützliche Entwicklung sind hier die über die Universitätsbibliotheken abrufbaren **Volltextdatenbanken**, die nur schwer zugängliche Primärtexte in Form von digital erfassten Dokumenten zur Verfügung stellen. So stellt etwa die von der DGF geförderte *Eighteenth Century Online Collection* Originaldrucke im digitalen PDF-Format zur Verfügung.

In den Geisteswissenschaften ist es zunächst der einfachste Weg, sich über den **Stand der Forschung** in wissenschaftlichen Fachzeitschriften zu informieren. Auch neuere Dissertationen und Habilitationen sowie einschlägige Monographien sind wichtige Bezugsquellen. In diesem Dschungel ausufernder Sekundärliteratur gilt es, die relevanten Titel für die eigene Fragestellung zu finden. Dabei ist es schon im Recherchestadium wichtig, den Umfang des eigenen Erkenntnisinteresses genau zu umreißen. Die **Eingrenzung Ihrer Themenstellung** sollten Studierende unbedingt mit den Betreuer/innen der Arbeit absprechen – gerade im Grundstudium sind Proseminarist/innen oftmals mit den wissenschaftlichen Fragehorizonten in Ihrem Fach noch nicht ausreichend vertraut, um operationalisierbare und gängige Themen zu finden.

4.2.1 | Systematisches und pragmatisches Recherchieren

Für die nächsten Recherchestadien gibt es mehrere Strategien: Prinzipiell lassen sich die »systematische« und die »pragmatische« Vorgehensweise unterscheiden (Theisen 2005, 38).

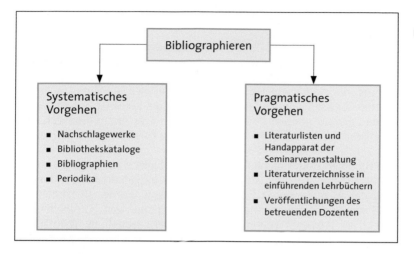

Systematische Methode: Dieses Vorgehen umfasst die Suche in Lexika, Bibliothekskatalogen, edierten Bibliographien, Online-Fachdatenbanken, Rezensionen und Periodika (z. B. vierteljährlich erscheinende wissenschaftliche Zeitschriften oder Jahrbücher). Auch Verlagsprospekte geben Hinweise auf wichtige Neuerscheinungen. Auf diese Weise erschließen sich fundierte Ergebnisse, die einen breiten Überblick über die Forschung liefern.

Pragmatische Methode: Allerdings werden viele Studierende gerade für Seminararbeiten im Grundstudium oftmals pragmatisch agieren und sich anhand der Literaturlisten des besuchten Seminars, in Handapparaten oder Lehrbüchern erste Informationen verschaffen.

→ Prüfen Sie, ob die betreuenden Professor/innen oder Dozent/innen zum Thema veröffentlicht bzw. im Seminarplan einschlägige Werke empfohlen haben.

Auch wenn Grundlagenliteratur als Ausgangspunkt der Recherche von großer Bedeutung ist und das gedankliche Fundament Ihres Textes bildet, sollte die Literatursuche in diesem Stadium nicht steckenbleiben. Im Literaturverzeichnis einer interessanten Arbeit dokumentieren Sie darüber hinaus etwa mit Titeln aus wissenschaftlichen Fachorganen, dass Sie die einschlägige Sekundärliteratur zu Ihrem besonderen Themenschwerpunkt rezipiert haben. Schließlich ist es nicht das Ziel einer Seminararbeit, handbuchartiges Wissen auszubreiten, sondern an einem ausgewählten Aspekt exemplarisch eine Argumentationslinie zu entwickeln, die an den Theorien und Methoden des Fachbereichs orientiert ist.

4.2.2 | Schneeballsystem

Das klassische ›Schneeballsystem‹ ist für die weitere Literaturbeschaffung hilfreich: In einschlägigen Lehrbüchern und speziellen Monographien finden sich wesentliche Literaturangaben zum Thema, die sich für die einzelne Thematik als elementar erwiesen haben. In den so erschließbaren Titeln sind wiederum wichtige Verweise auf weiterführende Literatur vermerkt, usw. Mit diesem Suchprinzip lässt sich nach geraumer Zeit ein **›Kanon‹ der essentiellen Forschungsliteratur** erstellen.

Prinzipiell stellt sich hier jedoch das Problem, dass man sich bei der Recherche nur auf einer ›abgelegenen Insel‹ aufgehalten haben könnte, falls der Ausgangspunkt unglücklich gewählt wurde. So können die Titel zwar zirkulär aufeinander verweisen und den Anschein einer objektiven Auswahl zentraler Werke geben, jedoch in Wirklichkeit nicht die wirkliche Breite der Forschung und vor allem neuere Ansätze widerspiegeln – schließlich lassen sich jeweils nur Literaturhinweise finden, die älteren Datums als die konsultierte Quelle sind. Angaben in einem Literaturverzeichnis bleiben in aller Regel selektiv.

Daher ist es wichtig, über diese letztlich zufällige Auswahl hinaus die Grundlagenliteratur möglichst in ihrem ganzen Spektrum zu erfassen und auf jüngere Literaturberichte zurückzugreifen. Zudem empfiehlt es sich, gerade bei kleineren Arbeiten, die Größe des anwachsenden Schneeballs sorgsam in Relation zum geplanten zeitlichen Rahmen zu halten, damit man nicht unversehens ein »Lawinenopfer« (Theisen 2005, 62) wird. Niemals sollten bibliographische Angaben ohne Überprüfung übernommen werden, nur allzu leicht schleichen sich auch in teuren und scheinbar unfehlbaren wissenschaftlichen Publikationen Tippfehler ein! Für einen ersten Überblick überwiegen sicherlich die Vorteile des Schneeballverfahrens. Je nach Kontext und der Länge der Arbeit nehmen aber die Gefahren zu: Eine Dissertation kann daher nur auf einer sehr sorgfältigen systematischen Recherche basieren!

Schneeballsystem

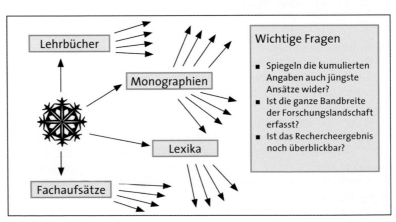

4.3 | Wie gehe ich mit neuen Medien um?

Eine gründliche Bibliographie lässt sich heutzutage ohne Online-Recherche kaum mehr durchführen. Dabei ist jedoch stets darauf zu achten, welchen Sprach- und Ländergrenzen eine Datenbank unterliegt und ob ferner eine systematische Spezialisierung gegeben ist. So ist etwa die *Année philologique* (http://www.annee-philologique.com) für die Althistoriker eine unverzichtbare Bibliographie mit internationalen Titeln, wird aber für andere Epochen oder Fachbereiche wenig nützlich sein. Die Internetauftritte der Universitätsbibliotheken verzeichnen alle verfügbaren Dienste in alphabetischen und fachspezifischen Listen – oftmals ein wahres Eldorado.

4.3.1 | Rechercheinstrumente im Netz

Im Internet verfügbare Rechercheinstrumente gliedern sich in Internetsuchmaschinen und Bibliographische Datenbanken.
Typen von Internetsuchmaschinen:

- Einfache, mit Begriffen operierende Suchmaschinen (www.google.de, www.fireball.de, http://de.search.yahoo.com/)
- Metasuchmaschinen (gleichzeitige Suche mit mehreren Suchmaschinen, z. B. http://meta.rrzn.uni-hannover.de oder metacrawler)
- Spezialsuchmaschinen für einzelne Themen

→ Einen ersten Überblick über Suchmaschinen gibt
www.searchenginewatch.com

Tipp

Webkataloge: Diese bieten ein redaktionell erarbeitetes Verzeichnis an Internetseiten nach verschiedenen Rubriken (wie web.de oder yahoo.de), sind aber naturgemäß nicht so umfassend und aktuell wie konventionelle Suchmaschinen. Zudem ist nicht sicher, dass die Vorauswahl der Informationen nach Kriterien getroffen wurde, die für Ihren Zweck dienlich sind.
Buchverzeichnisse des Buchhandels: Hilfreich für eine Suche nach aktuellen und käuflich erwerbbaren Titeln sind die online abfragbaren Buchverzeichnisse des Buchhandels, insbesondere das Verzeichnis lieferbarer Bücher oder die Kataloge der Großhändler. In aller Regel dauert es einige Wochen oder gar Monate, bis ein neues Werk den Erwerbungsvorgang in der Bibliothek durchlaufen hat und für die Ausgabe freigegeben wird.
Die Universitäts- und Landesbibliotheken bieten die Möglichkeit, wissenschaftliche Bestände auch diachron zu erschließen. In den Onlinekatalogen der einzelnen Einrichtungen lassen sich die vor Ort verfüg-

baren Bestände zum Thema leicht recherchieren (OPAC – *Online Public Access Catalogue*). Die Suche lässt sich nach den unterschiedlichsten Parametern wie z. B. Autor, Titelworte oder Schlagwortketten gestalten und auch nach Erscheinungsjahren oder einzelnen Bibliotheksbeständen einschränken. Es ist jedoch zu bedenken, dass auch Universitätsbibliotheken nicht den ganzen Kanon der Forschungsliteratur eines Fachbereichs anschaffen können – es sei denn, es liegt ein Sammelschwerpunkt vor. Informationen hierüber können unter www.webis.sub.uni-hamburg.de abgerufen werden.

Oftmals kann man sich die Rechercheergebnisse per E-Mail zusenden lassen oder direkt in ein Bilbliographie-Programm importieren (s.u.). Hierzu ist es wichtig, mit Schlagworten gezielt nach Resultaten aus dem engeren Themenkreis der Arbeit zu suchen. Dabei ist zunächst zu eruieren, welchen Schlagwortkatalog die Hausbibliothek verwendet.

Metakataloge von regionalen Verbundssystemen stellen darüber hinaus online wichtige Recherchemöglichkeiten zur Verfügung (über Landes- und Staatsbibliotheken abrufbar), die eine simultane Suche in mehreren OPAC-Beständen ermöglichen und so regional oder national verfügbare Literatur nachweisen. Der **Karlsruher Virtuelle Katalog** (KVK) ist ein Meta-Katalog, über den mehr als 500 Millionen Buch- und Zeitschriftentitel in Bibliotheks- und Buchhandelskatalogen weltweit erschließbar sind (http://www.ubka.uni-karlsruhe.de/kvk.html). Der KVK ist ein hilfreiches Instrument, in den Systemen der einzelnen Zielbibliotheken gleichzeitig zu recherchieren, dieser Metakatalog hat jedoch keine eigene Datenbank.

Wichtige Bibliotheken und Verbünde:

Deutsche Nationalbibliothek (http://dispatch.opac.d-nb.de/): Archivalischer Auftrag; enthält in Deutschland seit 1913 erschienene Monografien, Zeitschriften, Karten und Atlanten, Dissertationen und Habilitationsschriften in gedruckter oder elektronischer Form, außerdem Übersetzungen aus dem Deutschen in andere Sprachen und fremdsprachige Germanica (seit 1941).

GVK – Gemeinsamer Verbundkatalog (http://gso.gbv.de/): Im GVK sind über 27 Mio. Titel mit mehr als 56 Mio. Besitznachweisen von Büchern, Zeitschriften, Aufsätzen, Kongressberichten, Mikroformen, elektronischen Dokumenten, Datenträgern, Musikalien, Karten etc. nachgewiesen. Zusätzlich sind die Zeitschriftennachweise aller subito-Lieferbibliotheken aus Deutschland und Österreich sowie weiterer deutscher Universitätsbibliotheken enthalten.

SWB (Südwestdt. Bibliotheksverbund) (http://swb.bsz-bw.de/)

BVB (Bibliotheksverbund Bayern) (http://bvba2.bib-bvb.de/)

British Library (http://www.bl.uk/): 13 Millionen Bücher, 920 000 Zeitschriften

Library of Congress (www.loc.gov/index.html): Die größte Bibliothek der Welt, dient als Forschungsbibliothek des amerikanischen Kongresses.

Datenbanken des Buchhandels:
- Buchhandel (www.buchhandel.de)
- Buchkatalog (www.kno.de)
- ZVAB (Zentrales Verzeichnis Antiquarischer Bücher) (www.zvab.com)

Allerdings sind die online abfragbaren Bibliotheksbestände nicht ganz so leicht zu beschaffen, wie die einheitliche Eingabemaske einer Universitätsbibliothek suggeriert, die die Bestände aller Universitätseinrichtungen verzeichnet: Oftmals sind die Titel lediglich in Seminarbibliotheken vorhanden und auch nicht ausleihbar. Zudem ist zu bedenken, dass die Computerkataloge vor allem aktuelle Bestände aufweisen. Ältere Literatur wird zwar kontinuierlich erfasst, ist aber zum gegenwärtigen Zeitpunkt zumeist nur bis in die 1970er oder 1980er Jahre recherchierbar.

> → Über die Bestandsabfrage der OPAC-Eingabemasken lassen sich nur Titel von selbständigen Publikationen wie Monographien, Sammelbänden, Lexika und Zeitschriften erschließen!

Tipp

4.3.2 | Fachdatenbanken

Bereits als allererste Recherchegrundlage sind elektronische Fachdatenbanken, wie z. B. im Bereich der Sprach- und Literaturwissenschaften die MLA (http://www.mla.org/), eine unschätzbare Hilfe. In diesen bibliographischen Verzeichnissen lassen sich auch die Titel von einzelnen Aufsätzen in Sammelbänden oder wissenschaftlichen Fachzeitschriften recherchieren. Im Fall der MLA werden jährlich über 65.000 neue Angaben erhoben, wissenschaftliche Publikationen sind bis in die 1920er Jahre zurück recherchierbar. Die Ergebnisse lassen sich leicht nach dem gewünschten Parameter ordnen, etwa nach Verfassernamen oder auf- oder absteigendem Erscheinungsdatum. Die sich oftmals ergießende Datenflut lässt sich mit einer Verfeinerung oder Verknüpfung der Suchbegriffe leicht in den Griff bekommen werden.

An dieser Stelle arbeitet man mit den **booleschen Operatoren**: Sollen alle eingegebenen Suchbegriffe im Ergebnis erscheinen (»**AND**«), mindestens eines der Suchwörter ausschlaggebend sein (»**OR**«) oder gerade einer der Begriffe ausgeschlossen werden, um die Suche spezieller zu gestalten (»**AND NOT**«).

Zur Vertiefung

Trunkierungszeichen (etwa »?« oder »*«) sind zudem nütz-lich, um Ergebnisse auf einen Blick zu generieren, die einen bestimmten Wortstamm aufweisen: Mit der Eingabe »utop*« erscheinen Titel, die die Wörter »utopisch«, »utopian«, »Uto-pie«, etc. enthalten. Auch bei sehr speziellen Fragestellungen wird sich so Sekundärliteratur finden lassen.

Gleichzeitig sei darauf hingewiesen, dass auch in der MLA nur in Aus-nahmefällen direkt auf den Volltext der Sekundärangabe zurückgegrif-fen werden kann. Entgegen einem in der Praxis oft auftretenden studen-tischen Missverständnis enthalten Recherche-Datenbanken lediglich nützliche bibliographische Angaben, der Text muss auf konventionelle Weise über die Papierausgabe erschlossen, ausgeliehen oder kopiert werden.

So bleibt in aller Regel der **Gang ins örtliche Zeitschriftenarchiv** erfor-derlich – es sei denn, die Universitätsbibliothek besitzt eine **Online-Lizenz** für eine gesuchte wissenschaftliche Zeitschrift. Aufsatzdaten-banken wie etwa JSTOR bieten hingegen den direkten Zugriff auf den Volltext wissenschaftlicher Fachbeiträge (www.jstor.org/). Der gegen-wärtige Trend weist in die Richtung, dass sich für die Mitglieder einer Bibliothek das Angebot an elektronisch sofort verfügbaren Artikeln oder gar E-books (oftmals im PDF-Format) auch künftig erweitern wird. Vor allem Fachlexika sind oftmals direkt über die Universitätsbiblio-theken online konsultierbar. Die Bibliotheken bieten für Studierende interessante Schulungsangebote an, um die Bedienung des jeweiligen Systems zu erlernen.

4.3.3 | Gefahren und Nachteile der Internetrecherche

Im Internetzeitalter hat sich das Bibliographieren sehr vereinfacht, sowohl im Hinblick auf die Zeitinvestition als auch auf die Verfeinerung der Recherche. Dabei ist das Internet »keine Weltbibliothek und kein Weltarchiv« (Sesink 2007, 68), sondern hat nur ein sehr kurzes Gedächt-nis, das bisher nur wenige Jahrzehnte zurückreicht. Gleichzeitig sind Studierende durch die Möglichkeiten des World Wide Web der ständi-gen Versuchung ausgesetzt, sich einfach zugänglichen Informationen oder gar fertiger Seminararbeiten zu bedienen.

An dieser Stelle sei darauf hingewiesen, dass es den wissenschaftli-chen Grundregeln nach kein Kavaliersdelikt ist, fremdes geistiges Eigen-tum als die eigene Leistung auszugeben – dabei muss nicht einmal die wörtliche Übernahme von Textpassagen vorliegen. Der Tatbestand des **Plagiats** ist schon gegeben, wenn der Gedankengang oder die Argumen-tation des Originals ohne Quellenangabe übernommen wurde. Studierende, die derartige ›Anleihen‹ als eigene kreative Schöpfung ausgeben, riskieren unangenehme Folgen im universitären Umfeld bis hin zum Seminarausschluss. Darüber hinaus ist für einen erfahrenen Dozenten schnell ersichtlich, ob der ›rote Faden‹ des Textes die Syntheseleistung des Studierenden ist, ob sich einzelne Passagen in Sprachduktus und Wortwahl vom übrigen Text abheben oder in der Qualität der Argumentation über den bisher erbrachten Leistungen stehen.

Zitierfähige Literatur muss also:

- öffentlich zugänglich,
- überprüfbar,
- wissenschaftlich sein (vgl. Rossig/Prätsch 2006, 55).

Wikipedia: Für Definitionen und generelle Hintergrundinformationen sollten einschlägige fachliche Nachschlagewerke herangezogen werden und nicht allgemeine Konversationslexika oder gar die Internet-Enzyklopädie *Wikipedia* als Quellenangabe erscheinen. Es gilt zu bedenken, dass in dieser online kinderleicht zugänglichen Datenquelle Informationen nicht nach geprüften wissenschaftlichen Kriterien eingestellt werden. Vielmehr können Einzelpersonen, die sich dazu berufen fühlen, Einträge verfassen und gegebenenfalls nach ihren Interessen manipulieren oder gestalten. Es wäre ein unabwägbares Risiko, diese »trügerische Weisheit der Massen« (http://www.netzeitung.de/internet/454939.html, 23.6.2006) als Argumentationsbasis zu verwenden.

Über eine erste Information hinaus sollten diese Webseite und ähnliche Recherchedienste wie etwa über die Suchmaschine Google auf keinen Fall die Grundlage Ihrer Arbeit darstellen – ein interessantes Angebot bietet jedoch **Google Scholar** (http://scholar.google.de/). Über die konventionelle Google-Seite bereitgestellte Informationen entsprechen nicht notwendigerweise dem aktuellen Stand und höchstwahrscheinlich nicht dem wissenschaftlichen Standard, den sie für Arbeiten im akademischen Rahmen brauchen. Das Rechercheergebnis spiegelt zwar große Teile des World Wide Web wieder, ist gleichzeitig aber unstrukturiert. Zahlreiche Treffer werden zwar den Suchbegriff aufweisen, jedoch in einem völlig anderen Kontext – auch ist nicht sicher, dass das Themengebiet in seiner vollen Komplexität abgedeckt ist.

So bedeutet Quantität hier alles andere als Qualität: Wie können Sie sicher sein, aus tausenden von Treffern die relevantesten herauszufiltern? Zwingend muss geprüft werden, **wer die Information bereitgestellt hat** und **welchen (kommerziellen) Interessen** die Darstellung dient (vgl. Boehnke 2000, 103 ff.). In aller Regel gelten Internet-Informationen **nicht als wissenschaftlich zitierfähig** und haben dementsprechend in einer universitären Facharbeit keinen Platz. Anders als wissenschaftliche Fachliteratur sind Internetinformationen unabhängig von ihrer oft mangelhaften Qualität u.U. sehr kurzlebig, und können jederzeit verändert oder entfernt werden. Ausnahmen sind selbstverständlich wissenschaftliche Foren und elektronische Fachzeitschriften.

Beispiel

Der englischen Schriftstellerin Jane Austen wurde etwa eine eigene Online-Zeitschrift gewidmet (http://www.jasna.org/persuasions/ on-line/index.html). Gleichzeitig finden sich neben dieser seriösen Adresse zu der heute noch populären Autorin des 19. Jahrhunderts zahlreiche Fanseiten, deren Inhalte sich für eine Hausarbeit wenig eignen.

Oftmals ist es möglich, den Webseiten politischer Institutionen tagesaktuelle Informationen oder auch statistische Daten zu entnehmen, die sonst nur mit erheblichem Aufwand gewonnen werden könnten. Wenn Sie eine Internetquelle verwenden, müssen Sie diese so zitieren, dass Autor und Titel des Beitrags, Erscheinungsdatum, die Netzseite und das Datum Ihres Zugangs genau ersichtlich sind.

Internet-Recherche
(nach Brauner
2004, 33)

Vorteile	Nachteile
■ Komfortabel ■ Zielgerichtet ■ Große Anzahl von Ergebnissen mit minimalem Aufwand ■ Aktueller Stand der online-Bibliographien	■ Qualität und Seriosität der gefundenen Informationen nicht zwingend gewährleistet ■ Plagiatgefahr: Neigung zum »copy and paste« ■ Verkümmerung genuin wissenschaftlicher Suchkriterien und Suchpraxiserfahrung ■ Ältere Forschungsliteratur ist nur lückenhaft erfasst

Vielmehr demonstrieren Sie durch die Lektüre von einschlägigen Fachlexika, Handwörterbüchern und Kompendien, dass Sie die relevante Literatur Ihres Fachbereichs kennen und rezipiert haben. Es ist der Ausweis jeder seriösen Arbeit, einschlägige Spezialliteratur zum Thema zu konsultieren und zu zitieren. Hier ist auch im anbrechenden Zeitalter der E-Books der Gang in eine Fachbibliothek unerlässlich!

4.4 | Umgang mit Forschungsliteratur und Wissensmanagement

Auch die Bibliothek selbst ist ein Ort, den es zu entdecken gilt: Welche Art von Literatur ist in den Freihandbereichen und Lehrbuchsammlungen, welche im Lesesaal erhältlich? Eventuell müssen ältere Jahrgänge im Magazin bestellt werden. Aktuelle Ausgaben wissenschaftlicher Zeitschriften liegen meist an einem anderen Ort als die gebundenen älteren Jahrgänge. Wertvolle alte Schriften können in aller Regel nur vor Ort eingesehen werden. Manche Titel finden sich nur in den Präsenzbeständen von Seminarbibliotheken. Im Hinblick auf den Faktor ›Zeit‹ gilt es zu bedenken, dass Sie einzelne Titel u.U. vormerken oder gar über Fernleihe bestellen müssen, was mehrere Wochen in Anspruch nehmen kann.

So sollten Studierende mit der Literaturbeschaffung und -bestellung etwa **zwei bis drei Monate vor der eigentlichen Niederschrift** beginnen. Ist ein Titel auch per Fernleihe nicht greifbar, bietet der Lieferdienst SUBITO (www.subito-doc.de) hilfreiche, wenn auch kostenpflichtige Dienste an. So können hier etwa Kopien von Zeitschriftenaufsätzen bestellt werden, die sonst nur schwer zugänglich sind.

Generell gilt es zu überlegen, in welcher Form Sie die glücklich aufgespürten Titel rezipieren möchten und wo Sie arbeiten wollen. Sicher werden sich nicht alle Bücher und Aufsätze tatsächlich für die Arbeit als wichtig erweisen – es gilt auszuwählen.

Es ist unerlässlich, die gefundene Literatur auf ihre Relevanz für die eigene Fragestellung zu prüfen und auch scheinbar genau auf das Thema zielende Literatur durchzublättern. Eine große Anzahl von Fotokopien anzuhäufen, kann einem strukturierten Arbeiten hinderlich sein. Verantwortungsvoll mit Sekundärliteratur umzugehen bedeutet auch, nicht eine übergroße Menge an möglichem Material zu recherchieren, mit der Sie sich in der zur Verfügung stehenden Zeit unmöglich mehr intensiv auseinander setzen können.

Kursorisches Lesen: In diesem Stadium ist es erforderlich, Bücher und Aufsätze nicht in all ihrer Detailfülle zu erfassen, sondern zunächst kursorisch zu lesen und die **Textsorte** zu erfassen. Handelt es sich um einen Einführungsband, ein Lehrbuch, eine Dissertation oder eine sonstige Monographie?

Hilfreich für die Entscheidung, ob das gefundene Werk für die eigene Arbeit wichtig ist, sind vor allem

- das Inhaltsverzeichnis,
- die Einleitung (hier sind das Erkenntnisinteresse und der theoretische Zugang formuliert),
- das Schlusskapitel (hier sind die Ergebnisse zusammengefasst).

Auch der Verlag und eventuell die Schriftenreihe sind ein indirektes Signum der Seriosität bzw. des fachlichen Kontexts. Gehört der Autor

Elemente für Literaturauswahl

einer bestimmten Schule an oder wird das Thema aus der Perspektive einer anderen Disziplin beleuchtet?

Tipp

> → Rezensionen, über die Studierende erfahren können, wie etablierte Fachwissenschaftler ihre Bücher gegenseitig bewerten, sind hier ein wichtiges Hilfsmittel. Eine interessante Adresse für Literatur- und Kulturwissenschaftler/innen ist www.literaturkritik.de.

Fachzeitschriften sind die Organe, in denen sich diese Textsorte finden lässt – meist mit einer Verzögerung gegenüber dem Erscheinungsdatum des rezensierten Buches. Wissenschaftliche Fachzeitschriften geben einen Überblick über aktuelle Forschungsthemen und vor allem den ›state of the art‹. Da eines der obersten Ziele jeder wissenschaftlichen Darstellung die Aktualität ist, ist der Blick in diese Fachorgane obligatorisch.

Beispiel

> Wenn Sie etwa über Shakespeare schreiben – und damit über ein Thema, das buchstäblich ganze Bibliotheken füllt – ist es angebracht, das *Shakespeare-Jahrbuch*, die *Shakespeare Studies* oder *Shakespeare Quarterly* auf jüngste Entwicklungen in ihrem speziellen Interessensgebiet zu durchsuchen. Auch Dissertationen und Habilitationen dokumentieren den jüngsten Forschungsstand.

Vertiefung und Eingrenzung des Gegenstands: Während des Leseprozesses wird sich für Verfasser/innen von Facharbeiten das Verständnis für die gewählte Themenstellung immer weiter entwickeln oder auch entscheidend modifizieren (vgl. Kruse 2007, 138; 145). Dementsprechend kann sich auch die Richtung der Recherche verändern. Oftmals wird erst während der Literatursuche deutlich, wie komplex das Thema ist, welche Forschungsansätze oder gar Forschungsgeschichte es dazu gibt. So kommen Studierende nicht umhin, Recherche immer wieder als »Medium der Fokussierung und Eingrenzung« (Frank/Haacke/Lahm, 2007, 34) zu begreifen. Im Einzelfall ist die Rücksprache mit den betreuenden Dozent/innen anzuraten.

Notizen: Eine Dokumentation Ihrer Ergebnisse ist für die weitere Suche hilfreich, sollte aber auf eine übersichtliche Weise gestaltet werden. Nichts ist frustrierender, als eine wachsende Menge an Material in konzentrischen Kreisen um sich herum aufzutürmen und dabei den Blick für das Wesentliche und die eigentliche Fragestellung zu verlieren.

Tipp

→ Generell ist es unerlässlich, das Titelblatt, das Inhaltsverzeichnis, die Fußnoten sowie die Seitenzahlen mitzukopieren. Ansonsten droht am Ende der ›Super-Gau‹ des wissenschaftlichen Belegens: Sie haben zwar gutes Material angehäuft, können aber die Quelle nicht mehr identifizieren.

Bei Standard- und Einführungswerken, die bis zum Examen studienbegleitend genutzt werden können, ist es eventuell ratsam, das Werk für die eigene Handbibliothek anzuschaffen.

4.5 | Datenverwaltung und Sicherung

Angesichts der Flut von Quellen, die sich im Informationszeitalter bieten, stehen Studierende oft vor der Schwierigkeit, diese Datenmenge zu verwalten und angelesene Informationen verfügbar zu halten. Um sich im wahrsten Sinn des Wortes nicht zu ›verzetteln‹, bieten sich hier mehrere Möglichkeiten:

Karteikasten: Der klassische Karteikasten hat noch immer nicht ganz ausgedient. Jeder Forschungstitel erhält eine eigene Karte, auf der die vollständige bibliographische Angabe und gegebenenfalls eigene Kommentare aufgeführt werden. Diese Karten können nach verschiedenen Kriterien (wie etwa thematische Gesichtspunkte oder Verfassernamen) in Verzeichnissen abgelegt werden.

Elektronische Literaturverwaltungsprogramme: Alternativ können Studierende und Doktoranden auf Computerprogramme zurückgreifen. Es ist unabdingbar, vollständige Angaben in einem konsistenten Zitationssystem zu sammeln. Wenn eine wichtige Teilinformation fehlt, erweisen sich mühsam kompilierte Literaturhinweise im schlimmsten Fall als nutzlos. Bibliographieprogramme für den PC wie *Endnote/Citavi*, *Reference Manager*, *Bibliographix* und *Literat/Citavi* bieten als elektronische Version des klassischen Zettelkastens vielfältige und komfortable Archivierungsmöglichkeiten (einen guten Überblick leistet Krajewski, 2006, 111–115): Eine wichtige Grundfunktion dieser Programme ermöglicht es, bibliographische *Daten* systematisch und präzise zu archivieren und nach eigenen Bedürfnissen zu verschlagworten, d.h. eigene thematische Stichworte zu vergeben, denen die einzelnen Titel zugeordnet werden – so können mit einem Befehl alle gesammelten Angaben zu einem bestimmten Themenkreis aufgerufen werden. Zudem besteht oftmals die Möglichkeit, Exzerpte und Abstracts

Zur Vertiefung

direkt mit dem Eintrag zu speichern oder den Stand der eigenen Bearbeitung zu dokumentieren.

Auf diese Weise kann jede/r angehende Wissenschaftler/in eine eigene, auf die persönlichen Bedürfnisse zugeschnittene und vielfältig einsetzbare Literaturdatenbank aufbauen. Bequem ist die Benutzung überdies, zumal sich viele Programme, wie z. B. *Endnote*, parallel mit einem Textverarbeitungsprogramm nutzen lassen und den Import von Angaben aus Online-Datenbanken ermöglichen. Als kostenlose Freeware lässt sich *Literat* aus dem Netz herunterladen. Die etwas fortentwickelte Version *Citavi* ist nicht mehr gratis erhältlich, für den studentischen Geldbeutel aber noch bezahlbar.

Bibliographische Belege können direkt aus dem Datensatz der Literaturverwaltung in den eigenen Fließtext importiert werden. Ein Vorzug des Programms *Endnote* ist es ferner, dass für die Formatierung der Quellenangaben zahlreiche gängige Zitationssysteme gespeichert sind, die per Mausklick für den eigenen Text aktiviert werden können – allerdings liegt hier der Schwerpunkt auf naturwissenschaftlichen amerikanischen Fachorganen.

Auch wenn diese Programme ohne Zweifel für die Archivierung von Literaturangaben sehr nützlich sind, stellt sich die Frage, ob jeder Studierende die so gebotenen Kapazitäten tatsächlich benötigt. Ludwig/Rommel (2003) geben als Richtwert 10 000 Datensätze an, ab denen sich die Investition in ein professionelles Bibliographie-programm sachlich lohnt. Sicher ist es möglich, zunächst Literatur-angaben auch im Rahmen eines Textverarbeitungsprogramms zu überblicken oder sich auf papiernen Lektürekarten wichtige Notizen anzulegen. Je frühzeitiger aber die Arbeit mit einer elektronischen Hilfe beginnt, desto weniger ›Transaktionskosten‹ werden im späteren Bedarfsfall beim Umsatteln und Kopieren der Daten anfallen.

Bibliographieren ist eine der Schlüsselkompetenzen, die Studierende geisteswissenschaftlicher Fächer im Studium erwerben. Dabei ist noch kein Meister vom Himmel gefallen. Im weiteren Fortschritt des Studiums werden Sie ihre Recherchefähigkeiten ausweiten und ganz selbstverständlich nutzen. Zögern Sie nicht, in diesem Lernprozess die Angebote der Universitätsbibliothek in Anspruch zu nehmen und auch mit den betreuenden Dozent/innen eventuelle Detailfragen zu besprechen. Bevor Sie in die Sprechstunde gehen, sollten Sie allerdings sorgfältig recherchiert haben, denn in den wenigsten Fällen bewahrheitet sich der schulterzuckende studentische Stoßseufzer, dass »es zu diesem Thema einfach keine Literatur gibt«.

Boehnke, Heiner (2000): Schreiben im Studium. Vom Referat bis zur Examensarbeit. Niedernhausen: Falken.
Frank, Andrea/Haacke, Stefanie/Lahm, Swantje (2007): Schlüsselkompetenzen. Schreiben in Studium und Beruf. Stuttgart: Metzler.
Krajewski, Markus (2006): »Elektronische Literaturverwaltungen. Kleiner Katalog von Merkmalen und Möglichkeiten«. In: Norbert Franck/Joachim Stary (Hg.): Die Technik wissenschaftlichen Arbeitens. Eine praktische Anleitung. Paderborn: Schöningh, 97–115.
Kruse, Otto ([12]2007): Keine Angst vor dem leeren Blatt. Ohne Schreibblockaden durchs Studium [1993]. Frankfurt a.M.: Campus.
Rossig, Wolfram E./Prätsch, Joachim ([6]2006): Wissenschaftliche Arbeiten. Leitfaden für Haus- und Seminararbeiten, Bachelor- und Magisterthesis, Diplom- und Magisterarbeiten, Dissertationen [1998]. Weyhe: Teamdruck.
Sesink, Werner ([7]2007): Einführung in das wissenschaftliche Arbeiten. Internet, Textverarbeitung, Präsentation [1990]. München: Oldenbourg.
Theisen, Manuel R. ([12]2005): Wissenschaftliches Arbeiten [1984]. München: Vahlen.

Brauner, Detlef Jürgen/Vollmer, Hans-Ulrich (2004): Erfolgreiches wissenschaftliches Arbeiten. Seminararbeit, Diplomarbeit, Doktorarbeit. Sternenfels: Wissenschaft & Praxis.
Burchert, Heiko/Suhr, Sven (2005): Praxis des wissenschaftlichen Arbeitens. Reden, Schreiben, Lesen, Recherchieren, Grundlagen. München: Oldenbourg.
Franck, Norbert/Stary, Joachim (Hg.) ([12]2006): Die Technik wissenschaftlichen Arbeitens. Eine praktische Anleitung [1977]. Paderborn: Schöningh.
Ludwig, Hans-Werner/Rommel, Thomas (2003): Studium Literaturwissenschaft. Arbeitstechniken und Neue Medien. Tübingen: A. Francke.
Paetzel, Ulrich (2001): Wissenschaftliches Arbeiten. Überblick über Arbeitstechnik und Studienmethodik. Berlin: Cornelsen.
Schmale, Wolfgang (Hg.) (1999): Schreib-Guide Geschichte. Schritt für Schritt wissenschaftliches Schreiben lernen. Wien/Köln/Weimar: Böhlau.
Steiner, Peter M. (2006): Effektiv arbeiten mit dem Internet. Darmstadt: WBG.

Literatur

Weiterführende Literatur

Irina Bauder-Begerow

5. Begriffsbildung

5.1   Warum brauchen wir Begriffe?
5.2   Elemente des Begriffs
5.3   Begriffsbestimmung
5.4   Begriffsrekonstruktion

5.1 | Warum brauchen wir Begriffe?

5.1.1 | Begriffe im Alltag und in der Wissenschaft

Menschen organisieren ihre Lebenswelt mit Begriffen, d.h. mit verallgemeinernden gedanklichen Einheiten. Das gilt für den Alltag ebenso wie für die Wissenschaft. Sobald wir nicht mehr sprachlich oder gestisch auf etwas zeigen können, repräsentieren wir es in der sprachlichen Kommunikation durch einen Begriff. Wir brauchen Begriffe aus ökonomischen Gründen: Sie dienen der Bündelung und Ordnung von Information sowie der sprachlichen Abkürzung, haben also eine mentale wie auch eine sprachliche Komponente. Ohne sie wäre es uns nicht möglich, das Lebewesen, das auf uns zugelaufen kommt, als Tier, als Mitglied der Gattung ›Säugetier‹, als Angehörigen der Familie der Hunde und Vertreter der Rasse Dobermann einzustufen – und gegebenenfalls unsere Handlungskonsequenzen aus dieser Zuordnung zu ziehen. Und ohne sie würden wir lange brauchen, wenn wir einen Sachverhalt unseres Lebens beschreiben und anderen mitteilen wollen.

Begriffe in der Wissenschaft haben dieselbe ökonomische Funktion wie im Alltag. Sie dienen der Organisation des Gegenstandsbereichs sowie der Abkürzung und zugleich der Standardisierung des Sprechens.

Wissenschaftssprachen: In Wissenschaftssprachen ist neben der sprachökonomischen Leistung von Fachbegriffen ihr Effekt, Sprache zu präzisieren und zu standardisieren, besonders wichtig. Während Begriffe im Alltag vage sein dürfen, sollen sie in der Wissenschaft möglichst klar definiert und Teil einer Fachterminologie sein. So ist es in der Alltagsverwendung von praktischem Nutzen, dass der Begriff ›Tisch‹ keine klaren Grenzen hat; als ›Tisch‹ lässt sich in bestimmten Situationen auch der umgestülpte Karton bezeichnen. In der Sprache der Wissenschaft dagegen müssen die Grenzen der Begriffe möglichst exakt bestimmt werden, um zu garantieren, dass verschiedene Forscher auch tatsächlich über dieselben Gegenstände sprechen, und so Erkenntnisfortschritt möglich wird. Ein Begriff wie ›Säugetier‹ in der Biologie etwa leistet die beiden genannten Aufgaben: Er kürzt das Sprechen ab, in dem er das stete Wiederholen aufwändiger Bestimmungen wie

Beispiel

Wer eine schriftlich fixierte Reihe von Buchstaben als ›Sonett in Alexandrinern‹ bezeichnet, braucht nicht mehr lange zu erklären, dass auf dem Papier 14 Verszeilen in einer Folge von zwei Quartetten und zwei Terzetten zu sehen sind und dass diese Zeilen über ein jambisches Versmaß mit sechs Hebungen und einer Zäsur nach der dritten Hebung verfügen. Auch muss er nicht mehr betonen, dass es sich bei der Buchstabenfolge um ein Gedicht handelt, dass Sonette aus der Fülle möglicher Reimbindungen, die in einem Gedicht umgesetzt werden können, nur wenige Muster realisieren und vieles mehr. Diese Informationen sind in den Begriffen ›Sonett‹ und ›Alexandriner‹ gespeichert, und ein Sprecher kann davon ausgehen, dass sie mit der Nennung dieser Begriffe im Hörer abgerufen werden – vorausgesetzt, der Hörer kennt die Fachsprache.

›Klasse der Wirbeltiere, die nach der Geburt mit Muttermilch genährt werden und in aller Regel behaart sind‹ erübrigt, und er dient der ebenso zuverlässigen wie klaren Abgrenzung der Säugetiere gegen andere Klassen der Wirbeltiere.

Diese Aufgaben erfüllen Begriffe – idealtypischerweise – in den Natur- und Strukturwissenschaften. Wie aber sieht die Lage in den Kulturwissenschaften aus?

5.1.2 | Probleme kulturwissenschaftlicher Begriffe

Neben den Fachtermini zur Beschreibung von Textmerkmalen (z. B. Metrik, Rhetorik, Erzähltheorie und Dramentheorie) bilden die Epochen- und Gattungsbegriffe den größten Bereich der literaturwissenschaftlichen Begriffe. Viele dieser Begriffe werden in der Literaturwissenschaft gerade nicht klar definiert. Für diese Praxis werden mindestens drei Gründe angeführt:

1. Öffentlichkeitsbezug: Literaturwissenschaftler sollten, so die Forderung, mit ihren Arbeiten nicht nur die Fachkollegen, sondern eine breitere literarische Öffentlichkeit erreichen. Eine solche Kommunikation über den akademischen Bereich hinweg werde aber durch zu viel Terminologie verhindert. Allerdings ist hier genau abzuwägen: Zu viel Begrifflichkeit mag der Verständlichkeit schaden, zu wenig verhindert aber die wissenschaftliche Verständigung. So ist es mit einem Anspruch auf Wissenschaftlichkeit nicht zu vereinbaren, wenn die Sprache zwar leicht lesbar ist und begrifflich an Alltagsverwendungen anschließt, aber so wenig präzise ist, dass man sich nicht sicher sein kann, ob Leser die Gegenstände, über die gesprochen wird, auch wirklich klar identifizieren können. Mit solchen Texten wird eher ein Scheinkonsens oder

Gründe gegen Terminologie in der Literatur- wissenschaft

Scheinkonflikt erzielt als eine begründete Zustimmung oder Ablehnung des Gesagten.

2. Begriffe auf der Objekt- und der Metaebene: In allen Kulturwissenschaften kommen Begriffe nicht allein auf der Ebene der wissenschaftlichen Beschreibungssprache (metasprachlich) vor, sondern bereits auf der Ebene der untersuchten Gegenstände (objektsprachlich). Der Begriff ›Roman‹ etwa ist ein wichtiger gattungstypologischer Begriff der Literaturwissenschaft, zugleich kommt er aber auch in historischen Gattungsreflexionen, in den Paratexten zu einem Buch – z. B. *Das fliegende Klassenzimmer. Ein Roman für Kinder* – und in literarischen Texten selbst vor. Eine präzise und klare Grenzen ziehende metasprachliche Bestimmung der Begriffe, die sich auch objektsprachlich finden, sei nicht angemessen, weil sie die objektsprachlichen Bestimmungen übergehe und daher reduktiv sei. Auch dieser Einwand ist nicht stichhaltig, wenn man (im Unterschied zu poststrukturalistischen Positionen; vgl. Schüttpelz 1995) die Unterscheidung von Objekt- und Metasprache aufrechterhält: So ist es auch für historische Untersuchungen fruchtbar, die metasprachlichen Begriffe so zu bestimmen, dass ein klar begrenzter Bereich gleicher objektsprachlicher Benennungen unter sie fällt, während ein anderer Bereich – mit guten, explizit anzugebenden Gründen – nicht zu den Untersuchungsgegenständen gezählt wird.

3. Beschaffenheit des Gegenstands: Grundlegender ist der Einwand, dass literaturwissenschaftliche Begriffe oft so ungenau verwendet werden, weil ihr Gegenstand, also die literarischen Texte und ihre Kontexte, dies bedinge. Da die Literaturwissenschaft, so die Argumentation, eine Disziplin mit einem Objektbereich ist, der sich durch Polyvalenz, Individualität und historische Variabilität auszeichne, könne sie mit exakten Begriffen nach dem Vorbild der Naturwissenschaften nicht viel anfangen. Sie führen zwar zu einer genaueren Verständigung unter den Wissenschaftlern, diese sei aber zu teuer erkauft – nämlich mit einer reduzierten Sichtweise auf den Gegenstand des Faches, die literarischen Texte. **Dieser Einwand enthält drei Argumente**, die unterschiedlich stark sind.

- Die **Polyvalenz des Gegenstandes** spricht so lange nicht gegen den Einsatz präziser Begriffe, als an der Differenz zwischen Objekt- und Metasprache festgehalten wird: Mehrdeutigkeiten des Gegenstandes lassen sich ohne Komplexitätsverlust metasprachlich beschreiben.
- Der Hinweis auf die **Individualität der literaturwissenschaftlichen Gegenstände** sagt in erster Linie etwas über das vorherrschende Erkenntnisinteresse des Faches aus: Es geht literaturwissenschaftlich Forschenden meist weniger um Erkenntnisse über die Gemeinsamkeiten literarischer Texte, als vielmehr um deren Besonderheit. Das spezifische einzelne Kunstwerk steht im Mittelpunkt des Interesses, nicht die literarische Reihe. Damit ist aber kein prinzipieller Einwand gegen die Verwendung klarer Begriffe formuliert, sondern nur ein Hinweis darauf, dass sie für einige Fragestellungen nicht hilfreich sind.

- **Historischer Wandel:** Dass literarische Gattungen sich wandeln und zu enge Begriffe diese Variabilität nicht abbilden können, ist ein berechtigter Einwand, dem allerdings mit geeigneten Mitteln der Begriffsbildung Rechnung getragen werden kann.

Insgesamt betrachtet, ist keiner der Einwände so überzeugend, dass er dazu führen müsste, das Unternehmen präziser Begriffsbestimmungen in den Kulturwissenschaften aufzugeben. Zudem beruhen sie auch auf einer veralteten Prämisse. Es geht nämlich schon lange nicht mehr um eine Anpassung kulturwissenschaftlicher Standards an die der Natur-wissenschaften, sondern es geht darum, Verfahren und Kriterien für terminologische Genauigkeit zu wählen, die dem Gegenstand und den Verfahren der Disziplin angemessen sind (dazu z. B. Pawłowski 1980, 9, 106 ff., 157–160). Wenn wir darauf verzichten, verlieren wir zwei Basisbedingungen wissenschaftlichen Arbeitens: zum einen die Mög-lichkeit zu differenzieren, zum anderen die Möglichkeit, Erkenntnisse zu gewinnen, die mehr als einen subjektiv befriedigenden Stellenwert haben und die intersubjektiv vermittelbar sind. Es ist allerdings ent-scheidend, die Verwendungssituationen zu berücksichtigen, in denen ein Begriff benötigt wird, und zudem die Kriterien für Präzision dem Gegenstand angemessen zu bestimmen (s. Abschnitt 3.).

5.2 | Elemente des Begriffs

5.2.1 | Was ist ein Begriff?

Auf die Frage, was ein Begriff sei, werden in verschiedenen Disziplinen, vor allem in der Philosophie, Wissenschaftstheorie und Psychologie, unterschiedliche Antworten gegeben. Bereits bei Platon finden sich Überlegungen zu der Leistung bestimmter sprachlicher Ausdrücke, sich auf mehrere Gegenstände zu beziehen, die in irgend einer Weise Gemeinsamkeiten aufweisen, und zu der Frage, was diese Ausdrücke damit eigentlich bezeichnen: Ideen, die unabhängig vom subjektiven Denken bestehen, an das Denken gebundene mentale Vorstellungen oder die Gegenstände selbst (vgl. Haller/Mittelstraß 1971, 779). In die-sen Antworten werden zwei Aspekte angesprochen:

Ontologischer Status: Welche Realität hat ein Begriff? Existiert er unab-hängig vom Menschen oder ist er ein mentales Konstrukt?

Konstitution: Wie sind Begriffe aufgebaut? Können sie über eine bestimmte Konstellation von Merkmalen beschrieben werden? Welche Form hat diese Konstellation?

Merkmale von Begriffen

In den letzten Jahrzehnten gab und gibt es eine intensive Diskussion zu diesen Fragen (Margolis/Laurence 1999a). Wir werden im Folgenden nur auf den zweiten Aspekt genauer eingehen, auch wenn dieser nicht ganz unabhängig von der Frage nach dem ontologischen Status von Begriffen verstanden werden kann. Für unsere Belange reicht es aber aus festzustellen, dass wir Begriffe als strukturierte mentale Repräsentationen auffassen.

Auf die Frage nach der Konstitution von Begriffen gibt es zwei sehr unterschiedliche Gruppen von Antworten:

Varianten der Begriffskonstitution

1. **Die klassische Auffassung vom Begriff:** Das ›klassische‹ Modell, das letztlich auf Aristoteles zurückgeht, ist die Vorstellung vom Begriff als Einheit, die durch die Existenz spezifischer Merkmale notwendig und hinreichend definiert ist. Was ist unter ›notwendige‹ und ›hinreichende Bedingung‹ zu verstehen? Dieses Konzeptpaar stammt aus der Philosophie, genauer aus der Logik. Eine Bedingung A ist für das Zutreffen eines Sachverhalts dann **notwendig**, wenn ohne diese Bedingung der Sachverhalt nicht der Fall ist.

Beispiel

> Sauerstoff ist eine notwendige Bedingung für das Leben von Säugetieren auf der Erde. Allerdings reicht die Existenz von Sauerstoff allein nicht aus, damit Säugetiere leben können, vielmehr muss es noch Nahrungsmittel und Anderes geben. Ist der Sachverhalt der Fall, dann kann man zwingend schlussfolgern, dass auch die Bedingung A der Fall ist. Das heißt, wenn lebende Säugetiere auf der Erde existieren, dann kann man daraus folgern, dass auch Sauerstoff vorhanden ist.

Eine Bedingung A ist für das Zutreffen eines Sachverhalts dann **hinreichend**, wenn das Wahrsein der Bedingung A das Zutreffen des Sachverhalts garantiert. Immer wenn A der Fall ist, ist auch der Sachverhalt der Fall. Aber man kann aus dem Sachverhalt nicht folgern, dass die Bedingung der Fall ist. So ist z. B. Regen eine hinreichende Bedingung dafür, dass die Straße nass ist, allerdings kann die Straße auch aus ganz anderen Gründen nass sein, z. B. weil sie gerade gesäubert wurde.

Wendet man dies nun in der oben beschriebenen Weise auf Begriffe an, so heißt das, dass man einen Begriff durch Auflistung der notwendigen und hinreichenden Merkmale beschreiben kann, die ein zugehöriges Exemplar identifizieren. So kann etwa der Begriff ›Junggeselle‹ durch die Eigenschaften definiert werden:

- Mann
- im heiratsfähigen Alter
- unverheiratet

Kategorisiert wird also durch eine Überprüfung, ob das fragliche Objekt die Merkmale der Kategorie aufweist. Diese semantischen Merkmale sind notwendig, da jedes einzelne Merkmal wesentlich zur Erfassung der Kategorie ist, und hinreichend, da die Merkmale insgesamt den Begriff vollständig erfassen. Dieses Modell beruht auf zwei Annahmen:

1. Begriffe haben klare Grenzen, d.h. die Frage, ob ein Objekt einer Kategorie angehört oder nicht, kann eindeutig mit ›ja‹ oder ›nein‹ beantwortet werden.

2. Alle Vertreter einer Kategorie haben den gleichen Status.

2. Die Prototypentheorie: In den 1970er Jahren konnte Eleanor Rosch in einer Reihe von Experimenten nachweisen, dass Versuchspersonen Unterschiede bei der Frage machen, wie typisch ein Exemplar für eine Kategorie ist. So wurde etwa ein Rotkehlchen allgemein als typischer Vogel, ein Strauß oder ein Pinguin als eher untypisch eingeschätzt (zusammenfassend Rosch 1999). In der Standardversion der Theorie versteht man unter dem Prototyp den besten Vertreter einer Kategorie, d.h. das beste Beispiel. Der Prototyp hat die meisten der Merkmale, die den anderen Elementen der Kategorie eigen sind. Die späteren Versionen der Theorie verneinen die Existenz eines spezifischen Prototyps: Von einem Prototyp zu sprechen, sei lediglich eine bequeme grammatische Erfindung; worum es wirklich gehe, seien Beurteilungen des Grads an Prototypikalität.

Der Prototypenansatz geht nicht von scharfen Kategoriengrenzen aus. Merkmale werden nicht mehr als notwendig und hinreichend betrachtet, sondern als Attribute, die nützliche Instrumente bei der Beschreibung von Prototypen sind. Die Merkmale des klassischen Ansatzes hatten kontrastive Funktion, während im Prototypenansatz die Einbeziehung nicht-kontrastiver Merkmale und damit eine reichere Beschreibung der Kategorie möglich ist. Die Zugehörigkeit der einzelnen Elemente zu einer Kategorie wird über das Prinzip der ›Familienähnlichkeit‹ geregelt. Zuerst wurde dieses Prinzip der Begriffsbildung von Ludwig Wittgenstein am Beispiel des Begriffs ›Spiel‹ beschrieben (Wittgenstein 1995, 277 f.). Das Familienähnlichkeitsprinzip besagt, dass nicht alle Exemplare alle Merkmale gemeinsam haben müssen; vielmehr muss es unter den Exemplaren von einigen geteilte Merkmale geben. So kann das erste Exemplar die Merkmale AB haben, das zweite die Merkmale BC und ein drittes die Merkmale CD. Ein unbestreitbarer Vorteil der Prototypentheorie liegt in dem Umstand, dass sie die Tatsache erklären kann, warum manche Exemplare, die unter einen Begriff fallen, für ›typischer‹ gehalten werden als andere. So kann etwa Goethes *Wilhelm Meisters Lehrjahre* eine besonders hohe Prototypikalität für den Bildungsroman zugeschrieben werden.

In der neueren Diskussion gibt es verschiedene Vorschläge, wie die klassische und die Prototypentheorie fruchtbar miteinander vereint werden können (dazu Margolis/Laurence 1999b). Diese Vorschläge stimmen darin überein, dass sie Merkmalsbeschreibungen mit Strukturangaben etwa in Bezug auf Prototypikalität vereinen.

Die hier angesprochene Diskussion betrifft in erster Linie die Begriffe auf der Objektebene. Für die wissenschaftliche Arbeit ergibt sich daraus die Frage, wie diese neueren Einsichten die Gestaltung von Begriffen auf der Metaebene bestimmen sollen. Aus den oben schon angesprochenen Gründen ist es fruchtbarer, kein Verfahren klassischer Begriffsbildung zu wählen, sondern ein Verfahren, das den Einsichten sowohl in die Strukturiertheit der Begriffe wie auch der Forschungspraxis in den Kulturwissenschaften gerecht wird (s. ›Explikation‹ in Abschnitt 3).

5.2.2 | Bestandteile eines Begriffs und Typen von Begriffen

Bei aller Uneinigkeit in der Frage, was ein Begriff sei, herrscht doch Konsens über die Tatsache, dass neben der umstrittenen Größe – hier der mentalen Einheit – eine **benennende sprachliche Einheit** den zweiten Bestandteil eines Begriffs ausmache. Diese Komponente des Begriffs, das bezeichnende Wort bzw. die bezeichnenden Wörter, heißt ›Begriffsbezeichnung‹ oder ›Benennung‹. Die Wörter, mit denen Begriffe benannt werden, können Kunstwörter sein, die zum Zweck der Begriffsbestimmung gebildet worden sind. Sie können allerdings auch der Alltagssprache entnommen werden, was gerade in den Kulturwissenschaften häufige Praxis ist. Begriffe wie ›Figur‹, ›Bedeutung‹ oder ›Wert‹ sind nur drei von zahlreichen Beispielen aus der Literaturwissenschaft. Jedoch wird die Verwendung dieser Wörter präzisiert, d.h. ihr alltagssprachliches Bedeutungspotential wird eingeschränkt oder auch modifiziert, um ihre ›Treffsicherheit‹ zu erhöhen. Wissenschaftliche Begriffe verdanken sich stets solchen Konstruktionsleistungen, die auf eine größere Genauigkeit des begriffsbenennenden Ausdrucks zielen. Sie legen den Inhalt oder die ›Intension‹ eines Begriffs fest.

Damit ist eine der wichtigsten Unterscheidungen der Begriffsbildung angesprochen, die zwischen der **Extension** (Begriffsumfang) und der **Intension** eines Begriffs (Begriffsinhalt).

Extension und
Intension
eines Begriffs

Extension: Unter der Extension eines Begriffs fasst man die Klasse der Objekte, die unter einen Ausdruck fallen (dazu Weingartner 1980), oder, weniger voraussetzungsreich ausgedrückt, die Menge der Gegenstände, die mit einem Ausdruck bezeichnet werden. Da in der Literaturwissenschaft mit dem engen Begriff ›Klasse‹ nicht immer operiert werden kann, weil er klare Grenzen zwischen den Gegenständen voraussetzt, ist es angebrachter, von ›Menge‹ zu sprechen. Die Extension des Begriffs ›Autor‹ etwa ist die Menge aller Autoren, die Extension des Begriffs ›Sonett‹ die Menge aller Sonette.

Intension: Die Intension bezieht sich auf die Menge aller Merkmale, die ein Gegenstand aufweist. Etwas vereinfacht gesagt, ist die Intension eines Begriffs seine Bedeutung; sie ist das, was wir unter dem Begriff verstehen. Die Intension des Begriffs ›Sonett‹ etwa entspricht dem Eintrag in einem Fachlexikon, etwa »Um 1230 in Italien entstanden, gruppiert es 14 elfsilbige Verse in zwei vierzeilige (Quartette) und zwei dreizeilige (Terzette) Abschnitte« (Grote 2007, 715). Zu beachten ist, dass die Intension eines Alltagsbegriffs vom kulturell und historisch geprägten Wissen einer Sprachgemeinschaft Gebrauch macht, also wan-

delbar ist; und auch bei wissenschaftlichen Begriffen kann sie variieren. Wenn zwei Sprecher einen Begriff unterschiedlich verwenden,
dann ist es meist ihre Auffassung der Intensionen, und nur mittelbar
der Extensionen, in denen sie voneinander abweichen. Denn sobald
wir eine hinreichend klare Vorstellung von der Intension eines Begriffs
haben, bereitet uns seine Extension nur noch wenige Probleme: Wir
wissen, welche Eigenschaften ein Gegenstand aufweisen soll, damit er
unter den Begriff fällt.

Begriffe lassen sich auf verschiedene Arten einteilen; die wichtigsten
seien hier knapp erläutert.

Individualbegriff/Allgemeinbegriff: Begriffe im engeren Sinne sind die
sog. ›Allgemeinbegriffe‹. Sie bezeichnen mehrere Gegenstände, beziehen sich auf deren gemeinsame Merkmale und werden durch Abstrak-
tion und unter Absehung von den Differenzen gebildet (z. B. ›Buch‹,
›Stadt‹, ›Autor‹). Im Gegensatz dazu bezeichnen Individualbegriffe einzelne Gegenstände. Individualbegriffe werden in der Regel mit Namen
gleichgesetzt. Sie beziehen sich auf einen einzigen Gegenstand, nämlich den Gegenstand, dem ein Name zukommt (z. B. *Die Bibel*, ›Berlin‹,
›Schiller‹). Ihre **Abstraktionsleistung** bezieht sich auf das Absehen von
eventuellen Zustandsveränderungen der Gegenstände: Auch wenn sich
die Stadt Berlin verändert, bleibt der Individualbegriff für sie bestehen,
und auch wenn der Dichter des *Wilhelm Tell* sich vom jungen Schiller
unterscheidet, bleibt der Begriff ›Schiller‹ derselbe.

Arten der
Begriffseinteilung

Oberbegriff/Unterbegriff: Begriffe kommen nie einzeln vor, sondern
stehen immer in einem Begriffszusammenhang. Dieser Zusammenhang ist hierarchisch strukturiert: Es gibt Oberbegriffe, die eine sehr
weite Extension haben, und Unterbegriffe, deren Extension enger ist.
Unter einen Oberbegriff können zahlreiche, ihrerseits wieder hierarchisch organisierte Unterbegriffe fallen. Unterbegriffe enthalten alle
Merkmale ihres jeweiligen Oberbegriffs und dazu noch mindestens
ein weiteres einschränkendes Merkmal. Die Begriffe ›Gedicht‹, ›Sonett‹,
›Alexandriner-Sonett‹ sind ein Beispiel für eine solche Begriffshierar-
chie. Ein Begriff lässt sich demnach mit Bezug auf die nächsthöhere
Ebene oder Gattung (*genus proximum*; lat. ›nächste Gattung‹) bestimmen, wenn man zugleich sein spezifisches Merkmal (*differentia specifica*; lat. für ›besonderer Unterschied‹) angibt. Das *genus proximum*
des Begriffs ›Alexandriner-Sonett‹ ist ›Sonett‹, seine *differentia specifica*
nennt bereits seine Bezeichnung: die Verwendung von Alexandriner-
Versen. Außer hierarchischen Strukturen enthalten Begriffszusammen-
hänge auch Reihen, die Begriffe auf der gleichen Ebene versammeln.
Eine solche Begriffsreihe zu Gedichtformen ist z. B. ›Sonett‹, ›Ritornell‹,
›Kanzone‹, ›Volkslied‹ etc.

Klassifikatorischer Begriff/komparativer Begriff (Typenbegriff): Der
Normalfall eines wissenschaftlichen Begriffs ist ein klassifikatorischer
oder qualitativer Begriff. Er legt fest, welche Eigenschaften ein Gegenstand aufweisen muss, damit er unter den Begriff fällt (dazu Pawłowski
1980, 108), und dient dazu, die Menge aller Untersuchungsgegenstände

eindeutig zu unterteilen. Mit Hilfe des Begriffs ›Sonett‹ z. B. lässt sich die Menge aller untersuchten Gedichte klar in zwei Teilmengen untergliedern: in die Menge der Gedichte, die die entsprechenden Eigenschaften aufweisen, und diejenigen Gedichte, bei denen das nicht der Fall ist. Nicht für alle Fragen und Problemstellungen in den Kulturwissenschaften ist diese klar unterscheidende, klassifikatorische Funktion von Begriffen aber zweckmäßig. Immer dann, wenn es um Phänomene geht, deren Grenzen fließend sind und man keine zu starken künstlichen Schnitte setzen will, ist es sinnvoll, sog. ›Typenbegriffe‹ zu verwenden, die neben der klassifikatorischen Komponente komparative Bestandteile enthalten. Komparative Begriffe erlauben es, die Menge der untersuchten Gegenstände nach dem Intensitätsgrad abzustufen, in dem sie die festgelegten Eigenschaften erfüllen. Sie ermöglichen eine Vergleichsperspektive und die Anwendung von Ähnlichkeitsbeziehungen, mithin erlauben sie Verfahren, die für die Untersuchung historischer Phänomene besonders wichtig sind. Zugleich wird deutlich, dass sie der Prototypentheorie stärker entsprechen als die über feste Merkmalssets funktionierenden klassifikatorischen Begriffe: Indem mit ihrer Hilfe bestimmte Exemplare als ›ähnlicher als andere‹ bestimmt werden können, tragen sie der Annahme Rechnung, dass es bei der Begriffsbildung keine scharfen Kategoriengrenzen gibt und dass Prototypikalität gradierbar ist.

5.3 | Begriffsbestimmung

Um einen Begriff zu bestimmen, kann auf unterschiedliche Weise vorgegangen werden.

5.3.1 | Die Definition und ihre Probleme

Das Standardverfahren besteht in der Definition, die wiederum unterschiedliche Typen umfasst und zu unterschiedlichen Zwecken vorgenommen werden kann (vgl. Strube 1993, Kap. 1). In jedem Fall bestehen die Definitionen aus einem **Definiendum** – dem, was zu definieren ist – und einem **Definiens** – dem, was zur Definition herangezogen wird. Zu unterscheiden sind zunächst einmal Nominal- von Realdefinitionen.

Nominaldefinitionen sind stets terminologische Festlegungen, die keine empirischen Informationen anführen. In einer Nominaldefinition wird das *Definiendum* mit Hilfe eines oder mehrerer bereits bekannter Begriffe im *Definiens* bestimmt.

Realdefinitionen dagegen stellen eine »empirische Verallgemeinerung« (Pawłowski 1980, 29) dar, die einen Begriff mit Bezug auf die erhebbaren Eigenschaften von Gegenständen bestimmt und die mit Hinweis auf diese empirischen Eigenschaften gegebenenfalls auch für falsch erklärt werden kann. Nominaldefinitionen dagegen können nicht als ›wahr‹ oder ›falsch‹, sondern nur als ›zweckmäßig‹ oder ›nicht zweckmäßig‹ in Bezug auf einen Verwendungszusammenhang eingestuft werden.

Wie aber sollte man vorgehen, wenn man z. B. den Begriff ›Roman‹ definieren will? Es stehen drei Typen von Nominaldefinitionen zur Auswahl: die feststellende, die festsetzende und die regulierende Definition (vgl. zum Folgenden Pawłowski 1980, Kap. I).

1. Feststellende Definition: Diese Definition hat im Idealfall alle faktischen Verwendungsweisen eines Begriffs in einer Sprache zu umfassen – für den Begriff ›Roman‹ also eine kaum überschaubare Menge an Bedeutungen. Die Definition bezieht sich dabei auf die Wortgestalt, erfasst also die Vorkommnisse nicht, in denen ein anderer Ausdruck – etwa ›fingierter Reisebericht‹ – verwendet wird, aber dieselbe Sache gemeint ist. Aber selbst wenn nur die Wortgestalt herangezogen wird, um das *Definiens* zu bilden, ergibt dieses Verfahren einen Begriff von solcher Vagheit und einem solchen Umfang, dass nichts mehr mit ihm anzufangen ist.

Typen von Begriffsdefinitionen

2. Festsetzende Definition: Dieses Problem hat die ›festsetzende Definition‹ nicht, die unabhängig von tatsächlichen Begriffsverwendungen eine präzise Bedeutung festlegt. Mit ihrer Hilfe lässt sich einem unscharfen Begriff wie ›Roman‹ eine neue, nun exakte Bedeutung zuweisen. Der Nachteil dieses Verfahrens liegt auf der Hand: Weite Bereiche des historischen Bedeutungsfeldes müssten ausgeklammert werden. Der künstliche Begriff wäre stark reduktiv im Vergleich mit den tatsächlichen Verwendungsweisen von ›Roman‹, die die feststellende Definition erheben kann.

Bleibt die dritte Variante, die ›regulierende Definition‹.

3. Regulierende Definition: Sie kombiniert die beiden eben problematisierten Definitionsarten, indem sie sich zum Teil an festgestellte Bedeutungen anlehnt, dann aber zu forschungspraktischen Zwecken einen Begriffsumfang festsetzt, der die Gesamtmenge möglicher Bedeutungen begrenzt. Es müssten also nicht alle Verwendungsweisen des Romanbegriffs berücksichtigt werden, sondern nur einige, deren Wahl begründet werden müsste, und zugleich würde man ein *Definiens* gewinnen, das präziser wäre als die Menge aller Romanbegriffe, dabei aber den historischen Verwendungsfällen angemessener als ein willkürlich festgesetzter Begriff von ›Roman‹.

So überzeugend dieses Verfahren klingt, führt es doch in der Praxis immer wieder zu Problemen, die mit den literaturwissenschaftlichen Gegenständen zu tun haben. Oft lässt es sich nämlich nicht vermeiden, dass in der Definition bereits zirkulär die Kenntnis des zu Definierenden verwendet wird, und es kann nicht immer sicher angegeben werden, ob das zu Definierende – also das *Definiendum* – und das zur Definition Herangezogene – das *Definiens* – sich in ihrem Umfang wirklich decken. Damit können aber zwei von vier Bedingungen korrekten Definierens nicht immer bzw. nicht zuverlässig erfüllt werden.

Definitionen dürfen

1. nicht zirkulär und
2. nicht inadäquat sein, d.h. die Extension des *Definiens* muss mit der des *Definiendum* übereinstimmen; darüber hinaus sollen sie
3. einen unbekannten Ausdruck nicht durch einen anderen unbekannten Ausdruck zu bestimmen versuchen *(ignotum per ignotum)* und
4. nicht widersprüchlich sein.

Mit anderen Worten: Die wissenschaftstheoretischen Forderungen, die in den Naturwissenschaften leichter zu erfüllen sind, stellen die Literaturwissenschaft vor Probleme.

Beispiel

Zur Illustration mögen eine Definition aus der Chemie und zwei aus der Literaturwissenschaft dienen.
1. Wasser = H_2O.
Das *Definiendum* ›Wasser‹ wird bestimmt mit einem *Definiens* ›H_2O‹, das extensionsgleich ist: Immer wenn ein Gegenstand die Eigenschaft ›Wasser‹ hat, dann hat er auch die Eigenschaft ›H_2O‹ und umgekehrt. Das ist mithilfe chemikalischer Operationen überprüfbar.

In zwei germanistischen Fachlexika finden sich für den **Begriff ›Roman‹** folgende Einträge:
2. Roman ist eine »Großform der fiktionalen Erzählung in Prosa. Der R. unterscheidet sich durch die Prosaform vom antiken Epos; durch seinen fiktionalen Charakter von anderen erzählerischen Großformen wie der Autobiographie, der Biographie und der Geschichtsschreibung; und durch seinen Umfang von kleineren Erzählformen wie der Erzählung oder der Novelle« (Heinz 2007, 658).
3. Roman ist eine »epische Großform in Prosa; e. der am spätesten entwickelten Gattungen, seit 19. Jh. jedoch nicht nur die verbreitetste der erzählenden Dichtung, sondern auch der Lit. schlechthin. Der Unterschied zum Epos, von dem der R. abstammt, liegt tiefer als in der bloßen Unterscheidung von Prosa- und Versform der Sprache, die ihn jedoch als wesentl. Merkmal mitbedingt« (Wilpert 2001, 697).

Auffällig an dem *Definiens* in (2) und (3) ist zunächst einmal, dass es erheblich länger ist als in (1) die Formel ›H_2O‹. Zugleich ist es deutlich weniger präzise, und zudem wird derselbe Begriff in (2) und (3) nicht auf dieselbe Weise bestimmt. Was wir aus beiden Definitionen eindeutig erfahren ist, dass Romane lang sind und in Prosa geschrieben, aber ansonsten herrscht nicht viel Einigkeit über das, was zur Bestimmung des Begriffs überhaupt angeführt werden muss. Zwar ist hier aus beiden Einträgen nur der Anfang zitiert und also nicht alle Information genannt. Deutlich ist aber auch schon so, dass kein Konsens über Anzahl und Art der genannten Merkmale herrscht, die im *Definiens* zu nennen sind. Und: ob ›Roman‹ und das *Definiens* in (2) oder (3) dieselbe Extension haben, lässt sich wohl kaum prüfen: Die verwendeten Begriffe sind zu vage.

Mit diesem Befund ist allerdings nicht gesagt, dass die zitierten Begriffsbestimmungen als solche problematisch sind; es zeigt sich nur, dass sie bestimmte Anforderungen an Definitionen nicht erfüllen können.

5.3.2 | Die Explikation

Es liegt nahe, nach einem anderen Verfahren der Begriffsbestimmung zu suchen, das den gegenstandsbedingten Genauigkeitsproblemen kulturwissenschaftlicher Disziplinen Rechnung trägt. Diese Alternative bietet die Explikation (zum Folgenden vgl. Pawłowski 1980, Kap. V). Eine Explikation geht wie eine regulierende Definition vor, d.h. sie stellt die gegebenen Verwendungsweisen eines Begriffs fest, und führt dann – festsetzend – eine neue und präzisere Verwendungsweise ein. Dieser Ausdruck heißt ›**Explikat**‹. Für das *Explikat* gelten weniger strenge Bedingungen als für das *Definiens* in der Definition. So wird zum Beispiel nicht beansprucht, dass das Explikat mit dem **Explikandum**, also mit dem ungeklärten Begriff, in vollem Umfang übereinstimmen müsse. Es sind vielmehr forschungspraktische Kriterien, nach denen ein Explikat als angemessen gerechtfertigt werden kann.

Zu diesen Kriterien gehören

- die Nützlichkeit des Explikats für bestimmte Forschungszwecke,
- seine Präzision,
- seine Ähnlichkeit mit dem *Explikandum* und
- seine Einfachheit.

Kriterien zur Beurteilung von Explikaten

Diese vier Kriterien sind mit Bezug auf das Forschungsziel zu bestimmen. So ist z. B. dem Kriterium ›Präzision‹ damit zu genügen, dass »die Vagheit der Begriffe in dem Sinne zu beseitigen und zu mildern [ist], in dem es für ein bestimmtes theoretisches oder praktisches Ziel erforderlich ist« (ebd., 169). Abgeschlossen ist eine Explikation, wenn das *Explikat* in ein Begriffssystem oder doch in eine theoretische Konzeption eingeführt worden ist. Damit ist gewährleistet, dass Begriffe nicht willkürlich, sondern stets mit Bezug auf andere Begriffe zu bestimmen sind; und es wird deutlich, dass Begriffe immer theorieabhängig gebildet werden.

5.4 | Begriffsrekonstruktion

Wer die historische Verwendung eines Begriffs rekonstruieren will, tut gut daran, zunächst einmal zwischen **Wort-, Begriffs- und Sachgeschichte** zu unterscheiden (dazu Fricke/Weimar 1996). Die Ausführungen zu den Bestandteilen eines Begriffs haben schon nahegelegt, dass es sich hier um drei unterschiedliche Bereiche handelt.

Bereiche der Begriffsrekonstruktion

Wortgeschichte informiert darüber, woher die Begriffsbezeichnung kommt, wann sie zuerst verwendet wurde und welches ihre Bedeutung war und ist.

Begriffsgeschichte vermittelt Wissen darüber, wie ein Begriff im Laufe seiner Verwendung jeweils verstanden worden ist, d.h. welche unterschiedlichen Konzepte mit ihm verbunden wurden.

Sachgeschichte zeigt, welche Entwicklung die Gegenstände, die mit dem Begriff bezeichnet werden, von ihren Anfängen bis zur Gegenwart durchlaufen haben. Diese Gegenstände können auch ganz anders benannt werden und trotzdem unter den Begriff fallen. Hier geht es um das Phänomen, das mit einem Begriff benannt wird, nicht um den Begriff selbst. Die Differenz zwischen Sach- und Begriffsgeschichte entspricht dem Unterschied zwischen einerseits Informationen etwa zum Theater als Institution von den Anfängen in Griechenland bis heute und andererseits Informationen zur Verwendung des Begriffs ›Theater‹ in demselben Zeitraum.

Begriffs- und Sachgeschichte sind nicht immer leicht auseinanderzuhalten. Und bei einigen Begriffen, etwa den Benennungen literaturwissenschaftlicher Methoden, ist das auch kaum möglich, weil Begriff und Sache zusammenfallen. In den meisten Fällen ist es jedoch sehr wichtig, zwischen beidem zu unterscheiden, wenn man genau sein will. Viele Streitigkeiten um Begriffe sind in der Vermischung beider Bereiche begründet.

Tradition der Begriffsgeschichte: Begriffsgeschichte hat innerhalb der Geistes- bzw. Kulturwissenschaften eine lange Tradition, und es gibt einige wichtige Werke und Zeitschriften, an denen die historische Rekonstruktion von Begriffen in ihrer ganzen methodischen Vielfalt studiert werden kann. Die *Geschichtlichen Grundbegriffe* (Brunner/Conze/Koselleck 1972–1997) beschreiben die Geschichte zentraler Konzepte wie ›Moderne‹ oder ›Bildung‹ in ausgesprochen materialreicher Weise (dazu auch Koselleck 2006). Ebenso wichtig sind das *Reallexikon für Literaturwissenschaft* (Weimar u. a. 1997–2003) und das *Historische Wörterbuch der Philosophie* (Ritter 1971–2007). Die Zeitschrift *Archiv für Begriffsgeschichte* (1955 ff.) publiziert regelmäßig Beiträge, in denen die Geschichte von Begriffen ganz oder in bestimmten Zeitspannen rekonstruiert wird, sowie theoretische Beiträge zur Begriffsgeschichte. Neben der Begriffsgeschichte haben sich in den letzten Jahrzehnten weitere Verfahren etabliert, die in ihrer Zielsetzung oder der Vorgehensweise der Begriffsgeschichte verwandt sind:

- die schon ältere **Ideengeschichte** (Lovejoy 1993; Kelley 2002),
- die **Diskursgeschichte** (Foucault 1974) und
- die **historische Semantik** (Fritz 2006).

Verwandte
Verfahren

Archiv für Begriffsgeschichte (1955 ff.): Hg. von Christian Bermes u. Ulrich Dierse. Bonn: Bouvier/Hamburg: Meiner.
Brunner, Otto/Conze, Werner/Koselleck, Reinhart (Hg.) (1972–1997): Geschichtliche Grundbegriffe. Historisches Lexikon zur politisch-sozialen Sprache in Deutschland. Stuttgart: Klett-Cotta.
[Deutsches Institut für Normung e.V.] (2004): Begriffe der Terminologielehre (= DIN 2342). Berlin: Beuth.
Fricke, Harald/Weimar, Klaus (1996): »Begriffsgeschichte im Explikationsprogramm. Konzeptuelle Anmerkungen zum neubearbeiteten ›Reallexikon der deutschen Literaturwissenschaft‹«. In: Archiv für Begriffsgeschichte 39, 7–18.
Pawłowski, Tadeusz (1980): Begriffsbildung und Definition. Berlin/New York: de Gruyter.
Ritter, Joachim (Hg.) (1971-2007): Historisches Wörterbuch der Philosophie. Basel: Schwabe.
Ros, Arno (1989/1990): Begründung und Begriff. Wandlungen des Verständnisses begrifflicher Argumentationen. 3 Bde. Hamburg: Meiner.
Strube, Werner (1993): Analytische Philosophie der Literaturwissenschaft. Definition, Klassifikation, Interpretation, Bewertung. Paderborn [u.a.]: Schöningh.
Wagenknecht, Christian (Hg.) (1988): Zur Terminologie der Literaturwissenschaft. Akten des IX. Germanistischen Symposions der DFG. Stuttgart: J.B. Metzler.
Weimar, Klaus [u.a.] (Hg.) (1997-2003): Reallexikon der deutschen Literaturwissenschaft. 3 Bde. Berlin/New York: de Gruyter.
Zymner, Rüdiger (2003): Gattungstheorie. Probleme und Positionen der Literaturwissenschaft. Paderborn: Mentis.

Standardwerke

Foucault, Michel (1974): Die Ordnung der Dinge. Frankfurt a.M.: Suhrkamp.
Fritz, Gerd (²2006): Historische Semantik. Stuttgart: J.B. Metzler.
Grote, Hans (³²2007): »Sonett«. In: Dieter Burdorf/Christoph Fasbender/Burkhard Moennighoff (Hg.): Metzler Lexikon Literatur. Begriffe und Definitionen. Stuttgart: J.B. Metzler, 715 f.
Haller, Rudolf/Mittelstraß, Jürgen (1971): »Begriff«. In: Joachim Ritter [u.a.] (Hg.): Historisches Wörterbuch der Philosophie. Bd. 1. Basel/Stuttgart: Schwabe, 779–787.
Heinz, Jutta (³²2007): »Roman«. In: Dieter Burdorf/Christoph Fasbender/Burkhard Moennighoff (Hg.): Metzler Lexikon Literatur. Begriffe und Definitionen. Stuttgart: J.B. Metzler, 658–662.
Kelley, Donald R. (2002): The Descent of Ideas. The History of Intellectual History. Aldershot: Ashgate.
Koselleck, Reinhart (2006): Begriffsgeschichten. Studien zur Semantik und Pragmatik der politischen und sozialen Sprache. Frankfurt a.M.: Suhrkamp.
Lovejoy, Arthur (1993): Die Kette der Wesen [1936]. Frankfurt a.M.: Suhrkamp.
Margolis, Eric/Laurence, Stephen (Hg.) (1999a): Concepts. Core Readings. Cambridge, Mass./Oxford: MIT Press.
— (1999b): »Concepts and Cognitive Science«. In: Dies. (Hg.): Concepts. Core Readings. Cambridge, Mass./Oxford: MIT Press, 3-82.
Rosch, Eleanor (1999): »Principles of Categorization«. In: Margolis/Laurence 1999a, 189–206.
Schüttpelz, Erhard (1995): »Objekt- und Metasprache«. In: Jürgen Fohrmann/Harro Müller (Hg.): Literaturwissenschaft. München: Fink, 179–216.
Weingartner, Paul (1980): »Extension/Intension«. In: Josef Speck (Hg.): Handbuch wissenschaftstheoretischer Begriffe. Bd. 1. Göttingen: Vandenhoeck, 217–222.
Wilpert, Gero v. (⁸2001): Sachwörterbuch der Literatur. Stuttgart: Kröner.
Wittgenstein, Ludwig (¹⁰1995): Werkausgabe Bd. 1: Tractatus logico-philosophicus, Tagebücher 1914–1916, Philosophische Untersuchungen [1953]. Frankfurt a.M.: Suhrkamp.

Weitere Literatur

Fotis Jannidis / Simone Winko

6. Analysieren, Strukturieren, Argumentieren

6.1   Einleitende Überlegungen
6.2   Analysieren
6.3   Strukturieren
6.4   Argumentieren

6.1 | Einleitende Überlegungen

Robert Frost

»Die eine Hälfte der Welt besteht aus Menschen, die etwas zu sagen haben und es nicht können; die andere Hälfte besteht aus Menschen, die nichts zu sagen haben, es aber ständig tun.«

Sei es bei Diskussionen am Arbeitsplatz oder in Seminarveranstaltungen, sei es in Alltagsgesprächen mit Freunden, Verwandten oder Fremden, sei es beim Lesen der Tageszeitung oder beim Surfen im Internet: Täglich stoßen Sie auf Argumente. Sie nehmen Stellung zu unterschiedlichen Themen, erfahren die Meinung anderer, stellen Fragen und bekommen oder geben Antworten.

Wenn Sie dabei auch nicht die im vorangestellten Zitat überspitzt formulierte Erfahrung machen, so stellen Sie vielleicht dennoch fest, dass nicht selten ganz alltägliche Gespräche unbefriedigend verlaufen. Möglicherweise wissen Sie selbst in einer bestimmten Situation nicht genau, wie Sie das, was Sie sagen möchten, treffend formulieren; an einer anderen Stelle sind Sie eventuell unsicher, wie Sie auf Argumente reagieren sollen, die polemisch geäußert oder unstrukturiert aneinandergereiht wurden. Auch wenn es in solchen Situationen nicht immer zu Missverständnissen oder Meinungsverschiedenheiten kommen muss (vgl. Alt 2003, 7), kann es doch geschehen, dass das ursprünglich intendierte Gesprächsziel nicht erreicht wird.

Dieses Kapitel soll Ihnen **Souveränität im Umgang mit Argumenten** vermitteln, denn die sachkundige Analyse und die adressatengerechte Produktion von schriftsprachlichen oder mündlichen Texten bilden die Grundlagen einer gelungenen Kommunikation. Der sichere Umgang mit Argumenten ist für Sie nicht nur im privaten Bereich von Bedeutung; auch während des Studiums und im weiteren Berufsleben ist er unerlässlich. Dies gilt insbesondere für die Studierenden der neuen BA- und MA-Studiengänge, die sich in einer immer mehr auf Effizienz und Konkurrenz ausgerichteten Hochschullandschaft und Berufswelt zurechtfinden und durchsetzen müssen (vgl. Händel/Kresimon/Schneider 2007, 1 f.).

Die drei grundlegenden Techniken, die Sie im Umgang mit und in der Produktion von Argumenten beherrschen müssen, sind die

- des **Analysierens**,
- des **Strukturierens** und
- des **Argumentierens**.

6.2 | Analysieren

6.2.1 | Die Bedeutung des Analysierens für den Studien- und Berufsalltag: Wozu ›analysieren‹?

Während des Studiums müssen Sie sich mit mannigfachen, meist argumentativen Texten auseinandersetzen. Dabei kann es im Einzelfall Schwierigkeiten bereiten, auf Anhieb zu verstehen, was der Produzent eines Textes vermitteln möchte. Ein Fachartikel beispielsweise kann inhaltlich und sprachlich derart komplex sein, dass sich sein Sinn nicht nach der ersten Lektüre erschließt. Das gilt auch für Argumentationen, die mündlich vorgetragen werden, wie zum Beispiel Podiumsdiskussionen. Auch Missdeutungen sind keine Seltenheit. Dies muss nicht daran liegen, dass sich die Argumentation auf hohem schrift- und fachsprachlichem Niveau bewegt – ganz im Gegenteil, meist werden in der mündlichen Argumentation alltagssprachliches Vokabular sowie weniger komplexe und damit leicht verständliche Satzkonstruktionen verwendet –, sondern eher an der Flüchtigkeit des mündlichen Ausdrucks. Ein schriftlich verfasster Text kann bei Verständnisschwierigkeiten noch einmal gelesen werden; bei einer Podiumsdiskussion oder Fernsehdebatte ist die nochmalige Betrachtung eines Argumentes nicht mehr möglich.

Trotz dieser Schwierigkeiten müssen Studierende in der Lage sein, jegliche Art von argumentativem Text in ausreichendem Maße zu verstehen. Andernfalls wird es ihnen schwer fallen, wie auch immer geartete Kommunikationsbeiträge sachgemäß zu be- und verwerten, einzelne Punkte kritisch zu reflektieren oder auf die Argumente anderer angemessen zu reagieren. Gerade dies sollten Studierende aber können, wenn sie sich nicht selbst benachteiligen möchten.

6.2.2 | Begriffsklärung: Was ist eine ›Analyse‹?

Um die Aussageabsicht eines Textes möglichst vollständig zu erfassen, müssen Sie ihn analysieren. Der Begriff ›analysieren‹ kommt von dem altgriechischen *analyein* und bedeutet soviel wie ›auflösen‹ oder ›auftrennen‹. Eine ursprüngliche Einheit wird also aufgelöst und in ihre Bestandteile zerlegt.

Ein argumentativer Text, gleich ob der mündliche Kurzbeitrag eines Kommilitonen oder der Artikel eines renommierten Wissenschaftlers, besteht in der Regel aus einer Vielzahl eng miteinander verbundener Komponenten, die ein komplexes Ganzes bilden.

Um nichts zu übersehen, sollten Sie einen argumentativen Text stets in zweierlei Hinsicht ›auflösen‹, d.h. ›analysieren‹:

1. Zum einen müssen **textexterne und textimmanente Faktoren** voneinander geschieden werden (Kommunikationssituation ↔ eigentlicher Text);
2. zum anderen müssen sowohl die **Kommunikationssituation** als auch der **Text selbst in ihre einzelnen Bestandteile zergliedert** werden.

Mögliche **textimmanente Komponenten**, die es zu unterscheiden gilt, sind beispielsweise das Thema, die übergreifende These, die Belege, die argumentative Struktur, aber auch der sprachlicher Stil eines Textes. Neben diesen Einzelteilen liefern **textexterne Aspekte** wie Informationen über den Produzenten eines Textes, über den Entstehungsanlass oder die räumlich-zeitlichen Umstände der Produktion wichtige Hinweise, die das Verstehen eines Textes erleichtern.

Komponenten eines argumentativen Textes

Textexterne Faktoren
(Kommunikationssituation), z.B.
- Produzent des Textes
- Entstehungsanlass
- Zeit und Ort der Produktion
- Zeit und Ort der Rezeption
...

Textimmanente Faktoren
(eigentlicher Text), z.B.
- Thema
- These
- Belege
- Struktur
- Stil
- ...

Ziel einer Analyse ist es, möglichst alle Bestandteile eines mündlichen oder schriftlichen Kommunikationsbeitrags so sorgfältig zu untersuchen, dass seine Aussagekraft und sein Erkenntniswert verlässlich bestimmt werden können. Sie hat also die Aufgabe, folgende Fragen zu beantworten:

- Welche neuen Einsichten liefert der Text?
- Welche Thesen werden bestätigt, welche widerlegt?
- Welche Begrifflichkeiten werden neu definiert?
- Welche Punkte thematisiert der Produzent eines Textes, welche verschweigt er?
- Welche persönliche Einstellung haben Sie, der/die Rezipient/in, dem Text gegenüber?

Fragen zur
Textanalyse

6.2.3 | Vorgehensweise: Wie ist zu ›analysieren‹?

Um diese Fragen möglichst präzise beantworten zu können, sollten Sie nicht nur die im Schaubild aufgelisteten textexternen Faktoren bedenken, sondern auch andere Komponenten in Betracht ziehen. Bestimmen Sie beispielsweise **Textsorte** (s. Kap. 7) und die Art der **Kommunikationssituation** (s. Kap. 13). Klären Sie, ob es sich um eine hauptsächlich dialogische handelt, wie zum Beispiel eine Besprechung, eine Konferenz oder eine mündliche Prüfung, oder um eine tendenziell monologische, wie ein Vortrag, eine Ansprache oder ein Zeitungsartikel.

Je nachdem, in welcher Kommunikationssituation Sie sich befinden, gewinnen oder verlieren gewisse Komponenten an Bedeutung und müssen in der Folge mehr oder weniger intensiv bestimmt werden. Immer aber sollten sie im Blick behalten und auf ihre Relevanz hin überprüft werden.

Wenn Sie die Rahmenumstände eines Textes geklärt haben, wenden Sie sich seiner inhaltlichen und sprachlich-stilistischen Analyse zu. Versuchen Sie, inhaltliche, formale und sprachliche Besonderheiten zu klären.

→ **Inhaltliche Merkmale**
- Was ist das Thema des Textes?
- Was sind seine zentralen Thesen?
- Wie werden diese belegt?
- Klären Sie alle Sachverhalte, insbesondere die weniger oder nicht auf Anhieb verständlichen.
- Klären Sie Schlüsselbegriffe. Bedeuten sie etwas anderes als im Alltagsgebrauch?

→ **Formale Merkmale**
- Wie ist der Text aufgebaut, d.h. wie ist er strukturiert?
- Welche formalen Besonderheiten weist er auf?

→ **Sprachliche Merkmale**
- Klärung von Fremdwörtern und wichtigen Begriffen
- Was lässt sich zur Wortwahl feststellen (etwa restringierter oder elaborierter Code, rhetorischer Schmuck oder inhaltsleere Phrasen)?
- Was lässt sich zur Syntax sagen (z.B. eher parataktisch oder hypotaktisch)?
- Wie ist der Sprachstil allgemein (eher blumig oder sachlich-nüchtern)?

Selbstverständlich können die vorgestellten Listen entsprechend der Textsorte oder der Kommunikationsart abgewandelt oder ergänzt werden. Wenn Sie sich aber an den oben erwähnten Punkten orientieren, können Sie sicherstellen, dass Sie Missverständnisse weitgehend ausschließen und dass Sie Ihrem Ziel, die Aussagekraft und den Erkenntniswert eines argumentativen Textes zu bestimmen, möglichst nahe kommen. Sie können die Stichhaltigkeit der Argumente kritisch hinterfragen und insgesamt besser einschätzen. Sie sind darüber hinaus in der Lage, unredliche Taktiken und unsachliche Argumente rechtzeitig zu erkennen und abzuwehren (vgl. Thiele 2006, 5).

6.3 | Strukturieren

6.3.1 | Die Bedeutung des Strukturierens für den Studien- und Berufsalltag: Wozu ›strukturieren‹?

Bisher stand die fachgerechte Rezeption von argumentativen Texten im Vordergrund; nun soll ihre Produktion beleuchtet werden. Wenn mündliche oder schriftliche Kommunikation gelingen soll, muss sie sachgemäß vorbereitet und ausgeführt werden. Die sachgemäße Vorbereitung bezieht sich auf das ›Strukturieren‹, die sachgemäße Ausführung auf das ›Argumentieren‹.

›Sachgemäßes Produzieren‹ bedeutet:

Sachgemäßes Produzieren von Texten
- Machen Sie sich das Ziel Ihres Kommunikationsbeitrags bewusst.
- Klären Sie die Rahmenumstände, in denen Ihr Text produziert oder rezipiert wird.
- Strukturieren Sie ihn dementsprechend.

Die Ziele, die Sie mit einem argumentativen Text verfolgen, können recht unterschiedlich sein. Vielleicht möchten Sie anderen die Richtigkeit Ihres Standpunktes unter Beweis stellen, vielleicht auf glaubwürdige Weise Informationen vermitteln. Wie ungleich Intentionen von Texten sein mögen, so verschieden können auch ihre Rahmensituationen sein: So ist es etwas anderes, im heimischen Arbeitszimmer eine Seminararbeit abzufassen als sich in einem Bewerbungsgespräch überzeugend zu präsentieren.

Wenn ein wie auch immer gearteter Kommunikationsbeitrag erfolgreich sein soll, müssen Sie ihm eine Struktur verleihen, die seinen Rahmenbedingungen und seiner Intention gerecht wird. In einem Vorstellungsgespräch etwa können Sie Ihre Beiträge nicht einfach monologartig konzipieren; im Gegenteil: Sie müssen versuchen, bestmöglich auf die Fragen Ihres Gegenübers einzugehen.

6.3.2 | Begriffsklärung: Was ist ›Strukturieren‹?

Weil Sie mit Ihrem argumentativen Text überzeugen möchten, müssen Sie situations- und intentionsgerecht schreiben oder sprechen und Ihren Kommunikationsbeitrag angemessen strukturieren. Dabei ist es wichtig, dass Sie einen zusammenhängenden und logisch nachvollziehbaren Gedankengang entwickeln. ›Zusammenhängend‹ heißt: Ihre Ideen müssen miteinander verknüpft sein, damit in ihrer Abfolge keine Brüche oder Lücken entstehen; ›logisch nachvollziehbar‹ heißt, dass ein Gedanke folgerichtig und widerspruchsfrei aus dem anderen hervorgehen muss (vgl. Echterhoff/Neumann 2006, 87). `Zusammenhang`

Je nach Rahmenumständen und Intention gibt es also recht unterschiedliche Möglichkeiten, wie Sie einen Kommunikationsbeitrag strukturieren, d.h. ihm einen ›roten Faden‹ verleihen können. Im Folgenden sollen Ihnen einige Arten der Textstrukturierung vorgestellt werden, die im Hochschul- und Arbeitsleben häufig benötigt werden.

6.3.3 | Modelle: Wie ist zu ›strukturieren‹?

Am wichtigsten für den Studien- und Berufsalltag sind die folgenden Modelle: `Strukturierungsmodelle`

- chronologisch-historisches Modell
- systematisch-lineares Modell
- dialektische Modelle (blockartige oder direkt vergleichende Anordnung)
- deduktive und induktive Modelle
- exemplarisches Modell
- kausalschematische Modelle (Ursache-Wirkung, Zweck-Mittel)

Chronologisch-historisches Strukturierungsmodell: Hier wird der tatsächliche Ablauf von Ereignissen oder Entwicklungen in chronologischer Reihenfolge nachgezeichnet (vgl. auch Händel/Kresimon/Schneider 2007, 13). In einer Präsentation über die Geschichte der Linguistik könnte beispielsweise in zeitlicher Abfolge dargestellt werden, wie sich Inhalte und Methoden im Laufe der Jahre verändert und welche Paradigmenwechsel stattgefunden haben.

Obwohl das chronologisch-historische Modell den Vorteil hat, dass sich Ereignisse sehr übersichtlich darstellen lassen, birgt es auch Gefahren in sich. Neben der Versuchung, eine unangemessene Komplexitätsreduktion vorzunehmen, sei hier das Problem der mangelnden Relevanz erwähnt: Nichts ist bedeutungsärmer und langweiliger als das Referat eines/r Kommiliton/in, der fünfzehn Minuten nichts anderes tut als die Stationen in Charles Dickens' Leben und Wirken von der Wiege bis zu seinem Tode additiv aneinanderzureihen.

Bevor Sie sich für eine chronologisch-historische Textstruktur entscheiden, sollten Sie sich zweier Dinge bewusst werden:

- Lässt sich der Sachverhalt, den Sie darstellen möchten, ausschließlich durch eine chronologische Anordnung erschließen (vgl. Esselborn-Krumbiegel 2007, 110)? Können Sie ihn wirklich nicht anders verständlich machen?
- Und wenn es so ist, wie können Sie vermeiden, einzelne Phasen oder Ereignisse additiv nachzuzeichnen? Wie können Sie eine Ereignisfolge über deren chronologischen Ablauf hinaus interpretierend bereichern oder wie Ihre chronologische Struktur mit Anmerkungen über Gründe und Ursachen für eine Entwicklung vervollkommnen?

Das Leben und Werk von Charles Dickens könnte etwa aus der Perspektive literatur- und kulturgeschichtlicher Umstände betrachtet und gedeutet werden. Es würde so in einen größeren Kontext gebettet, Ihre Zuhörer könnten bereits vorhandenes Wissen um neue Erkenntnisse erweitern, und Ihr Thema gewönne damit sicher nicht nur an Relevanz sondern auch an Reiz.

Systematisch-lineares Strukturierungsmodell: Meist ist diese Strukturierungsweise zu bevorzugen, in der die Einzelargumente, die Sie zum Beleg einer These anführen möchten, systematisch nach Sachgebieten geordnet und anschließend in aufsteigender Wichtigkeit miteinander verknüpft werden. Dementsprechend behandeln einzelne Abschnitte eines Referats oder einer Seminararbeit eine Kategorie, die Sie erläutern und deuten müssen. Inhalt, Sprache, Form und Epochenkontext sind beispielsweise mögliche zu untersuchende Kategorien beim Beleg einer These wie »Georg Heyms Gedicht ›Träumerei‹ (erste Fassung; 1912) ist die konventionelle Vergegenwärtigung der Träumerei eines lyrischen Subjekts«. Eine Struktur, welche die These linear belegen könnte, würde demnach wie folgt aussehen:

Lineare
Strukturierung

Einleitung/These: Heyms »Träumerei« (1912) = nicht avantgardistische, sondern konventionelle Vergegenwärtigung der Träumerei eines lyrischen Subjekts

1. **Inhalt:** Darstellung einer Träumerei; lyrisches Ich nähert sich dem Tages-, Jahres- und Lebensende (Abenddämmerung, Winter, Tod = typische Themen der romantischen Lyrik)
2. **Sprache:** sprachliche Gestaltung im klassisch-romantischen Ton, keine avantgardistischen Neuerungen
3. **Form:** keine Sprengung der Form; ›Träumerei‹ abgefasst in traditionsreicher Romanzenstrophe
4. **Epochenkontext:** romantisches Schreiben in expressionistischer Zeit

Fazit: Argumente in Sachbereichen 1, 2, 3 und 4 konnten These stützen.

Im Unterschied zu einem dialektischen Strukturmodell haben alle Argumente Ihrer Einzelkategorien dasselbe Ziel; sie diskutieren Ihre These nicht und stellen sie auch nicht in Frage. Ihre Argumente stützen Ihre Behauptung entweder Schritt für Schritt oder widerlegen sie durchweg.

Dialektische Strukturmodelle: Ein dialektisches Strukturmodell sollte dagegen gewählt werden, wenn eine Fragestellung nicht ausschließlich positiv oder negativ beantwortet werden kann, sondern erörtert werden muss. Wenn Sie beispielsweise in einem Zeitungsartikel das Für und Wider des Elterngeldes diskutieren, sollten Sie auf eines dieser Modelle zurückgreifen. Sie haben zwei Möglichkeiten, dialektisch zu strukturieren: entweder **blockartig** oder in **direkt vergleichender, alternierender Anordnung** (vgl. Esselborn-Krumbiegel 2007, 116–119).

Wenn Sie Ihrem Text eine **Blockstruktur** verleihen möchten, betrachten Sie die Vorteile und die Nachteile eines Umstandes zunächst getrennt voneinander. In einem weiteren Schritt führen Sie alle Einzelergebnisse vergleichend zusammen und bewerten sie abschließend. Das **Modell des direkten Vergleichs** eignet sich besonders für die mündliche Kommunikation, in der Sie oft keine Zeit haben, eine Perspektive ausführlich zu betrachten, bevor Sie sich in aller Ruhe der anderen zuwenden. Eine graphische Abbildung von Blockstruktur und alternierender Struktur finden Sie in diesem Band im Kapitel zum wissenschaftlichen Schreiben (s. Kap. 8).

Deduktive/induktive Gliederung: Wenn Sie deduktiv oder induktiv gliedern, charakterisieren (Hypo-)Thesen und Belege Ihre Textstruktur. Bei der **deduktiven Gliederung** stellen Sie Hypothesen, zunächst unbewiesene Annahmen von Tatsachen, auf, die Sie im Anschluss mit Belegen zu verifizieren suchen.

Gehen Sie von vorgefundenem Material aus, um aus diesem Folgerungen abzuleiten beziehungsweise Thesen zu entwickeln, **strukturieren Sie induktiv** (vgl. Esselborn-Krumbiegel 2007, 112–115).

	Deduktives Modell	Induktives Modell
Deduktive und induktive Gliederung	Einleitung: Entwicklung schriftsprachlicher Fertigkeiten in der Unterstufe (Informationen zum Textkorpus, Datenerhebung, Methode)	Einleitung: Entwicklung schriftsprachlicher Fertigkeiten in der Unterstufe (Informationen zum Textkorpus, Datenerhebung, Methode)
	1. Hypothese: Syntax gewinnt an Komplexität 1. Beleg: Verhältnis Parataxen/Hypotaxen 2. Beleg: Nebensatzarten 3. …	1. Beleg: Verhältnis Parataxen/Hypotaxen 2. Beleg: Nebensatzarten → **1. Folgerung/These:** Syntax gewinnt an Komplexität
	2. Hypothese: Sprachlicher Ausdruck gewinnt an Niveau 1. Beleg: Vokabular 2. Beleg: Code 3. …	1. Beleg: Vokabular 2. Beleg: Code → **2. Folgerung/These:** Sprachlicher Ausdruck gewinnt an Niveau
	3. Hypothese …	1. Beleg …
	Fazit/Bewertung	Fazit/Bewertung

Exemplarisches Strukturierungsmodell: Ein solches Gliederungsmodell wählen Sie beispielsweise, wenn Sie zu Beginn eines Referats oder einer Rede die Aufmerksamkeit Ihres Publikums gewinnen und es auf Ihr Thema neugierig machen möchten. Von einem ganz **konkreten Beispiel** ausgehend beginnen Sie, Ihr Thema auf immer höher werdenden Abstraktionsebenen zu erörtern (vgl. Händel/Kresimon/Schneider 2007, 13 f.).

Vielleicht möchten Sie über die Stellung englischer Frauen im 18. Jahrhundert berichten. Ausgehend vom ungewöhnlichen Schicksal einer ganz bestimmten Frau oder anhand eines musterhaften zeitgenössischen Porträts können Sie vielleicht die allgemeine Situation von Frauen derselben Schicht darstellen, um dann auf einem weiteren Abstraktionsniveau ihre rechtliche und soziale Stellung zu reflektieren. So verschaffen Sie Ihrem Publikum einen interessanten Einstieg, der die historischen Umstände, sei es vor dem inneren, sei es vor dem tatsächlichen Auge, lebendig werden lässt und vielleicht sogar persönlich betroffen macht.

Konkretes Beispiel: Mary Wollstonecraft (1759–1797)
Abstraktionsebene 1: Situation anderer Frauen derselben Schicht
Abstraktionsebene 2: rechtliche und soziale Stellung der Frau im Allgemeinen

Exemplarisches Modell

Kausalschematische Strukturmodelle: Abschließend sei auch auf kausalschematische Strukturierungsmodelle wie das **Ursache-Wirkungs-Modell** oder das **Zweck-Mittel-Modell** hingewiesen (vgl. Kolmer/Rob-Santer 2002, 182–189). Diese eignen sich für Themen aller Art, bei denen entweder kausale Zusammenhänge oder die Frage nach einer bestimmten Vorgehensweise im Zentrum stehen. Ähnlich wie bei der dialektischen Strukturierung sind auch hier generell zwei Varianten möglich: Sie können beispielsweise von einer Ursache ausgehen und anschließend deren Folgen erörtern. Sie können aber auch von einem Umstand ausgehen und nach seinen Ursachen fragen. Die zwei Arten der Strukturierung sind auch auf das Zweck-Mittel-Modell übertragbar.

	Ursache-Wirkung-Modell A	Ursache-Wirkung-Modell B
Ursache-Wirkung-Modell	Einleitung/Problematik	Einleitung/Erscheinung
	Ursache: 1. Wirkung 2. Wirkung 3. ...	**Umstand:** 1. Ursache 2. Ursache 3. ...
	Fazit/Bewertung	Fazit/Bewertung

6.4 | Argumentieren

6.4.1 | Die Bedeutung des Argumentierens für den Studien- und Berufsalltag: Wozu ›argumentieren‹?

Im Studien- und Berufsalltag vergeht wohl kaum ein Tag, an dem Sie nicht zu irgendeinem Thema Stellung beziehen oder sich mit der Meinung anderer auseinandersetzen müssen. Dabei sind, je nach Rede- oder Schreibanlass, unterschiedliche Konventionen zu beachten. Wenn Sie beispielsweise eine Rede zur feierlichen Eröffnung einer Gedenkstätte halten, können Sie dies nicht in einem umgangssprachlichen, flapsigen Stil tun. Wenn Sie hingegen eine Glosse verfassen, ist das möglich, vielleicht sogar nötig (vgl. auch Herrmann 2006, 203).

6.4.2 | Begriffsklärung: Was ist Argumentieren?

Was bedeutet ›argumentieren‹ überhaupt? Der Begriff leitet sich vom lateinischen ›argumentum‹ ab, was primär ›Beweis‹ oder ›Grund‹ bedeutet. Indem Sie argumentieren, beschäftigen Sie sich also mit Beweisen oder Gründen für oder gegen eine bestimmte Sache, einen Umstand oder eine These.

6.4.3 | Vorgehensweise: Wie ist zu ›argumentieren‹?

Eine Argumentation ›sachgerecht auszuführen‹, bedeutet heute wie früher, sich weitestgehend an die klassische Rhetorik zu halten, deren Konventionen freilich durch die Standards der modernen Stilistik ergänzt werden müssen, um in unserer Zeit zweckdienlich zu sein. Dennoch haben die altbewährten Richtlinien bis heute nichts an ihrer Bedeutung für die sprachliche Ausgestaltung einer Argumentation eingebüßt. Die wichtigsten Regeln der traditionellen, um moderne Standards ergänzten Argumentationsführung lauten wie folgt:

- Formulieren Sie **angemessen** (›aptum‹). Dies bedeutet, dass Sie Ihr Vokabular und Ihre Satzbauweisen im Hinblick auf die oben genannten Rahmenumstände, in denen Ihr Text produziert und rezipiert wird, sorgsam auswählen.

Richtlinien für Ihre Argumentation

- Darüber hinaus sollten Sie **grammatikalisch korrekt sprechen und schreiben** (›puritas‹). Freilich gibt es in unserer pluralistischen Gesellschaft keine absoluten Richtlinien mehr, an die sich ein Produzent von Texten halten muss. Es ist beispielsweise adressatenabhängig, ob Sie eine tendenziell schriftsprachliche oder mündliche Diktion wählen. So ist es möglich, in einer E-Mail an einen Freund zu schreiben: »Bin ganz Deiner Meinung, weil das neue Handy hat wirklich eine schlechte Tonqualität«. Die fehlende Inversion von Prädikat und Objekt innerhalb des Nebensatzes ist im Mündlichen inzwischen üblich und kann auch in ein schriftliches Medium übertragen werden, das sich an mündlichen Konventionen orientiert. Das heißt natürlich nicht, dass Sie grammatikalische Fehler machen dürfen, indem Sie beispielsweise Präpositionen falsch einsetzen. Sie sollten sich aber darüber im Klaren sein, dass es unterschiedliche Grammatikalitätsvorstellungen gibt und dass ein »virtuose[r] [Textproduzent] [...] in jedem Fall auch ein versierter Grammatiker sein [muss], um sich auf [diese] einstellen zu können« (Händel/Kresimon/Schneider 2007, 19).

- Außerdem sollten Sie sich **klar und verständlich ausdrücken** (›perspicuitas‹). Achten Sie darauf, Ihre Syntax im Interesse Ihrer Rezipienten so einfach wie möglich zu halten (vgl. auch Aczel 2003, 82), denn kurze, übersichtliche Satzkonstruktionen sind rascher zu verstehen als mehrfach ineinander verschachtelte Sätze. Daneben sollten Sie versuchen, Ihren Text, unabhängig davon, ob er schriftlich abgefasst oder mündlich vorgetragen wird, für Ihren Adressaten zu segmentieren und zu portionieren. So sollten Sie zu Beginn einer Seminarpräsentation oder einer BA-Arbeit den Gesamtaufbau Ihrer Argumentation vorstellen und Ihren Rezipienten während Ihrer Ausführungen deutlich machen, an welcher Stelle Sie sich gerade befinden.

Außer den oben genannten Richtlinien, an die Sie sich möglichst halten sollten, sind auch Fehler zu erwähnen, die tunlichst vermieden werden sollten (vgl. auch Aczel 2003, 84–91). Versuchen Sie,

- Generalisierungen oder phrasenhafte Äußerungen zu vermeiden,
- nicht zu übertreiben,
- nicht unsachlich zu werden und
- sich nicht zu wiederholen.

Zu vermeidende Fehlerquellen

Da **Generalisierungen** sowie die Verwendung von Phrasen dazu tendieren, bestimmte Sachverhalte in ihrer Komplexität zu reduzieren, inhaltlich zu verfälschen oder einfach nichts auszusagen, sollten sie nicht verwendet werden. Bemerkungen wie »Filme von Woody Allen sind immer eine runde Sache« machen beispielsweise keinen Sinn. Versuchen Sie, so differenziert wie möglich zu formulieren, etwa: »In den meisten Woody Allen-Filmen bilden Form und Inhalt eine homogene Einheit. Dies ist zum Beispiel in Allens Film *Stardust Memories* (1980) der Fall, in dem filmtechnische Verfahrensweisen auch thematisiert werden«.

Neben Generalisierungen sind **Übertreibungen** zu vermeiden, die verwendet werden, um einem Beitrag besonderes Gewicht zu verleihen. Denn oft tritt das Gegenteil ein: Die Genauigkeit ihres Argumentes muss bezweifelt werden; es wirkt weniger glaubhaft.

Allein deshalb sollten Sie versuchen, **sachlich zu bleiben**. Vermeiden Sie vor allem, Dinge zu verurteilen, weil Sie von Ihren eigenen Werten und Normen abweichen. Des Weiteren sollten Sie Redundanzen in Ihrer Gedankenfolge meiden. Sparsam eingesetzte Wiederholungen können zwar mitunter hilfreich sein, etwa in Form von Paraphrasen, die einen komplizierten Sachverhalt noch einmal prägnant zusammenfassen, oder wenn Sie am Ende eines Vortrags auf die wichtigsten Dinge zurückverweisen, die es sich zu merken gilt; meist jedoch sind sie das Ergebnis unzureichender Argumentationsführung und wirken entsprechend.

Gelingt es Ihnen aber, die hier erwähnten stilistischen Unsauberkeiten zu vermeiden und sich hinreichend an den Regeln der klassischen Rhetorik zu orientieren, werden Sie eine Kommunikationssituation erfolgreich meistern. Und mit an Sicherheit grenzender Wahrscheinlichkeit kann über Sie weder gesagt werden, dass Sie zwar »etwas zu sagen haben und es nicht können«, noch dass Sie »nichts zu sagen haben, es aber ständig tun«.

Literatur   Aczel, Richard (2003): How to Write an Essay [1998]. Stuttgart: Klett.
Alt, Jürgen August (2003): Richtig argumentieren [2000]. München: C.H. Beck.
Bartsch, Tim-Christian/Hoppmann, Michael/Rex, Bernd/Vergeest, Markus (2005): Trainingsbuch Rhetorik. Paderborn: Schöningh.
Echterhoff, Gerald/Neumann, Birgit (2006): Projekt- und Zeitmanagement. Strategien für ein erfolgreiches Studium. Stuttgart: Klett.
Esselborn-Krumbiegel, Helga (2007): Von der Idee zum Text. Eine Anleitung zum wissenschaftlichen Schreiben im Studium [2002]. Paderborn: Schöningh.
Händel, Daniel/Kresimon, Andrea/Schneider, Jost (2007): Schlüsselkompetenzen. Reden – Argumentieren – Überzeugen. Stuttgart/Weimar: J.B. Metzler.
Herrmann, Friederike (Hg.) (2006): Unter Druck. Die journalistische Textwerkstatt. Erfahrungen, Analysen, Übungen. Wiesbaden: Verlag für Sozialwissenschaften.
Kolmer, Lothar/Rob-Santer, Carmen (2002): Studienbuch Rhetorik. Paderborn: Schöningh.
Thiele, Albert (2006): Die Kunst zu überzeugen. Faire und unfaire Dialektik [1994]. Berlin/Heidelberg: Springer.

Christine Schwanecke

7. Textsortenkompetenzen

7.1   Einleitung: Zur Bedeutung von Textsorten-
      kompetenzen
7.2   Begriffsklärungen: Text – Textsorten –
      Kompetenzen
7.3   Praxis I: Wichtige Textsorten im Studium
      und im Beruf
7.4   Praxis II: Tipps zur Schulung der Textsorten-
      kompetenzen
7.5   Schreiben im Beruf: Zum Nutzen und zur Kultur-
      spezifik von Textsortenkompetenzen

7.1 | Einleitung: Zur Bedeutung von Textsortenkompetenzen

Die Fähigkeit, verschiedene Arten von Texten rezipieren und vor allem selbst produzieren zu können, zählt zu den grundlegenden **Schlüsselkompetenzen** bzw. **allgemeinen berufsqualifizierenden Kompetenzen**, die sowohl im Studium als auch im Beruf zumeist stillschweigend vorausgesetzt werden. Weit mehr noch als andere Schlüsselqualifikationen oder *soft skills* sind Textsortenkompetenzen nicht nur eine grundlegende Voraussetzung für den Erfolg im Studium, sondern sie haben auch maßgeblichen Einfluss auf die späteren Berufsaussichten und den Verlauf beruflicher Karrieren. Gleichgültig in welchem Beruf Akademiker/innen später tätig sind, die im Studium erworbene Fähigkeit, unterschiedliche Arten von Texten adressatenorientiert und professionell zu verfassen, ist ein wichtiger Teil des Kompetenzprofils, das für viele Berufsfelder erwartet wird.

Bereits im Studium zählt die **Beherrschung eines breiten Spektrums von unterschiedlichen Arten von Texten** zu den zentralen Fähigkeiten, die aber nur selten thematisiert, didaktisch vermittelt oder gar systematisch trainiert werden. Das Spektrum von Textsorten, die für das Studium besonders wichtig sind, reicht von der Mitschrift, dem Protokoll, Manuskripten für Referate und dem Thesenpapier über Essays, Klausuren und Praktikumsberichte bis zu wissenschaftlichen Abhandlungen wie Hausarbeiten, Bachelor- und Masterarbeiten sowie Dissertationen (vgl. Sommer 2006, Kap. 3; Frank et al. 2007, Kap. 4).

Auch für eine erfolgreiche **Bewerbung für Stipendien und Stellen** sind Kenntnis und **Beherrschung weiterer Textsorten** nicht nur hilfreich, sondern unerlässlich. Dazu zählen im Falle von Stipendienbewerbungen ein ausführliches Anschreiben, ein (meist tabellarischer) Lebenslauf und oft auch ein Bericht über den bisherigen Studienverlauf bzw. die erbrachten Studienleistungen. Im Falle von Bewerbungen für Promotionsstipendien sind eine Projektskizze bzw. ein Exposé des Dissertationsvorhabens und ein Zeitplan zum Dissertationsprojekt weitere wichtige Textsorten, die über Erfolg oder Misserfolg mit entscheiden (vgl. Nünning/Nünning 2007). Auch wenn die im Zuge des **Bologna-Prozesses** bundesweit eingeführten **neuen BA- und MA-Studiengänge** der Vermittlung von Schlüsselqualifikationen und berufsqualifizierenden Kompetenzen deutlich mehr Gewicht einräumen als die früheren Diplom-, Examens- und Magisterstudiengänge, werden Textsortenkompetenzen außerhalb von speziellen Schreibkursen oder -trainings sowie außerhalb von **Zentren für Schlüsselqualifikationen** und **Career Services** nur selten systematisch geschult. Grund genug also, diesem Thema durch ein eigenes Kapitel jene Aufmerksamkeit zu schenken, die ihm an vielen Universitäten noch immer versagt bleibt.

7.2 | Begriffsklärungen: Text – Textsorten – Kompetenzen

Die Bedeutung des auf den ersten Blick etwas sperrig wirkenden Begriffs ›Textsortenkompetenzen‹ lässt sich durch eine Klärung der Bestandteile dieses Kompositums relativ leicht erschließen. Ungeachtet der Vielzahl unterschiedlicher Texttheorien und Forschungstraditionen, die hier nicht im Einzelnen dargestellt werden können (vgl. Kammer/Lüdeke 2005), wird mit dem **Begriff ›Text‹** zunächst einmal »eine geordnete Menge von Elementen« und die »höchste Sinneinheit von sprachlichen Äußerungen« (ebd., 11) bezeichnet. Texte sind aber nicht bloß fixierte und zusammenhängende sprachliche Einheiten, sondern sie sind stets in Situationen und Kommunikationsvorgänge eingebettet.

Ein Text ist somit nicht bloß eine über der Satzebene angesiedelte **höhere sprachliche Sinneinheit**, sondern auch ein **Medium der Kommunikation**. Versteht man Schreiben als eine Form von Kommunikation (vgl. Kap. 13), dann rücken vor allem die jeweiligen Adressaten und der Kontext in den Blick. Zur Beschreibung von Texten und Textsorten werden daher in der **Textlinguistik** neben der grammatischen Beschaffenheit von sprachlichen Äußerungen auch kommunikative Aspekte einbezogen. So unterscheiden de Beaugrande und Dressler (1981) **sieben Kriterien der Textualität**, die bei jeder Textproduktion eine – variabel große – Rolle spielen und die deshalb auch alle für eine Verbesserung der eigenen Textsortenkompetenz von Interesse sind. Während die ersten beiden Kriterien textzentrierte Begriffe sind, handelt es sich bei den anderen fünf um benutzerzentrierte Kriterien (zum Folgenden vgl. de Beaugrande/Dressler 1981, 3–14):

1. Kohäsion: Dieses Kriterium »betrifft die Art, wie die Komponenten des Oberflächentextes, d.h. die Worte, […] miteinander verbunden sind« (ebd., 3 f.).

2. Kohärenz: Hingegen ist Kohärenz das Ergebnis der Relationen bzw. Beziehungen zwischen den Begriffen und anderen Komponenten eines Textes, die diesen als eine zusammenhängende und sinnvolle Einheit erscheinen lassen; Kohärenz ist nicht allein auf rein sprachliche Kohäsion zurückzuführen, sondern auch auf das Weltwissen der Sprachbenutzer, die »so viele Relationen beisteuern, als nötig sind, um den vorliegenden Text sinnvoll zu machen« (ebd., 5).

3. Intentionalität: Dieses Kriterium bezieht sich auf die Einstellung bzw. Absicht des Textproduzenten, der einen grammatisch korrekten, zusammenhängenden und sinnvollen Text bilden will, um jeweils ein bestimmtes Ziel zu erreichen.

4. Akzeptabilität: Umgekehrt bezieht sich das Kriterium der Akzeptabilität auf die Einstellung des Rezipienten, der z. B. bestimmte Erwartungen an eine Textsorte (z. B. einen Brief, eine E-Mail oder einen Essay) hat und Verstöße gegen die Konventionen der jeweiligen Textsorte inakzeptabel findet. Für alle Texte und Textsorten gilt folgender Grundsatz: »Damit ein Text seine kommunikative Funktion erfüllt, ist es nötig, beim Schreiben an die Adressaten zu denken, die ihn lesen werden« (Frank et al. 2007, 3).

5. Informativität: Dieses Kriterium bezeichnet »das Ausmaß der Erwartetheit bzw. Unerwartetheit oder Bekanntheit bzw. Unbekanntheit/ Ungewissheit der dargebotenen Textelemente« (ebd., 10 f.).

6. Situationalität: Dieses Kriterium bezieht sich auf die jeweilige Kommunikationssituation bzw. auf die Faktoren, die einen Text für die jeweilige Kommunikationssituation relevant machen (vgl. ebd., 12).

7. Intertextualität: Dieses Kriterium bezeichnet die Eigenschaften von Texten, stets auf andere Texte bezogen zu sein. Erst durch Intertextualität entstehen letztlich Textsorten: Intertextualität ist »für die Entwicklung von Textsorten als Klassen von Texten mit typischen Mustern von Eigenschaften verantwortlich« (ebd., 13).

Kriterien der
Textualität (nach
de Beaugrande/
Dressler 1981)

Gleichgültig um welche Textsorte es sich im Einzelfall handelt, sollten diese sieben Kriterien der Textualität beachtet werden, wenn man einen Text schreibt. Vor allem ist es wichtig, sich den jeweiligen kommunikativen Kontext von Textsorten bewusst zu machen und den zu schreibenden Text entsprechend zu gestalten. Diese sieben Kriterien fungieren als **konstitutive Prinzipien** von Textualität bzw. von Kommunikation mittels Texten (vgl. ebd., 13 f.). Daneben gibt es eine Reihe von **regulativen Prinzipien** von (nicht bloß) schriftlicher Kommunikation durch Texte. Dazu zählen etwa die **Effizienz** eines Textes, der vom Grad an Aufwand bzw. Anstrengung abhängt, den Menschen beim Verstehen eines Textes aufbringen müssen, die **Effektivität** eines Textes, d.h. die Frage, ob er einen starken Eindruck bei Rezipienten hinterlässt und sein Ziel effektiv erreicht, sowie die **Angemessenheit** eines Textes, d.h. die Übereinstimmung eines Textes mit dem jeweiligen Kontext (vgl. ebd., 14).

Der Begriff ›Textsorte‹ geht von der Einsicht aus, dass es bestimmte Arten, Klassen oder Typen (bzw. »Sorten«) von Texten gibt, die sich durch gemeinsame Merkmale bzw. typische Muster von Eigenschaften auszeichnen. Textsorten sind mehr oder weniger stark konventionalisiert bzw. schematisiert und lassen sich von anderen Formen von Texten unterscheiden: »Eine Textsorte kann allgemein als eine Klasse von Texten beschrieben werden, die einem komplexen Muster sprachlicher Handlungen zuzuordnen sind« (Ermert 1979, 66). Mit dem Begriff werden also verschiedene Arten von Texten bezeichnet, die aufgrund bestimmter formaler oder inhaltlicher Merkmale bzw. Konventionen eigenständige Gruppen bilden. Während man im Falle von Romanen, Gedichten, Dramen und anderen literarischen Texten in der Literaturwissenschaft von ›**Gattungen**‹ spricht, hat sich der in der Linguistik entstandene Begriff der **Textsorten** bzw. *text types* für nicht-literarische bzw. nicht-fiktionale Arten von Texten eingebürgert. »Wie der Begriff bereits impliziert, geht es darum, Texte nach bestimmten Kategorien zu ›sortieren‹ oder einzuordnen« (Sommer 2006, 24).

Die Kenntnis der Konventionen von Textsorten erleichtert die Produktion und Rezeption entsprechender Texte, denn Textsorten fungieren als **Schemata**, welche **die Erwartungen prägen**: Sie sind »globale Rahmengebilde, die das Repertoire der möglicherweise verwendbaren Optionen kontrollieren« (de Beaugrande/Dressler 1981, 156). Sprecher einer Sprache haben in der Regel ein **implizites Wissen über verschiedene Textsorten** und »sind in der Lage, verschiedene Textsorten zu identifizieren und texttypologische Regeln zu entdecken und anzuwenden« (Vater 1992, 159). So weiß wohl jede/r, was eine E-Mail, ein Kochrezept, ein Horoskop oder ein Wetterbericht ist, auch wenn nicht alle sofort in der Lage wären, jede dieser Textsorten selbst zu produzieren. Im Gegensatz zu stark schematisierten Textsorten wie den drei zuletzt genannten Beispielen sind andere Gebrauchstextsorten wie Briefe, Reportagen oder Zeitungsberichte weniger strikt festgelegt und lassen dem Einzelnen entsprechend mehr Gestaltungsspielraum.

Da in der Einleitung dieses Bandes bereits ausführlich erläutert wurde, was unter dem **Begriff ›Kompetenzen‹** bzw. »Schlüsselkompetenzen« zu verstehen ist, mag an dieser Stelle ein kurzes Zitat aus dem Artikel »Kompetenz« aus dem *Handbuch interkulturelle Kommunikation und Kompetenz* genügen: »Oft geht es dabei um eine (kaum einmal genauer geklärte) *Kombination* einzelner Fähigkeiten und Fertigkeiten, Vermögen und Eigenschaften, wobei meistens eine Person als Träger dieser Eigenschaften in Betracht gezogen wird« (Straub 2007, 37).

Diese Klärung der drei Kompositumsbestandteile bildet die Grundlage um den **Begriff ›Textsortenkompetenzen‹** wie folgt zu definieren:

> → Textsortenkompetenzen: Kombination eines Bündels von
> Kenntnissen und Fähigkeiten, über die eine Person im Umgang mit
> Texten verfügt: Textsortenkompetenzen ermöglichen es Menschen,
> Texte intuitiv bestimmten Textsorten zuzuordnen und umgekehrt
> Texte gemäß der formalen, inhaltlichen und stilistischen Konventi-
> onen bestimmter Textsorten zu verfassen; Textsortenkompetenzen
> umfassen die Kenntnisse und Fähigkeiten bzw. die Beherrschung
> der texttypologischen Regeln, die für eine erfolgreiche Rezeption
> und Produktion eines möglichst breiten Spektrums verschiedener
> Arten von Texten erforderlich sind.

Definition

Textsortenkompetenz ist somit zum einen eine zentrale **Teilkompetenz** jener kognitiven, sprachlichen, stilistischen und rhetorischen Fähigkeiten, die unter dem Oberbegriff der ›**Schreibkompetenz**‹ (s. Kap. 8) zusammengefasst werden (vgl. Sommer 2007b, 269). Zum anderen beinhalten Textsortenkompetenzen aber auch ein Wissen über die Funktion von bestimmten Arten von Texten in menschlicher Interaktion (vgl. de Beaugrande/Dressler 1981, 3, 189 f.). Bei Textsortenkompetenzen geht es daher nicht bloß um die Kenntnis der formalen, inhaltlichen und sprachlichen Merkmale bestimmter Textsorten, die Kohäsion und Kohärenz (d.h. den ›roten Faden‹) erzeugen, sondern auch um die Kenntnis der kommunikativen Verwendungszusammenhänge und Situationen sowie um die grundsätzlichen Einsichten der Textlinguistik über Textsorten (vgl. Gülich/Raible 1972; Vater 1992).

Ebenso wie andere Schlüsselqualifikationen sind Textsortenkompetenzen insofern relativ lange verwertbare Kenntnisse, Fähigkeiten und Fertigkeiten, als mit ihrer Hilfe in unterschiedlichen Situationen im Studium und im Berufsleben Probleme gelöst werden können. Textsortenkompetenzen sind insofern allgemeine berufsqualifizierende Kompetenzen, als es sich um funktions- und berufsübergreifende Qualifikationen zur Bewältigung ganz unterschiedlicher beruflicher Anforderungs- bzw. Schreibsituationen handelt.

Überblickt man die verschiedenen Versuche, **Typologien von Textsorten** zu entwickeln, so lassen sich einige Kriterien benennen, die dabei häufig herangezogen werden. **Linguistische Klassifikationen von Textsorten beruhen zumeist auf drei Kriterien** (vgl. Vater 1992, 161):

- Klassifizierung nach **Gegenstand, Textmerkmalen** und **Zielsetzung**;
- Klassifizierung nach den **in Texten vorkommenden Typen von Teiltexten** (z. B. Eingangs- und Schlussformeln im Märchen; Einleitung, Erzählung des Tatbestands, Beweis, Kreuzverhör und Schlussplädoyer als Bestandteile der Gerichtsrede; vgl. Gülich/Raible 1977, 54);
- Klassifizierung nach **kommunikationsorientierten Kriterien**.

Linguistische
Klassifikationen
von Textsorten

Als weitere Ausgangspunkte für die Klassifikation von Textsorten werden darüber hinaus vor allem vier Arten von Kriterien zugrunde gelegt (zum Folgenden vgl. Große 2004, 654 f.):

Weitere Klassifikationsmerkmale

- die **makrostrukturellen Verwendungsmuster**
- globale **Tätigkeits- und Diskursbereiche**
- **Trägermedien**
- die jeweils **dominanten Textfunktionen**

Für Studierende ist es vor allem wichtig, sich bewusst zu machen, dass Textsorten **wiederkehrende Merkmale bzw. Konventionen** haben, dass sie oftmals aus einer **bestimmten Abfolge von Teiltexten** bestehen und dass sie bestimmte **kommunikative Funktionen** erfüllen. Während sicherlich noch jede/r weiß, dass ein Brief mit einer Anrede beginnt und je nach Adressat/in in der Regel mit ›freundlichen, herzlichen oder lieben Grüßen‹ endet, ist die Kenntnis vieler anderer Textsorten weit weniger verbreitet. Das gilt insbesondere für viele Textsorten, die im Studium eine große Rolle spielen. Noch wichtiger als die textlinguistische Frage nach Möglichkeiten der Klassifizierung von Textsorten sind daher für Studierende die wichtigsten Textsorten, denen sie im Studium begegnen, und die Kenntnis der Konventionen dieser Textsorten, deren Beherrschung meist stillschweigend vorausgesetzt wird.

7.3 | Praxis I: Wichtige Textsorten im Studium und im Beruf

Selbst wer sich bis zum Beginn des Studiums noch keine bewussten Gedanken über das Phänomen ›Textsorten‹ gemacht hat, wird bis zu diesem Zeitpunkt bereits mehr oder weniger erfolgreich **Erfahrungen im Umgang mit** zahlreichen **Textsorten** gesammelt haben. Dazu zählen zunächst einmal Briefe, E-Mails, SMS, Tagebuch und andere **Gebrauchstextsorten** (z. B. Bedienungsanleitungen, Kochrezepte), die aus dem Alltag nicht mehr wegzudenken sind. Hinzu kommen weitere **Textsorten**, die schon **in der Schule** eine zentrale Rolle spielen, wie etwa Klausuren, Protokolle und schriftliche Hausarbeiten.

Darüber hinaus begegnen Schüler und Studierende fast täglich einem breiten Spektrum von **Textsorten**, das sich **in jeder Tageszeitung** findet (vom Leitartikel, Bericht und Kommentar bis zu Glosse, Cartoon, Tageshoroskop, Wettervorhersage und Stellenanzeigen), sowie von **Fernsehformaten bzw. Mediengattungen** (von der Tagesschau, anderen Nachrichtensendungen und Sportsendungen über Krimis und Spielfilme bis zur Flut der *daily soaps*, *sitcoms* und Talkshows). Solche Textsorten und Medienformate können wohl die meisten Menschen ebenfalls intuitiv identifizieren und problemlos rezipieren, auch wenn sie sie wahrscheinlich nicht ohne Weiteres selbst schreiben bzw. produzieren könnten.

Spätestens im Studium reicht jedoch ein solcher **»Fundus an Erfahrungswissen«** (Frank et al. 2007, 113) bzw. ein bloß **implizites bzw. intuitives Wissen** über diese und andere Gebrauchstextsorten, Formate und Mediengattungen nicht mehr aus. Je bewusster sich Studierende Kenntnisse und Fähigkeiten, d.h. **explizites Wissen**, in Bezug auf die Textsorten aneignen, die für das Studium und für spätere Berufsfelder besonders wichtig sind, desto größer ist die Wahrscheinlichkeit, dass sie im Studium und beim Berufseinstieg erfolgreich sein werden. Während es letztlich jedem Einzelnen überlassen bleibt, wie er oder sie die eigenen Notizen im Seminar, Mitschriften in der Vorlesung, Exzerpte oder Manuskripte für Referate gestaltet, sind fast alle anderen Textsorten, die im Studium verlangt werden, mehr oder weniger stark konventionell festgelegt bzw. schematisiert. Zu den wichtigsten **schriftlichen Leistungsanforderungen**, die im Studium verlangt werden, zählen die **folgenden Textsorten**:

- Exzerpte (vgl. Frank et al. 2007, 39 ff.)
- Protokolle (vgl. ebd., 156 ff.)
- Manuskripte für Referate (vgl. ebd., 164 ff.)
- Thesenpapiere (vgl. ebd., 170 ff.)
- Essays (vgl. Aczel 1998; ebd., 174 ff.)
- Klausuren (vgl. Frank et al. 2007, 180 ff.)
- Praktikumsberichte/Portfolio (vgl. ebd., 2007, 188 ff.)
- Exposés (vgl. Sommer 2007a sowie die »Checkliste für ein Blitzexposé« bei Frank et al. 2007, 29, 145 ff.)
- wissenschaftliche Hausarbeiten bzw. Seminararbeiten (vgl. Sommer 2006, 2007b; Frank et al. 2007, 134 ff.)
- längere wissenschaftliche Abhandlungen wie Bachelor- und Masterarbeiten sowie Dissertationen (vgl. Nünning/Sommer 2007)

> Schriftliche Textsorten im Studium

Da diese Textsorten in den beiden sehr empfehlenswerten Bänden *Schreibkompetenzen. Erfolgreich wissenschaftlich schreiben* von Roy Sommer und *Schlüsselkompetenzen: Schreiben in Studium und Beruf* von Andrea Frank, Stefanie Haacke und Swantje Lahm sehr detailliert beschrieben werden (vgl. Sommer 2006, Kap. 3; Frank et al. 2007, Kap. 5), mag im Rahmen dieses Kapitels eine kurze Nennung der wichtigsten **Merkmale bzw. Konventionen von zwei ausgewählten**, besonders wichtigen dieser **Textsorten** genügen. Gerade die Unkenntnis in Bezug auf die Arten von Texten, die im Studium geschrieben werden müssen, stellt oft ein großes Hindernis dar: Ist ein ›Essay‹ das gleiche wie ein deutscher ›Aufsatz‹ oder wie eine ›wissenschaftliche Hausarbeit‹? »Ist ein ›Exposé‹ das gleiche wie ein ›Outline‹ wie ein ›Entwurf‹ wie ein ›Summary‹?« (Frank et al. 2007, 112).

Exemplarisch kann man die Besonderheiten von Textsorten etwa an den unterschiedlichen **Konventionen** erläutern, die für einen **englischen Essay** und eine **deutsche wissenschaftliche Hausarbeit** kennzeichnend sind.

Essay: Ein **Essay** ist zunächst einmal eine Form von persönlicher, gleichwohl argumentativ begründeter Meinungsäußerung. Er zeichnet sich durch seine offene Form aus. Der experimentierende Charakter des Essays ist verschiedentlich mit der perspektivischen und fragmentarischen Wirklichkeitserfahrung der Moderne verglichen worden. Dieser fragmentarische Charakter moderner Wirklichkeitserfahrung wird in der Form des Essays dadurch reflektiert, dass der Essayist sein Thema nicht erschöpfend behandelt. Er arbeitet prägnante Einzelzüge heraus, die er für bedeutsam hält. Mit dem bewussten Verzicht auf Vollständigkeit und der Aufwertung der Subjektivität trägt der Essay der Tatsache Rechnung, dass jeder Gegenstand unendlich viele Aspekte in sich vereinigt, über deren Auswahl allein der Autor entscheidet.

Darüber hinaus zeichnet sich ein **Essay** durch einige **formale Merkmale** aus. Die wichtigsten dieser Merkmale, die Richard Aczel in seinem sehr empfehlenswerten Büchlein *How to write an essay* (vgl. Aczel 2007) prägnant und anschaulich dargestellt hat, lassen sich stichwortartig wie folgt charakterisieren:

Formale
Merkmale
des Essays

- klare, nachvollziehbare und meist dreiteilige Struktur mit einer Einleitung, einem aus mehreren Absätzen bestehenden ›Hauptteil‹ und einem Schluss,
- ein klarer Fokus, ein zentrales Thema und eine These,
- eine klare Absatzstruktur mit einem Hauptgedanken pro Absatz,
- einen sogenannten ›topic sentence‹ am Anfang eines jeden Absatzes, der den Kerngedanken bzw. die These des Absatzes prägnant zum Ausdruck bringt,
- eine klare Argumentationsstruktur und nachvollziehbare Gedankenführung,
- einen variationsreichen, durchaus persönlichen und nicht-wissenschaftlichen Stil.

Wissenschaftliche Hausarbeit: Eine grundlegende Voraussetzung für ein Verständnis von und einen sicheren Umgang mit allen **wissenschaftlichen Textsorten**, die im Studium – von der Proseminararbeit über die Hauptseminararbeit bis zur BA- und MA-Abschlussarbeit bzw. *thesis* – erforderlich sind, besteht hingegen darin, sich zunächst einmal Klarheit über wissenschaftliches Schreiben bzw. die **Grundsätze wissenschaftlicher Kommunikation** zu verschaffen. Dazu gehört vor allem die Klärung der Frage, welchen **Standards wissenschaftliche Texte** genügen müssen. Die wichtigsten Anforderungen an wissenschaftliche Texte haben Roy Sommer bzw. Andrea Frank, Stefanie Haacke und Swantje Lahm in den oben genannten Büchern prägnant auf den Begriff gebracht. Da sich wissenschaftlicher Wissenserwerb dadurch auszeichnet, dass er methodisch geregelt verläuft und sich einer möglichst eindeutigen Fachsprache bedient, müssen alle Texte, die zu den wissenschaftlichen Textsorten gehören, folgende Bedingungen erfüllen:

- den theoretischen Bezugsrahmen verdeutlichen;
- die Methode klären bzw. nachvollziehbar die Vorgehensweise darstellen;
- Fachbegriffe definieren bzw. explizieren und angemessen verwenden (s. Kap. 5);
- logisch nachvollziehbar argumentieren (s. Kap. 6);
- Aussagen argumentativ begründen und wissenschaftlich belegen;
- klar strukturiert sein;
- die verwendeten Quellen und Texte bibliographisch vollständig dokumentieren.

Merkmale
wissenschaftlicher
Textsorten

Wer also einen Essay mit einer wissenschaftlichen Hausarbeit verwechselt, wird bei der Benotung wahrscheinlich eine Enttäuschung erleben, auch wenn der jeweilige Text an sich durchaus ansprechend sein mag. Beide Textsorten unterscheiden sich nicht nur in formaler und sprachlicher Hinsicht, sondern sie erfüllen auch verschiedene Funktionen und Ziele. Eine Kenntnis der konventionalisierten Merkmale der Textsorten ist somit eine Voraussetzung für eine erfolgreiche Textproduktion.

> → Weitere nützliche Hinweise über die Gattungskonventionen, Argumentationsstrategien und die Dramaturgie wissenschaftlicher Text gibt Roy Sommer (2006, 2007b).

Tipp

Nicht minder wichtig als die im Studium geforderten wissenschaftlichen Textsorten sind freilich jene Textsorten, die auch im Leben außerhalb der Universität eine Rolle spielen und mit denen Studierende später im Beruf ihren Lebensunterhalt verdienen können. Daher seien zumindest noch kurz exemplarisch einige ›Echtwelt‹-Textsorten genannt, die gerade für Geistes-, Kultur- und Sozialwissenschaftler/innen den Weg in den Beruf ebnen können und mit denen man durchaus bereits im Studium oder im Kontext von Praktika erste Erfahrungen sammeln kann.

- Rezension (vgl. Frank et al. 2007, 183 ff.; Hauthal 2007)
- Lexikonartikel
- Exposé für ein Buch/Projekt
- Klappentext
- Bericht, Erzählung, Reportage
- Theaterkritik

Echtwelt-
Textsorten

7.4 | Praxis II: Tipps zur Schulung der Textsortenkompetenzen

Entscheidend für Studierende ist natürlich die Frage, wie man Textsortenkompetenzen erwerben und ausbilden kann. Bereits indem man im Studium Texte schreibt, eignet man sich ständig Schreib- und Textsortenkompetenzen an. Ebenso wie man seine Kompetenzen im wissenschaftlichen und journalistischen Schreiben gezielt schulen und trainieren kann (vgl. Sommer 2006; Frank et al. 2007, Kap. 8 und 18), lassen sich auch Textsortenkompetenzen systematisch fördern und ausbilden. Obgleich es kein Patentrezept dafür gibt, sollen die folgenden Hinweise einige Tipps dafür geben, wie effiziente und funktionierende Strategien zur Schulung von Textsortenkompetenzen beitragen können.

Textsortenbewusstsein: Ein erster Schritt beim Erwerb von Textsortenkompetenzen besteht darin, bei der Lektüre von Texten bewusst auf deren Eigenschaften, Merkmale und Konventionen, d.h. auf deren ›Machart‹, zu achten. Anstatt Texte bloß informationsentnehmend auf ihre Inhalte hin zu lesen, ist es empfehlenswert, sich auch deren Aufbau und Struktur sowie deren argumentative, formale und stilistische Merkmale bewusst zu machen. Eine erste Voraussetzung für den Erwerb von Textsortenkompetenzen ist somit die Aneignung von **Textsortenbewusstsein**.

Wissen über Textsorten: In einem zweiten Schritt gilt es dann, sich systematisch **explizites Wissen** über die Anforderungen, Eigenschaften, Konventionen und Merkmale anzueignen, durch die sich bestimmte Textsorten jeweils auszeichnen. Dabei sollte das Augenmerk natürlich zunächst einmal jeweils jenen Textsorten gelten, die im Studium bzw. in der konkreten Situation, z.B. während eines Praktikums, gefordert sind. Die oben genannten Textsorten (vgl. Abschnitt 3) unterscheiden sich nicht bloß hinsichtlich ihrer Länge, Struktur und Form, sondern sie zeichnen sich auch durch unterschiedliche Darstellungsformen, Stile und Ziele aus.

Anstatt also einfach ›draufloszuschreiben‹, empfiehlt es sich, sich vorab mit der jeweiligen Textsorte als Textsorte zu beschäftigen und die wichtigsten **textsortenspezifischen Konventionen bzw. Merkmale** zu ermitteln. Dabei gilt es, durch einen Vergleich verschiedener Beispieltexte die wiederkehrenden Eigenschaften bzw. Merkmale einer Textsorte zu fokussieren. Durch die Auseinandersetzung mit und Analyse von **Beispiel- und Modelltexten** (vgl. Frank et al. 2007, 129) kann man sich die jeweiligen Anforderungen, die bestimmte Textsorten erfüllen müssen, vergegenwärtigen.

Als **Anhaltspunkte** können dabei zum einen die oben genannten textzentrierten Kriterien für Textualität hilfreich sein: Mit welchen Mitteln wird in der jeweiligen Textsorte Kohäsion und Kohärenz erzeugt? Zum anderen können auch die weiteren, benutzer-zentrierten Kriterien dazu beitragen, eine Art **Merkmalsmatrix** für die jeweilige Textsorte zu erstellen. Auf diese Weise erwirbt man **rezeptionsorientierte Textsortenkompetenzen**, die ihrerseits eine wichtige Voraussetzung dafür sind, selbst kompetent und sicher Texte in verschiedenen Textsorten schreiben zu können.

Anwendung in der Schreibpraxis: Der dritte Schritt besteht darin, das so erworbene explizite Wissen über Textsorten generell und über bestimmte Textsorten auch in der eigenen Schreibpraxis anzuwenden und umzusetzen, also **aktive bzw. produktionsorientierte Textsortenkompetenz** zu erwerben. Dazu bietet es sich zunächst an, sich konkrete Schreibaufgaben zu stellen, d.h. sich vorzunehmen, Texte gemäß den Konventionen bestimmter Textsorten zu verfassen. Ebenso wie für die Entwicklung von Schreibkompetenz allgemein kommt es auch bei dem Aufbau von Textsortenkompetenz zunächst einmal darauf an, »einen bewussten, kritischen und den eigenen Schreibprozess reflektierenden Umgang mit Regeln und Anforderungen einzuüben« (Frank et al. 2007, 7). Texte müssen nämlich nicht bloß den Anforderungen im jeweiligen kommunikativen Kontext angemessen sein, sondern sie müssen auch den formalen und inhaltlichen Konventionen entsprechen, durch den sich die jeweilige Textsorte auszeichnet: »Es ist notwendig, Texte bewusst entsprechend ihrer Funktion, dem Kontext und den Adressat/innen inhaltlich, formal und sprachlich zu gestalten« (Frank et al. 2007, 116).

Schreiben eines Klappentextes: Eine gute **Übung für diese Schritte** bietet etwa eine besonders kurze, aber dennoch durchaus anspruchsvolle Textsorte, nämlich das Verfassen eines Klappentextes für ein Buch: »Stellen Sie sich vor, Ihre Arbeit wird als Buch erscheinen. Schreiben Sie den Klappentext, der in ca. 20 Zeilen zum Kauf des Buches motivieren soll« (Frank et al. 2007, 52; vgl. Kruse 2005, 223). Durch die Lektüre und den Vergleich einer Auswahl von Klappentexten können Sie relativ schnell die wichtigsten textuellen und kommunikativen Merkmale dieser Textsorte ermitteln. Dabei werden Sie auch feststellen, dass sich die Klappentexte wissenschaftlicher Bücher signifikant von denen von belletristischen Titeln unterscheiden.

Übung

Übung

Schreiben in Variationen: Eine weitere sinnvolle **Übung zur Verbesserung der eigenen Textsortenkompetenzen** ist das ›**Schreiben
in Variationen**‹ (vgl. Kruse 2005, 72 f.), d.h. die Darstellung eines
Ereignisses oder Sachverhalts in unterschiedlichen Textsorten,
z. B. im Stil einer persönlichen Tagebuchzeichnung, einer E-Mail-
Mitteilung an eine Freundin, eines Zeitungsartikels oder eines
kurzen wissenschaftlichen Textes (vgl. Frank et al. 2007, 115). Bei
dieser Übung werden Sie schnell feststellen, dass sich sowohl die
Selektionskriterien (d.h. was im Rahmen der jeweiligen Textsorte
Erwähnung findet) als auch die jeweiligen Darstellungsformen (d.h.
wie das Ereignis in unterschiedlichen Textsorten jeweils dargestellt
wird) je nach Textsorte mehr oder weniger deutlich unterscheiden.

Darüber hinaus ist es wichtig, sein **Repertoire an Textsorten und Textsortenkompetenzen** gezielt zu erweitern. Dabei gilt es, systematisch
alle der oben genannten Textsorten durch entsprechende Schreibaufgaben auszuprobieren. Wie man sein Repertoire von Textsorten und literarischen Genres durch Stil-Parodien erweitern und dabei gleichzeitig
Kenntnisse in der Analyse literarischer Gattungen erwerben kann, zeigen auf sehr unterhaltsame Weise Rüdiger Zymner und Harald Fricke
(2007). Neben der Orientierung an guten Vorbildern ist nämlich vor
allem die eigene Praxis entscheidend dafür, wie breit und fundiert die
Textsortenkompetenzen des oder der Einzelnen sind.

7.5 | Schreiben im Beruf: Zum Nutzen und zur Kulturspezifik von Textsortenkompetenzen

Gerade in der modernen Medien- und **Wissensgesellschaft**, in der **Flexibilität** und **Mobilität** sowie **lebenslanges Lernen** in nahezu allen Berufs-
und Lebensbereichen eine zentrale Rolle spielen, kommt der Aneignung
bzw. Ausbildung von Textsortenkompetenzen – ebenso wie anderen
Schlüsselqualifikationen – eine kaum zu überschätzende Bedeutung
zu. Während fachliche und wissenschaftliche Kenntnisse nicht zuletzt
durch den rasanten technischen Fortschritt sowie die Dynamik der Wissensproduktion immer schneller veralten und entwertet werden, steigt
die Bedeutung von Qualifikationen und Kompetenzen, die Menschen für
ein breites Spektrum von Situationen und Tätigkeiten in unterschiedlichen Berufsfeldern qualifizieren. Dazu zählen neben der Fähigkeit zum
selbständigen lebenslangen Lernen, Problemlösungskompetenzen, Flexibilität und Kreativität vor allem kommunikative Kompetenzen und
die in diesem Kapitel erörterten Textsortenkompetenzen.

Worin besteht jedoch der konkrete **Nutzen der Textsortenkompetenzen**, die Studierende im Laufe ihres Studiums erwerben? Einerseits liegt

es auf der Hand, dass vor allem wissenschaftliche Textsorten wie Hausarbeiten und Abschlussarbeiten in der beruflichen Praxis so nicht vorkommen und dass in unterschiedlichen beruflichen Arbeitskontexten jeweils konkrete, spezifische Anforderungen an Berufseinsteiger gestellt werden, für die das Studium nicht unmittelbar vorbereitet. Andererseits bestätigen Umfragen unter berufstätigen Geistes- und Sozialwissenschaftler/innen, dass das Schreiben im Studium in vielfältiger Weise auf das Schreiben in unterschiedlichen beruflichen Bereichen vorbereitet und dass sich die Anforderungen, die im Studium und in beruflichen Kontexten an funktionierende und gelungene Texte gestellt werden, nicht grundsätzlich unterscheiden: »Denn die spezifischen Anforderungen an Texte variieren zwar je nach Kontext, orientieren sich aber immer an folgenden Kriterien: Sie müssen adressatengerecht, problemorientiert, zielgerichtet und formsicher sein« (Frank et al. 2007, 7; zum Folgenden vgl. auch ebd., 117 ff., 197 ff.).

Im Zuge der **Internationalisierung und Globalisierung** ist es für Studierende allerdings auch wichtig, sich die kulturellen Unterschiede zwischen bestimmten Textsorten klar zu machen und sich neben allgemeinen Textsortenkompetenzen auch **interkulturelle Kompetenzen** (vgl. Erll/Gymnich 2007; Straub et al. 2007; s. Kap. 16) anzueignen: »Eine Spitzenposition auf der Skala der vielfach erwünschten Qualifikationen nimmt heute die *interkulturelle* Kompetenz ein« (Straub 2007, 34). Auf dem von Globalisierung geprägten europäischen Arbeitsmarkt sind nicht nur sehr gute Kompetenzen in mehreren Fremdsprachen sowie Fähigkeiten im Umgang mit interkulturellen, national geprägten Unterschieden in den Unternehmens- und Wissenschaftskulturen erforderlich, sondern auch interkulturelle Textsortenkompetenzen, die ein wichtiger Teil von interkultureller Kompetenz sind:

> Interkulturelle Kompetenz wird zu jenen *allgemeinen Schlüsselqualifikationen* und *soft skills* gezählt, welche – wie u.a. ›Führungskompetenz‹ oder ›Teamfähigkeit‹ – das in einem bestimmten Beruf benötigte Fachwissen und fachliche Können ergänzen. Häufig werden solche Schlüsselqualifikationen als *unverzichtbare Voraussetzungen* beruflichen Erfolgs aufgefasst. Demzufolge gibt es seit einigen Jahren ein stetig wachsendes Angebot an Zusatzausbildungen und berufsbegleitenden Fort- und Weiterbildungen.

Straub 2007, 34

Gerade im Hinblick auf Textsortenkompetenzen ist es wichtig, sich klar zu machen, dass Textsorten in hohem Maße kulturell geprägt, oftmals nationalspezifisch und dementsprechend variabel sind: »In welchem Stil Texte verfasst sind, hat auch etwas mit unterschiedlichen Wissenschaftskulturen zu tun« (Frank et al. 2007, 63). Und was für den jeweiligen Stil gilt, gilt ebenso für alle anderen der oben erläuterten Aspekte von Textsorten: Welche Anforderungen jeweils an eine bestimmte Textsorte gestellt werden, hat ebenfalls in hohem Maße etwas mit unterschiedlichen Wissenschaftskulturen zu tun. Wer etwa einen Essay an einer englischen oder amerikanischen Universität schreiben soll und das englischsprachige Pendant einer deutschen wissenschaftlichen Hausarbeit einreicht, wird weder seinem Dozenten noch sich eine große Freude damit machen. Wer hingegen neben Textsortenkompetenzen auch noch über Kenntnisse der kulturspezifischen Variabilität von Textsorten verfügt, wird auch von den Schreibaufgaben, die zu einem Auslandssemester oder einer Berufstätigkeit im Ausland gehören, kaum überfordert werden.

Standardwerke   De Beaugrande, Robert-Alain/Dressler, Wolfgang Ulrich (1981): Einführung in die Textlinguistik. Tübingen: Niemeyer.
Frank, Andrea/Haacke, Stefanie/Lahm, Swantje (2007): Schlüsselkompetenzen. Schreiben in Studium und Beruf. Stuttgart: J.B. Metzler.
Große, Ernst-Ulrich (⁴2008): »Textsorten«. In: Ansgar Nünning (Hg.): Metzler Lexikon Literatur- und Kulturtheorie: Ansätze – Personen – Grundbegriffe. Stuttgart/ Weimar: J.B. Metzler, 710–711.
Sommer, Roy (2006): Schreibkompetenzen. Erfolgreich wissenschaftlich schreiben. Stuttgart: Klett.

Literatur   Aczel, Richard (2007): How to write an essay [1998]. Stuttgart: Klett.
Erll, Astrid/Gymnich, Marion (2007): Interkulturelle Kompetenzen. Erfolgreich kommunizieren zwischen den Kulturen. Stuttgart: Klett.
Ermert, Karl (1979): Briefsorten. Untersuchungen zu Theorie und Empirie der Textklassifikation. Tübingen: Niemeyer.
Gülich, Elisabeth/Raible, Wolfgang (Hg.) (1972): Textsorten. Differenzierungskriterien aus linguistischer Sicht. Frankfurt a.M.: Athenäum.
— (1977): Linguistische Textmodelle. Grundlagen und Möglichkeiten. München: Fink.
Hauthal, Janine (2007): »Die Rezension als Einstieg ins wissenschaftliche Schreiben und Publizieren«. In: Nünning/Sommer 2007, 205–210.
Kammer, Stephan/Lüdeke, Roger (Hg.) (2005): Texte zur Theorie des Textes. Stuttgart: Reclam.
Kruse, Otto (¹¹2005): Keine Angst vor dem leeren Blatt. Ohne Schreibblockaden durchs Studium [1993]. Frankfurt a.M.: Campus.
Nünning, Ansgar/Nünning, Vera (2007): »Erfolgreich bewerben: Anforderungen an Bewerbungen auf Stipendien und Stellen«. In: Nünning/Sommer 2007, 142–154.
Nünning, Ansgar/Sommer, Roy (Hg.) (2007): Handbuch Promotion: Forschung – Förderung – Finanzierung. Stuttgart: J.B. Metzler.
Sommer, Roy (2007a): »Das Exposé: Projektskizze, Arbeits- und Zeitplan«. In: Nünning/ Sommer 2007, 246–253.
— (2007b): »Textproduktion: Gattungskonventionen, Argumentationsstrategien und die Dramaturgie wissenschaftlicher Texte«. In: Nünning/Sommer 2007, 268–285.
Straub, Jürgen (2007): »Kompetenz«. In: Ders./Arne Weidemann/Doris Weidemann (Hg.): Handbuch interkulturelle Kommunikation und Kompetenz: Grundbegriffe – Theorien – Anwendungsfelder. Stuttgart: J.B. Metzler, 34–46.
Vater, Heinz (1992): »Textsorten«. In: Ders.: Einführung in die Textlinguistik. München: Fink, 159–173.
Zymner, Rüdiger/Fricke, Harald (⁵2007): Einübung in die Literaturwissenschaft. Parodieren geht über Studieren. UTB 1616. Paderborn: Schöningh.

Ansgar Nünning

8. Wissenschaftliches Schreiben

8.1   Arbeitsorganisation und Themenfindung
8.2   Umgang mit Forschungsliteratur
8.3   Strukturieren
8.4   Einleitung und Schluss
8.5   Tipps gegen Schreibblockaden

8.1 | Arbeitsorganisation und Themenfindung

Machen Sie sich zunächst klar, aus welchen Schritten eine wissenschaftliche Arbeit besteht.

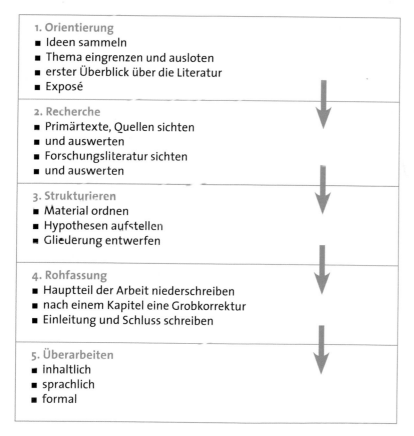

1. Orientierung
- Ideen sammeln
- Thema eingrenzen und ausloten
- erster Überblick über die Literatur
- Exposé

2. Recherche
- Primärtexte, Quellen sichten
- und auswerten
- Forschungsliteratur sichten
- und auswerten

3. Strukturieren
- Material ordnen
- Hypothesen aufstellen
- Gliederung entwerfen

4. Rohfassung
- Hauptteil der Arbeit niederschreiben
- nach einem Kapitel eine Grobkorrektur
- Einleitung und Schluss schreiben

5. Überarbeiten
- inhaltlich
- sprachlich
- formal

Phasen wissenschaftlicher Textproduktion

Planen Sie Ihre Zeit vom Abgabetermin her. Wenn Ihnen kein Zeitlimit vorgegeben wurde, setzen Sie sich selber einen Termin. So verhindern Sie, dass Ihre Arbeit allzu umfangreich wird, außer Kontrolle gerät und sich zeitlich nicht mehr kalkulieren lässt. Planen Sie ungefähr 4 Stunden reine Schreibzeit täglich ein. Aber schreiben Sie keinesfalls vier Stunden am Stück. Legen Sie nach höchstens anderthalb Stunden eine kürzere Pause ein.

Ihr **Arbeitsplan für eine Seminararbeit** von 20 Seiten könnte folgendermaßen aussehen:

- 3 Wochen: Thema klären, Literatur lesen, Material analysieren, Struktur für die Arbeit finden
- 2 Wochen: Rohfassung schreiben (erste Textfassung ohne sprachliche Glättung)
- 1 Woche: überarbeiten

Auch für eine **BA-Arbeit** von 30 bis 40 Seiten, für die Sie 8 bis 9 Wochen Bearbeitungszeit haben, können Sie sich an diese Zeiteinteilung halten. Nur Ihre Schreibzeit für die Rohfassung ist entsprechend länger, nämlich 4 bzw. 5 Wochen.

Wenn Sie eine **MA-Arbeit** schreiben, haben Sie in der Regel bereits Vorkenntnisse in Ihrem Spezialgebiet. Entsprechend sieht Ihre Zeitplanung hier etwas anders aus. Teilen Sie Ihre Zeit in 4 Teile:

- Lesen, analysieren, strukturieren   25% der Zeit
- Schreiben   50% der Zeit
- Überarbeitung   25% der Zeit

Beispiel

> Wenn Sie in 12 Wochen 60 Seiten zu schreiben haben, dann werten Sie 3 Wochen lang Ihr Material aus und erarbeiten eine Struktur. Anschließend schreiben Sie in 6 Wochen Ihre Rohfassung (mit ca. 10 Seiten pro Woche). Während des Schreibens können Sie begleitend noch ausgewählte Forschungsbeiträge lesen, die sich nur auf spezielle einzelne Kapitel Ihrer Arbeit beziehen. Die letzten 3 Wochen sind für die Überarbeitung reserviert. So bleibt noch genug Spielraum für unvorhergesehene »Katastrophen«: Grippe, Computerabsturz, Liebeskummer.

8.1.1 | Ideen entwickeln

Am Anfang einer wissenschaftlichen Arbeit steht die Idee. Aus ihr entwickelt sich Schritt für Schritt die gesamte Arbeit. Um bereits früh im Studium Ideen für mögliche Arbeiten zu sammeln, führen Sie eine Art **wissenschaftliches Tagebuch**. Notieren Sie in einem Merkheft oder Ringbuch Ihre Eindrücke: Fragen der Forschung, literarische Werke, Quellen,

Autoren, Notizen in Zeitungen, Ideensplitter in Vorlesungen, Hinweise in Fußnoten, Zitate, Abbildungen, Film- und Videoszenen, interdisziplinäre Zusammenhänge, Hinweise auf Tagungen – kurz: alles, was Ihre Neugier weckt. So bilden sich nach und nach Schwerpunkte des eigenen Interesses heraus. Wenn Sie später vor der Entscheidung stehen, ein Thema für Ihre Abschlussarbeit zu übernehmen, können Sie von sich aus ein Thema wählen oder einen Arbeitsbereich vorschlagen, in dem Sie bereits Kenntnisse erworben und Ideen gesammelt haben.

8.1.2 | Thema eingrenzen und ausloten

Der erste Schritt zur erfolgreichen Hausarbeit/Studienabschlussarbeit ist die **Eingrenzung** und **Fokussierung des Themas**. Nehmen Sie sich dafür genügend Zeit.

- Wissen Sie schon, was genau Sie in Ihrer Arbeit herausfinden wollen? Machen Sie sich zunächst klar, dass jede wissenschaftliche Arbeit die Antwort auf eine offene Frage ist. Deshalb müssen wir zu allererst die Frage formulieren, die hinter unserem Thema steht.
- Klopfen Sie zunächst die **Begriffe Ihres Arbeitstitels** ab: Was bedeuten sie? In welcher Beziehung stehen sie zueinander? Enthalten sie bereits Hinweise auf Ihren Arbeitsauftrag?
- Formulieren Sie anschließend die **Frage Ihrer Arbeit**. Das Thema »Die britische Nordirlandpolitik 1968–1974« könnten Sie beispielsweise in die Frage fassen: »In welchen Phasen verlief die britische Nordirlandpolitik und warum scheiterte sie?«
- Schon diese einfache Umformung zeigt Ihnen, dass jede Frage das Thema interpretiert und präzisiert. Die Frage macht sichtbar, unter welcher Perspektive das gewählte Material behandelt wird. Sie muss so präzise und eindeutig formuliert sein, dass Sie genau wissen, was Sie zu tun haben.
- Oft ist es zunächst leichter, mehrere Fragen zu bilden. Sammeln Sie einfach alle Fragen, die Ihnen einfallen und entscheiden Sie anschließend, welche Frage Sie zu Ihrer zentralen Frage machen wollen. Prüfen Sie danach, welche Fragen als Unterfragen zur Beantwortung der zentralen Frage beitragen. Mitunter müssen Sie sich erst einen Überblick über die Forschungsliteratur verschaffen, um die relevanten Fragen zu entdecken.

> → Treffen Sie sich doch hin und wieder mit anderen Studierenden zum Brainstorming: Verwandeln Sie Themen in Fragen. Sie werden feststellen, dass es nach einiger Zeit ganz leicht geht – und sogar Spaß macht!

Tipp

8.2 | Umgang mit Forschungsliteratur

Wenn Sie die Frage formuliert haben, die Sie mit Ihrer Arbeit beantworten wollen, können Sie zielsicher Forschungsliteratur zu Ihrem Thema suchen. Oft finden Sie allerdings mehr Literatur, als Ihnen lieb ist. Wie können Sie sich in diesem Chaos der Forschungsliteratur am schnellsten orientieren (s. Kap. 4)?

8.2.1 | Literaturauswahl

Überprüfen Sie erst einmal, ob das ausgewählte Buch überhaupt hält, was es verspricht.

Schauen Sie sich zunächst das **Inhaltsverzeichnis** an:

- Wie geht der Autor das Thema an?
- Welche Schwerpunkte setzt er?

Die Einleitung informiert uns fast immer darüber, ob die Studie für unsere Fragestellung ergiebig ist:

- Welches Material hat der Autor verwendet?
- Unter welcher Fragestellung hat er dieses Material bearbeitet?

Nach der Einleitung lesen Sie auf jeden Fall auch die **Zusammenfassung**:

- Was sind die wichtigsten Ergebnisse des Textes?
- Sind diese Ergebnisse für Sie neu?
- Kennen Sie die Begründungen für diese Ergebnisse schon?

Je nachdem, wie Ihre Antworten ausfallen, können Sie von Fall zu Fall entscheiden, welches Buch Sie sofort ungelesen ins Regal zurückstellen können, welches Sie auszugsweise lesen wollen und welches Sie gründlich durcharbeiten müssen.

8.2.2 | Literatur effizient lesen

Das systematische Lesen der Forschung ist immer ein systematisches Durcharbeiten. Bevor Sie in die intensive Lektüre der Sekundärliteratur einsteigen, klären Sie, was Sie schon über Ihr Thema wissen. Die Übersicht über bereits vorhandenes Wissen erleichtert Ihnen die anschließende Einordnung des Gelesenen in Ihr eigenes Ideenkonzept. Am besten **sammeln Sie Ihr Wissen vor der Lektüre** in einigen kurzen Notizen.

Als nächstes sollten Sie sich klar machen, welche **Fragen** Ihnen die Forschung beantworten soll. Welche Fragen müssen Sie stellen, um Ihr Thema bearbeiten zu können? Auf diese Fragen suchen Sie Antworten in der Sekundärliteratur.

Markieren Sie beim ersten Lesen **Leitbegriffe und zentrale Textstellen**: Leitbegriffe und zentrale Textstellen halten die Ergebnisse eines Textstücks unverwechselbar fest. Lesen Sie zunächst ungefähr zwei Seiten eines Textes. Blättern Sie *nach* dem Lesen zurück und gehen Sie Abschnitt für Abschnitt durch. Dabei helfen Ihnen folgende Fragen:

- Was ist das Thema dieses Abschnitts?
- Was ist die wichtigste Aussage zu diesem Thema?

> → Hilfreich ist es auch, verschiedene wiederkehrende Themen mit unterschiedlichen Farben oder mit selbst gewählten Symbolen am Rand des gelesenen Textes zu markieren. Dadurch wird die innere Struktur des Textes klarer sichtbar.

Tipp

8.2.3 | Literatur exzerpieren

Nachdem Sie ein Kapitel mit dem Bleistift in der Hand durchgearbeitet haben, lesen Sie die markierten Textstellen noch einmal durch. Versuchen Sie, Abschnitte mit ähnlichen Themen unter jeweils *einer* Frage zusammenzufassen. Auch die Antworten auf diese Fragen konzentrieren Sie in ein oder zwei Kernaussagen.

> → Halten Sie das Gelesene immer in eigenen Formulierungen fest. Nur so können Sie sicher gehen, dass Sie es auch verstanden haben. Bei der Zusammenfassung kommt es vor allem darauf an, so knapp wie möglich, dabei aber so ausführlich und präzise wie nötig vorzugehen.

Tipp

Während des Exzerpierens sollten Sie auch bereits überlegen, an welcher Stelle Ihrer Arbeit Sie das Gelesene verwenden könnten. Ordnen Sie die Exzerpte schon den möglichen Kapiteln Ihrer Arbeit zu. Das spart viel Zeit und Mühe. Legen Sie für jedes Kapitel im PC ein eigenes Dokument an. Jedes Exzerpt wird sofort dem Kapitel zugeordnet, in dem es voraussichtlich gebraucht wird. Versehen Sie Ihr Exzerpt außerdem mit einem kurzen Hinweis auf die Quelle. Wenn Sie noch gar keine vorläufige Gliederung haben, ordnen Sie die Exzerpte zunächst nach den Unterfragen, die Sie gebildet haben. Wenn Sie später daran gehen, Ihre erste Textfassung zu schreiben, haben Sie schon das gesamte Material griffbereit. Drucken Sie das Material zu jeweils einem Kapitel aus und legen Sie fest, welche Aussagen, Behauptungen, Informationen Sie tatsächlich aus der Forschungsliteratur in Ihre eigene Arbeit übernehmen wollen.

8.2.4 | Literatur wiedergeben

Wenn Sie in Ihrer Arbeit einen Forschungsbeitrag wiedergeben, muss an jeder Stelle des Textes zweifelsfrei erkennbar sein, *wer* spricht: der Autor, dessen Position wiedergegeben wird, oder der Schreiber einer wissenschaftlichen Arbeit, der den Forschungsbeitrag referiert.

Wenn Sie sich nur sinngemäß auf Forschungsliteratur beziehen, weisen Sie durch »vgl.« auf Ihre Quelle hin. Sie müssen nicht jeden Gedanken nachweisen, sondern lediglich längere inhaltliche Übernahmen oder Gedanken, deren Herkunft ein Kenner Ihrer Thematik klar identifizieren könnte.

Wenn Sie wörtlich zitieren, müssen Sie Ihre Fundstelle immer genau nachweisen: durch einen Kurzbeleg in der Fußnote oder im Fließtext in Klammern. Da jede akademische Disziplin eigene Zitierregeln hat, erkundigen Sie sich am besten in Ihrem Institut, welche Zitierweise üblich ist.

Syntaktisch sollen wörtliche Zitate in den fortlaufenden Text integriert werden, wenn es ohne stilistische Verrenkungen möglich ist. Dies gilt besonders für kurze Zitate; bei längeren Textausschnitten wird das Zitat in die vorangehende oder nachfolgende eigene Interpretation eingebettet.

Kurze Zitate werden in Anführungszeichen gesetzt. Zitate, die länger sind als drei Zeilen, werden eingerückt und einzeilig, eventuell auch kursiv, ohne Anführungszeichen geschrieben. Auslassungen mitten im Zitat werden durch eckige Klammern gekennzeichnet. Auch eigene Hinzufügungen erscheinen in eckigen Klammern mit dem Zusatz »Anm. d. Verf.«.

8.3 | Strukturieren

8.3.1 | Ideen ordnen

Strukturen für eine Arbeit zu finden, ist eine der mühsamsten Aufgaben beim wissenschaftlichen Schreiben. Dabei bedeutet es zunächst nichts anderes als **Kategorien zu bilden**: Entdecken Sie Ähnlichkeiten und Zusammenhänge in der Fülle der Ergebnisse, Beobachtungen und Ideen und fassen Sie die gemeinsamen Merkmale unter einen Oberbegriff. Am einfachsten erreicht man diese Basisordnung mit Hilfe eines Mindmaps.

Im Zentrum dieser Ideenskizze steht das Thema der Arbeit; von hier aus entfalten sich die Einfälle strahlenförmig in alle Richtungen. Verwandte Gedanken werden zu Gruppen zusammengefasst, die sich unter einen gemeinsamen Leitbegriff stellen lassen.

Sie analysieren die Entwicklung der Gothic Novel (Schauerroman). Ihr Mindmap gliedert sich in fünf Gruppen: einen Überblick über die literarhistorische Situation im 18. Jahrhundert und vier verschiedene Typen des Schauerromans.

Beispiel

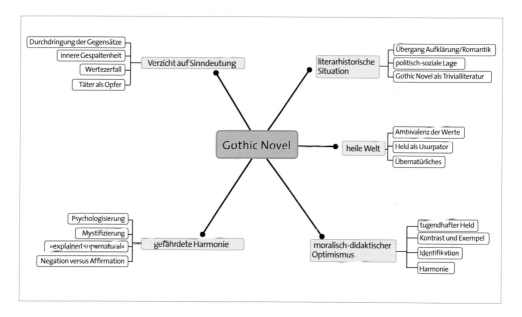

Mit dem **Mindmap** machen Sie sich die innere Ordnung Ihrer Arbeit klar.

Neben der Gewichtung der unterschiedlichen Kategorien zeigt das Mindmap auch Defizite und Grauzonen der geplanten Arbeit. Fragen tauchen auf, die bisher nicht gestellt wurden, Wissenslücken werden sichtbar.

Anhand des Mindmaps können Sie auch die Reihenfolge Ihrer Kapitel überdenken, denn die einzelnen Kategorien werden die Grundlage für Ihre Kapitel bilden. Am besten hängen Sie ein möglichst großes Blatt Papier (Querformat!) an einem gut sichtbaren Platz in Ihrem Arbeitszimmer auf. Im Laufe Ihrer Arbeit kann dann Ihr ursprüngliches Mindmap mitwachsen: Sie können es ergänzen, verändern, können Hinweise auf Forschungsliteratur hineinschreiben und offene Fragen hinzufügen.

Mindmap
zum Thema
»Gothic Novel«

8.3.2 | Das Waage-Modell

Was bedeutet eigentlich »wissenschaftlich argumentieren«? Was wird in einer wissenschaftlichen Arbeit von mir erwartet? Diese Fragen stellen sich jedem Schreibenden früher oder später im Schreibprozess.

Um wissenschaftlich argumentieren zu können, müssen Sie erst einmal wissen, aus welchen Bausteinen eine Argumentation besteht. Hilfestellung bietet Ihnen hier das Modell der Waage. Es skizziert das **Argumentationsgerüst** einer wissenschaftlichen Arbeit.

Das Waage-Modell

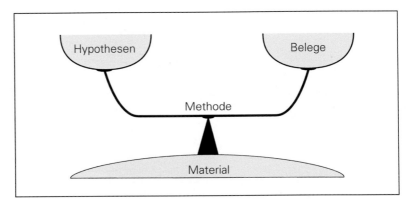

Material: Das Fundament der Waage ist der Sockel mit der Inschrift »Material«. Auf der Materialbasis baut die Argumentation auf. Diese Basis kann in einer literaturwissenschaftlichen Arbeit ein bestimmtes Textkorpus sein, in einer historischen Arbeit Quellen oder Forschungstexte, in einer forschungsbasierten Arbeit die einschlägige Sekundärliteratur. Die Materialbasis benennt Grundlage und Gültigkeitsbereich der vertretenen Hypothesen.

Methode: Der Balken, der die Waagschalen trägt, zeigt die Aufschrift »Methode«. Die Methode einer Arbeit sorgt dafür, dass die angeführten Belege die Hypothesen tatsächlich verifizieren. Wenn ich also die Methode meiner Arbeit darstelle, erkläre ich der Leserschaft, mit welchem Instrumentarium ich mein Material bearbeite. Nicht mehr und nicht weniger versteht man unter der Methode einer wissenschaftlichen Arbeit. In der Regel ist die Einleitung der geeignete Ort, um diese Methode darzustellen.

Hypothesen: Hypothesen sind zunächst nichts anderes als mögliche Antworten. In kurzen Hausarbeiten mit einer engen Themenstellung gibt es oft nur eine Frage mit einer Antwort. In diesem Fall stellen wir nur eine Hypothese auf. In längeren wissenschaftlichen Arbeiten entwickeln wir verschiedene Unterfragen, die uns zur Lösung der zentralen Frage führen. Die Antworten auf diese Unterfragen sind unsere Hypothesen.

Belege: Die Waagschale »Belege« wird mit Material gefüllt, das die Hypothesen stützt. Im Falle einer Textinterpretation können es interpretierte Textbeispiele sein, im Falle einer historischen Arbeit analysiertes Quellenmaterial. Zum »Beleg« wird das Material also erst durch die Bearbeitung des Interpreten.

Belege finde ich, indem ich mich frage, welche Aussage meines Materials meine Behauptung stützt. Das bedeutet aber, dass ich zunächst einmal mein Material zum »Sprechen« bringen muss. Erst die Erschließung des Materials liefert mir die nötigen Belege.

Wenn wir etwa das Thema »Die Bewältigung des Burn-out-Syndroms bei Lehrern« bearbeiten, ist unser Material die Forschungsliteratur zum Burn-out-Syndrom. Unsere Methode beschreiben wir durch zielführende Fragen, durch die wir die Literatur kritisch sichten und bewerten: Welche Strategien helfen bei Burnout? Warum? Unter welchen Bedingungen sind sie erfolgreich? Lassen sie sich präventiv oder therapeutisch einsetzen? **Unsere Analyse führt zu folgenden drei Hypothesen:**
Burn-out lässt sich bewältigen durch:
- neue Unterrichtsformen
- verbesserte Kommunikation
- Supervision

Diese Hypothesen belegen wir durch drei Ergebnisse:
- Gruppenprojekte entlasten den Lehrer
- kollegialer Austausch entspannt das Arbeitsklima
- Supervision ermöglicht ein flexibles Rollenverständnis

Beispiel

Wenn wir beide Waagschalen gefüllt haben, überprüfen wir, ob sie im Gleichgewicht sind. Es kommt nämlich häufig vor, dass unbemerkt eine der beiden Schalen zu schwer wird und so das **Gleichgewicht der Argumentation** gestört ist. Entweder haben die Schreiber/innen zahlreiche Hypothesen aufgestellt, ohne sie genügend zu begründen, oder es wird viel interpretiertes Material ausgebreitet, ohne jedoch aus diesen Materialbefunden Konsequenzen zu ziehen, das bedeutet: Hypothesen abzuleiten. Um die Waagschalen ins Gleichgewicht zu bringen, stellen wir deshalb folgende Fragen:
- Habe ich genug interpretiertes Material, um meine Hypothesen zu stützen?
- Habe ich aus dem interpretierten Material genügend Schlüsse gezogen?

Jeder Schreibende sollte sich vor dem Schreiben in etwa darüber klar werden, welche Behauptungen er in seiner Arbeit aufstellen will und wie sich diese Behauptungen beweisen lassen.

8.3.3 | Gliederungsmodelle

Für eine wissenschaftliche Studie gibt es immer mehrere Möglichkeiten, ein und denselben Inhalt in unterschiedliche Formen zu gießen. Da jede Arbeit mit einer hinführenden Einleitung beginnt und mit einem zusammenfassenden Schluss/einem Fazit endet, gelten die verschiedenen Gliederungsformen ausschließlich für den Hauptteil. Welche Gliederung Sie auch wählen, versuchen Sie, schon in der Planungsphase den ungefähren Umfang Ihrer Kapitel/Großabschnitte abzuschätzen. Weisen Sie jedem Kapitel eine geschätzte Anzahl an Seiten zu. So gewinnen Sie ein äußeres Gerüst, das Ihr Schreiben strukturiert und begrenzt.

Die chronologische Gliederung: Ergebnisse in zeitlicher Reihenfolge zu präsentieren, bedeutet, eine Abfolge verschiedener Phasen oder eine fortlaufende Entwicklung zu postulieren. Jedes Kapitel hat eine Phase des Prozesses zum Gegenstand. Immer wenn sich das Material erst durch eine zeitliche Anordnung erschließt, ist es sinnvoll, für die gesamte Arbeit eine chronologische Gliederung zu wählen.

Die systematische Gliederung: In der systematischen Gliederung werden die Antworten auf die Unterfragen des Themas gleichberechtigt nebeneinander aufgereiht. Diese Gliederung setzt voraus, dass die gebildeten Kategorien ungefähr gleich wichtig sind. Entsprechend befassen sich die einzelnen Kapitel der Arbeit mit je einer Kategorie, die es zu etablieren, zu beschreiben und zu interpretieren gilt.

Die Ursache-Wirkung-Gliederung: Wenn kausale Zusammenhänge untersucht werden, bietet sich die Ursache-Wirkung-Gliederung an. Dabei können wir von einer Ursache ausgehen und ihre diversen Wirkungen in jeweils eigenen Kapiteln beschreiben. Wir können aber auch von der Darstellung eines Phänomens ausgehen und die verschiedenen Ursachen in einzelnen Kapiteln erörtern.

Ursache-Wirkung-Gliederung I und II

Einleitung	Einleitung
Ursache	Phänomen
Wirkung 1	Ursache 1
Wirkung 2	Ursache 2
Wirkung 3	Ursache 3
Folgerung	Folgerung
Schluss	Schluss

Die Relationsgliederungen: Bei vergleichenden Fragestellungen gibt es grundsätzlich zwei Darstellungsmodelle: die Blockgliederung oder die alternierende Gliederung.

Einleitung
Objekt I Aspekt 1 Aspekt 2 Aspekt 3
Objekt II Aspekt 1 Aspekt 2 Aspekt 3
Vergleich der Ergebnisse
Schluss

Einleitung
Vergleich I Objekt 1 Objekt 2 Zusammenfassung
Vergleich II Objekt 1 Objekt 2 Zusammenfassung
Folgerung
Schluss

links:
Blockgliederung

rechts:
alternierende
Gliederung

Die Blockgliederung untersucht die Gegenstände zunächst unabhängig voneinander und führt erst dann die Einzelergebnisse in einem Vergleich zusammen. Wenn sich die Merkmale der zu vergleichenden Gegenstände markant unterscheiden, bevorzugt man die Blockgliederung.
Die alternierende Gliederung bietet sich dagegen an, wenn Objekte verglichen werden, die mehr Ähnlichkeiten als Unterschiede aufweisen. Zunächst werden die Aspekte festgelegt, die den Vergleich tragen. Dann werden unter einem Aspekt jeweils beide Objekte verglichen. Nach jedem Vergleich folgt eine kurze Zusammenfassung der Ergebnisse, die später in einer Folgerung zusammengeführt werden.

Wenn Sie zwei Short Stories vergleichen, untersuchen Sie in der Blockgliederung zunächst den einen Text unter den Aspekten »Konflikt«, »Personen«, »Sprache«. In einem zweiten Block analysieren Sie dann den zweiten Text unter denselben Gesichtspunkten. In der alternierenden Gliederung untersuchen Sie dagegen von Anfang an beide Texte im Vergleich. Grundlage für jedes Kapitel ist dabei jeweils *ein* Aspekt.

Beispiel

All diese Modelle sind nicht als rigide Schemata zu betrachten, denen man sich unterwerfen muss, sondern als Gerüste, die eine übersichtliche Darstellung der Untersuchungsergebnisse erleichtern.

8.3.4 | Der rote Faden

Der rote Faden Ihrer Arbeit entwickelt sich, wenn Sie Ihre Leserschaft von der Forschungsfrage zur Antwort führen. Jedes Kapitel/jeder Großabschnitt Ihres Textes ist ein Argumentationsschritt auf diesem Weg. Fragen Sie sich beim Schreiben immer wieder: Welche Unterfrage beantwortet dieses Kapitel? So können Sie überprüfen, ob Ihre Aussagen für Ihr Thema relevant sind und ob diese an der richtigen Stelle im Argumentationszusammenhang stehen. Verdeutlichen Sie den roten Faden zusätzlich durch Überleitungen, Zusammenfassungen, Überschriften, Zwischentitel und Beispiele.

8.4 | Einleitung und Schluss

Fangen Sie beim Schreiben der Rohfassung, d.h. der aller ersten Textfassung, mit dem Hauptteil an, nicht mit der Einleitung. Die Einleitung ist meist der komplexeste Teil der Arbeit. Sie lässt sich leichter schreiben, wenn Sie die Arbeit in ihrem Verlauf schon überblicken – nämlich am Schluss.

Die Einleitung einer Arbeit ist der Ort, an dem der/die Autor/in mit der Leserschaft in Kontakt tritt. Genau genommen beginnt die Kontaktnahme mit der Leserschaft jedoch bereits mit dem Titel und dem Inhaltsverzeichnis.

8.4.1 | Der Titel

Je präziser der Titel formuliert ist, umso genauer kann sich die Leserschaft informieren. Präzise zu formulieren, bedeutet, dass **Leitbegriffe** des Themas im Titel auftauchen. Da immer mehr wissenschaftliche Arbeiten über das Internet verbreitet werden, ist es umso wichtiger, die relevanten Suchbegriffe im Titel zu verankern.

8.4.2 | Das Inhaltsverzeichnis

Das Inhaltsverzeichnis sollte so übersichtlich wie möglich und dabei so informativ wie nötig sein. Für die Formulierung der Kapitelüberschriften gibt es zwei Möglichkeiten: Entweder Sie formulieren indirekte **Leitfragen oder Ergebnisse**.

Beispiel

Wenn Sie z. B. das Thema »Chancengleichheit in der Koedukation«
bearbeiten, könnte ein Kapitel heißen »Mädchenbildung
im 18. Jahrhundert«. Hinter dieser Überschrift hören Sie die
Leitfrage: »Welche Möglichkeiten der Mädchenbildung gab es
im 18. Jahrhundert?«
Formuliert man die Gliederungspunkte dagegen als Ergebnisse,
kann man ebenfalls kurze nominale Wendungen wählen: Bei dem
Thema »Deutsche Minderheiten in Russland« kann ein Kapitel die
Überschrift »Sprache und Religion als Identifikationsgrundlage«
tragen. Sie stellen damit bereits ein Ergebnis vor: Für die deutschen
Minderheiten in Russland dienten Sprache und Religion als Identifikationsgrundlage.

Die eigentliche Einleitung beginnt mit einer Standortbestimmung.

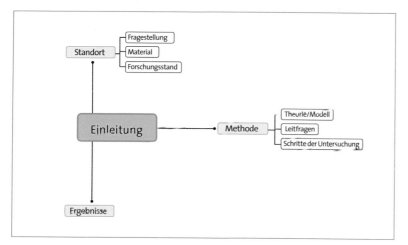

Einleitung

8.4.3 | Standort

Erläutern Sie Ihre **Fragestellung** und breiten Sie Ihr **Material** aus. Bei
einer literaturwissenschaftlichen Untersuchung etwa charakterisieren
Sie zuerst Ihr Textmaterial und präzisieren anschließend Ihre Fragestellung. Bei einer historischen Arbeit dagegen werden Sie in der Regel
zuerst die Fragestellung verdeutlichen und danach aufzeigen, welches
Quellenmaterial vorliegt. Wenn Sie eine Studienabschlussarbeit schreiben, geben Sie in der Einleitung außerdem einen knappen Überblick
über die **Forschungslage**.

8.4.4 | Methode

Erläutern Sie die **Leitfragen**, die Sie sich gestellt haben, und skizzieren Sie die einzelnen **Schritte der Untersuchung**. Auf diese Weise umschreiben Sie Ihr Inhaltsverzeichnis in einem zusammenhängenden Text. Stellen Sie außerdem dar, wie Sie das gewählte Material bearbeitet haben und wie Sie zu Ihren Antworten gekommen sind. So bereiten Sie Ihre Leserschaft gezielt auf den Ablauf Ihrer Argumentation vor. Wenn Sie in Ihrer Studie mit einer Theorie/einem Modell arbeiten, nennen Sie diese Grundlagen bereits in Ihrer Einleitung.

8.4.5 | Ergebnisse

Deuten Sie die Ergebnisse Ihrer Arbeit schon in der Einleitung an, damit die Leser/innen das Ziel Ihrer Argumentation vor Augen haben. Wenn ihnen zusätzlich noch der Ablauf der Untersuchung angekündigt wird, werden sie stets gut orientiert sein. Die Voraussetzungen für eine gelingende Argumentation sind damit geschaffen.

8.4.6 | Schluss

Der Schlussteil Ihrer wissenschaftlichen Arbeit soll so knapp wie möglich Ihre **Ergebnisse zusammenfassen**. Rekapitulieren Sie auf keinen Fall die ganze Arbeit noch einmal im »Bonsai-Format«. Im Schlussteil sollen auch keine neuen Fakten ausgebreitet oder Folgerungen gezogen werden, die zur Beantwortung der zentralen Frage beitragen. Sinnvoll ist ein zusätzlicher **Ausblick auf weiterführende Fragen**.

Beispiel

> Eine Studie über »Armut in deutschen Großstädten« kommt z. B. zu der Einsicht, dass es nicht nur Armut mitten *im* Wohlstand gibt, sondern geradezu Armut *durch* Wohlstand. Eine Untersuchung dieser These im internationalen Kontext wäre eine lohnende weiterführende Forschungsaufgabe.

Es ist auch möglich, in der Einleitung die Relevanz der Fragestellung anklingen zu lassen und im Schlussteil Folgerungen aus den gewonnenen Erkenntnissen zu ziehen.

Beispiel

Wenn Sie etwa die Funktion der Meinungs- und Wahlforschungsinstitute in Deutschland untersuchen, skizzieren Sie in der Einleitung ihre gesamtgesellschaftliche Bedeutung. Im Schlussteil können Sie dann im Hinblick auf die Gefahr der Manipulation und Instrumentalisierung die zentrale Rolle kritischer Medien akzentuieren.

8.5 | Tipps gegen Schreibblockaden

Gegen Schreibunlust oder Schreibblockaden gibt es zahlreiche Tipps und Tricks, die Sie nach und nach ausprobieren sollten. Finden Sie heraus, was *Ihnen* hilft!

Tipps

→ Viel schreiben: Sammeln Sie so oft wie möglich positive Schreiberfahrungen: beim kreativen Schreiben, bei kurzen Entwürfen, in Ihrem wissenschaftlichen Journal.

→ Früh beginnen: Beginnen Sie möglichst früh mit dem Schreiben: Formulieren Sie Ihr Arbeitsvorhaben in einem kurzen Text, skizzieren Sie den Verlauf einzelner Kapitel, schreiben Sie Zusammenfassungen, schreiben Sie auch über offene Fragen und anstehende Probleme.

→ Feedback ist wichtig: Geben Sie Ihre Texte frühzeitig aus der Hand. Holen Sie sich von anderen Leser/innen ein Feedback!

→ Mut zum Müll! Sie dürfen auch in Ihren wissenschaftlichen Arbeiten Vorläufiges produzieren, Ungeordnetes hinschreiben, Fehler machen. Ihr Text muss *nicht* auf Anhieb stehen. Er ist zunächst nicht mehr als eine Arbeitsgrundlage. Aber er wächst mit jeder Überarbeitung.

8.5.1 | Nicht anfangen können

Schreiben lernt man nur durch Schreiben! Aber wie kommt man zum Schreiben?

Free Writing: Beginnen Sie Ihren Schreibtag mit einer kurzen Schreibübung! Notieren Sie fünf Minuten lang alles, was Ihnen durch den Kopf geht. »Ohne den Stift abzusetzen«, schreiben Sie ohne Zensur »automatisch« alle Ihre Gedanken nieder. Legen Sie das Blatt beiseite, ohne es noch einmal durchzulesen. Jetzt haben Sie den Kopf frei für Ihre wissenschaftliche Arbeit und können loslegen.

Mittendrin anfangen: Beginnen Sie Ihre Arbeit möglichst nicht mit der Einleitung, sondern mit dem Hauptteil. Fällt Ihnen dieser Anfang schwer, können Sie ruhig auch mittendrin einsetzen: am besten mit dem Abschnitt oder Kapitel, das Sie bereits am besten überblicken. Später können Sie dann die Einzelteile zusammenbauen.

Laut schreiben: Wenn Sie am Vortag bereits einen Text geschrieben haben, lesen Sie ihn sich selber laut vor, vielleicht sogar mehrmals. Die nächsten drei, vier Sätze sollten Sie anschließend auch »laut schreiben«. Durch das gleichzeitige Schreiben und Sprechen wird unsere Denk- und Schreibaktivität gesteigert.

8.5.2 | Der innere Kritiker

Die Stimme unseres inneren Kritikers hindert uns oft daran, im Schreibfluss zu bleiben oder überhaupt etwas Akzeptables zu Papier zu bringen. Probieren Sie die folgenden Tricks aus, um mit Ihrem inneren Kritiker produktiv umzugehen:

Zeitlimit setzen: Auch wenn Ihr/e Dozent/in Ihnen kein Zeitlimit gesetzt hat, setzen Sie sich selber einen Abgabetermin. Nur so ist eine vernünftige Zeitplanung möglich und nur so schützen Sie sich wirkungsvoll vor unnötigem Perfektionismus. Gestehen Sie sich ein, dass es natürlich immer noch besser, präziser, überzeugender ginge, dass Sie aber nur eine begrenzte Zeit zur Verfügung haben. Diese Einsicht wird Sie erleichtern und Ihnen Mut machen, die gegebene Zeit gut zu nutzen.

Konkreter Adressat: Nicht zu wissen, für wen man schreibt, kann außerordentlich lähmend sein. Denkt man an den Prüfer und seinen Wissensvorsprung, an seinen kritischen Blick, wenn er die Arbeit begutachtet – kann man leicht den Mut verlieren. Und deshalb: Stellen Sie sich während des Schreibens einen konkreten Adressaten vor, den Ihre Arbeit interessiert. Am besten wählen Sie einen Leser, der das gleiche Fach studiert wie Sie, sich aber in Ihrem Spezialgebiet nicht auskennt. Fragen Sie sich, welche Kenntnisse Ihr Leser hat, was Sie ihm erklären müssen. Überlegen Sie auch, was Ihren Leser an Ihrer Arbeit interessieren könnte, welche Fragen er stellen würde.

Im Schreibfluss bleiben: Lassen Sie sich von Ihrem inneren Kritiker nicht verleiten, den Schreibfluss zu unterbrechen, um unvollständige Zitate nachzusehen, Beispiele herauszusuchen, Behauptungen schlüssig zu belegen, Formulierungen zu glätten und dreimal neu anzusetzen, um das treffende Wort zu finden. All das können Sie später nachholen. Beim ersten Schreiben geht es vor allem darum, ins Schreiben zu kommen und im Schreiben zu bleiben.

> → Setzen Sie in Ihrer Rohfassung überall dort Randzeichen, wo Ihnen beim Schreiben Einwände kommen. Entwickeln Sie eine Reihe von Symbolen für bestimmte Einwände: L = Logik, A = Ausdruck, G = Grammatik, ✓= Lücke, Z = Zitat ergänzen oder nachweisen, S = Satzbau, B = Beispiel einfügen, ? = habe ich das selber genau verstanden/stimmt das wirklich? Diese Randnotizen helfen Ihnen *während* des Schreibens, im Schreibfluss zu bleiben, und *nach* dem Schreiben, gezielt Ihre Korrekturen anzugehen.

Tipp

8.5.3 | Zeitdruck

Leichter Stress tut gut! Er aktiviert Ihr Potenzial. Bevor der Stress aber zu groß wird und Sie in Panik geraten, probieren Sie folgende Tipps aus:

> → Skizzieren Sie zunächst einen **realistischen Zeitplan**: Verteilen Sie Ihre Aufgaben je nach geschätztem Arbeitsaufwand auf die verfügbare Zeit.
> → Halten Sie **regelmäßige Arbeitszeiten** ein und legen Sie ebenso regelmäßig Pausen ein.
> → Betrachten Sie Ihre Schreibarbeit wie einen **Job**, für den Sie bezahlt werden: Regelmäßigkeit und Verbindlichkeit sind unbedingt nötig.
> → Durch »**Arbeitsaufträge**« können Sie Verbindlichkeit und Effektivität steigern. Skizzieren Sie jeweils am Vortag schriftlich Ihr Arbeitspensum für den nächsten Tag: Was ist das Thema des Unterabschnitts? Aus welchen Einzelschritten besteht die Argumentation?
> → Ziehen Sie auch bei großem Zeitdruck immer **Bilanz**! Haben Sie Ihren Arbeitsplan erfüllt, belohnen Sie sich. Sind Sie wesentlich hinter Ihrem Plan zurückgeblieben, überprüfen Sie Ihre Arbeitsbedingungen und sprechen Sie mit anderen darüber.

Tipp

Und wenn Sie demnächst wieder einmal keine Lust zum Schreiben haben, denken Sie daran: Schreiben lernt man nur durch Schreiben! Und solange Sie schreiben, sind Sie auf dem Weg zum Ziel!

Literatur   Boeglin, Martha (2007): Wissenschaftlich arbeiten Schritt für Schritt. Stuttgart: UTB/ Fink.

Brauner, Detlef J./Vollmer, Hans-Ulrich (2006): Erfolgreiches wissenschaftliches Arbeiten [2004]. Sternenfels: Wissenschaft und Praxis.

Charbel, Ariane (2006): Schnell und einfach zur Diplomarbeit [2001]. Nürnberg: BW.

Esselborn-Krumbiegel, Helga (2008): Von der Idee zum Text. Eine Anleitung zum wissenschaftlichen Schreiben [2002]. Paderborn: UTB/Schöningh.

Frank, Andrea/Haacke, Stefanie/Lahm, Swantje (2007): Schlüsselkompetenzen. Schreiben in Studium und Beruf. Stuttgart: J.B. Metzler.

Kruse, Otto (2007): Keine Angst vor dem leeren Blatt. Ohne Schreibblockaden durchs Studium [1993]. Frankfurt a.M.: Campus.

Paetzel, Ulrich (2001): Wissenschaftliches Arbeiten. Überblick über Arbeitstechniken und Studienmethodik. Berlin: Cornelsen.

Sommer, Roy (2006): Schreibkompetenzen. Erfolgreich wissenschaftlich schreiben. Stuttgart: Klett.

Helga Esselborn-Krumbiegel

9. Prüfungsvorbereitung

9.1 Aktives Lernen
9.2 Arbeitsorganisation
9.3 Wissen aufnehmen
9.4 Wissen verankern
9.5 Wissen speichern
9.6 Klausuren schreiben
9.7 Die mündliche Prüfung

9.1 | Aktives Lernen

9.1.1 | Der Wille zum Lernen

Die entscheidende Voraussetzung für ein erfolgreiches Lernen ist der grundlegende Wille zum Lernen. Machen Sie sich klar, dass Sie sich in jeder Phase Ihres Lernprozesses auch *gegen* das Lernen entscheiden könnten. Wahrscheinlich überrascht Sie dieser Gedanke. Bislang hatten Sie viel eher das Gefühl: »Ich *muss* die Prüfung jetzt machen. Ich *muss* für die Prüfung lernen«. Dieses »Muss« empfinden Sie als starken Druck von außen, gegen den Sie sich zur Wehr setzen. Versuchen Sie stattdessen, Ihre Situation einmal anders zu sehen: Sie *wollen* Ihre Prüfung bestehen; es ist und bleibt *Ihre* Entscheidung! Fragen Sie sich ganz konkret:

- Mit welchem Schritt fange ich an?
- Wann fange ich damit an?

Durch diesen **Wechsel der Perspektive** und die aktive Planung wird Ihre Motivation steigen und Ihre Freude am Lernen wird wachsen.

9.1.2 | Arbeitsvorbereitung

Schaffen Sie sich von Anfang an eine **entspannte Atmosphäre** zum Lernen: manchmal genügt eine Tasse Tee und das gedankenverlorene Kritzeln mit dem Bleistift auf einem Stück Papier.

Beantworten Sie vor Arbeitsbeginn folgende Fragen:

- Womit will ich mich heute beschäftigen?
- Was weiß ich schon über diesen speziellen Themenaspekt?
- Was will ich noch herausfinden?
- Welche Fragen soll mir die vorliegende Literatur beantworten?

Fragen vor
Arbeitsbeginn

Steigern Sie Ihre Konzentration durch kurze **schriftliche Arbeitsaufträge**: Notieren Sie genau, was Sie in welcher Zeit bearbeiten wollen. Formulieren Sie Ihre Aufgabe so konkret wie möglich. Es wird Ihnen viel leichter fallen, in einem überschaubaren Arbeitsprozess auf konkrete Ziele hin zu arbeiten. Die zeitliche Begrenzung hilft Ihnen außerdem, effektiver zu arbeiten. Beenden Sie die Arbeit eines Tages immer mit einem Blick zurück auf Ihren Lernerfolg und einem Blick nach vorn auf die nächste Aufgabe.

9.1.3 | Prioritäten setzen

Beginnen Sie Ihre Prüfungsvorbereitungen immer mit dem Wichtigsten! Erstellen Sie eine Prioritätenliste für jeden Tag:

Prioritätenliste
- Was will ich unbedingt schaffen?
- Was sollte ich noch erledigen?
- Was würde ich gerne noch nachsehen, vertiefen, ausarbeiten?

Erledigen Sie zuerst die Aufgabe mit der höchsten Priorität. Das kann z.B. bedeuten, dass bei kurzer Vorbereitungszeit kein Spielraum bleibt, um Themen zu vertiefen. In diesem Fall konzentrieren Sie sich ganz auf die wichtigsten Aspekte. So erwerben Sie sich ein solides Basiswissen, mit dem Sie die Prüfung auf jeden Fall bestehen werden.

9.2 | Arbeitsorganisation

9.2.1 | Kompetenzen und Defizite

Beginnen Sie Ihre Prüfungsvorbereitung mit einer Bestandsaufnahme: Was wird von Ihnen verlangt? Welches Hintergrundwissen und welche Schwerpunkte wollen Sie sich erarbeiten? Wo finden Sie die nötigen Informationen? Welche Bücher, Filme, Quellen, Skripte brauchen Sie dafür? Gibt es eine Lerngruppe zu Ihren Themengebieten oder könnten Sie selber eine Lerngruppe gründen?

Machen Sie sich auch klar, wo **Ihre Stärken und Ihre Schwächen** liegen. Können Sie sich Detailinformationen besser merken als größere Zusammenhänge? Dann fragen Sie sich bei jeder Detailinformation: Warum ist dieses Detail wichtig? In welchen Zusammenhang gehört es? Unter welchen Leitbegriff könnte man es stellen? Können Sie besonders flüssig Theorien entwickeln, geraten aber ins Stocken, wenn Sie diese Theorien anwenden sollen? Dann halten Sie nach jedem Theorieschritt inne und fragen Sie sich: Welches konkrete Beispiel habe ich parat? In welchem Praxisfeld könnte ich diesen Schritt wie vorführen?

9.2.2 | Lernplan

Ihr Lernplan umfasst grob gesagt sechs Schritte:

- Material sichten
- Literatur lesen und markieren
- Literatur auswerten und exzerpieren
- Gelesenes lerngerecht aufbereiten
- neues Wissen effektiv speichern
- Gelerntes wiederholen

Lernplan

Der erste Überblick über den Umfang Ihrer Prüfungsvorbereitung führt zunächst zu einem detaillierten Lernplan. Teilen Sie die Lernaufgaben so ein, dass jeder Lernabschnitt überschaubar in ein oder zwei Stunden zu bewältigen ist. Planen Sie neben der Erarbeitung des Wissens unbedingt gesonderte Zeiten ein, die ausschließlich dem Lernen, das bedeutet: dem gezielten Speichern der gewonnenen Informationen, dienen.

Lassen Sie auf alle Fälle an jedem Tag ungefähr anderthalb Stunden frei für unvorhersehbare Verzögerungen. So kommen Sie mit Ihrem Arbeitsplan nicht unter Druck und können es sich leisten, ein besonders schwieriges Textstück auch zwei oder drei Mal zu lesen.

9.2.3 | Arbeitsumfeld und Arbeitstechnik

Haben Sie schon einmal überlegt, wo Sie am besten lernen können? In der konzentrierten Arbeitsatmosphäre Ihrer Seminar- oder Universitätsbibliothek oder zu Hause? Wenn Sie zu Hause zu vielen Ablenkungen ausgesetzt sind, machen Sie sich zu regelmäßigen Zeiten auf zu Ihrem Arbeitsplatz in der Bibliothek. Das Lernen in der Bibliothek ermöglicht Ihnen auch eine klare Trennung von Arbeitszeit und Freizeit.

Achten Sie darauf, die verschiedenen Lerngebiete so zu verteilen, dass Sie sich im Laufe eines Tages möglichst zwei **unterschiedliche Stoffgebiete** vornehmen. Der weit verbreitete Irrtum, ein einheitliches Themengebiet lasse sich am besten an einem Stück ohne Unterbrechung erschließen, führt leicht zu Ermüdung und nachlassender Konzentration. Die Konfrontation Ihres Gehirns mit unterschiedlichen Impulsen steigert dagegen Ihre Leistungsfähigkeit und vermeidet Interferenzen, d.h. eine Störung des Lerneffekts durch ähnliche Inhalte.

Durch **wechselnde Strategien** steigern Sie Ihre Aufnahmebereitschaft und erzielen bessere Lernergebnisse. Beachten Sie auch, dass Informationen am Anfang und am Ende einer Lerneinheit besonders gut behalten werden. Konkret bedeutet das: Unterteilen Sie schwierige Lernaufgaben in möglichst viele sinnvolle kleinere Lernhappen.

Arbeitstechniken

■ fragen	■ lesen
■ markieren	■ notieren
■ rekapitulieren	■ vortragen
■ ordnen	■ Überschriften finden
■ Gliederungen erstellen	■ Schaubilder entwerfen

9.2.4 | Lernetappen

Gehen Sie in Ihrer Zeitkalkulation immer vom Prüfungstermin aus und teilen Sie die verfügbare Zeit in vier Lernetappen ein: eine lange Phase, um Wissen aufzunehmen, es lerngerecht zu verankern und zu speichern, eine kürzere, um das Gelernte zu vertiefen und zu wiederholen, eine Phase von wenigen Tagen für den letzten Check-up und einige Tage Pufferzeit für unvorhersehbare Störungen sowie einen ganzen unverplanten Tag vor jeder Prüfung.

Lernetappen

9.3 | Wissen aufnehmen

9.3.1 | Den Lernprozess planen

Studierende, die nach Plan lernen, erzielen bessere Ergebnisse. Deshalb lohnt es sich für Sie, Ihren Lernprozess sorgfältig zu planen. Dazu gehört neben einer soliden Zeiteinteilung die Entscheidung für einen bestimmten Lernweg: **Welcher Lerntyp sind Sie?** Der visuelle Typ, der auf Bilder und Übersichten anspricht? Der auditive Typ, der sich Gehörtes am besten merken kann? Der kinästhetische Typ, der Gelerntes gern in Handlungen und Bewegungen umsetzt?

Lerntypen sind keineswegs festgelegt: Lerngewohnheiten kann man ändern und neue Lernmuster lassen sich trainieren. Wählen Sie als Einstieg den gewohnten »Lernkanal« und aktivieren Sie nach und nach andere Lernkanäle, um Informationen mehrfach zu verankern.

9.3.2 | Prüfungsthemen wählen

Wenn Sie die Wahl haben, überlegen Sie, welches Ihrer Spezialgebiete sich eher für eine Klausur eignet und welches Sie sich gut für ein Prüfungsgespräch vorstellen könnten. Reservieren Sie kontroverse Themen für die mündliche Prüfung. Hier können Sie Ihr Wissen in pro und kontra lebendig einsetzen und so die mündliche Prüfung in ein spannendes Expertengespräch verwandeln. Themen, die detaillierte, eventuell textgestützte Analysen verlangen, sollten Sie dagegen lieber in der Klausur bearbeiten. Stellen Sie an jedes Prüfungsgebiet folgende Fragen:

- Was wird kontrovers diskutiert und warum?
- Welche Positionen gibt es zu meinem Themenschwerpunkt?
- Wie wird in diesem Forschungsfeld methodisch gearbeitet?
- Welche Fragen wurden im Seminar/in der Arbeitsgruppe gestellt?
- Welche Ergebnisse wurden formuliert?

Fragen an das Prüfungsgebiet

9.3.3 | Literatur bearbeiten

Beginnen Sie stets mit einem knappen, **aktuellen Überblick** über den Forschungsstand in Ihrem Themengebiet. Stellen Sie dabei Ihren Blickwinkel zunächst eher weit ein: Entwerfen Sie zu allererst ein Gesamtbild Ihres Spezialgebiets und stellen Sie fest, an welcher Stelle *Ihr* Thema seinen Platz hat. Sie können sich Ihren Themenbereich wie ein Puzzle vorstellen, zusammengesetzt aus lauter einzelnen Prüfungsthemen. Wie sieht das gesamte Puzzle aus? Welches Puzzleteil bearbeiten Sie?

In der Prüfungsvorbereitung kommt es darauf an, sich gezielt strukturiertes Wissen zu verschaffen. Wenn Sie sich also zunächst mit Hilfe eines Standardwerkes über den Kontext Ihres Themas informieren, fällt es Ihnen anschließend leichter, die einlaufenden Detailinformationen einzuordnen und zu verarbeiten. Im Kapitel »Wissenschaftliches Schreiben« in diesem Band (s. Kap. 8) erfahren Sie, wie Sie die geeignete Literatur auswählen, wie Sie Ihren Leseprozess strukturieren und wie Sie effektiv exzerpieren.

Gliedern Sie Ihre Zusammenfassungen immer durch **Überschriften**, um sich die Argumentation des Textes deutlich vor Augen zu führen. Lesen Sie sich Ihre Zusammenfassungen dann selber laut vor. So prägt sich der neu erarbeitete Inhalt bereits in Ihr Gedächtnis ein. Stellen Sie sich außerdem Fragen, die das Gelesene kritisch bewerten:

- Welche Einwände lassen sich gegen die wichtigsten Thesen erheben?
- Welche Gegenpositionen gibt es? Vergleichen Sie die Positionen!
- Welche Fragen bleiben offen?
- Welchen Thesen stimmen Sie zu und warum?
- Welche Thesen lehnen Sie ab und warum?
- Welche Thesen würden Sie modifizieren und wie?

Kritische Bewertung des Gelesenen

Zur eigenen Reorganisation des Gelesenen gehört auch eine Skizze der inneren **Struktur eines Textes**. Es geht nämlich in der Prüfung nicht darum, ein Buch von A bis Z in eigenen Worten wiederzugeben, sondern darum, die Aussagen herauszufiltern, die für das eigene Thema relevant sind. Diese wichtigsten Ergebnisse – eventuell auch verschiedene Forschungspositionen – fassen Sie dann in einem **Mindmap** oder in einer **Tabelle** zusammen.

Beschreiben Sie Ihre Übersicht immer wieder laut in Worten. Überlegen Sie bereits beim Zusammenfassen, wie Sie einem Zuhörer einen Sachverhalt erklären könnten.

Sichern Sie in jedem Fall auch den **Transfer Ihres Wissens** aus einem Kontext in einen anderen. Wenn Sie sich ein spezielles Wissen an einem bestimmten Beispiel verdeutlicht haben, suchen Sie zusätzlich nach anderen Anwendungsfeldern und anderen Beispielen. Sie sollten in der Prüfung in der Lage sein, Ihr konkretes Detailwissen zu verallgemeinern und es auf parallele Fragestellungen anzuwenden.

Beispiel	Sie haben an einer Kurzgeschichte von Hemingway bestimmte Merkmale herausgearbeitet. Übertragen Sie diese Merkmale auf die Analyse seiner anderen Kurzgeschichten und stellen Sie Gemeinsamkeiten und Unterschiede fest. Anschließend vergleichen Sie diese Merkmale mit typischen Kompositions- und Stileigenarten anderer amerikanischer Kurzgeschichten aus der Entstehungszeit. Informationen über die Kurzgeschichte allgemein sowie über bestimmte Autoren entnehmen Sie der Forschung. Die dort skizzierten Muster wenden Sie vergleichend auf die ausgewählten Texte an. Aus dieser Zusammenschau gewinnen Sie ein Bild der amerikanischen Short Story und können in Ihrer Prüfung sowohl spezielle Fragen zu Hemingways Kurzgeschichten als auch übergreifende Fragen zur Short Story beantworten.

9.4 | Wissen verankern

9.4.1 | Wissen strukturieren

In der Prüfung sollen Sie einen Sachverhalt selbständig darlegen, eine zielgenaue Antwort auf die gestellte Frage geben und dabei eine zusammenhängende Argumentation entwickeln. Sie müssen Wichtiges von Unwichtigem trennen und Ihre Argumente miteinander verknüpfen. So reduzieren Sie die Fülle der Information und strukturieren Ihr Wissen nach selbst gewählten Gesichtspunkten:

- Sie zeigen Entwicklungslinien auf,
- Sie ziehen Vergleiche,
- Sie stellen Positionen einander kontrovers gegenüber,
- Sie erforschen den Zusammenhang von Ursache und Wirkung,
- Sie ordnen Ereignisse und Phänomene in ihren Kontext ein,
- Sie erklären die Funktion bestimmter Phänomene.

Wissen
strukturieren

Nachdem Sie sich Ihr Wissen erarbeitet haben, müssen Sie es in Ihrem Denken abrufbar verankern. Variieren Sie Ihre Art zu lernen und probieren Sie unterschiedliche Lernkanäle aus. Bei schwierigen Zusammenhängen ist es am besten, **mehrere Lernkanäle** gleichzeitig zu nutzen.

9.4.2 | Mit Logik lernen

Chronologie: Wenn Sie einen Entwicklungsprozess beschreiben, stellen Sie ihn auf einer Linie angeordnet chronologisch dar: Die einzelnen Phasen können Sie farbig absetzen und sich so den Ablauf besser einprägen. Für einen längeren historischen Ablauf können Sie auch einen Zeitenkreis zeichnen, in den Sie die markanten Daten eintragen und sie eventuell noch mit Farben und Symbolen wirkungsvoll stützen.

Analogien/Gegensätze: Ähnlichkeiten prägen sich leicht ein: Entweder liegen diese Ähnlichkeiten schon im Stoff selber oder Sie stellen Ähnlichkeiten her, indem Sie Vergleichsmerkmale finden wie: Aufbau, Motive, Bilder, Entwicklungen, Rahmenbedingungen. Sie können sich Ihr Wissen aber auch in Gegensatzpaaren einprägen. Viele Themenbereiche lassen sich leicht in Gegensätzen darstellen: Wahlsysteme, Regierungsformen, Organisationsstrukturen, Vor- und Nachteile unterschiedlicher Entwicklungen und Phänomene. Halten Sie die Unterschiede jeweils in einer Tabelle fest.

Überschriften und Leitbegriffe: Versehen Sie Ihre Argumentation mit Überschriften und gliedern Sie den Stoff anschließend durch Leitbegriffe. So können Sie sich die verschiedenen Punkte leichter merken.

> Wenn Sie das Thema »Wissenschaftsjournalismus im Radio« bearbeiten, so könnte eine Überschrift »Aufbau« heißen, Leitbegriffe wären »Schritt für Schritt, Abwechslung, Assoziation, roter Faden, Pointe, Klammer, Spannung«.

Beispiel

9.4.3 | Mit Bildern lernen

Mindmap: Mindmaps konzentrieren Ihr Wissen auf wenige Leitwörter. Jede Gedankenblase enthält ein Leitwort, hinter dem sich eine größere Anzahl von zugehörigen Ideen verbirgt. Sobald Sie dieses Leitwort aufrufen, werden die angelagerten Ideen mit reproduziert. Prägen Sie sich zunächst das Mindmap mit allen Leitwörtern und zugehörigen Ideen ein. Anschließend malen Sie ein neues Mindmap, in dem nur noch die Leitwörter stehen. Überprüfen Sie nun, ob das Aufrufen der Leitwörter tatsächlich auch die angelagerten Ideen reproduziert. Wenn Sie sich einige Leitwörter besonders schlecht merken können, stützen Sie Ihre Erinnerung durch Symbole und Farben. Je ausgefallener diese Bilder sind, um so leichter kann man sie sich merken.

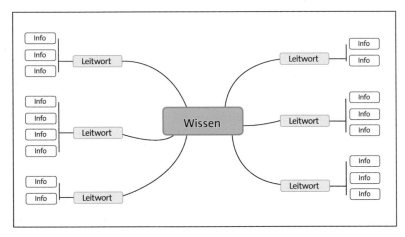

Skizze: Fassen Sie Ihr Wissen in selbst gemalten Bildern und Skizzen zusammen und beschreiben Sie diese anschließend laut. Bilder, die man sich einmal erzählt hat, bleiben besser haften.

Diagramme: Nutzen Sie Diagramme, um verschiedene Größen (Mengen, Häufigkeit) zueinander in Beziehung zu setzen: Für Vergleiche bietet sich das Liniendiagramm an. Zur Darstellung von Entwicklungen eines homogenen Phänomens eignen sich auch Säulendiagramme (senkrecht) und Balkendiagramme (waagerecht). Im Flussdiagramm können Sie lineare Abläufe besonders übersichtlich skizzieren. Im Kreisdiagramm stellt jedes Segment einen Teilwert dar. Wenn Sie die einzelnen Segmente farbig absetzen, können Sie sich die Größenverhältnisse gut merken. Das größte Segment beginnt immer bei »null Uhr«.

Loci Technik: Stellen Sie sich ein Haus, ein Zimmer, einen Weg genau vor. Platzieren Sie an markanten Punkten die Informationen, die Sie sich merken wollen. Dann gehen Sie in Gedanken den Weg ab. Nach mehrmaligen Durchgängen werden Sie die geparkten Informationen an den ausgewählten Orten in der Reihenfolge Ihres Weges wieder finden.

Wenn Sie sich z.B. die fünf Grundformen des Lehrens und Lernens einprägen wollen, wählen Sie fünf Orte in Ihrer Stadt, an denen eine Person »erzählt«, »etwas vormacht«, »beobachtet«, »liest«, »schreibt«. Wenn Sie diesen Rundgang einige Male in Gedanken gemacht haben, bleiben die fünf Formen der Wissensvermittlung fest in Ihrem Gedächtnis verankert.

9.4.4 | Mit Tönen lernen

Laut vortragen: Sie sollten bei Ihrer Prüfungsvorbereitung das Gelernte immer wieder einmal laut vortragen. Oft stellen Sie erst beim mündlichen Vortrag fest, ob Sie Zusammenhänge flüssig darlegen können. Bereiten Sie Kurzvorträge zu Ihrem Thema vor und erzählen Sie alles Wissenswerte auf einem langen Spaziergang einem Zuhörer. Bewegung unterstützt Ihr Lernen wirkungsvoll! Stellen Sie sich immer wieder selber Fragen und beantworten Sie diese laut. Und stellen Sie sich dabei einen konkreten Zuhörer vor.

Rhythmus/Reim/Melodie: Nutzen Sie einprägsame Rhythmen als Gedächtnisstütze. Wenn man z.B. Zahlen rhythmisch vor sich hin spricht – wenn möglich paarweise – erscheinen Sie wie Wörter, die sich mit ihren unterscheidbaren Silben leichter merken lassen. Aber auch Begriffe/Leitwörter lernt man sicherer, wenn man sie paarweise rhythmisch betont.

Reim und Melodie lassen sich besonders gut als Gedächtnisstützen nutzen. Prägen Sie sich Leitsätze nach bekannten Melodien ein und nehmen Sie Kinderreime als Schablonen für eigene Merkverse.

Auch Merksätze können Ihr Wissen stützen. Wenn Sie sich die Prinzipien der »Themenzentrierten Interaktion« (TZI) merken wollen, brauchen Sie folgende Leitbegriffe:

- Ich-Form wählen,
- Fragen begründen,
- Interpretieren vermeiden,
- Verallgemeinerungen vermeiden,
- Körpersignale beachten,
- Störungen haben Vorrang.

Bilden Sie jetzt aus den Anfangsbuchstaben dieser Leitwörter einen lustigen Satz (Akronym):»Ich führe immer verrückte Kamele spazieren«.

Beispiel

9.5 | Wissen speichern

Sie haben sich Ihr Prüfungswissen erarbeitet, das Wichtigste exzerpiert, komprimiert und es lerngerecht verankert. Dabei ist natürlich schon ganz viel »hängen geblieben«. Dennoch müssen Sie jetzt noch den letzten entscheidenden Schritt tun und das erworbene Wissen bis auf Abruf speichern.

9.5.1 | Kontext klären

In Ihrer Prüfung kommt es nicht darauf an, möglichst viele Details zu reproduzieren, sondern ausgewähltes Wissen zielgenau auf eine Frage/ eine Themenstellung hin auszurichten. Fragen Sie sich:

Kontext klären
- In welchem Teilgebiet meiner Wissenschaft liegt mein Themenbereich?
- Welches Hintergrundwissen habe/brauche ich über dieses Teilgebiet?
- Was ist charakteristisch für dieses Gebiet?

Beispiel

> Wenn Sie im Fach Politikwissenschaft das Spezialgebiet »Nord-Süd-Konflikt« wählen, arbeiten Sie im Teilbereich »internationale Politik/internationale Beziehungen/Außenpolitik«. Deshalb fragen Sie sich: Womit befasst sich diese Teildisziplin? Was sind ihre Schwerpunkte? Anschließend machen Sie sich klar, dass es speziell zum Nord-Süd-Konflikt kontroverse theoretische Ansätze gibt.
> An einem Beispiel spielen Sie diese Ansätze durch. Sobald Sie den Kontext Ihres Prüfungsthemas kennen, können Sie die unterschiedlichen Fragen in einen übergreifenden Zusammenhang einordnen.

9.5.2 | Lernmedien

Probieren Sie unterschiedliche Lernmedien aus: Lernübersicht, Lernbrief, Lernkartei, Lernplakat und Lernkassette. Alle diese Medien transportieren komplexes Wissen auf verschiedenen Wegen in Ihr Langzeitgedächtnis.

Lernübersicht: Am geläufigsten ist Ihnen wahrscheinlich die Lernübersicht, in der Sie mit Stichworten Ihr Wissen festhalten. Leitbegriffe, Überschriften, Zwischentitel, Aufzählungen, Tabellen und Strukturpläne helfen Ihnen, Ihr Themengebiet zu überblicken und sich auch an Einzelheiten zu erinnern. Wenn Sie Ihre Lernübersichten im PC angelegt haben, drucken Sie Ihr Material vor dem Lernen aus. Wenn Sie die verschiedenen Unterpunkte auf unterschiedlichen Blättern festhalten, können Sie während des Lernens leichter umsortieren und ergänzen. Das Umsortieren und Neustrukturieren der Informationen nach wechselnden Fragestellungen ist lernpsychologisch sehr günstig.

Lernbrief: Packen Sie Ihr gesamtes Wissen zu einem Themenbereich in einen Brief an einen konkreten Adressaten. Lesen Sie sich diesen Brief immer wieder selber laut vor. Memorieren Sie am Anfang jedes Briefes, wie viele Leitgedanken Ihr Brief umfasst. Wenn man die Anzahl der Leitgedanken weiß, kann man sie leichter reproduzieren.

Lernkartei: Mit Hilfe einer Lernkartei können Sie Ihr Wissen Tag für Tag im Frage-und-Antwort-Spiel festigen. Dieses Lernverfahren eignet sich für alle Informationen, die Sie selber durch Exzerpte, Mindmaps, Übersichten, Tabellen und Strukturpläne zusammenstellen. Karteikarten eignen sich besonders gut zum Lernen von Faktenwissen und leicht überschaubaren Zusammenhängen.

Lernplakat: Lernplakate können Sie ganz unterschiedlich gestalten. Malen Sie ein Mindmap auf ein möglichst großes Blatt Papier im Querformat und hängen Sie es an einer gut sichtbaren Stelle auf. Wenn Sie mehrmals am Tag dort vorbeikommen, prägt sich die Übersicht ganz von selbst in Ihr Gedächtnis ein. Oder skizzieren Sie in einer phantasievollen Zeichnung mit Figuren und Symbolen Ihr Wissen übersichtlich in einer originellen Collage.

Lernkassetten: Stellen Sie eigene Lernkassetten her: Sie können Frage-und-Antwort-Kassetten aufnehmen, um Ihr Wissen zu überprüfen oder sich mit mehreren Kurzvorträgen zu relevanten Themen die wichtigsten Merkmale eines Wissensgebiets einprägen. Nutzen Sie bei diesen Aufnahmen auch die unterschiedlichen Ausdrucksmöglichkeiten Ihrer Stimme, um besonders Wichtiges hervorzuheben.

9.5.3 | Lerntechnik

Nutzen Sie Ihr Gedächtnis optimal, indem Sie Ihren Lernprozess in Etappen planen: Nehmen Sie sich nicht mehr als ungefähr sieben neue Informationen auf einmal vor. Lernen Sie höchstens 30 bis 40 Minuten hintereinander konzentriert, danach geben Sie Ihrem Gedächtnis Zeit, die Informationen zu verarbeiten. Unterstützen Sie Ihren Lernprozess durch Bewegung: Gehen Sie während des Memorierens auf und ab oder begleiten Sie Ihr Lernen mit Handbewegungen. Gliedern Sie Ihren Lernprozess in vier Schritte:

1. Sprechen Sie sich jede neue Information grundsätzlich einmal innerlich *lautlos* vor.
2. Lesen Sie sich dann Ihre Aufzeichnungen einmal langsam *laut* vor.
3. Jetzt lesen Sie die Informationen noch einmal langsam und *lautlos*. Dann prägen Sie sich die Informationen ungefähr acht Sekunden lang ein.

Gliederung des
Lernprozesses

4. Schließen Sie nun die Augen. Stellen Sie sich das Gelesene vor – als Bild, als Geschichte, als Übersicht – und beschreiben Sie anschließend *laut*, was Sie sehen.

Wiederholen Sie das Gelernte nach 10 Minuten. Danach sortieren Sie es in die Lernkartei ein oder legen es für eine Wiederholung am folgenden Tag bereit. Alle Informationen, die am folgenden Tag noch abrufbar sind, brauchen erst wieder nach einer Woche aufgefrischt zu werden.

Um Ihren Lernerfolg zu überprüfen, benutzen Sie verschiedene **Techniken zur Selbstkontrolle**:

Techniken zur
Selbstkontrolle

- Schreiben Sie einen Brief, in dem Sie Ihr Themengebiet zusammenhängend darstellen.
- Halten Sie einen Kurzvortrag zu einem wichtigen Teilgebiet.
- Nehmen Sie die Position eines kritischen Gegenspielers ein, der Ihre Position anzweifelt. Verteidigen Sie Ihre Position!
- Unterhalten Sie sich möglichst oft mit anderen über Ihre Themengebiete und beantworten Sie so viele Fragen wie möglich.
- Malen Sie aus dem Gedächtnis ein Mindmap, korrigieren und ergänzen sie es später durch Ihre Aufzeichnungen: Konnten Sie die wichtigsten Punkte reproduzieren?

9.6 | Klausuren schreiben

9.6.1 | Vorbereitung

Nachdem Sie Ihre Themengebiete gewählt haben, fragen Sie sich natürlich, welche Themen nun tatsächlich »drankommen« könnten. Stellen Sie zunächst eine **Liste der »Dauerbrenner«** zusammen: Fragen, die in (fast) jedem relevanten Forschungsbeitrag, im Seminar/in der Vorlesung angesprochen wurden. Sie können sicher sein, dass diese Fragen für Ihren Themenbereich zentral sind und dass sie sehr wahrscheinlich in der ein oder anderen Form als Prüfungsthema auftauchen werden.

Achten Sie auch darauf, welche Fragen in der Forschung aktuell kontrovers diskutiert werden. Wägen Sie die verschiedenen Positionen gegeneinander ab und formulieren Sie eine **begründete eigene Meinung**.

Bei Ihrer Prüfungsvorbereitung kommt es nicht so sehr darauf an, dass Sie genau *das* Thema Ihrer Klausur treffen, sondern dass Sie auf die *Art* **der Fragestellung** vorbereitet sind. Finden Sie also heraus, *wie* in Ihrem Fach oder in Ihrem Spezialgebiet üblicherweise gefragt wird. Versuchen Sie, so viele Klausuren wie möglich einzusehen (Informationen bekommen Sie über Fachschaften, Internet, andere Studierende, manchmal auch über die Prüfer/innen) und analysieren Sie diese Klausurthemen. Formulieren Sie für jedes Thema einen **Arbeitsauftrag**: Was soll ich genau tun?

Halten Sie **Beispiele** parat, die Sie sinngemäß zitieren können oder an denen Sie Entwicklungen, Modelle, Theorien aufzeigen können. Auch Forschungspositionen sollten Sie an einigen Beispielen darlegen können.

9.6.2 | Arbeitsgliederung

Entwerfen Sie Arbeitsgliederungen für wahrscheinliche Klausurthemen. Eine solche Gliederung enthält:

- eine Formulierung der Frage, die hinter der Themenstellung steckt,
- eine Formulierung der Antwort auf diese Frage,
- eine Abfolge der Argumente (= Unterpunkte), die diese Antwort stützen.

Gliederung wahrscheinlicher Klausurthemen

Die Unterpunkte Ihrer Gliederung können Sie als Zwischenüberschriften in Ihren Klausurtext aufnehmen. So kann der Leser Ihrer Argumentation besser folgen.

9.6.3 | Einleitung und Schluss

Ihre Einleitung soll nur wenige Sätze umfassen. Hauptaufgabe der Einleitung ist es, zum Thema hinzuführen. Wiederholen Sie aber nicht einfach nur Ihre Themenstellung, sondern erklären Sie die **Frage**, die hinter dem Thema steht und betten Sie Ihre Fragestellung wenn möglich in einen größeren thematischen Kontext ein.

Auch der Schluss Ihres Klausuressays sollte knapp und prägnant sein. Fassen Sie in zwei oder drei Sätzen noch einmal Ihr Ergebnis zusammen. Gibt es einen gemeinsamen Punkt, in dem Ihre Beobachtungen/ Behauptungen zusammenlaufen?

Beziehen Sie sich anschließend in ein oder zwei abschließenden Sätzen auf Ihre Einleitung/Ihre Themenstellung zurück.

9.6.4 | Die Klausur

Wenn Sie mehrere Themen zur Auswahl bekommen, ist es wichtig, sich schnell zu entscheiden. Bringen Sie rasch Ihre »mitgebrachte« Arbeitsgliederung zu Papier, auch wenn sie anschließend noch auf das aktuelle Thema abgestimmt werden muss. Sehen Sie sich das Thema ganz genau an: Welche **Frage** sollen Sie beantworten? Welche Begriffe tauchen auf? Steckt in diesen Begriffen schon ein indirekter **Arbeitsauftrag**? Wie lautet die Antwort? Formulieren Sie nach der Themenanalyse einen kurzen Arbeitsauftrag.

Planen Sie Ihre Zeit sorgfältig! Bei einer Gesamtzeit von vier Stunden könnte Ihr Zeitplan etwa so aussehen:

Zeitplan für
eine Klausur

10 Minuten: Themenwahl und Analyse der Fragestellung
10 bis 15 Minuten: Gliederung umarbeiten, Seitenzuweisung für die Unterpunkte
10 Minuten: Einleitung nach Stichworten schreiben
2 ¾ bis 3 Stunden: Text schreiben
20 bis 35 Minuten: Durchlesen und korrigieren

Schreiben Sie mindestens eine **Probeklausur** zu einem selbst gestellten Thema, um den Umgang mit diesem Zeitplan einzuüben.

Wenn Sie eine **Multiple Choice-Klausur** vor sich haben, verschaffen Sie sich immer zuerst einen Überblick über alle Fragen. Beginnen Sie dann mit der leichtesten Aufgabe. Halten Sie sich bei Schwierigkeiten nicht zu lange bei einer Aufgabe auf, gehen Sie lieber weiter und versuchen Sie erst einmal, so viele Fragen wie möglich zu beantworten. Später können Sie noch einmal zu den schwierigen Aufgaben zurückkehren. Bei Multiple Choice-Klausuren ist es ganz wichtig, die passende Zeiteinteilung und die systematische Bearbeitung der Aufgaben nach Prioritäten rechtzeitig und häufig zu üben.

Folgende **grundlegende Regeln** sollten Sie in Ihrer Klausur beachten:

Regeln für
eine Klausur

- Jede Klausur ist ein in sich geschlossener Essay mit einer Einleitung, die das Thema kurz erläutert, einer These, die Sie durch Argumente stützen, einem Schlussteil, der die Ergebnisse zusammenfasst und Folgerungen zieht, und Vor- und Rückverweisen, die Ihre Argumentation festigen.
- Bringen Sie Ihre Argumentation auf den Punkt! Vertreten Sie eine These und begründen Sie Ihre Entscheidung.
- Stützen Sie Ihre Argumentation mit Belegen aus der Forschung, aus Quellen, aus Texten. Dazu brauchen Sie solide Textkenntnis!
- Verweisen Sie hin und wieder auf bestimmte Forschungsbeiträge oder Forschungsrichtungen, vor allem, wenn Sie kontroverse Positionen anführen.
- Verwenden Sie die in Ihrer Wissenschaft gebräuchlichen Begriffe. Oft ersetzt ein treffender Fachbegriff lange Erklärungen.
- Verschaffen Sie sich in einer mehrteiligen Klausur immer zuerst einen Überblick über alle Aufgabenstellungen. Wenn Sie eine Aufgabe nicht lösen können, skizzieren Sie in jedem Fall einen Lösungsweg, um zu zeigen, dass Sie die Aufgabe im Ansatz verstanden haben.

9.6.5 | Kriterien der Beurteilung

Die Beurteilung von Klausuren bleibt oft mehr oder weniger undurch-schaubar. Wenn keine klar quantifizierbaren Ergebnisse wie beim Multiple Choice zu erwarten sind, fragt sich verständlicherweise jeder Prüfling, nach welchen Maßstäben seine Klausurleistung beurteilt wird. Die folgende Checkliste, zusammengetragen aus Prüfungsordnungen und Gesprächen mit Prüfer/innen, soll ein wenig Licht in das Dunkel der Beurteilungen und Wertungen bringen.

> → Thema erfasst und relevant bearbeitet? Sachlich richtig?
> → Wissen selbstständig strukturiert und auf den Punkt gebracht?
> → methodisch richtig?
> → Aufbau übersichtlich und sinnvoll?
> → Argumentation zusammenhängend, logisch und gegebenenfalls textgestützt?
> → sichere Begrifflichkeit?
> → sprachlich flüssig, klar und exakt?

Checkliste

Bei der **Überarbeitung** Ihrer Klausur überprüfen Sie deshalb vor allem:
- ob Ihre Ausführungen die Frage des Themas beantworten,
- ob Ihre Argumentation von der Frage zur Antwort führt,
- ob Sie Ihr Ergebnis präzise als Antwort auf die Frage des Themas formuliert haben.

9.7 | Die mündliche Prüfung

9.7.1 | Wissen flexibel einsetzen

In der mündlichen Prüfung sollten Sie sich darauf einstellen, Ihr Wissen flexibel einzusetzen. Antworten Sie auf eine Prüfungsfrage zunächst so präzise wie möglich und entwickeln Sie anschließend von sich aus weiterführende Gedanken: Nennen Sie Beispiele, ziehen Sie Parallelen, zeigen Sie Konsequenzen auf, beleuchten Sie kontroverse Forschungs-diskussionen kritisch, und verdeutlichen Sie je nach Prüfungsfach historische, theoretische, praktische Zusammenhänge.

Bereiten Sie sich deshalb rechtzeitig darauf vor, Ihre Antworten eigenständig miteinander zu verknüpfen. Fragen Sie Ihre/n Prüfer/in auch, ob Sie mit einem **Kurzvortrag von drei Minuten** in Ihr Thema einführen können. Damit sorgen Sie für einen guten Start und sind danach weniger aufgeregt.

Wenn möglich werden Sie Ihre Spezialgebiete mit Ihren Prüfer/innen absprechen. Bieten Sie auch eine **Liste der gelesenen Forschungsliteratur** an und eventuell ein **Thesenpapier** zu jedem Prüfungsgebiet.

Formulieren Sie vorbereitend bereits ein paar **Einleitungssätze für jedes Thema**. Mit diesen Fertigteilen können Sie Denkpausen überbrücken und flüssig ins Prüfungsgespräch hineinkommen. Und überlegen Sie unbedingt, welche **Beispiele** Sie für welches Thema anführen könnten.

So wie Sie sich für die Klausur durch Probeklausuren vorbereiten können, so können Sie in einer Gruppe auch die **mündliche Prüfung üben**. Stellen Sie sich das Setting der Prüfung möglichst konkret vor, damit Ihnen die Situation schon ein wenig vertraut wird.

9.7.2 | Verhalten in der Prüfung

In der Prüfung hören Sie zunächst unbedingt genau auf die Fragen. Bei Verständnisschwierigkeiten fragen Sie interpretierend nach. Machen Sie deutlich, wie Sie die Frage verstehen – Ihr/e Prüfer/in kann die Fragerichtung dann gegebenenfalls korrigieren. Bei Nichtwissen machen Sie **alternative Angebote**: Wenn Sie z. B. mit dem gegebenen Beispiel nichts anfangen können, aber ein anderes parat haben, bieten Sie an, die Frage an *Ihrem* Beispiel zu beantworten.

Wenn Sie wirklich vollkommen überfragt sind, geben Sie Ihr Nichtwissen zu. In jeder Prüfung darf der Prüfling auch Lücken und Aussetzer haben, ohne dass es der Note schadet.

Antworten Sie immer zunächst präzise auf die gestellte Frage: Es muss deutlich werden, dass Sie den Kern der Frage verstanden haben und zielgenau antworten können. Entwickeln Sie anschließend selbstständig weiterführende Gedanken.

Sollten Sie trotz guter Vorbereitung plötzlich vollkommen blockiert sein – der gefürchtete **Blackout** – so denken Sie ganz kurz an etwas völlig anderes und kehren dann mit einem neuen Anlauf zu Ihrem Thema zurück. So holen Sie Ihre Gedanken aus der Sackgasse heraus und lösen Ihre Stressblockade auf. Geben Sie Ihrem Gedächtnis Zeit, um vorübergehend verschüttete Informationen wieder zu finden. Überbrücken Sie diese »Pausen« durch Füllsätze wie »Hierzu könnte man unterschiedliche Beispiele anführen. Ich überlege gerade, welches wohl am besten passt.«

Nehmen Sie die Herausforderung der Prüfung an. Lernen Sie andere Arbeitsweisen kennen, probieren Sie neue Lernszenarien aus und nutzen Sie Ihre Fähigkeiten und Ressourcen. Es macht Spaß, eingefahrene Gewohnheiten zu verändern und neue Wege zu entdecken!

Chevalier, Brigitte (2005): Effektiver Lernen [1999]. Frankfurt a.M.: Eichborn.
Esselborn-Krumbiegel, Helga (2007): Leichter lernen. Strategien für Prüfung und Examen [2006]. Paderborn: Schöningh/UTB.
Knigge-Illner, Helga (2002): Ohne Angst in die Prüfung. Lernstrategien effizient einsetzen. Frankfurt a.M.: Eichborn.
Schräder-Naef, Regula (2003): Rationeller Lernen lernen. Weinheim: Beltz.
Steiner, Verena (2004): Exploratives Lernen. Der persönliche Weg zum Erfolg. Zürich: Pendo.

Helga Esselborn-Krumbiegel

10. Lern- und Memorierungstechniken

10.1   Lernbedingungen und das Gedächtnis
10.2   Lerntypen und ihre Verhaltensweisen
10.3   Aktives Lernen

Auch Lernen muss man lernen: Die erforderlichen Fertigkeiten zum schnellen Erwerb von Kenntnissen, zum Hineindenken in Situationen werden im Beruf oft als gegeben vorausgesetzt. Lernen ist deshalb mehr als der Erwerb und das Speichern von Informationen und Daten; es birgt die Chance zur individuellen Weiterentwicklung und stellt eine Schlüsselkompetenz für Geistes- und Kulturwissenschaftler/innen dar. Der vorliegende Beitrag gibt Anregungen zur kreativen Gestaltung von motivierten Lern- und Memorierungsprozessen.

10.1 | Lernbedingungen und das Gedächtnis

Jedes Lernen findet innerhalb eines bestimmten Rahmens statt, der von verschiedenen Faktoren bestimmt wird. Manche dieser Faktoren mögen institutionell vorgegeben sein (wie der Zeitpunkt, zu dem das Gelernte abgefragt wird, oder die Stoffmenge des Gelernten, die von Dozent/innen festgelegt wird). Andere Faktoren wiederum können von Ihnen selbst bestimmt werden, wie der Zeitraum des Lernvorgangs und seine Gestaltung. Wichtig ist deshalb nicht nur, dass Sie die Stoffmenge und den Zeitpunkt der Lernkontrolle kennen, sondern auch, dass Sie sich über Ihren **eigenen Planungsanteil** klar werden. Somit können Sie sich die Lernzeit so angenehm wie möglich gestalten und drohende Stress- und Angstmomente weitestgehend vermeiden. Die Kapitel zu Zeitmanagement (s. Kap. 2), Prüfungsvorbereitung (s. Kap. 9), und Recherchieren (s. Kap. 4) in diesem Band stellen folglich wesentliche Ergänzungen zum vorliegenden Kapitel dar.

10.1.1 | Intrinsisch motiviertes Lernen

Beim Herangehen an einen Lernprozess sollten Sie sich zuerst über Ihre eigene **Motivation** klar werden; worum geht es Ihnen beim Erwerb der neuen Kenntnisse und Fertigkeiten?

Extrinsische Motivation: Extrinsisch, also ›von außen‹ und von institutioneller Seite motiviert, sind Sie, wenn Sie eine Klausur bestehen müssen, um einen Schein zu erwerben, der Sie wiederum zur Fortführung Ihres Studiums berechtigt.

Intrinsische Motivation: Intrinsisch motivierte Lernprozesse fußen auf Ihrem **eigenen Interesse** an der Sache. Sie beschäftigen sich freiwillig und mit voller Aufmerksamkeit mit einem Sachverhalt. Klar ist bei dieser Unterscheidung der Lernmotivation, dass intrinsisch motiviertes Lernen schneller und einfacher von Hand geht, umfassender gespeichert wird und Spass macht.

Bei der **Feststellung Ihrer Lernmotivation** sollten Sie deshalb überlegen, ob ein auf den ersten Blick extrinsisch und somit zwanghaft anmutender Lernprozess nicht auch intrinsisch für Sie relevant werden könnte. Stellen Sie den Sachverhalt in einen größeren Rahmen, z. B. in Bezug zu Ihrem Studienfach, und machen Sie sich klar warum der Erwerb dieser Kenntnisse in Ihrer Ausbildung wichtig ist und wo Sie ihn brauchen könnten. Weiterhin können Sie einen **Bezug zu Ihrem eigenen Leben** herstellen: Wo haben Sie schon einmal von der Thematik gehört, sei es im Freundeskreis oder im Nebenjob? Vielleicht haben Sie schon einmal einen Roman über die zu behandelnde Person oder Epoche gelesen oder einen Film zum Thema gesehen? Stellen Sie einen persönlichen Zugang zum Stoff her und entscheiden Sie sich willentlich für den Lernvorgang; mit einer positiven Einstellung und einem persönlichen Erkenntnisinteresse stellen Sie die Basis für einen erfolgreichen Lernprozess bereit.

→ Um die Entscheidung zum Lernprozess zu verdeutlichen, entwerfen Sie einen ›**Lernvertrag**‹, der so aussehen könnte: »Ich entscheide mich heute dafür, alle Informationen zu Thema X zu erlernen und im Gedächtnis zu behalten, weil…«. Der zweite Teil des Satzes sollte eine intrinsische Begründung enthalten. Besonders wirksam kann ein ›Lernvertrag‹ sein, wenn Sie in einer **Lerngruppe** sind und so auch den anderen Lernenden gegenüber Verantwortung hinsichtlich der Vertragserfüllung übernehmen.

Tipp

10.1.2 | Konzentration

Wenn sie intrinsisch motiviert sind, einen Lernprozess anzutreten, sollten Sie nun auch die einzelnen Schritte planen (s. Kap. 9: Prüfungsvorbereitung). Wichtig ist vor allem Ihre Konzentration beim Lernen, denn davon hängt das Resultat Ihrer Arbeit ab. Überlegen Sie sich deshalb zuerst, wie Sie am besten arbeiten, zu welchen Tageszeiten Sie gern lernen und wie häufig Sie Pausen brauchen. Um Störungen einzukalkulieren oder idealerweise zu vermeiden, sollten Sie sich klar machen, was Ihre Konzentration unterbrechen kann. Die größten **Konzentrationskiller** sind alltägliche Erledigungen, Fluchtphantasien und Panikattacken (Esselborn 2004, 22 f.).

Den **Störfaktor alltägliche Erledigungen** können Sie umgehen, indem Sie zunächst entscheiden, welche von diesen unbedingt nötig sind und welche Sie auch aufschieben können. Allerdings sollten Sie auch nicht auf Angenehmes, wie eine Verabredung zum Kaffee, vollständig verzichten; hier hilft ein Zeitplan, in dem Sie Aktivitäten wie Einkaufen etc. berücksichtigen und zusätzlich einen Puffer für Unvorhergesehenes einbauen. So können Sie auch der Gefahr der Fluchtphantasie und Panikattacke vorbeugen; wenn Sie einen greifbaren Plan haben, wird der Impuls zum Ausreißen als konkrete Störung oder Nichtbeachtung begriffen. Außerdem hat ein solcher Plan beruhigende Wirkung, wenn Sie das panische Gefühl haben, nicht fertig zu werden. Um Störungen nachhaltig vorzubeugen, sollten Sie sich verdeutlichen, welcher Wunsch hinter einer Fluchtphantasie steckt, welcher Anlass eine Panikattacke auslöst.

10.1.3 | Das Gedächtnis

Logisches und bildhaftes Denken: Das menschliche Gehirn ist in die linke und die rechte Hemisphäre aufgeteilt, in denen die unterschiedlichen Reize und Informationen verarbeitet werden. In der **linken Hirnhälfte** befindet sich das analytische Gedächtnis. Gespeichert werden hier

Linke Hirnhälfte
- Sequenzen
- logische Zusammenhänge
- Zahlen
- Sprache etc.

In der rechten Hirnhälfte werden bildliche Informationen verarbeitet, wie

Rechte Hirnhälfte
- Metaphern
- Synthesen
- Bilder
- Farben
- Töne und Rhythmen

- Gesichter
- Gefühle
- Gedanken
- Muster

Beim Lernen werden in der Regel beide Hemisphären aktiviert; jedoch können die meisten Menschen ihr eigenes Lernverhalten in das Schema der beiden Lernarten einordnen. Um die Gesamtleistung zu steigern und beide Hälften im Lernprozess zu nutzen, lohnt es sich, auch andere Strategien auszuprobieren.

- Visualisieren Sie Informationen mit einem Diagramm oder einem Bild um Zusammenhänge herzustellen.
- Personalisieren Sie die Informationen und beziehen Sie sie auf Ihr tägliches Leben.
- Benutzen Sie visuelle Formen und Symbole (z. B. Blumenumriss) und Farben um Ihre Aufzeichnungen kenntlich zu machen.
- Bewegen Sie sich beim Lernen und wiederholen Sie Gelerntes beim Spaziergang zur Bushaltestelle.

Strategien für
logisches Denken

- Halten Sie Informationen handschriftlich fest.
- Erstellen Sie Listen.
- Nummerieren Sie Informationen so, dass deren Abfolge klar wird.
- Formulieren Sie Überschriften zu den Teilgebieten.
- Gehen Sie vom Detail zum Ganzen vor, so dass die Struktur klar hervortritt.

Strategien für
bildliches Denken

Der Aufbau des Gedächtnisses: Der Prozess des Lernens wird gemäß des Atkinson-Shiffrin Modells mit einer Aufteilung des Gedächtnisses in drei verschiedene Speicher beschrieben (Bovet-Huwendiek 2004, 195-201) und kann in vier Stationen aufgeteilt werden:

- **Ankunft:** Reize und Informationen jeglicher Art kommen im **sensorischen Gedächtnis** an.
- **Bearbeitung I:** Informationen werden weitergereicht zum **Kurzzeit- oder Arbeitsgedächtnis**.
- **Enkodierung/Verlinkung (Bearbeitung II):** Daten werden in vorhandenes Wissen eingebettet und »verlinkt«. Die Informationen werden hier in ein größeres Muster oder Netz eingefügt und verankert.
- **Langzeitgedächtnis:** Am Ende dieser Verarbeitungsphase gehen die Informationen in das Langzeitgedächtnis über.

Vier Stationen
des Lernens

Der Grad der Verankerung im Langzeitgedächtnis hängt von der **Verarbeitungstiefe** der Informationen oder der Chunks (Informationshappen) ab. Zunächst werden Informationen durch Wiederholen verankert; jedoch spielt die Enkodierung oder Verlinkung des Wissens zu anderen Informationen eine wichtigere Rolle als Reproduzieren oder Auswendiglernen. Es gilt: Je stärker die Verlinkung, desto besser die Verankerung im Langzeitgedächtnis und desto besser sind Informationen abrufbar.
Chunks: Zunächst werden die ankommenden Informationen in Chunks oder Informationshappen organisiert; im Kurzzeitgedächtnis können bis zu fünf dieser Chunks gespeichert und anschließend weiterverarbeitet werden.

Tipp → Nutzen Sie die Zusammenfassung von Einzelinformationen zu Chunks und kombinieren Sie mehrere Einzelstücke zu einem Chunk. Statt sich nur ein einzelnes Wort einzuprägen, können Sie gleich mehrere in Relation zueinander setzen und so zu einem Paket schnüren.

Beispiel

Sie wollen sich die vier Stationen des Erinnerns einprägen. Stellen Sie sich eine Reise vor: Fahrt zum Flughafen, Koffer aufgeben (Phase 1), ins Flugzeug steigen (Phase 2), Flug von Frankfurt nach Bali (Phase 3), Ankunft auf Bali, Koffer abholen (Phase 4). Der entstandene Chunk stellt eine Geschichte, einen Handlungsablauf dar.

Indem sie Informationen in Chunks organisieren, befassen Sie sich bewusst mit dem Stoff und tragen so zusätzlich zur Vertiefung bei.

Strategien zum Herausbilden von Chunks

- Bilden Sie aus Einzelinformationen Geschichten (s. Beispiel).
- Ziehen Sie die ersten Buchstaben der Termini zu Akronymen zusammen (z.B. **ABEL** für die Stationen des Erinnerns: **A**nkunft, **B**earbeitung, **E**nkodierung, **L**angzeitgedächtnis).
- Bilden Sie Reim-Lernsätze, die Sie sich bei täglichen Aktivitäten, im Bus etc., ins Gedächtnis rufen.

Enkodieren und Verlinken: Um sicherzustellen, dass Gelerntes so lange wie möglich im Langzeitgedächtnis verankert bleibt, reicht es nicht aus, die Informationen immer wieder durch Wiederholung abzurufen. Es empfiehlt sich, den Stoff auf verschiedenen Ebenen zu verlinken, damit er vielfältiger abrufbar wird.

Strategien zum Verlinken und Enkodieren

- **Zuordnen zum räumlichen Umfeld:** Kleben Sie Notizzettel mit Vokabeln und wichtigen Termini an Ihren Küchenschrank, an das Bücherregal etc. Nutzen Sie die verschiedenen Räume Ihrer Wohnung für verschiedene Themengebiete. So sehen Sie die Begriffe an sich und ihren größeren Zusammenhang immer vor sich.
- **Zuordnen zu Kleidung/Körperteilen:** Ordnen Sie jedem Bestandteil Ihres Mantels einen Begriff zu oder stellen Sie sich die fünf Finger Ihrer Hand als fünf Bestandteile eines Ganzen vor (z.B. die fünf Akte eines Dramas).
- **Motorisches Enkodieren:** Bewegen Sie sich durch einen Raum und erinnern Sie sich dabei an verschiedene Informationen: durch die Tür, am Bett vorbei, zum Fenster, zum Schreibtisch. Schreiben, Zeichnen und Sprechen sind ebenfalls Aktivitäten, bei denen die Muskulatur tätig wird und Bewegungssequenzen im Gedächtnis eingeprägt werden.

Die Selbstkontrolle ist ein wichtiger Bestandteil des bewussten Lernprozesses. Um zu überprüfen, ob Informationen oder ein Kausalzusammenhang bereits verankert sind, kann man den Kontext der Informationen wachrufen (s. Beispiel: der Flug nach Bali: was geschieht mit den Informationen nachdem Sie am Flughafen angekommen sind?). Weitere Kontrolltechniken sind die Suche nach Beispielen und Gegenbeispielen oder die oben genannten Enkodierungsstrategien.

10.2 | Lerntypen und ihre Verhaltensweisen

Zu Beginn des Lernprozesses sollten Sie sich klar machen, was für ein Lerntyp Sie sind, um die richtigen Methoden auszuwählen. Es gibt verschiedene Arten der Unterscheidung von Lerntypen. Eine Unterscheidung hinsichtlich der Art der Aufnahme neuer Informationen finden Sie im Kapitel zur Prüfungsvorbereitung in diesem Band (s. Kap. 9). Dort werden verschiedene Lernmethoden (mit Tönen, mit Bewegung etc.) vorgestellt.

Um festzustellen, welche Aufnahmeweise Ihnen am besten liegt, überlegen Sie sich, wie Sie sich Telefonnummern merken:

- Merken Sie sich das Bild der Zahlen, dann lernen Sie visuell.
- Erinnern Sie sich am besten an die Tippfolge im Telefon, sind Sie ein motorischer Lerntyp.
- Stellen Sie mathematische Beziehungen zwischen den Zahlen her (durch Addition oder Multiplikation), dann lernen Sie eher kognitiv oder logisch.

(Diese Auflistung bezieht sich natürlich auch auf das oben dargestellte logische oder bildhafte Denken).

Tipp

Neben Ihrer Denkweise spielt jedoch Ihre **Einstellung zum und Herangehensweise an den Lernprozess** eine zentrale Rolle. Die Selbstreflexion ist beim Lernen wichtig, um zu erkennen, wie Sie mit den Aufgaben und Anforderungen umgehen. Die Analyse Ihrer Herangehensweise ermöglicht Ihnen die Stärken Ihres Lernverhaltens zu erkennen und diese zu nutzen, indem Sie z.B. in Lerngruppen anderen helfen. Außerdem können Sie aus der Analyse Ihres Lernverhaltens auch Schwächen und verbesserungswürdige Verhaltensweisen ableiten und diese korrigieren.

Die folgende Beschreibung von vier Lerntypen (nach Cottrell 2003, 63 f.) soll als Orientierung dienen; wichtig ist hierbei v.a., dass Lerntypen und -verhaltensweisen nicht statisch festgeschrieben sondern veränderbar sind; Sie können also durch das Experimentieren mit neuen Methoden und Verhaltensweisen Ihr Lernverhalten optimieren.

	Turmspringer/in	Träumer/in
Verhaltens-weise:	■ springt mitten in den Lern-prozess hinein und möchte ihn schnell hinter sich bringen, ■ ergebnisorientiert, will zeitnah Resultate verzeichnen und bald zum nächsten Punkt kommen, ■ arbeitet kurzfristig und unter großem Druck produktiv.	■ denkt viel über das Thema nach, ■ will das Thema ganz genau untersuchen und erforschen, ■ schiebt praktische Heran-gehensweisen (z. B. Visua-lisieren, wissenschaftliches Schreiben) eher beiseite, ■ hat nie genügend Zeit übrig für die Bearbeitung, ■ muss oft einen neuen Zeit-plan machen.
Stärken:	■ verliert keine Zeit, ■ hat keine Schwierigkeiten damit, einen Lernprozess zu beginnen, ■ kann andere gut motivieren, ■ bewährt sich in Rollenspielen, problemorientiertem Lernen, Krisen.	■ reflektiert und beurteilt sehr gut, ■ ist kreativ und hat viele gute Ideen, ■ dringt bis zur Wurzel des Pro-blems oder des Themas vor, ■ hört anderen aufmerksam zu.
Verbesse-rungswürdig:	■ Reflexion und Planungs-kompetenz, ■ kreatives Denken, ■ wenig Raum für alternative Lösungen, ■ Arbeit im Team, gemeinsame Entscheidungsfindung, ■ das persönliche Interesse am Stoff sollte vergrößert wer-den, damit eine längerfristige Auseinandersetzung möglich wird.	■ effektive Lernstrategie ent-wickeln und nutzen, ■ Zeitmanagement und Orga-nisation, ■ Verantwortung für eigenen Anteil und für die Lerngruppe übernehmen, ■ Teilnahme an Diskussionen etc., ■ Prioritäten setzen und Entscheidungen treffen, ■ Vorgehen planen und Risiken in Kauf nehmen.

Logiker/in	Leuchtturmwärter/in
▪ Anspruch: Der Lerngegenstand soll sinnvoll und logisch nachvollziehbar sein. ▪ will die Ursache der Dinge herausfinden, ▪ geht gut organisiert an den Lernprozess heran, ▪ mag komplizierte und anspruchsvolle Aufgaben, ▪ ist ein Perfektionist.	▪ findet einfach alles interessant, ▪ möchte alle Zusammenhänge sehen, ▪ hat bruchstückhafte Informationen zu vielen Themen, ▪ ist fasziniert von Details, kann sich diese aber nicht merken, ▪ kann Relevantes nur schwer von Irrelevantem unterscheiden.
▪ Fähigkeit zum analytischen und kritischen Denken, ▪ Kompetenzen in Mathematik, Naturwissenschaften, Jura und problemorientiertem Lernen, ▪ Organisationstalent, ▪ wählt einen fragenorientierten Ansatz.	▪ ist sehr interessiert und hochmotiviert, ▪ hat ein breites Allgemeinwissen, ▪ besitzt die Fähigkeit, Zusammenhänge zu erkennen, ▪ ist kreativ und erfinderisch.
▪ Kreatives und assoziatives Denken, ▪ Sensibilität im Umgang mit anderen, ▪ Selbstreflexion, ▪ Zusammenarbeit mit anderen, ▪ Stressmanagement.	▪ Erkennen von Prioritäten und Zielsetzungen, ▪ analytisches und kritisches Denken, ▪ kategorisieren und selektieren, ▪ Detailwissen erwerben.

10.3 | Aktives Lernen

Der Begriff ›Lernen‹ wird meist ziemlich eng gefasst und steht oft in direktem Zusammenhang zu einer Lernkontrolle, einer Klausur oder Prüfung. Diesem bewussten Lernprozess, der meist mit einer extrinsischen Verpflichtung zum Lernen einhergeht, steht jedoch der fortlaufende Lernprozess des akademischen Alltags gegenüber. So stellen z. B. wöchentliche Seminarsitzungen oder Vorlesungen eine wichtige Grundlage für die Lernkontrolle am Ende des Semesters dar und sind von Dozenten oft als Einzelabschnitte geplant, die sich zu einem Ganzen zusammenfügen. Der regelmäßige Besuch von Veranstaltungen sollte daher nicht als »Absitzen«, sondern als vielschrittiger Erwerb der Lerninhalte empfunden werden. Das wöchentliche Lernen in Veranstaltungen zu optimieren kann bedeuten, zum Zeitpunkt der Lernkontrolle bereits die »halbe Miete« zur Verfügung zu haben. So können Sie Ihren Lernerfolg wesentlich vergrößern.

Überlegen Sie sich deshalb, wie Sie den meist inaktiven Lernprozess während des Semesters in einen effektiven **aktiven Lernprozess** umwandeln können. Inaktives Lernen bedeutet die unreflektierte Übernahme von Gehörtem oder Gelesenem, sei es in der Vorlesung das wortgetreue Festhalten oder das Abschreiben der Hausaufgaben von einem/r Kommilitonen/in.

Tipp

> → Fragen Sie sich einige Zeit nach Abschluss einer Aufgabe nach den Inhalten und Gliederungspunkten. Inaktives Lernen erkennen Sie daran, dass Sie kaum eine Erinnerung an die Inhalte haben.

Um einen aktiven Lernprozess in Gang zu bringen, können Sie die folgenden Techniken nutzen:

Techniken

- **Zusammenfassung:** Fassen Sie einzelne Abschnitte eines Textes in 8 bis 12 Worten zusammen.
- **Visualisierung I:** Zeichnen Sie Mindmaps und Diagramme zum Inhalt eines Textes und erstellen Sie ein Gesamtbild des Lernstoffs auf einer Wandzeitung.
- **Visualisierung II:** Finden Sie eine vereinfachte symbolische Darstellung für Ihren Lerngegenstand.
- **Transfer:** Suchen Sie mehrere Beispiele aus dem täglichen Leben, auf die Sie das Gelernte beziehen können. Überlegen Sie dann, welches Beispiel das Gelernte am besten illustriert und warum.
- **Fragen stellen:** Stellen Sie W-Fragen zum Thema (wer, was, wann, wo, warum etc.) und beantworten Sie diese.
- **Anwendung/Personalisierung:** Spielen Sie die Lehrerrolle: Erklären Sie das Gelernte einer anderen Person (die gegebenenfalls auch imaginär sein kann).

- **Hierarchisieren:** Fassen Sie die drei wichtigsten Punkte zusammen: was muss man unbedingt über dieses Thema wissen?
- **Kopfstandmethode:** Spielen Sie den Kritiker: Suchen Sie Gegenargumente, Kritikpunkte, argumentative Schwächen, offene Fragen zum Thema.

Wer das Lernen lernen will, sollte sich zunächst darüber klar werden, dass der **Erfolg in der eigenen Verantwortung** liegt. Wenn Lernen nur als äußerer Zwang empfunden wird, wird es umso schwieriger sich »aufzuraffen«. Umgekehrt lohnt es sich, den eigenen Zugang zu den Inhalten zu suchen und die Herausforderung anzunehmen.

Lernen kann durchaus als Hürde betrachtet werden, die auf dem Weg zum Semesterende oder Studienabschluss genommen werden muss. Diese Hürde ist jedoch positiv zu begreifen: Einerseits erwerben Sie wichtige Kenntnisse über Ihr Fach und zentrale Fertigkeiten, die Sie im Berufsleben brauchen werden. Andererseits bietet jeder Lernprozess die Chance, die eigene Herangehensweise zu reflektieren und zu optimieren. Achten Sie auf Ihre eigenen Vorlieben und verwandeln Sie den Lernprozess vom Stressfaktor in einen Schritt zur persönlichen Weiterentwicklung. Das Erkennen der eigenen Stärken ist motivierend; die Arbeit an Schwächen führt zum Erfolgserlebnis. So wird es Ihnen gelingen, auch im Beruf Kenntnisse und Fertigkeiten in kurzer Zeit zu erwerben; das Beherrschen von Lern-und Memorierungstechniken wird zur Schlüsselkompetenz.

Literatur

Bovet-Huwendiek, Gislinde (2004): »Wissenserwerb und Problemlösen« [1994]. In: Dies./ Volker Huwendiek (Hg.): Leitfaden Schulpraxis. Pädagogik und Psychologie für den Lehrberuf. Berlin: Cornelsen, 95–230.

Buzan, Tony/Buzan, Barry (2002): Das Mindmap Buch. Die beste Methode zur Steigerung Ihres geistigen Potenzials. Übersetzt von Christiana Haack. München: MVG.

Cottrell, Stella (2003): The Study Skills Handbook [2001]. Houndsmills, Basingstoke: Palgrave/Macmillan.

Esselborn-Krumbiegel, Helga (2006): Leichter lernen. Strategien für Prüfung und Examen. Paderborn: UTB/Schöningh.

Mandl, Heinz/Friedrich, Helmut (2005): Handbuch Lernstrategien. Göttingen: Hogrefe.

Metzig, Werner/Schuster, Martin (2005): Lernen zu Lernen. Lernstrategien wirkungsvoll einsetzen. Berlin: Springer.

Vester, Frederick (1993): Denken, Lernen, Vergessen. Was geht in unserem Kopf vor, wie lernt das Gehirn und wann lässt es uns im Stich? München: DTV.

Stefanie Schäfer

11. Rhetorik und Vortragstechniken

11.1   Schlüsselkompetenzen Rhetorik und
        Vortragstechniken
11.2   Themenpräzisierung – Publikum und Ziele
        im Blick
11.3   Strukturierung und Gliederung des Vortrags
11.4   Formulierung des Vortrags
11.5   Vorbereitung des Vortrags
11.6   Vortragen

Die Fähigkeit, überzeugende Vorträge zu halten, ist eine Kompetenz, die den Erfolg in Studium und Beruf wesentlich mitbestimmt. Wer gelernt hat, auch komplexe Argumente anschaulich zu vermitteln, wer kreativ mit Sprache umzugehen weiß, wer sicher auch vor größeren Gruppen auftreten kann, verfügt über eine gefragte Qualifikation. Studierende, die diese Schlüsselqualifikation bewusst trainieren, haben nicht nur im Studium, sondern auch im Beruf bessere Chancen, selbstgesteckte Ziele zu erreichen.

11.1 | Schlüsselkompetenzen Rhetorik und Vortragstechniken

Vorträge haben sich als Kommunikationsform in Studium und Beruf fest etabliert: Immer wieder werden Geisteswissenschaftler/innen vor die Aufgabe gestellt, ein bestimmtes Thema zielorientiert und empfängergerecht darzustellen. Von einem gelungenen Vortrag kann viel abhängen: die gute Note im Studium, der Einstieg in den gewünschten Beruf, der Erfolg auf einer Konferenz, die Überzeugung von Vorgesetzten oder Kunden. Auch im Kontext der neuen BA- und MA-Studiengänge bleibt der Vortrag – zumeist in Form des Referats – ein zentraler Bestandteil vieler Lehrveranstaltungen.

Die Grundlage jedes Vortrags ist der sichere und kreative **Umgang mit Sprache**, also die **Redekunst**, und die damit verbundene Fähigkeit, eine Argumentation logisch zu strukturieren. Wer einen Vortrag hält, spricht den Empfänger bzw. das Zielpublikum vor allem über die Sprache, d.h. über den akustischen Kanal, sowie über Gestik (Körpersprache) an. Bei der Präsentation – und das unterscheidet diese Kommunikationsform von dem Vortrag – wird in der Regel außerdem über einen weiteren Kanal kommuniziert, nämlich über den visuellen bzw. optischen (vgl. Blod 2007, 15 ff.).

Oftmals wird die Rede durch die Nutzung verschiedener **Präsentationsmedien**, wie z. B. Powerpoint-Präsentationen oder Flipcharts, visuell unterstützt. An der Bedeutung der Sprach- und Argumentationskompetenz ändert diese plurimediale Darbietungsweise allerdings wenig, denn auch Präsentationen liegt als grundlegendes Kommunikationsmedium die Sprache zugrunde.

Die besondere Herausforderung sowohl von Vorträgen als auch von Präsentationen besteht darin, auch komplexe Sachverhalte sprachlich so aufzubereiten und logisch zu strukturieren, dass sie dem Zielpublikum auf nachvollziehbare, verständliche und anregende Weise vermittelt werden. Um diese oftmals gar nicht so leichte Aufgabe zu bewältigen, sind rhetorische Kompetenzen ebenso wie Vortragstechniken unabdingbar. Der Rhetorik – im Sinne der antiken Redekunst, der *ars rhetorica* – geht es in erster Linie um **Wirkung** (s. Kap. 6).

→ **Rhetorik** ist die Theorie und Praxis der wirkungsvollen und überzeugenden Rede. Unter »Wirksamkeit« wird in der antiken Rhetorik die Fähigkeit verstanden, den eigenen Standpunkt mit dem größtmöglichen und situationsangemessenen Nachdruck zu vertreten (vgl. Ottmers 2007, 10).

Definition

Die auf Wirkung und Überzeugung bedachte Form des Kommunizierens gilt daher auch als **Persuasions- oder Überzeugungstechnik**. Zur Überzeugung der Zuhörerschaft kann der/die Redner/in auf verschiedene Strategien bzw. Wirkungsweisen zurückgreifen:

- **Ducere:** über Sachverhalte informieren und seine Zuhörerschaft intellektuell belehren.
- **Delectare:** Themen abwechslungsreich darbieten und auf unterhaltsame Weise präsentieren.
- **Movere:** auf emotionale Intensität setzen und an die Affekte des Publikums appellieren.

Rhetorische Strategien

Diese drei Strategien schließen sich der rhetorischen Auffassung zufolge keineswegs aus; vielmehr verbinden sich die sachlichen Argumentationsverfahren im Idealfall mit unterhaltsamen und affektorientierten Überzeugungstechniken. Für die Konzipierung und Durchführung von wissenschaftlichen Vorträgen ist zweierlei wichtig:

1. Der Vortrag ist eine Kommunikationsform, die immer wirkungsorientiert und **situationsbezogen** ist, d.h. die innerhalb eines **bestimmten Kontexts** erfolgt und sich an ein **spezifisches Zielpublikum** richtet. Kontext und Publikum sind nicht nur zufälliges ›Beiwerk‹ des Vortrags, sondern beeinflussen dessen Struktur.

2. **Wissenschaftliche Vorträge** unterscheiden sich von anderen Vortrags-
formen dadurch, dass sie vor allem auf **intellektuelle Überzeugung**
zielen. Das zentrale Ziel der wissenschaftlichen Kommunikation
besteht darin, die Zuhörerschaft zu informieren, d.h. ihnen jene
Informationen an die Hand zu geben, die für das Verständnis eines
Themas relevant sind. Diese intellektuelle Überzeugung wird durch
die Nachvollziehbarkeit, Überprüfbarkeit, Transparenz und Schlüs-
sigkeit der Argumentation erreicht (vgl. Sommer 2006, 47).

Bereits die hellenistischen, noch mehr aber die lateinischen Rhetoriker
haben diese persuasive Kommunikationsform nach einem eingängigen
Modell zu gliedern gewusst, das im Folgenden – mit einigen Änderungen, die den Anforderungen der wissenschaftlichen Kommunikation
geschuldet sind – als Anhaltspunkt dienen kann. Von der Idee zum
gelungenen Vortrag in fünf Schritten:

Das
Rhetorikmodell

1. **inventio:** Im ersten Schritt geht es darum, die passenden Argumente
zusammenzutragen und die Ziele des Vortrags mit Blick auf die Situation und den Kontext zu präzisieren;
2. **dispositio:** Die Informationen bzw. das recherchierte Material sind
klar zu strukturieren und hinsichtlich ihrer Überzeugungskraft zu ordnen;
3. **elocutio:** Die gesammelten Informationen müssen in eine vortrags-
taugliche, adressatenorientierte Form gebracht werden;
4. **memoria:** Ziel dieses Schrittes ist, sich den Gesamtverlauf und die
wichtigsten Thesen des Vortrags einzuprägen;
5. **pronuntiatio:** Schließlich ist der Vortrag selbst zu halten.

Da die Schritte eins und zwei in anderen Beiträgen dieses Bandes ausführlich behandelt werden (s. Kap. 6), wird der Schwerpunkt hier auf
den Schritte drei bis fünf liegen, die im besonderen Maße für die Kommunikationsform ›Vortrag‹ kennzeichnend sind.

11.2 | Themenpräzisierung –
Publikum und Ziele im Blick

Vorträge sind in erster Linie eine soziale Kommunikationsform (vgl.
Franck 2001, 22): Sie finden in einem klar definierten Kontext statt und
richten sich an ein spezifisches Publikum, das über bestimmte Erwar-
tungen und konkretes Vorwissen verfügt. Mit Vorträgen werden den
Zuhörer/innen neue Erkenntnisse zugänglich gemacht, Thesen zur
Diskussion gestellt oder programmatische Positionen begründet. Gelun-
gene Vorträge orientieren sich an dem Wissensstand des Publikums.
Bevor man sich daher an die Recherche und Auswertung der relevanten
Literatur macht, sollte man einen Moment innehalten und folgende Fragen für die Konzipierung des Vortrags beantworten:

- Wer ist das Zielpublikum?
- Was will ich ihm vermitteln?
- Wie kann ich die Inhalte vermitteln?

Checkliste
Vortragsplanung

Im Studium werden die meisten Vorträge den Charakter eines **Referats** haben und folglich im Kontext eines Seminars stattfinden. Das Zielpublikum sind Ihre **Kommiliton/innen**, deren Vorwissen zum Thema Ihres Vortrags zumeist geringer ist als das Ihrige. Hauptziel des Vortrags besteht in der **Vermittlung sachbezogenen Wissens**, also von Fakten und Informationen. Die Struktur eines Vortrags unterscheidet sich von anderen Textsorten, z. B. wissenschaftlichen Hausarbeiten, durch die Konzentration auf wenige zentrale Aspekte. Da Referate integraler Bestandteil von Seminaren sind, wird das **Thema** von Lehrenden zumeist festgelegt und meist auch schon ungefähr vorgegeben, welche Texte bei der Vorbereitung heranzuziehen sind (s. Kap. 4). Zentrale Anforderung ist es, dieses Material so aufzubereiten, dass Sie ein bestimmtes Thema **informationsorientiert beschreiben und analysieren**, sowie Ihrem Publikum **nachvollziehbar vermitteln**.

Die Qualität der informationsorientierten Darlegung eines Sachverhalts ergibt sich aus der vorgenommenen **Selektion** und **Fokussierung** (vgl. Sommer 2006, 54). Bei Vorträgen müssen jene Informationen vermittelt werden, die für das Verständnis eines Themas zentral sind und über die das Publikum noch nicht verfügt. Keinesfalls sollen alle Aspekte, die mit dem Thema zu tun haben, in einen Vortrag eingebracht werden, sondern allein jene, die die Argumentation stützen.

Wissen, das vorausgesetzt werden kann, sollte allenfalls kurz angesprochen werden, z. B. um den Kontext des Vortrags zu verdeutlichen und Bezüge zu dem übergeordneten Thema der Lehrveranstaltung herzustellen. **Neue Informationen**, wie z. B. Fachtermini und komplexere Begriffe, müssen hingegen **explizit eingeführt**, d. h. präzise und unter Rekurs auf die etablierte Forschung **definiert** werden. Nur wenn dem Zielpublikum klar ist, was mit bestimmten Termini gemeint ist, kann man sich auf die Diskussion der Inhalte konzentrieren, auf die es ja eigentlich ankommt.

→ Um Ihren Vortrag von Anfang an situations- und adressatenorientiert auszugestalten, sollten Sie sich daher bei der Vorbereitung fragen, was Ihr Publikum bereits von dem Thema des Vortrags weiß und was es nach dem Vortrag wissen sollte. Beantworten Sie sich diese letzte Frage mit einem Satz – der vorläufigen Hauptaussage des Vortrags – und behalten Sie diese bei der Auswertung und Strukturierung des Materials gleichsam als ›Relevanzfilter‹ stets im Blick (vgl. Blod 2007, 32).

Tipp

11.3 | Strukturierung und Gliederung des Vortrags

Die Struktur ist der tragende Pfeiler jedes Vortrags, ohne den das ›Gebäude‹ des Gesamtvortrags in sich zusammenfällt. Eine übersichtliche Strukturierung ist für das Publikum Voraussetzung, um einem Vortrag folgen zu können, denn sie lenkt die Aufmerksamkeit auf die relevanten Aspekte. ›Rhetorische Kompetenz‹ bezeichnet ja gerade die Fähigkeit, eine Argumentation logisch zu strukturieren. Strukturen finden bedeutet in erster Linie, eine **sinnvolle Abfolge für den Argumentationsgang** des Vortrags zu entwickeln. Die Gliederung ist der **rote Faden**, der die verschiedenen Informationen des Vortrags in eine kohärente und logische Beziehung zueinander setzt.

Dabei heißt ›**logisch**‹, dass die einzelnen Ideen folgerichtig auseinander hervorgehen müssen, ›**kohärent**‹, dass zwischen der Abfolge der Ideen keine Lücken oder Sprünge entstehen dürfen. Mit einer klaren und transparenten Struktur signalisiert man als Vortragende/r, dass man das Thema beherrscht. Zugleich zeigt er dem Zielpublikum, dass er adressatengerecht kommuniziert und die rezipientenseitigen Bedürfnisse nach Überblick und Transparenz berücksichtigt.

Um den Schritt zur Strukturierung des Materials und der gesammelten Ideen zu vollziehen, ist es hilfreich, sich die **Hauptelemente eines Vortrags** sowie deren **Funktionen für den Argumentationsverlauf** zu vergegenwärtigen. Wissenschaftliche Vorträge sollten vor allem systematisch gegliedert sein. Unabhängig vom Thema weist jeder wissenschaftliche Vortrag drei Teile auf:

Teile des
wissen-
schaftlichen
Vortrags

1. die Einleitung, die kurz zum Thema hinführt (Worum geht es? Was ist das Interessante daran?) und der Zuhörerschaft die Orientierungshilfen an die Hand gibt, die sie zum Verständnis des Vortrags benötigt;
2. einen Hauptteil, in dem theoretische Konzepte benannt und anhand konkreter Fallbeispiele veranschaulicht werden,
3. ein Fazit, das Gelegenheit gibt, die zentralen Thesen und Argumente zusammenzufassen und zur Diskussion überzuleiten.

Das folgende Muster zeigt einen häufig gewählten Aufbau für wissenschaftliche Vorträge im Bereich der Geistes- und Kulturwissenschaften:

Gliederungs-
beispiel

1. Einleitung
   1.1 Kontextualisierung des Themas
   1.2 Benennung der Fragestellung bzw. des Erkenntnisinteresses
   und der Zielsetzung
   Aufbau des Vortrags
2. Hauptteil
   2.1 Theoretischer Ansatz und zentrale Konzepte
   2.2 Analysen und Interpretationen
      2.2.1 Fallstudie 1
      2.2.2 Fallstudie 2
3. Fazit
   3.1 Ergebnispräsentation und Zusammenfassung wichtigster
   Einsichten
   3.2 Übergang zur Diskussion durch Formulierung zentraler
   Thesen und offener Fragen

Während die Einleitung und das Fazit hochgradig standardisierte Elemente von Vorträgen sind, die bei der Strukturierung nur wenig Gestaltungsspielraum lassen, verlangt die **Gliederung des Hauptteils**, das **Herzstück des Vortrags**, ein hohes Maß an Kreativität. Das **wissenschaftliche Argumentieren**, also das Aufzählen, Erläutern und Abwägen unterschiedlicher wissenschaftlicher Positionen und Beispiele, die die Tragfähigkeit der eigenen Hauptaussage demonstrieren, zählt zu den wesentlichen Darstellungsverfahren des Hauptteils. **Plausibilität** und **Nachvollziehbarkeit** sind die wichtigsten Merkmale einer wissenschaftlichen Argumentation (vgl. Sommer 2006, 55).

Im wissenschaftlichen ebenso wie im beruflichen Kontext hat sich die Präferenz herausgebildet, Argumente hierarchisch, also nach ihrer Gewichtung, zu strukturieren. Diese **hierarchische Strukturierung** kommt nicht zuletzt dem Bedürfnis des Publikums nach schneller Orientierung nach, denn offenbar lässt sie sich mental schnell verarbeiten und leichter in lineare Abfolgen übersetzen als z. B. komplexe Netzwerkstrukturen (vg. Blod 2007, 49). Hierarchische Strukturen stellen das Ziel dessen, was gezeigt werden soll (Ihre Hauptaussage) in den Mittelpunkt und beschreiben die verschiedenen Aspekte, Fallbeispiele und Argumente, die diese Hauptaussage illustrieren und differenzieren. Aus der Hauptaussage, die am Anfang des Hauptteils steht, werden hierarchisch geordnet weitere Informationen abgeleitet und präsentiert.

Die hierarchische Strukturierung ergibt eine **baumförmige Struktur**, die leicht erkennen lässt, wie einzelnen Argumente logisch miteinander verknüpft sind und daher der Zuhörerschaft rasche **Orientierung** bei einer Fülle von Informationen bietet. Den **Abschluss** der Argumentation bilden die **Zusammenführung und Abwägung** der einzelnen Aspekte sowie die Diskussion der Konsequenzen für die Hauptaussage.

Die Gliederung gibt die grobe Richtung des Vortrags vor, aber erst beim Ausformulieren zeigt sich, ob die Anordnung tatsächlich wie geplant funktioniert. Schließlich mag die fortschreitende Beschäftigung mit Primär- und Sekundärliteratur zu neuen Erkenntnissen führen, die auch die Struktur des Vortrags beeinflussen.

Tipp

→ Um zur optimalen Strukturierung des Vortrags zu gelangen, ist es oftmals hilfreich, die verschiedenen Teile des Vortrags umzustellen, anders zu gliedern und neu zu gewichten. Durch alternative Anordnungen und Schwerpunktsetzungen lassen sich eventuelle Gliederungsprobleme oftmals effizient beheben (vgl. Sommer 2006, 81).

11.4 | Formulierung des Vortrags

Am Ende des Schritts »Strukturieren« sollte eine noch flexible Arbeitsgliederung des Vortrags stehen. An der Spitze steht die **Hauptaussage**; die übrigen Gliederungspunkte tragen dazu bei, das Thema zu kontextualisieren, die verschiedenen Facetten der Aussage an konkreten Beispielen zu veranschaulichen und unterschiedliche Positionen zum Thema zu erläutern. Aus der Struktur allein ergibt sich aber noch kein Vortrag. Gute Vorträge erzählen eine Geschichte: Sie verknüpfen die logisch strukturierten Argumente zu einem kohärenten Erzählstrang.

Tipp

→ Auch wenn Sie den Vortrag letztlich auf der Grundlage stichpunktartiger Notizen frei halten werden, bietet es sich vor allem für noch ungeübte Vortragende an, zunächst einen Vortragstext zu verfassen, der erst im nächsten Schritt auf die wichtigsten Stichpunkte reduziert wird (vgl. Echterhoff/Neumann 2006, 90ff.).

Achten Sie bei der Ausformulierung von Beginn an auf die **Dauer**, die für Ihren Vortrag vorgesehen ist. Als Anhaltspunkt können Sie etwa vier bis fünf Minuten Redezeit für einen Text von 3500 Zeichen (mit Leerzeichen) veranschlagen, doch ermitteln Sie am Besten eigene Erfahrungswerte (vgl. Blod 2007, 89).

Damit die Arbeitsgliederung für die Ausformulierung des Vortragstexts als roter Faden dienen kann, muss sie verfeinert und vor allem mit Inhalt gefüllt werden. Eine gute Möglichkeit der Verfeinerung besteht darin, jedem Oberpunkt und Unterpunkt der Gliederung stichpunktartig zentrale **Schlüsselbegriffe** hinzuzufügen, bis sich der Inhalt des zu formulierenden Abschnitts abzuzeichnen beginnt. Wenn auf diese

Weise der Vortrag vorstrukturiert ist, kann man mit dem Ausformulieren beginnen und anhand der feingliedrigen Strukturierung jederzeit überprüfen, ob man noch auf dem richtigen Weg ist oder etwa Gefahr läuft, sich auf Nebenpfaden zu verlieren (vgl. Sommer 2006, 100)

Als **Gliederungseinheiten** des Vortragstextes dienen neben den entsprechenden Unterpunkten **Absätze**.

> → **Absätze** sind Sinneinheiten eines Vortrags, die aufeinander aufbauen und die Argumentation voranbringen. Sie beginnen mit einem einleitenden Satz, dem sog. *topic sentence*, der die Kernaussage des Absatzes ankündigt. Die vier bis fünf folgenden Sätze führen das Thema aus, erläutern z. B. das eingeführte Konzept oder illustrieren das Thema anhand von Beispielen. Ein klar strukturierter Absatz schafft eine Überleitung zum nächsten Absatz. Auf diese Weise entwickelt sich eine kohärente Argumentation von Absatz zu Absatz, von Gliederungspunkt zu Gliederungspunkt (vgl. Aczel 1998, 51 ff.).

Definition

Ein zentraler Grundsatz von Vorträgen ist die **Verständlichkeit** der Sprache. **Wissenschaftliche Sprache** – zumal die gesprochene – zeichnet sich nicht nur durch die kontrollierte Verwendung von **Fachtermini** aus, sondern auch durch eine klare Sprache, die Mehrdeutigkeiten, metaphorische Ausdrucksweisen und subjektive Einschätzungen weitgehend vermeidet. Bemühen Sie sich daher um **Transparenz im Gedankengang** sowie um einen **präzisen Sprachgebrauch,** der vor allem auf deskriptive (d. h. wertfreie Beschreibung eines Sachverhalts), explanative (d. h. wertfreie Erklärung von Zusammenhängen) und evaluative Aussagen (kritische Bewertung des Dargestellten) setzt.

Normative Aussagen, also Aussagen, die Allgemeingültigkeit proklamieren, sollten hingegen vermieden bzw. allenfalls von anerkannten Fachvertretern übernommen werden (vgl. Sommer 2006, 98 ff.). Im Folgenden werden einige weitere wichtige Regeln aufgeführt, die für die Formulierung von Vorträgen zu beachten sind (vgl. Sommer 2006, 97 f.; Blod 2007, 77 f.):

- **Verständliche Sprache** zeichnet sich v. a. durch vier Kriterien aus. Sie ist einfach, klar strukturiert, kurz bzw. prägnant und anregend. Überschaubare Sätze und anschauliche, kurze Wörter tragen zur Verständlichkeit der Sprache bei.
- **Fachtermini und Fremdwörter:** Nutzen Sie etablierte Fachtermini, um unnötige Erläuterungen zu ersparen, aber achten Sie darauf, dass sie korrekt verwendet werden. Vermeiden Sie den unnötigen Gebrauch von Fremdwörtern.
- **Klare Syntax:** Ideal für den Vortrag sind überschaubare Satzkonstruktionen, d. h. keine Schachtelsätze. Die Hauptaussage gehört in den Hauptsatz und sollte nicht in einem Nebensatz verschwinden.

Regeln für die Formulierung von Vorträgen

- **Passivkonstruktionen** sind zwar nicht an sich negativ, vor allem im Vortrag sollten sie jedoch vermieden werden, denn sie verstecken das Subjekt und erschweren dadurch die Verständlichkeit.
- **Tempus:** Wissenschaftliche Vorträge werden generell im **Präsens** gehalten.
- **Konjunktionen:** »weil«, »während«, »obgleich«, »also«, etc. stellen kausale, temporale und konsekutive Beziehungen zwischen Haupt- und Nebensätzen her. Sie erhöhen damit den Argumentationswert des Vortrags und erleichtern die Verständlichkeit.
- **Konstruktionen** (wie »einerseits ... andererseits«, »zum einen ... zum anderen«) sowie **Aufzählungen** (»drei Aspekte sind zu berücksichtigen«, »vier Formen lassen sich unterscheiden«) strukturieren den Vortrag, wirken empfängerfreundlich und sind daher so häufig wie möglich zu verwenden.

Der Hamburger Kommunikationspsychologe Schulz von Thun (1989) hat überdies vier zentrale Faktoren der Verständlichkeit von Vorträgen erarbeitet. Diese **»Verständlichmacher«** sind Rezeptionshilfen, die dem Publikum das Zuhören erleichtern und damit wesentlich dazu beitragen, dass die Ziele eines Vortrags erreicht werden:

Verständlich-
macher
- **Einfachheit** bezieht sich auf Wortwahl und Satzbau. Sprachliche Einfachheit ist dann gegeben, wenn geläufige Worte zu kurzen Sätzen zusammengefügt werden und die Informationsvergabe in kleinen Schritten erfolgt.
- **Eine gute Struktur** ermöglicht der Zuhörerschaft, den Gesamtverlauf des Vortrags, also die logische Abfolge der Argumentation leicht nachzuvollziehen. Vor allem die Übersichtlichkeit des Aufbaus (gegliedert durch Zwischenüberschriften, Nummerierung und Hervorhebungen) sorgt für gute Verständlichkeit.
- **Kürze und Prägnanz:** Vorträge sollten auf das Wesentliche beschränkt sein. Punkte, die den Argumentationsgang nicht unterstützen, sollten gestrichen werden.
- **Anregung:** Dieses häufig vernachlässigte Kriterium entscheidet darüber, ob das Publikum mit dem Vortrag erreicht wird oder bereits nach einigen Minuten abschaltet. Anregungen haben das Ziel, eine positive Beziehung zum Publikum aufzubauen und es zum Zuhören zu motivieren. Anregungen kann man schaffen, indem man z. B. Fragen in den Vortrag einbaut, Gegenargumente für das Gesagte liefert, abstrakte Gedankengänge an konkreten Beispielen veranschaulicht, Humor zeigt, oder das Publikum persönlich anspricht.

Einleitung und Schluss: Besondere Aufmerksamkeit sollten Sie dem Schritt »Formulieren« der Einleitung und dem Schluss schenken. Die Aufmerksamkeit des Publikums ist am Anfang und am Schluss eines Vortrags am höchsten. In der Regel ist der **erste Eindruck entscheidend** für die Einschätzung einer Situation oder einer Person, der **letzte Eindruck bleibt**. Einleitung und Fazit machen jeweils ca. zehn bis max.

15 Prozent des Vortrags aus. Bei einem Vortrag von 15 Minuten sind dies jeweils vier bis fünf Sätze. Es empfiehlt sich, diese Sätze vorher auszuformulieren und so lange an ihnen zu feilen, bis sie einprägsam und prägnant sind. Es lohnt sich überdies, die ersten und letzten Sätze des Vortrags auswendig zu lernen, um einen positiven Kontakt mit dem Publikum herzustellen. Auf diese Weise schaffen Sie einen wirkungsvollen Auf- und Schlusstakt Ihres Vortrags und bekommen etwaiges Lampenfieber gut in den Griff (vgl. Blod 2007, 87 f.).

Die Einleitung verfolgt zwei Ziele: Sie stellt den **Kontakt** zum Publikum her und weckt **Interesse** an der Thematik des Vortrags. Eine gute Einleitung besteht aus drei wichtigen Elementen (vgl. Sommer 2006, 34):

1. **Einstieg:** Er sollte durch eine prägnante Hinführung zum Thema (etwa durch ein originelles Zitat, eine provokante Frage oder These oder ein eingängiges Beispiel) das Interesse des Publikums wecken und den Vortrag z.B. im Kontext des Seminars verorten (Wie fügt sich das Thema in die Fragestellung des Seminars ein?);

2. **Überblick** über Inhalt und Ablauf des Vortrags: Er dient v.a. der **Orientierung** des Publikums;

3. **Capatatio Benevolentiae:** Die antike Rhetorik versteht darunter das **Werben des Redners um das Wohlwollen des Publikums**. Diesem Zweck dienen z.B. der selbstkritische Verweis auf die notwendige Selektivität des Präsentierten und die Bitte, bei Unklarheiten nachzuhaken.

> Elemente
> der Einleitung

Das Fazit fasst die **Hauptaussagen** und wichtigsten **Ergebnisse** des Vortrags prägnant zusammen und leitet gegebenenfalls zur **Diskussion** über. Es kann daher angebracht sein, auch einen kurzen **Ausblick** auf weitere Aspekte des Themas zu formulieren und offene Fragen zu benennen. Um zu einer abschließenden Betrachtung zu gelangen, muss man Bezüge zu den zentralen Teilen des Vortrags, insbesondere zu der in der Einleitung formulierten Frage, herstellen. Der Abschluss trägt wesentlich zum Gesamteindruck bei, den sich das Publikum von dem Vortragenden macht. Versuchen Sie daher, ihren Vortrag mit einer ›Taking-home-message‹ zu beschließen, die die Hauptaussage des Vortrags auf den Punkt bringt und die das Publikum gut im Gedächtnis behalten kann (vgl. Franck 2001, 42).

Zudem gilt es, den Vortrag selbst so vorzubereiten, dass Sie ihn möglichst lebendig, mit Nachdruck und Begeisterung vortragen können. Wirkungsvoller und zuhörerfreundlicher als ein abgelesener Text ist stets ein freier Vortrag.

11.5 | Vorbereitung des Vortrags

Abgelesene Referate wirken wenig lebendig und ermüden das Publikum schnell. Man sollte daher vermeiden, den Vortrag auf der Grundlage eines komplett ausformulierten Vortragsmanuskripts zu halten. Wenn es irgendwie geht, sollten Sie sich lediglich zentrale Stichworte und Argumente notieren, die den Gesamtverlauf des Referats strukturieren. Solche **stichpunktartigen Notizen** sind am besten auf Karteikarten zu notieren (vgl. Ebeling 1997, 82 f.). Diese Vorgehensweise setzt voraus, dass Sie mit den Stichworten hinreichend gut vertraut sind und Ihnen klar ist, wie sich diese in die Gesamtstruktur des Vortrags einfügen.

Für ungeübte Redner mag es hilfreich sein, den Gesamtverlauf des Vortrags zunächst niederzuschreiben und dabei die Stichworte, die den Argumentationsgang gliedern, herauszufiltern und auf Karteikarten zu übertragen. Wollen Sie auf keinen Fall auf ein ausformuliertes Skript verzichten, tragen Sie es zuhause einige Male laut vor, so dass Sie zumindest den Eindruck eines freien Vortrags vermitteln können.

Ob Sie nun ein ausformuliertes Manuskript oder Karteikarten mit Notizen nutzen, achten Sie immer auf die **optimale Lesbarkeit**. Verwenden Sie mindestens **Schriftgröße 14** und markieren Sie **Kernaussagen** und **Schlüsselbegriffe**, so dass Sie sich in Ihren Unterlagen schnell orientieren und möglichst viel Blickkontakt mit dem Publikum halten können (vgl. Sommer 2006, 35).

Die Kunst des Vortragens ist eine Fähigkeit, die sich nicht von heute auf morgen erwerben lässt, sondern der **Übung** bedarf. Gerade wenn der eigene Präsentationsstil noch nicht ganz routiniert ist, ist es wichtig, den Vortrag einige Male zu proben. Idealerweise hält man die **Generalprobe** in dem Raum, in dem der Vortrag stattfindet, und vor einigen Bekannten, Kommilitonen oder Kollegen als Testpublikum. Bitten Sie Ihr Publikum nachdrücklich um kritisches Feedback. Sollte Ihnen kein Testpublikum zur Verfügung stehen, proben Sie den Vortrag allein. Am besten stellt man sich vor einen Spiegel und versucht, eine gewisse Bewusstheit für die eigene Körpersprache zu entwickeln. Prüfen Sie bei diesem Testlauf auch, wie lange Sie für Ihren Vortrag benötigen (vgl. Blod 2007, 121).

Findet der Vortrag innerhalb eines Seminars statt, wird von Ihnen zumeist erwartet, ein **Thesenpapier** bzw. **Handout** für die Seminarteilnehmer/innen zu erstellen. Ein Handout dient als Verständnis- und Gedächtnishilfe: Es sollte die **wichtigsten Thesen und Ergebnisse** des mündlichen Vortrags in Stichpunkten wiedergeben und die Argumentation des Referats anschaulich vermitteln. Aussagen, die für den Gang der Argumentation entbehrlich sind, bedürfen keiner Erwähnung. In formaler Hinsicht sind nur wenige Dinge zu beachten:

Zum Thesenpapier

- In der Regel umfasst ein Thesenpapier zu einem Seminarreferat nicht mehr als eine, maximal zwei Seiten.
- Die wesentlichen Angaben – Name, Seminartitel, Dozent/in, Semester, Referatsthema – werden an den Beginn gesetzt, Angaben zu Quellen und zitierter Forschungsliteratur an das Ende.
- Bei der Gestaltung des Thesenpapiers ist auf die Übereinstimmung zwischen mündlichem Vortrag und den niedergeschriebenen Informationen zu achten.

- Wenn sich an den Vortrag eine Diskussion anschließen soll, ist es hilfreich, sich bereits in der Vorbereitungsphase zu überlegen, welche offenen Fragen, kontroversen Thesen oder weiteren Beispiele einen lohnenswerten Diskussionsgegenstand bieten.

> → Der Einstieg in die Diskussion fällt am leichtesten, wenn man die im Vortrag vertretenen Thesen am Ende prägnant zusammenfasst und mögliche **Kritikpunkte** oder **alternative Sichtweisen** aufzeigt. Wenn es Ihre Aufgabe ist, die Diskussion zu leiten, sollten Sie sich klar machen, welches **Ziel** mit der Diskussion verfolgt werden soll und wie es zu erreichen ist. Oftmals ist es lohnenswert, noch einige **zusätzliche Informationen** in der Hinterhand zu haben, die man zur gezielten Lenkung der Diskussion einbringen kann. Auch gezielte **Fragen an das Publikum** können dazu beitragen, die Diskussion in die vorgesehene Richtung zu lenken. Last but not least: Gute Diskussionen werden nicht einfach an einem beliebigen Punkt abgebrochen, sondern enden mit einer **Zusammenfassung** der wesentlichen Ergebnisse. Überlegen Sie sich, welche abrundende und prägnante Kernaussage am Ende der Diskussion stehen soll.

Tipp

11.6 | Vortragen

Nachdem Vortrag, Notizen, und Thesenpapier vorbereitet sind, steht die Durchführung des eigentlichen Vortrags an. Wer mit seinem Vortrag überzeugen möchte, muss vor allem selbst überzeugt sein – von sich selbst, von der Sache und dem Publikum. **Überzeugt von sich selbst und der Sache** kann man sein, wenn man weiß, dass man etwas zu sagen hat und gut vorbereitet ist. Aber auch dem Publikum sollte man ein gewisses Vertrauen entgegen bringen und davon ausgehen, dass es Ihnen freundlich gesonnen und an der Sache interessiert ist (vgl. Blod 2007, 123).

Lampenfieber: Bei aller Überzeugung ist es jedoch auch völlig normal, ein gewisses Lampenfieber vor Vorträgen zu haben. Dieses Lampenfieber kann sogar leistungssteigernd wirken: Untersuchungen zeigen, dass Personen bei einem mittleren Anspannungsniveau die besten Leistungen erbringen. Problematisch wird Aufregung, wenn sie sich derart steigert, dass an ein normales Funktionieren nicht mehr zu denken ist. Angst überfällt uns zumeist dann, wenn uns Situationen fremd sind und wir nur schwer einschätzen können, was auf uns zukommt. Dies bedeutet aber auch, dass man Stress abbauen kann, indem man sich auf unbekannte Situationen mental einstellt. Offenbar hilft bereits die **mentale Antizipation** von angstauslösenden Situationen dabei, Stress zu lindern (vgl. Vester 1988). Wenn Sie zu Redeangst neigen, dann versuchen

Sie vorab, sich die Situation des Vortrags möglichst genau auszumalen: Lassen Sie den Verlauf des Referats vor dem geistigen Auge ablaufen und nehmen Sie sich selbst dabei in einer positiven, souveränen Rolle wahr.

Auftreten: Wie gut ein Vortrag ankommt, hängt mindestens ebenso sehr von den vermittelten Inhalten wie von einem anregenden und überzeugenden Auftreten ab. Überzeugend wirken Vortragende vor allem dann, wenn ihr Auftreten nicht nur der **Situation**, sondern auch **ihrem Wesen** entspricht. Emotionales und sprachliches Handeln müssen aufeinander abgestimmt sein. Eine zurückhaltende Person sollte sich keine Entertainerqualitäten abverlangen, eher extrovertierte Personen sollten ihre lebhafte Gestik nicht unterdrücken (vgl. Blod 2007, 129). Im Folgenden werden daher keine Regeln zur Körpersprache und Sprachtechnik aufgeführt, sondern lediglich einige Anhaltspunkte, die dem persönlichen Stil entsprechend modifiziert werden können.

Anhaltspunkte zum Präsentieren

- **Haltung:** Wirkungsvoller sind Vorträge zumeist dann, wenn sie **stehend** vorgetragen werden. Nur dann werden Sie für alle Anwesenden gut sichtbar sein und können Ihren Standpunkt durch Haltung und Gestik auch optisch vertreten. Eine aufrechte und natürliche Haltung erreicht man am besten, wenn sich die Füße in schulterbreitem Abstand voneinander befinden und das Körpergewicht gleichmäßig verteilt ist (vgl. Händel/Kresimon/Schneider 2007, 71).
- **Blickkontakt:** Blickkontakt mit dem Publikum ist wesentlicher Bestandteil einer überzeugenden Körpersprache. Mit ihm demonstrieren Sie Kompetenz und unterstreichen Ihre Offenheit gegenüber den Reaktionen des Publikums. Achten Sie darauf, dass sich Ihr Blick abwechselnd auf möglichst viele Zuhörer/innen richtet und Sie nicht einzelne Personen fixieren.
- **Gestik:** Nicht alle Aspekte eines Vortrags haben den gleichen Stellenwert. Zentrale Argumente kann man durch entsprechende Bewegung von Händen und Armen begleiten oder unterstützen. Die Gestik wirkt dann überzeugend, wenn sie im Einklang mit dem Gesagten und der Sprechmelodie steht.
- **Sprechtechnik:** Sprechen Sie laut und deutlich sowie mit abwechslungsreicher **Satzmelodie** und gelegentlichen **Pausen**. Die meisten Vortragenden neigen dazu, zu schnell zu sprechen. Pausen erfüllen beim Vortrag zentrale Funktionen: Sie gliedern den Vortrag, markieren das Ende einer Argumentationsfolge und signalisieren, dass ein neuer Gedankenschritt folgt. Pausen – sog. Kunstpausen – können besonders wichtigen Aussagen den notwendigen Nachdruck verleihen. Nicht zuletzt geben sie dem Publikum Gelegenheit, die Informationen zu verarbeiten.

Den persönlichen Vortragsstil, die Wirkung von Gesten und Sprechtechnik kann man gut per **Videofeedback** überprüfen und gegebenenfalls Schritt für Schritt modifizieren. In jedem Fall lohnt es sich, Vorträge für sich selbst nachzubereiten und auf diese Weise die eigenen Vortragskompetenzen weiterzuentwickeln. Der nächste Vortrag, ob im Studium oder im Beruf, steht bestimmt bald an. Analysieren Sie mit einem gewissen Abstand die Planung und den Verlauf des Vortrags und spezifizieren Sie, was gut funktioniert hat, an welchen Stellen Sie gegebenenfalls unsicher waren, wie das Publikum reagiert hat, an welchen Stellen es positiv, z. B. mit Lachen, reagiert hat, und an welchen Stellen es vielleicht ›abgeschaltet‹ und nicht länger zugehört hat.

Nutzen Sie zur Optimierung Ihres Vortragsstils das **Feedback des Publikums**. Gerade weil die Selbsteinschätzung und Fremdwahrnehmung häufig erheblich divergieren, lohnt es sich, die Meinung des Publikums einzuholen und gezielt verschiedene Aspekte des Vortrags (Aufbau, Verständlichkeit, Relevanz, Auftreten des Vortragenden, etc.) abzufragen (vgl. Blod 2007, 142).

Wer sich im Studium nicht nur von Referat zu Referat quält, sondern sich die Mühe macht, mit Hilfe von kontinuierlichem Feedback und Ratgebern wie diesem die eigenen rhetorischen Kompetenzen und Vortragstechniken zu verbessern, hat sich bereits eine Grundlage erarbeitet, um im Studium und Beruf mit guten Vorträgen zu überzeugen. Wie bei allen Schlüsselkompetenzen gilt auch hier, dass der Erfolg vor allem auf der Bereitschaft zur kritischen Selbstevaluation und zur stetigen Arbeit an den eigenen Fertigkeiten basiert.

Aczel, Richard (1998): How to Write an Essay. Stuttgart· Klett.

Blod, Gabriele (2007): Präsentationskompetenzen. Überzeugend präsentieren in Studium und Beruf. Stuttgart: Klett.

Ebeling, Peter (1997): Rhetorikhandbuch. Frei reden, sicher vortragen. Stuttgart: Deutscher Sparkassenverlag.

Echterhoff, Gerald/Neumann Birgit (2006): Projekt- und Zeitmanagement. Strategien für ein erfolgreiches Studium. Stuttgart: Klett.

Franck, Norbert (2001): Rhetorik für Wissenschaftler. Selbstbewusst auftreten, selbstsicher reden. München: Vahlen.

Händel, Daniel/Kresimon, Andrea/Schneider, Jost (2007): Schlüsselkompetenzen. Reden – Argumentieren – Überzeugen. Stuttgart/Weimar: J.B. Metzler.

Ottmers, Clemens (²2007): Rhetorik. Überarbeit von Fabian Klotz. Stuttgart/Weimar: J.B. Metzler.

Schulz von Thun, Friedemann (1989): Miteinander Reden 1: Störungen und Klärungen – Allgemeine Psychologie der Kommunikation. Hamburg: Rowohlt.

Sommer, Roy (2006): Schreibkompetenzen. Erfolgreich wissenschaftlich schreiben. Stuttgart: Klett.

Vester, Frederic (⁹1988): Phänomen Stress – Wo liegt sein Ursprung, warum ist er so lebenswichtig, wodurch ist er entartet? München: dtv.

Literatur

Birgit Neumann

12. Medien-, Präsentations- und Visualisierungskompetenzen

12.1   Einführung: Gründe für den Einsatz visueller
        Medien in Präsentationen
12.2   Zeitmanagement bei Präsentationen
12.3   Kontextanalyse
12.4   Visuelle Medien: Vor- und Nachteile
12.5   Präsentationssoftware
12.6   Abbildungen
12.7   Nonverbale Kommunikation
12.8   Der Erwerb von Präsentationstechniken

12.1 | Einführung: Gründe für den Einsatz visueller Medien in Präsentationen

Informationen können besser aufgenommen und gespeichert werden, wenn sie mit Hilfe von Abbildungen, Grafiken, Bildern, Tönen, Videos usw. vermittelt werden, als durch das gesprochene Wort allein. Schon der Wechsel der verwendeten Medien dient oft dazu, die Aufmerksamkeit der Zuhörerschaft (erneut) zu wecken und aufrechtzuerhalten. Wenn Informationen abwechslungsreich visuell und eventuell interaktiv präsentiert werden, fällt es dem Publikum leichter, aufmerksam zu bleiben und die Inhalte zu behalten. Aus diesem Grund ist der Einsatz von visuellen Medien in naturwissenschaftlichen Lehrveranstaltungen inzwischen zum Standardverfahren geworden und erfreut sich in den Geisteswissenschaften zunehmender Beliebtheit.

Es gibt aber andere wichtige Gründe, warum man mit visuellen Medien arbeiten sollte. Die Visualisierung, d.h. die bildliche Darstellung von Sachverhalten, ist eine äußerst produktive Methode, die eigenen **Ideen und Vorkenntnisse** zu veranschaulichen und in Bezug zu anderen Themen zu setzen. Ferner können visuelle Medien auch als **Gedächtnisstütze** fungieren. PowerPoint-Folien können beispielsweise anstelle von Notizen dem Redner während der Präsentation als **Orientierungshilfe** dienen. Die Folien übernehmen in diesem Fall die Funktion einer Landkarte – nicht nur für den Redner, sondern auch für die Zuhörer/innen. Dies bietet besonders bei Präsentationen, die nicht in der Muttersprache gehalten werden, große Vorteile. Des Weiteren spielen Präsentationen und der Einsatz von visuellen Medien heutzutage eine wichtige Rolle in der **Arbeitswelt**. Wenn Sie rechtzeitig damit beginnen, das Erstellen und die Durchführung von Präsentationen zu üben, wird dies Ihrer zukünftigen Karriere zuträglich sein.

12.2 | Zeitmanagement bei Präsentationen

Zeitmanagement ist eine Schlüsselkompetenz, die in vielen verschiedenen Bereichen des Studiums wichtig ist (s. Kap. 2). Bei einer Präsentation sind die folgenden Phasen besonders zu beachten:

- **Vorbereitung:** Planen Sie Zeit ein für Recherche, Bearbeitung der Informationen, ›Schreiben‹ des Vortrags, Erstellung von visuellen Medien und Einüben der Präsentation
- **Aufbau vor Ort:** Suchen Sie den Raum frühzeitig auf, um Tische anzuordnen, Technik (Computer, Beamer, Overhead-Projektor) aufzubauen und zu prüfen, ob die benötigten Materialien (Flipchart-Papier, Stifte usw.) vorhanden sind.
- **Präsentieren:** Beginnen und beenden Sie die Präsentation rechtzeitig; halten Sie die Zeitvorgaben während der Präsentation ein.

> Zeitmanagement bei Präsentationen

12.2.1 | Vorbereitung

In der Vorbereitungsphase darf der Nutzen eines guten Zeitmanagements nicht unterschätzt werden, insbesondere, wenn Sie unter Nervosität leiden. Menschen, die Angst davor haben, vor Publikum zu reden, neigen oft dazu, sämtliche Gedanken an die Präsentation zu verdrängen, bis es zu spät für eine effektive Vorbereitung ist. Schlecht vorbereitete und damit unzulängliche Präsentationen bieten einen echten Grund zur Nervosität, wodurch eine unnötige Stresssituation für den Vortragenden entsteht. Auch wenn Sie kein Lampenfieber haben, ist es empfehlenswert, Ihre Vorbereitung zu durchdenken. Hierbei können Sie sich an den folgenden Arbeitsschritten orientieren:

Kontext-analyse > Recherche > Präsentation zusammen-stellen > üben > Präsentation bearbeiten > üben

> Arbeitsschritte beim Vorbereiten von Präsentationen

Was zu einer Kontextanalyse gehört wird in Abschnitt 3 behandelt. Bezüglich der weiteren Arbeitsschritte ist es zunächst wichtig, dass man für eine erstmalig zu haltende Präsentation nach Abschluss der Recherchearbeiten *mindestens* noch ein paar Tage für das Zusammenstellen, Üben und die Bearbeitung einkalkulieren sollte. Mit einer Vorbereitung in letzter Minute, d.h. am Abend zuvor, ist die Katastrophe vorprogrammiert!

Vorbereitung visueller Medien
→ Unterstützen die visuellen Medien das Hauptziel
der Präsentation? ☐
→ Sind die visuellen Medien logisch strukturiert? ☐
→ Sind die visuellen Medien einfach und eingängig gestaltet? ☐
→ Ist das Erscheinungsbild einheitlich? ☐
→ Ist die Schrift groß genug, so dass sie für alle lesbar ist? ☐
→ Ist die Farbgestaltung harmonisch? ☐
→ Sind die Abbildungen notwendig und aussagekräftig? ☐

12.2.2 | Aufbau vor Ort

Eine gelungene Präsentation besteht aus vielen kleinen aber wesentlichen Details. Am Tag der Präsentation neigen viele Vortragende dazu, sich so sehr auf den Inhalt ihrer Rede zu konzentrieren, dass sie darüber wesentliche andere Faktoren vergessen, wie zum Beispiel, ob die Verbindung zwischen Laptop und Beamer einwandfrei funktioniert. Manche Zuhörer/innen sind nachsichtiger als andere, aber es kann frustrierend sein, dazusitzen und zuzusehen, wie ein Redner hilflos mit der Technik hantiert, verzweifelt nach einem Flipchart-Stift sucht oder sich dafür entschuldigt, dass er vergessen hat, die Hand-outs zu kopieren. Eine aufmerksame Vorbereitung hingegen wird Ihnen das Gefühl geben, alles im Griff zu haben und Ihnen zu Beginn der Präsentation ein größeres **Selbstvertrauen** verleihen. Eine Checkliste der Handlungsabläufe vor Ort kann vor schwerwiegenden Fehlern bewahren.

Technik/Materialien
→ Sind Flipchart/Papier/Stifte/Kreide vorhanden? ☐
→ Haben Sie eine Uhr in Sicht? ☐
Medien
→ Sind die visuellen Medien geordnet und in der richtigen
Reihenfolge? ☐
→ Sind die visuellen Medien für alle Zuhörer/innen sichtbar? ☐
→ Reichen die Handouts für alle Zuhörer/innen aus? ☐
→ Sind Overhead-Projektor/Laptop/Beamer funktionsfähig
und eingestellt? ☐
Umgebung
→ Ist die Umgebung angenehm (Licht/frische Luft)? ☐
→ Haben Sie genug Platz für Ihre Arbeitsmaterialien? ☐
→ Haben Sie genug Raum, so dass Sie sich frei bewegen können? ☐

12.2.3 | Präsentieren

Das **Zeitgefühl** der Zuhörer/innen unterscheidet sich oft stark von dem des Redners. Macht ein Vortragender eine Pause, um eine Sekunde lang nachzudenken, kann sich dies für ihn/sie wie eine Ewigkeit anfühlen, während es vom Publikum nicht einmal wahrgenommen wird. Andererseits kann ein Redner sein Zeitgefühl verlieren, während er/sie eine bestimmte Folie bespricht und viel länger redet, als es der Zeitplan gestattet. Schlechtes Zeitmanagement ist eines der häufigsten Probleme von unerfahrenen Rednern, aber es gibt einige grundsätzliche Strategien, um diese Schwierigkeiten zu verhindern:

> → Führen Sie mindestens zwei Übungsdurchgänge mit Uhr durch; stoppen Sie die Präsentation genau (kein Schummeln!) – bedenken Sie, dass das Ablesen von einem Skript weniger Zeit benötigt als freies Sprechen anhand von Notizen.
> → Verwenden Sie während der eigentlichen Präsentation eine funkgesteuerte Uhr mit großer Anzeige, so dass Sie sich auf die richtige Uhrzeit verlassen können.
> → Benutzen Sie einen Timer, der nach der Hälfte der Zeit oder kurz vor dem Ende lautlos vibriert – allerdings nur, wenn Sie beim Auslösen des Alarms nicht hochschrecken!
> → Rechnen Sie in der Regel mit *mindestens* einer Minute pro Folie. Markieren Sie Zeitangaben in den Notizen (oder ›versteckt‹ auf den Folien), um den Zeitplan nie aus dem Blick zu verlieren.
> → Legen Sie Abschnitte in Ihrer Präsentation fest, die Sie schnell abhandeln können, wenn Ihnen die Zeit davonläuft (nur in Notfällen!).
> → Bauen Sie ca. 10 % Zeitpuffer ein, um für unerwartete Unterbrechungen, Fragen oder Exkurse gewappnet zu sein.

Tipp

12.3 | Kontextanalyse

Denken Sie daran, dass jeder Vortragende, jede Präsentation und jedes Publikum einzigartig ist. Deshalb ist der erste Schritt einer gelungenen Präsentation immer eine Kontextanalyse, d.h. man macht sich die **Besonderheiten der Präsentationssituation bewusst.** Kontextanalysen für Vortragende, Zuhörerschaft und Thema sind unerlässlich. Wenn Sie z.B. im 1. Semester sind, wird etwas anderes von Ihnen erwartet werden als bei Studierenden im 6. Semester. Besteht das Publikum aus einem/r Dozent/in und Studierenden (z.B. Vorlesung oder Seminar), wird man anders vorgehen, als bei einer Gruppe von Fachspezialisten (z.B. Konferenz). Eine Einführung in die Gattung des bürgerlichen Trauerspiels hat andere Ziele und wird anders strukturiert als eine Präsentation über die Spracheigenheiten von Luise Millerin in Schillers *Kabale und Liebe*. Im Rahmen dieses Kapitels werden wir uns auf den Einsatz visueller Medien konzentrieren.

Orientieren Sie sich bei der Überlegung, welche visuellen Hilfsmittel Sie verwenden möchten, an den folgenden Fragen:

Leitfragen für den Einsatz visueller Hilfsmittel

→ **Worin besteht die Hauptbotschaft Ihrer Präsentation und wie können visuelle Medien dazu beitragen, sie zu vermitteln?** Behalten Sie Ihre Hauptbotschaft im Blick, während Sie überlegen, welche visuellen Hilfsmittel für Ihre Bedürfnisse am besten geeignet sind. Eine Overhead-Projektor-Folie oder ein Poster können ausreichen, um ein oder zwei Diagramme zu zeigen, während PowerPoint besser geeignet ist, um Ihre Zuhörerschaft durch viele Bilder oder Informationen zu führen. Viele Studierende versuchen, zu viele Informationen in ihren Präsentationen unterzubringen. Fragen Sie sich: Was ist die wichtigste Information, die ich visuell darstellen sollte? Was kann ich weglassen?

→ **Wie viel Zeit haben Sie für die Vorbereitung?** Haben Sie mehrere Wochen Zeit, kann die Qualität und Komplexität Ihrer visuellen Medien größer sein, als wenn Sie sich bereit erklärt haben, ein neues Thema in ein paar Tagen vorzustellen.

→ **Wie viel Zeit haben Sie für die Präsentation?** Wird Ihre Präsentation mindestens 15 Minuten dauern, kann eine Folienpräsentation sehr hilfreich sein. Ist allerdings die Zeit für den Aufbau knapp bemessen, kann die Verwendung von Laptop und Beamer mehr Schwierigkeiten als Vorteile bringen.

→ **Vor wie vielen Zuhörer/innen halten Sie Ihre Präsentation?** Beachten Sie, dass Ihre Möglichkeiten in einem Vorlesungssaal mit 100 Studierenden aufgrund der schlechteren Sicht- und Hörverhältnisse deutlich eingeschränkter sind als in einem kleinen Rahmen. Sie sollten auch einige Minuten für die Verteilung von Handouts einplanen.

12.4 | Visuelle Medien: Vor- und Nachteile

Da jeder Vortrag von individuellen Rahmenbedingungen wie Raum, Anzahl der Zuhörer/innen, Länge etc. abhängig ist, sollte der Einsatz verschiedener Medien auf diese Bedingungen abgestimmt werden. Dabei muss abgewogen werden, welche Vor- und Nachteile die einzelnen Gestaltungsmöglichkeiten mit sich bringen. Die folgende Liste gibt einen Überblick:

	Vorteile	Nachteile
Overhead-Projektor	■ einfach zu bedienen ■ einigermaßen zuverlässig ■ einfache Umsetzung von nicht-digitalen Bildern/Grafiken	■ kann laut sein ■ Folien können nicht schnell geändert werden ■ Folienwechsel aufwendig
Beamer	■ wirkt professionell ■ Bilder von guter Qualität ■ Fernbedienung möglich ■ Video-Möglichkeiten	■ Technik oft unzuverlässig ■ zeitintensiver Aufbau nötig (wenn nicht im Raum vorhanden)
Präsentations-Software (z. B. Power-Point)	■ viele kreative Möglichkeiten ■ schnell und flexibel zu bedienen ■ kann schnell modifiziert werden ■ Handouts leicht herzustellen ■ mobil und einfach per E-Mail zu verschicken	■ Vorbereitung braucht Zeit und praktisches Wissen ■ zwingt lineares Denken auf; Bilder/Grafiken müssen digital verfügbar sein
Tafel Flipchart Poster	■ sehr flexibel ■ spontanes Bedienen ■ überall vorhanden ■ können im Voraus vorbereitet werden	■ zeitaufwendig (handschriftlich) ■ nicht dauerhaft ■ nicht für größere Gruppen geeignet
Pinnwand	■ sehr flexibel ■ spontanes Bedienen ■ Karten aufstellbar, um Gruppierungen, Prozesse, Entwicklungen darzustellen	■ das Pinnen kann (zeit-)aufwendig sein ■ nur für Stichpunkte geeignet
Handouts	■ Orientierung für Zuhörer/innen ■ dauerhafte Dokumentation ■ Zitate leicht mitzulesen	■ kann ablenkend wirken (»Soll ich lesen oder zuhören?«)
Requisite/Objekte	■ erweckt Neugier ■ Beispiele zum Anfassen ■ Brücke zum Alltag ■ kann erfrischend wirken	■ braucht Zeit, um von allen angesehen zu werden ■ kann ablenkend wirken

Vor und Nachteile

12.5 | Präsentationssoftware

Es gibt verschiedene Computerprogramme zum Erstellen von Präsentationen. Microsoft **PowerPoint** ist zurzeit das bekannteste Programm. Als Alternativen gibt es zum Beispiel **IMPRESS** von OpenOffice (erhältlich als kostenloser Download), sowie **Keynote** von Apple. Eine Präsentationssoftware hat viele Vorteile: Das Ergebnis bietet eine starke visuelle Unterstützung für jede Art von Präsentation; nach einer einmaligen Vorbereitung ist die Anwendung und Bearbeitung von Folien sehr einfach.

Nachteile: Abgesehen von der Zeit, die es für die Vorbereitung braucht, gibt es allerdings einige Nachteile, die sich nicht gleich offenbaren. Präsentationssoftware fördert eine bestimmte Art des linearen Denkens, das nicht immer für die Vermittlung von akademischer Forschung geeignet ist. Die verbreitete Praxis, Informationen in Schlüsselbegriffe oder Sätze zusammenzufassen und diese dann der Reihe nach zu zeigen, ist perfekt auf die Vermittlung von Fakten und Zahlen zugeschnitten, komplexere Ideen werden jedoch zu stark vereinfacht und mehrdimensionale Konzepte als eindimensionale Listen dargestellt.

Da die Gestaltung von Folien einige Zeit in Anspruch nehmen kann, vergessen manche Studierende, dass eine Präsentation nicht nur aus ein paar Animationen und Bildern, sondern in erster Linie aus **Inhalten** besteht. Es besteht die Gefahr, dass die wissenschaftliche Arbeit nur an zweiter Stelle steht. Dazu fragen die Präsentationsexperten Franck und Stary ironisch: »Beherrschen Sie PowerPoint oder haben Sie etwas zu sagen?«

Während der Präsentation selbst spielt die Ausrichtung des Vortragenden auf das Publikum eine große Rolle. Wer sich auf die Folien konzentriert und diese von der Projektionswand abliest, wendet der Zuhörerschaft den Rücken zu und verliert mit dem Blickkontakt zum Publikum häufig auch dessen Aufmerksamkeit. Manch ein Vortragender verliert sich in der Beschreibung von komplizierten Diagrammen oder Tabellen mit zahllosen Einzelheiten und vergisst die Zuhörerschaft ganz und gar!

Seien Sie sich dieser Risiken bewusst und achten Sie darauf, dass Sie die Software einsetzen, um Ihre Botschaft zu unterstützen, und sich dadurch nicht Ihr Denken und Verhalten vorschreiben lassen:

- Überlegen Sie sich genau, wie eine Folienpräsentation dazu beitragen kann, Ihre Aussagen zu vermitteln. Nicht alle Folien sind von Nutzen.
- Schauen Sie nur bei Bedarf auf Ihre Folien, stellen Sie jedoch sofort wieder (Blick-)Kontakt zu den Zuhörer/innen her.

12.5.1 | Struktur der Folienpräsentation

Gemäß der Grundstruktur jedes Vortrags benötigt eine Folienpräsentation eine **Einleitung**, einen **Hauptteil** und eine **Schlussfolgerung**. Sinnvoll ist eine **Einleitungsfolie** mit den Hauptpunkten, über die Sie sprechen möchten, sowie eine **Abschlussfolie**, auf der das Gesagte zusammengefasst wird – es sei denn, die Präsentation ist sehr kurz oder extrem einfach zu verfolgen. Dies steckt den Rahmen für die Thesen ab, die Sie mitteilen möchten, und bietet dem Publikum die nötige Orientierungshilfe, um sich auf die wichtigen Aspekte Ihres Vortrags zu konzentrieren.

12.5.2 | Gestaltung von Folien

Sie können Folien als Skripte oder als eine Art Landkarte zur Orientierung verwenden. In jedem Fall besteht ihre Hauptfunktion aber darin, der Zuhörerschaft das Verständnis und die Rezeption Ihrer Präsentation zu erleichtern. Dabei sollten Sie Folien und Skripte immer möglichst einfach gestalten. Kreative Effekte müssen stets motiviert sein, bzw. einem besonderen Zweck dienen und nicht von den Ergebnissen Ihrer Forschung ablenken. Eine Foliengestaltung sollte auch einheitlich sein – Hintergrund, Schriftart und Gesamtbild sollten innerhalb der gesamten Präsentation in der Regel gleich bleiben.

Das Layout einer Folie sollte dem Publikum helfen, die Informationen schnell lesen und aufnehmen zu können:

- Abteilungsnamen oder Logos der Universität sollten unaufdringlich sein und sich am besten oben auf der Folie befinden.
- Titel und Überschriften sollten größer als der Haupttext sein (siehe unten).
- Verwenden Sie Schlüsselwörter und -sätze und vermeiden Sie große Textblöcke, wenn sie keinem spezifischen Zweck dienen.
- Verwenden Sie viele Leerzeilen.

Als Schriftarten eignen sich Arial oder Helvetica, da sie problemlos projiziert werden können. Beachten Sie: Die Voreinstellung bei PowerPoint ist häufig Times Roman, eine typische Buchschrift, die klein gedruckt gut lesbar ist. Da diese Schrift Serifen enthält – kleine Striche, die am Ende eines Buchstabenstrichs zu finden sind – kann sie durch die Projektion verzerrt wirken.

Die Schriftgröße ist abhängig von der Größe des Raumes und der Entfernung des Publikums von der Projektionswand. Auch aus der letzten Reihe sollten die Folien gut lesbar sein. Die folgenden Angaben zur Schriftgröße dienen als Faustregel, doch es ist immer besser, die Abmessungen des Raumes zu überprüfen, den Sie benutzen werden.

Schriftgrößen für Textbausteine	Überschriften 24–32 Pt, fett	Schlüsselbegriffe 20–22 Pt, fett	Texte 18–22 Pt	Bildunterschriften/Legenden 16–18 Pt

Der Einsatz von Farbe ist gut, so lange diese für den Betrachter angenehm und nützlich bleibt. Vermeiden Sie zu viele Farben auf einer Folie oder Farben, die sich beißen. Helles Rot eignet sich beispielsweise, um einzelne Wörter hervorzuheben, in ganzen Sätzen ist es allerdings schwierig zu lesen. Als Hintergrund lässt Rot andere Farben sehr schwer lesbar werden.

Eine **kreative Foliengestaltung** kann interessant und einprägsam sein, sollte allerdings nie vom Inhalt ablenken. Es geht darum, die Aufmerksamkeit der Zuhörerschaft mit Hilfe von interessanten Ergebnissen zu wecken, und nicht darum, sie durch Hintergrundbilder mit Wasser, Wolken oder Wüstenlandschaften zu hypnotisieren. Eine Farbgebung mit Neongelb, Pink und Hellblau macht sich eventuell ganz gut auf einer Folie zum Thema Pop-Art der 60er Jahre, ist allerdings völlig unangebracht in einer Präsentation beispielsweise über Malerei in der spanischen Renaissance.

Der beste Einsatz von **Folienanimation** ist der einfachste. Sie können die Absätze auf einer Overhead-Projektor-Folie bedecken, bis sie besprochen werden, oder Ihre Computerfolien so gestalten, dass jeder neue Punkt zum richtigen Zeitpunkt angeklickt werden kann. Animationen können auch dafür eingesetzt werden, Diagramme Schritt für Schritt aufzubauen oder Prozesse zu demonstrieren. Allerdings sollte der Effekt immer zum Text passen; es wäre kontraproduktiv, ein Zitat Satz für Satz zu enthüllen. Titel oder Symbole, die aus verschiedenen Richtungen hereinschwirren, manchmal verblassen oder gar mit einem Knall oder Klatschen erscheinen, lenken ab und wirken sehr unprofessionell.

Tipp

> → Im Allgemeinen ist es schwierig, wenn nicht unmöglich, einem Vortragenden aufmerksam zuzuhören, während man etwas anderes auf einer Folie oder einem Handout liest, insbesondere, wenn die Ideen komplex sind. Helfen Sie Ihrem Publikum, indem Sie klar signalisieren, worauf sie sich konzentrieren sollten.

12.5.3 | Beziehung zwischen gesprochenem Wort und visueller Darstellung

Eine Folie sollte in der Regel knapp und prägnant gehalten sein und sich auf die wichtigsten Punkte, Fakten, Namen usw. beschränken. Die Einstiegsfolie einer Präsentation zur englischen Romantik im Rahmen

eines studentischen Referats könnte etwa folgendermaßen aussehen
(darunter der gesprochene Text).

Romantik

- **Zeitraum:**
  spätes 18. bis Mitte des
  19. Jahrhunderts

- **Schriftsteller:**
  William Blake, William
  Wordsworth, Samuel T.
  Coleridge, John Keats, Lord
  Byron, P.B. Shelley, Mary Shelley,
  Anna Barbauld, Felicia Hemans

- **Texte:**
  *Songs of Innocence and
  Experience* (1789–1794)
  Lyrical Ballads (1798–1802)
  Frankenstein (1818)

William Wordsworth

Mary Shelley

»Es ist schwierig, genaue Daten für Beginn und Ende der Epoche
der Romantik zu benennen, doch in etwa begann die Epoche der
Romantik im spaten 18. Jahrhundert und setzte sich bis in die Mitte
des 19. Jahrhunderts fort. Die meisten gefeierten romantischen
Schriftsteller waren Männer, z. B. Wordsworth, Coleridge, Keats,
Byron und Shelley. Es darf jedoch nicht vergessen werden, dass es
zur damaligen Zeit viele talentierte Schriftstellerinnen gab, wie z. B.
Mary Shelley, Barbauld und Hemans – obwohl ihr Status als Auto-
rinnen damals nicht so akzeptiert war wie heute. Vorherrschendes
Genre der romantischen Epoche war die Dichtung, z. B. Blakes *Songs
of Innocence and Experience* (1789–1794), und Wordsworths und
Coleridges *Lyrische Balladen* (1798–1802). Der romantische Geist fand
jedoch auch Eingang in andere Genres, wie am Beispiel von Mary
Shelleys Roman *Frankenstein* (1818) deutlich wird.«

12.6 | Abbildungen

Nicht alle Zahlen müssen mit Abbildungen visualisiert werden. Einfache Fakten, z. B. »Es gibt ungefähr 400.000 französische Muttersprachler in Haiti«, brauchen keine Diagramme, um der Zuhörerschaft anschaulich zu sein. Daten mit mehreren Elementen hingegen können oft von einer visuellen Darstellung profitieren.

12.6.1 | Welche Art von Diagramm passt am besten?

Die folgenden Diagramme stellen das Forschungsergebnis von Albert Mehrabian dar, der die Aufmerksamkeitsteilung der Zuhörerschaft während eines Kommunikationsakts feststellen wollte. Welches Diagramm bildet die Daten am besten ab?

Diagrammtypen

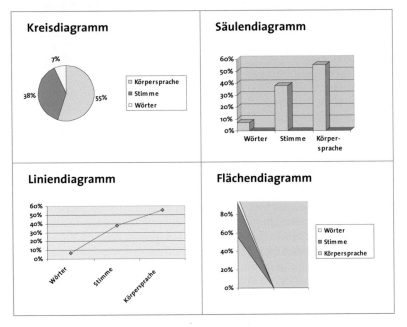

Das Kreisdiagramm funktioniert in diesem Fall am effektivsten, da es der Zuhörerschaft die Beziehung der Elemente zueinander und die genauen Prozentzahlen auf den ersten Blick vermittelt. Das Säulendiagramm bietet zwar einen Überblick, das Publikum muss aber die genauen Werte selbst herausarbeiten. Da das Liniendiagramm eine Entwicklung impliziert, passt es nicht zu diesem Inhalt und das Flächendiagramm wirkt bezüglich der Zahlen und der Beziehung der Elemente zueinander verwirrend.

> **Gestaltung von Diagrammen**
> → Definieren Sie die Hauptaussage der Abbildung.
> → Wählen Sie eine passende Art von Diagramm.
> → Gestalten Sie das Diagramm so einfach wie möglich – verwenden Sie nur die wichtigsten Daten.
> → Beschriften Sie deutlich alle Achsen.
> Sorgen Sie für einen starken Kontrast zwischen den einzelnen Feldern.
> → Formulieren Sie die Hauptaussage in einem Satz, so dass Sie die Erklärung während der Präsentation mühelos auf den Punkt bringen können.

12.7 | Nonverbale Kommunikation

Die Annahme, die im vorangegangenen Abschnitt zitierte Statistik sei auf jede Kommunikationssituation anwendbar, wäre naiv, doch die Tendenz ist klar: Wir kommunizieren mit unserer Körpersprache und Stimme oft mehr als wir erwarten würden. Es ist sogar unmöglich, mit einer Person nicht zu kommunizieren, so lange man sie sehen kann. Gesichtsausdruck, Körpersprache und Kleidung sprechen Bände über die Person, die vor einem steht, oder über die Stimmung, in der sich diese Person befindet.

Die zwei wichtigsten Prinzipien von Körpersprache in Präsentationen sind **Authentizität** und **Überzeugung**. Um für neue Informationen empfänglich zu sein, muss ein Publikum darauf vertrauen, dass der Vortragende ehrlich ist sowie etwas Interessantes und Wichtiges zu sagen hat. Jemand, der im Vortragsraum langsam nach vorne schlurft und anfängt, seine Papiere hin- und herzuschieben, aus dem Fenster sieht und abwesend seufzt, kommuniziert nonverbal, dass er/sie am liebsten gerade woanders wäre. Würden Sie dieser Person gerne zuhören?

Es ist unmöglich, Vorgaben zu ›korrekter‹ Körpersprache zu machen, doch im Folgenden werden einige der häufigsten Richtlinien genannt, wie man den richtigen Eindruck schafft.

1. Für den Anlass **angemessene Kleidung** erleichtert es der Zuhörerschaft, sich auf den Inhalt einer Präsentation zu konzentrieren. Prinzipiell ist es am besten, sich ein wenig formeller zu kleiden als das Publikum, aber nicht zuviel. Anzug und Krawatte wirken unpassend, wenn alle Zuhörer/innen Jeans und T-Shirt tragen.

Empfehlungen für die Körpersprache

2. Es ist in Ordnung, sich im Zimmer auf und ab zu **bewegen**, falls sich dies natürlich anfühlt. Dies kann es dem Publikum leichter machen als der Anblick eines maskenhaften und unbewegten Sprechers.

3. Stehen Sie bequem und in **aufrechter Haltung**, mit beiden Füßen fest auf dem Boden und mit einem geraden Rücken. So vermitteln Sie ein professionelles Erscheinungsbild.

4. Unterstützende **Handbewegungen** können äußerst wirkungsvoll sein. Aber hüten Sie sich vor extremen Bewegungen; nervöses Auf- und Abschreiten, ›Tänzeln‹ und Hand-Aerobic kann komisch und äußerst ablenkend wirken.

5. Es ist wichtig, **Blickkontakt** mit den Zuhörer/innen zu halten, um einen offenen Kommunikationskanal zu schaffen, wobei Sie möglichst viele Personen einschließen sollten (ohne diese anzustarren).

6. Einen **Gegenstand** in der Hand zu halten, wie zum Beispiel einen Stift oder Laserpointer, kann unruhige Hände beruhigen und verhindern, dass sie in den Hosentaschen verschwinden. Lassen Sie aber nicht zu, dass der Zeigestock zum drohenden Schlagstock wird!

7. Wenn Sie mit OHP oder PowerPoint arbeiten, vermeiden Sie es, sich von der Zuhörerschaft ab- und der Wand zuzuwenden. Suchen Sie sich eine **Position neben dem PC oder dem OHP**, von der aus Sie sowohl auf den Bildschirm schauen können als auch auf Ihr Publikum.

Tipps

> → Wenn Sie vor Beginn der Präsentation nach vorne laufen, nehmen Sie sich Zeit, um eine angenehme Position und Haltung zu finden, aus der heraus Sie arbeiten können. Haben Sie sich einmal zentriert, wird es schwierig werden, Sie aus dem Gleichgewicht zu bringen. Atmen Sie auch einige Male tief und entspannt in den Bauch hinein. Sollten Sie während des Vortrags merken, dass Sie flach und verkrampft atmen, nehmen Sie sich immer wieder eine Sekunde Zeit, um sich zu entspannen. Es wird niemand bemerken, und Sie werden sich viel besser konzentrieren und präsentieren können.

12.8 | Der Erwerb von Präsentationstechniken

Es ist nicht hilfreich, die Präsentationstechniken irgendeines Vortragenden nachzuahmen, denn je mehr Sie sich von Ihrer eigenen Persönlichkeit entfernen, desto künstlicher werden Sie als Vortragende/r wirken. Um herauszufinden, was Ihnen am meisten liegt, gilt es, die eigenen Kompetenzen zu erkennen und eine **Selbstanalyse** durchzuführen.

Übung

Selbstanalyse: Denken Sie an Ihre letzte Präsentation:

- Was waren Ihre Stärken?
- Was würden Sie für die nächste Präsentation verbessern?

Bei der Vorbereitung der nächsten Präsentation sollten Sie mit den Erkenntnissen der Selbstanalyse arbeiten und weiterentwickeln, was Ihnen gelungen erscheint. Denken Sie auch an Ihre Kontextanalyse und probieren Sie nur das aus, was Sie als passend und hilfreich einschätzen.

Bitten Sie auch Freund/innen und Kommiliton/innen um **Feedback** zu einer **Simulation der Präsentation**. Eventuell können Sie dafür sogar den Raum benutzen, in dem Sie später Ihren Vortrag halten werden. Schließen Sie Ihre Augen für eine Minute und visualisieren Sie das Zimmer und die Zuhörerschaft, wie sie am Tag der Präsentation sein werden. Die Übung soll realistisch gestaltet werden; achten Sie besonders darauf, dass Sie die Zeit einhalten. Fragen Sie nach Feedback zu den folgenden Punkten:

Feedback einholen

■ Vortragsweise (Stimme, Tempo, Körpersprache usw.)	■ Gestaltung, Struktur und Einsatz von visuellen Medien
■ Struktur der Gesamtpräsentation	■ Allgemeine Wirkung

Um sich ein besseres Bild von Ihren eigenen Kompetenzen zu machen, können Sie sich auch von anderen inspirieren lassen. Eine gute Übung ist das gezielte **Beobachten und Bewerten** von Präsentationen, die Sie in Ihrem Unialltag miterleben. Jedes Mal, wenn Sie eine Präsentation beobachten, analysieren Sie, was gut und schlecht gemacht wurde. Was könnten Sie selbst von den Vortragenden lernen und was könnten Sie ihnen beibringen? Wenn Sie einen Lieblingsvortragenden haben, überlegen Sie, was diese Person zum Kommunikationsexperten macht. Durch Beobachtung und Analyse werden Sie Ihren individuellen Präsentationsstil finden und verbessern können.

Tipp

→ Sie können auch online akademische Präsentationen finden, eventuell auch in Ihrem Bereich, die zur Verbesserung Ihrer Visualisierungs- und Präsentationskompetenzen beitragen können, zum Beispiel unter: http://timms.uni-tuebingen.de oder http://www.princeton.edu/WebMedia/lectures.

Literatur

Blod, Gabriele (2007): Präsentationskompetenzen. Überzeugend präsentieren in Studium und Beruf. Stuttgart: Klett.
Böhringer, Joachim/Bühler, Peter/Schlaich, Patrick (2007): Präsentieren in Schule, Studium und Beruf. Berlin/Heidelberg: Springer.
Franck, Norbert/Stary, Joachim (2006): Gekonnt visualisieren. Medien wirksam einsetzen. Paderborn/München: Schöningh.

Millie Baker

13. Kommunikation und Metakommunikation

13.1   Kommunikation: allgegenwärtig und doch unwahrscheinlich?
13.2   Kommunikation als Prozess
13.3   Eine Nachricht, viele Botschaften
13.4   Erfolgreich kommunizieren heißt angemessen kommunizieren
13.5   Die Wichtigkeit von Metakommunikation
13.6   Kommunikationsformen im Studium
13.7   Kommunikative Kompetenzen entwickeln

13.1 | Kommunikation: allgegenwärtig und doch unwahrscheinlich?

»Man kann nicht *nicht* kommunizieren.« Dieses Zitat zum Thema Kommunikation kennt fast jeder. Es stammt aus der Feder der Psychotherapeuten und Kommunikationstheoretiker Paul Watzlawick, Janet H. Beavin und Don D. Jackson (1969, 51) und formuliert ein alltägliches Empfinden prägnant: **Kommunikation ist überall, wo Menschen sind**. Befinden sich zwei Menschen in einem Raum, haben sie zwar die Wahl, miteinander zu sprechen oder zu schweigen. Aber sie können nicht vermeiden, dass der jeweils andere jedes Verhalten, auch ein Schweigen, als Kommunikation deuten kann und wird: »Er ignoriert mich.« »Sie hat mich angelächelt, ich glaube sie flirtet mich an.« »Er ist schlecht drauf.« Usw.

Wenn Sie überlegen, womit Sie im Studium Ihre Zeit verbringen, so werden Sie feststellen: Als Student/in haben Sie einen abwechslungsreichen Job in der Kommunikationsbranche. Sie diskutieren über Texte mit anderen Studierenden, besuchen Sprechstunden von Professor/innen, präsentieren Ihr Wissen in Referaten, schreiben Haus- und Abschlussarbeiten. Kurzum: Sie müssen in den unterschiedlichsten Situationen stets wechselnden kommunikativen Anforderungen gerecht werden.

Angesichts dieser Allgegenwart von Kommunikation überrascht ein Zitat, das der Soziologe Niklas Luhmann geprägt hat: »Kommunikation ist unwahrscheinlich. Sie ist unwahrscheinlich, obwohl wir sie jeden Tag erleben, praktizieren und ohne sie nicht leben würden« (2001, 78). Wie das? Wie kann etwas unwahrscheinlich sein, das fortwährend und überall stattfindet? Bedenkt man die Vielzahl der Faktoren, von denen erfolgreiche Kommunikation abhängt, ist es tatsächlich fast überraschend, dass Kommunikation recht oft gelingt. Wenn Sie nur kurz nachdenken, wird Ihnen eine ganze Reihe von Beispielen für alltägliche Kommunikationsprobleme einfallen. Kommunikation ist somit zwar allgegenwärtig, ihr Erfolg aber alles andere als selbstverständlich. Es lohnt sich daher, auch für etwas scheinbar so ›Natürliches‹ wie unsere Fähigkeit zur Kommunikation die eigene Kompetenz kritisch zu hinterfragen und weiterzuentwickeln. Dazu braucht es zumindest ein wenig Theorie und viel Praxis. Einige theoretische Grundlagen zur Kommunikation lernen Sie im Folgenden kennen, zusammen mit Tipps und Beispielen, wie Ihnen ein besseres Verständnis von Kommunikation im Alltag und im Studium helfen kann, erfolgreicher zu kommunizieren.

Zur Vertiefung

> An dieser Stelle können nur sehr grundlegende Überlegungen zu Kommunikation und Metakommunikation vorgestellt werden. Zur Vertiefung eignet sich das bereits genannte, und bis heute wegweisende Buch *Menschliche Kommunikation* (1969) von Watzlawick, Beavin und Jackson oder das sehr anschaulich geschriebene, dreibändige Werk *Miteinander Reden* des Psychologen Friedemann Schulz von Thun (2006, 2007a, 2007b). Die vorliegenden Überlegungen hierzu basieren auf dem Buch *Kommunikationskompetenzen* von Ansgar Nünning und Martin Zierold (2008).

13.2 | Kommunikation als Prozess

Wer Kommunikation besser verstehen und somit bewusster und angemessener kommunizieren möchte, der benötigt zumindest ein grundlegendes Verständnis des **Kommunikationsprozesses**. Dafür ist es zunächst wichtig, verschiedene Arten von Kommunikation zu differenzieren, die verschiedenen Elemente zu bestimmen, die bei Kommunikationsprozessen eine prägende Rolle spielen, und ihr grundlegendes Zusammenspiel in diesem Prozess zu untersuchen.

13.2.1 | Arten von Kommunikation

Prinzipiell lassen sich Kommunikationsarten nach den unterschiedlichsten Kriterien systematisieren. Eine grundlegende Unterscheidung ist dabei die Differenzierung zwischen

- **Face-to-face-Kommunikation** (also direkter sprachlicher und nichtsprachlicher Kommunikation unter Anwesenden),

- **textuell und medial vermittelter (Individual-)Kommunikation** (also z. B. Kommunikation über Briefe, E-Mails oder auch Telefon und Skype) und
- **massenmedialer Kommunikation** wie Zeitung, Hörfunk, Fernsehen oder bestimmte Formen von Internetangeboten.

Bei der Entwicklung von Kommunikationskompetenz geht es vor allem um Individualkommunikation (in Abgrenzung zur Medienkompetenz, die sich auf den Umgang mit Massenmedien bezieht).
Face-to-face-Kommunikation ist sowohl historisch als auch individuell-biographisch sozusagen die Urform von Kommunikation: Bevor der Mensch Schrift als Aufzeichnungs- und Kommunikationssystem entwickelte, hatte er schon Sprache und konnte im Hier und Jetzt mit anderen Anwesenden kommunizieren. Auch individuell lernen wir sprechen, lange bevor wir lesen und schreiben lernen.

Die Entwicklung von Schrift und Schreibtechniken ermöglicht textuell und medial vermittelte Kommunikation zwischen Nicht-Anwesenden, und zwar sowohl in zeitlicher wie räumlicher Dimension. Per Instant Messenger können wir heute über räumliche Distanzen unmittelbar mit anderen Menschen kommunizieren, doch die Kombination von Schrift und langlebigen Speichermedien erlaubt auch die Kommunikation über lange Zeitabstände hinweg.

→ Gerade die **Wahl von Medien** spielt bei der Kommunikation eine entscheidende Rolle, denn die genutzten Kommunikationsinstrumente (wie Sprache oder Bilder) und Medientechnologien (wie Schrift, Fotos, Videos) eröffnen bestimmte Ausdrucksmöglichkeiten und verhindern andere. Ein Brief ist auf die Linearität der schriftlichen Sprache angewiesen und bietet keine unmittelbare Möglichkeit zur Reaktion, weswegen er für die Entwicklung eines langen Arguments geeignet sein mag. Zugleich fehlen neben der direkten Antwortmöglichkeit beispielsweise eines Telefonats auch die Informationen, die wir durch unsere Stimme in Betonungen oder Tonfall ausdrücken, und die z. B. Ironie markieren. Es ist deswegen bei medial vermittelter Kommunikation sehr wichtig zu entscheiden, welche Medientechnologie gewählt wird: Ob Sie Feedback zu einem Text per Telefon oder in einer Mail geben, kann gerade bei kritischen Worten einen entscheidenden Unterschied machen.

Tipp

13.2.2 | Komponenten des Kommunikationsprozesses

Welche Faktoren spielen nun bei der Individualkommunikation eine Rolle, welche Elemente sind Teil des Kommunikationsprozesses? Eine klassische Antwort liefert die sogenannte **Lasswell-Formel**, die der amerikanische Politologe und Kommunikationstheoretiker Harold Dwight Lasswell formuliert hat:

WHO says	WHAT	in which CHANNEL	to WHOM	with what EFFECT?
WER sagt	WAS	auf welchem WEG	zu WEM	mit welcher WIRKUNG?

Mit dieser Formel können wir zunächst mindestens fünf Aspekte unterscheiden, die Bestandteile aller Kommunikationsprozesse sind:

1. einen Kommunikator, Sprecher oder Sender (Wer?),
2. eine Aussage oder Nachricht (Was?),
3. ein Medium oder einen Kanal (Auf welchem Weg?),
4. einen Rezipienten, Nutzer oder Empfänger (Zu wem?) sowie
5. ein Resultat bzw. eine Wirkung (Mit welcher Wirkung?).

Da diese Elemente zentrale Bestandteile von allen Kommunikationsprozessen sind und sich gegenseitig beeinflussen bzw. sogar bedingen, lassen sie sich nur modellhaft trennen. Wir wollen sie daher nun wieder verknüpfen und sehen, wie sie zusammenwirken und wie eine Nachricht, eine Aussage durch alle Komponenten beeinflusst wird und diese wiederum selbst beeinflusst.

13.3 | Eine Nachricht, viele Botschaften

Schulz von Thun unterscheidet grundlegend Nachrichten von Botschaften, um die vielen Ebenen trennen zu können, auf denen ein Satz (oder auch schon ein Wort, oder im größeren Zusammenhang ein Brief, eine Rede usw.) Bedeutung hat und auf seine Informationen hin untersucht werden kann: Die **Nachricht** ist in seiner Definition »das ganze vielseitige Paket mit seinen sprachlichen und nicht-sprachlichen Anteilen« (2006, 33). Sie kann jedoch auf verschiedenen Ebenen als Mitteilung verstanden werden.

Beispiel

Wir beginnen am einfachsten mit einem Beispiel und betrachten einen relativ simplen Satz, der von einer Person A an eine Person B gerichtet wird: »Hier ist es aber dunkel.« Dieser Satz ist das ›Was‹ in der Lasswell-Formel des Kommunikationsprozesses, sozusagen die Nachricht. Aber was meint dieses ›Was‹? Das können wir nur entscheiden, wenn wir wesentlich mehr Informationen haben, wenn wir das ›Was‹ mit dem ›Wer‹, dem ›an Wen‹ usw. in Verbindung bringen: Wer sind A und B, in welcher Beziehung stehen sie zueinander, wo befinden sie sich, wie ist der Tonfall in dem A spricht und vieles Weitere mehr.

Doch selbst, wenn wir alle Rahmenbedingungen kennen, können wir noch lange nicht die *eine* Bedeutung dieses Satzes benennen. Er teilt auf ganz verschiedenen Ebenen etwas mit, weit über die Information über die spärliche Beleuchtung eines Raumes hinaus.

13.3.1 | Sachliche Botschaft

Unser Beispielsatz »Hier ist es aber dunkel« hat zunächst eine sachliche Botschaft, die eine Aussage über die Helligkeit in einem Raum oder an einem bestimmten Ort macht. Dies ist in der Regel die ›offensichtlichste‹ Botschaft, die auch am wenigsten kontextabhängig ist. Es ist aber keineswegs immer die wichtigste Botschaft. Denn neben der reinen Sachinformation gibt jede Aussage immer auch Informationen über die Relation zwischen Sprecher und Adressat bzw. Sender und Empfänger preis.

13.3.2 | Beziehungsaspekte

Die Aussage »Hier ist es aber dunkel« kann auf ganz verschiedene Weise gedeutet werden, etwa als überraschte Aussage, als besorgter Hinweis in Anbetracht möglicher Schädigung der Augen, aber auch als ironischer Kommentar angesichts eines sehr hell beleuchteten Raums. Wie diese Aussage in der konkreten Sprechsituation aufzufassen ist, hängt von der Beziehung zwischen Sender und Empfänger ab, und von den Beziehungsinformationen, die in der Nachricht transportiert werden. Mögliche Beziehungsbotschaften unserer Beispielnachricht wären etwa

- »Ich mache mir Sorgen um Dich« (Du könntest Deine Augen schädigen),
- »Ich trau Dir nicht zu, zu wissen, was gut für Dich ist« (also mach das Licht an) oder auch
- »Wir haben den gleichen Humor« (die Bemerkung ist ironisch gemeint).

Beziehungs-
botschaften

Je nach der Beziehungsaussage ändert sich somit auch die Nachricht insgesamt, bzw. ihre Interpretation durch Sender und Empfänger. Watzlawick, Beavin und Jackson formulieren es knapp und prägnant: »Der Inhaltsaspekt vermittelt die ›Daten‹, der Beziehungsaspekt weist an, wie diese Daten aufzufassen sind« (1969, 55).

Diese Beziehungsinformationen werden durch verschiedene Aspekte der Nachricht beeinflusst, z. B. durch die Wortwahl, um eine bestimmte Sachinformation zu formulieren. Sie würden die gleiche sachliche Botschaft gegenüber Ihren Eltern, einem engen Freund und gegenüber einem Fremden unterschiedlich formulieren. In der gesprochenen Sprache sind dazu vor allem nicht-sprachliche Elemente wie der Tonfall oder Gestik und Mimik zur Vermittlung von Beziehungsinformationen entscheidend, wobei dies keineswegs nur willkürliche Ausdrucksmittel sind, sondern etwa die Körperhaltung auch unwillkürlich Informationen vermitteln kann.

13.3.3 | Selbstoffenbarung

Als dritte Ebene nennt Schulz von Thun die Ebene der Selbstoffenbarung. Mit allem was wir sagen, schreiben oder auf andere Weise kommunizieren, tragen wir bewusst und unbewusst zu einem Bild von unserer Person bei. Die Art wie wir sprechen, formulieren, gestikulieren, unsere Handschrift usw. sind Mosaiksteine, die für unser Gegenüber zu dem Gesamtbild beitragen, das er sich über uns macht. Unser Beispielsatz »Hier ist es aber dunkel« könnte etwa offenbaren, dass der Sprecher ein (um die Gesundheit des Gegenübers) besorgter Mensch ist – oder auch ein herrischer, der einfach seine Vorstellungen von angenehmer Raumbeleuchtung durchsetzen möchte. Dies hängt also wiederum von der Beziehung zwischen Sender und Empfänger ab, zumal sich die Sichtweisen beider Seiten unterscheiden können.

13.3.4 | Appell

Praktisch keine Kommunikation ist zweckfrei, zumeist verbindet jeder Sprecher oder Sender ein **Ziel** mit seiner Aussage. Dabei darf der Begriff ›Ziel‹ nicht so verstanden werden, dass es immer darum gehen muss, jemand anderen zu einer Handlung zu veranlassen, die Meinung zu ändern o. Ä. Ziele können auch wesentlich unscheinbarer sein, z. B. eine angenehme Atmosphäre herzustellen, zu unterhalten usw. In unserem Beispiel kann die Aussage als Appell verstanden werden, das Licht einzuschalten. Ist die Bemerkung ironisch gemeint, und alle Lampen strahlen bereits in Stadionbeleuchtung, wäre aber auch das Gegenteil denkbar: Das Licht soll ausgeschaltet werden, um Energie zu sparen. Oder die Bemerkung soll einfach nur unterhaltsam sein und der Appell wäre, über die gelungene Bemerkung zu lachen. Auch hier gilt also: Den *einen* Appell einer Nachricht gibt es nicht. Auch hier hängt die Interpretation von der Beziehungsebene ab, deren Interpretation wiederum mitabhängig ist von der Selbstoffenbarung des Sprechers.

13.3.5 | Das Zusammenspiel der Botschaften

Obwohl alle Ebenen miteinander verwoben sind, ist es sinnvoll, sie konzeptionell zu trennen. Nur so können Fälle beschrieben werden wie das klassische Beispiel eines sinnvollen Appells, der prinzipiell vom Empfänger auch verstanden und akzeptiert wird, jedoch aufgrund der Beziehungsebene abgelehnt wird: »Das muss ich mir nicht von Dir sagen lassen« oder »Nicht in diesem Ton« sind Bemerkungen, die genau diese Unterscheidung zwischen Appell und Beziehungsebene in der Alltagssprache markieren können. Zugleich sehen wir, dass der Appell gewissermaßen eine besondere Botschaftsebene der Nachricht ist, denn er steht quer zu den anderen Ebenen. Schließlich kann sich der Appell auf einzelne oder mehrere der anderen Ebenen beziehen. Der unausgesprochene Appell »Mach das Licht an!« in unserem Beispiel bezieht sich auf die Sachebene der Botschaft. Zugleich aber bezieht er sich auf die Beziehungsebene: »Gehorche mir, ordne Dich meinem Wunsch, meiner Bitte, meinem Befehl unter.« Ist er aber ironisch gemeint, könnte der Appell sich eher auf die Beziehungsebene (»wir verstehen uns und haben den gleichen Humor«) und auf die Selbstdarstellungsebene (»sieh mich als eine unterhaltsame Person an«) beziehen und die Sachebene unberührt lassen.

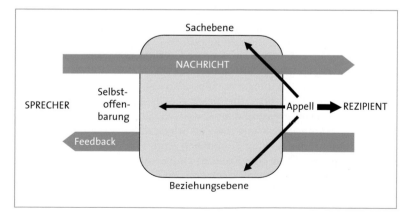

Vier Ebenen der Kommunikation (nach Schulz von Thun 2006, 30)

Tipp

→ Es ist wichtig, sich bewusst zu machen, dass jede Nachricht immer auf allen Ebenen interpretiert werden kann. Auch wenn Sie vielleicht nur eine sachliche Aussage machen möchten, könnte Ihr Gegenüber wegen einer vermeintlich anmaßenden Formulierung auf der Beziehungsebene verstimmt reagieren. Versuchen Sie, in Alltagskommunikationen ein Gespür für die verschiedenen Ebenen von Kommunikation zu entwickeln. Welche Informationen entnehmen Sie einem Gespräch jenseits der Sachbotschaft? Welche Zeichen deuten Sie vor allem als Indizien zur Beziehung der Teilnehmer/innen? Können Sie Missverständnisse zwischen Teilnehmer/innen durch diese Begriffe erklären, etwa wenn ein/e Teilnehmer/in wegen einer Beziehungsinformation beleidigt ist, der oder die andere jedoch lediglich über die Sachebene sprechen möchte?

13.3.6 | Andauerndes Feedback oder: Kommunikation ist keine Einbahnstraße

Kommunikation ist kein Prozess in nur eine Richtung, obwohl die häufige Rede von Sendern und Empfängern dies nahelegt. Dies ist in der Abbildung oben durch den von rechts nach links verlaufenden ›Feedback‹-Pfeil gekennzeichnet. Im direkten Gespräch wechseln Sprecher- und Rezipientenrolle ständig, so dass der Empfänger sehr schnell reagieren und sich ausdrücklich zustimmend oder ablehnend verhalten kann. Die zweite Form des Feedbacks ist eine noch unmittelbarere: Der Empfänger ist nicht nur ein/e aktive/r Zuhörer/in, der oder die einen mehr oder weniger ausdrücklichen Kommentar zum vorher Gesagten abgeben kann. Schließlich reagiert er schon in der Empfängerrolle unmittelbar. Gerade emotionale Reaktionen, aber auch Unverständnis, Zweifel können sich schon in der Zuhörerrolle nonverbal etwa durch Körpersprache, Gestik, Mimik usw. ausdrücken.

Der sogenannte Empfänger ›sendet‹ also selbst fortwährend ›Signale‹ an den sogenannten Sender, die dieser wiederum deuten, interpretieren und dann bewerten muss, und auf die er reagiert. Überlegen Sie, wie Sie Freunden von einem Erlebnis aus der Universität erzählen: Sie werden fortwährend prüfen, wie die Reaktionen sind: Hört man Ihnen zu? Gibt es Anzeichen, dass sich Ihre Zuhörer amüsieren? Sehen sie gelangweilt aus? Entsprechend der Reaktionen werden Sie Ihre Geschichte auf die Situation abstimmen, Ihre Rede verlängern, abkürzen, übertreiben oder relativieren.

13.4 | Erfolgreich kommunizieren heißt angemessen kommunizieren

Wenn von erfolgreicher Kommunikation die Rede ist, dann werden unterschiedliche Menschen mit dem Begriff ›Erfolg‹ womöglich ganz unterschiedliche Aspekte verbinden. Für Vertreter/innen zählt der Vertragsabschluss am Ende des Gesprächs, für Politiker/innen die Wahlentscheidung der Bürger/innen usw. Als Studierende kommunizieren Sie in sehr unterschiedlichen Kontexten mit vielen verschiedenen Menschen. Dabei kann Erfolg in jedem konkreten Fall ganz unterschiedlich aussehen: In der Sprechstunde wollen Sie von Ihrem Exposé überzeugen, in der Arbeitsgruppe gemeinsam einen Text erläutern, im Referat Ihr Wissen auf spannende und zugleich wissenschaftliche Weise präsentieren und vermitteln. Unterschiedliche Situationen erfordern unterschiedliche Kommunikation. Deswegen gibt es – wenn überhaupt – nur eine ›Goldene Regel‹ für erfolgreiche Kommunikation. Sie lautet: Erfolgreich kommuniziert, wer der **Situation**, seinem Gegenüber und sich selbst angemessen kommuniziert, d.h. wer in der Lage ist, sich auf **unterschiedliche Kontexte, Ziele und Erfolgskriterien** einzustellen.

13.4.1 | Angemessene Botschaften

Angemessenes Kommunizieren beginnt bei der Nachricht und ihren Botschaften. Sie wissen nun, dass eine Nachricht auf verschiedenen Ebenen interpretiert wird. Wenn Sie z. B. ein Thema für eine Hausarbeit vorschlagen, reicht es nicht, diese Sachinformation irgendwie auszusprechen. Dann könnten Sie auch sagen: »Ich – Hausarbeit – Ironie in den Werken Jane Austens.« Selbst in diesem überzogenen Beispiel sind die relevanten Sachinformationen enthalten. Trotzdem wäre es keine angemessene Kommunikation, und Sie würden sich gegenüber Ihrem/r Dozent/in keinen Gefallen tun. Aussagen sind nur dann erfolgversprechend, wenn Sie auf allen Ebenen situationsangemessen sind:

> → Auf der Sachebene sollten Sie Verständlichkeit anstreben, das heißt die Information nicht unnötig kompliziert darstellen.
> → Auf der Beziehungsebene sollten Sie ein Gespür für die sozialen Rollen demonstrieren, in denen alle Kommunikationsteilnehmer/innen sich befinden. Dabei geht es nicht um Unterwürfigkeit gegenüber hierarchisch Höherstehenden und schon gar nicht um Überheblichkeit gegenüber Tieferstehenden – z. B. wenn Sie einmal ein Tutorium leiten und dann selbst zum ersten Mal Dozent/in sind. In jeder Kommunikation sollten beide Seiten um Kooperation und Partnerschaftlichkeit bemüht sein.

Checkliste Kommunikationsebenen

> → Ihre Selbstoffenbarung sollte authentisch und ehrlich wirken.
> Wenn Sie sich grundlegend verstellen, um z. B. eine positivere
> Beziehungskommunikation zu erreichen, wird dies in der Regel
> zumindest langfristig scheitern.
> → Auf der Appell-Ebene ist das A und O situationsangemessene
> Kommunikation. Es hängt insbesondere stark von der Beziehung zu
> den Gesprächsteilnehmer/innen ab, welche Appelle Sie in welcher
> Form angemessen einbringen können. Generell ist es dabei zu-
> mindest im Studium und Beruf sinnvoll, transparent zu agieren,
> das heißt seine Absichten nicht zu verschleiern, sondern offen zu
> kommunizieren.

Informationen zu den verschiedenen Ebenen werden in der Regel
jeweils über unterschiedliche Teilaspekte einer Nachricht vermittelt;
die Sachinformation hauptsächlich über die sprachlichen Zeichen, die
Selbstoffenbarung und Beziehungsaspekte sehr stark auch über nicht-
sprachliche wie Gestik und Mimik. So gilt der nur scheinbar paradoxe
Satz, dass einerseits alle Ebenen zusammenhängen, andererseits aber
durchaus auch widersprüchliche Botschaften möglich sind. Solche
widersprüchlichen Botschaften sind Quelle vieler Verwirrungen und
Verunsicherungen. Ein/e Professor/in, der/die ein Referat mit Worten
lobt, dabei aber einen hochgradig gelangweilten Eindruck macht, wird
seine/ihre Studierenden ratlos zurücklassen: Sie fühlen sich weder wirklich gelobt, noch wissen sie, was sie hätten besser machen können.

Wer aber darauf achtet, auf allen Ebenen angemessen zu kommunizieren, bei dem passt automatisch auch das Zusammenspiel der Ebenen
untereinander und mit dem Kontext. Dies ist der Idealfall von stimmiger
Kommunikation.

13.4.2 | Stimmige Kommunikation

Obwohl Sie bereits einige Aspekte von Kommunikation kennengelernt
haben, war bisher von einem zentralen Begriff eher selten die Rede:
vom ›Verstehen‹. Dabei geht es doch bei Kommunikation genau darum,
dass uns unser Gegenüber ›versteht‹. Doch was heißt das eigentlich? Wir
können einander nicht in die Köpfe schauen, so dass wir nie überprüfen
können, ob wir wirklich so verstanden worden sind, wie wir uns das
wünschen. Wir können also immer nur die **Reaktionen** unseres Gegenübers, seine Antworten und auch sein sonstiges Verhalten beobachten
und auf dieser Grundlage bewerten, ob wir davon ausgehen können, er
habe uns verstanden oder nicht. Aber nach allem, was Sie schon gelernt
haben, kann es bei erfolgreicher Kommunikation auch nicht nur um das
›Verstehen‹ einer sachlichen Botschaft gehen. Ja, es kann sogar Situationen geben, in denen Sie zwar sachlich verstanden werden, in denen

sie sich aber dennoch hochgradig unwohl fühlen, und die sie nicht als erfolgreiche oder gelungene Kommunikation bezeichnen würden. Dies kann z. B. der Fall sein, wenn Sie in einer Arbeits- oder Studiensituation zwar ›funktionieren‹, aber das Gefühl haben, sich verstellen zu müssen. Ein Konzept, das gelingende und erfolgreiche Kommunikation in diesem Sinne an mehr als nur bloßem ›Funktionieren‹ auf der Sachebene misst und die verschiedenen Ebenen von Kommunikation einbezieht, ist das der Stimmigkeit.

→ **Stimmigkeit von Kommunikation:** Nach Schulz von Thun ist Kommunikation dann stimmig, wenn sie personal und situativ angemessen ist, anders gesagt, wenn die Beteiligten das Gefühl haben, zugleich »sie selbst« sein zu können und der Situation mit ihrer Rahmung und ihrem besonderen Kontext angemessen zu handeln (vgl. 2007b, 306 f.).

Definition

Diese zwei Dimensionen lassen sich auch in einer Matrix mit vier Feldern darstellen, die vier Varianten von erfolgreicher oder weniger erfolgreicher Kommunikation markieren.

		Der Situation	
		entsprechend	nicht entsprechend
Mir selbst	gemäß	stimmig	daneben
	nicht gemäß	angepasst	verquer

Stimmigkeit von Kommunikation (nach Schulz von Thun, 2007b, 306)

Stimmige Kommunikation ist wie beschrieben der Idealfall, in dem **persönliche Authentizität** und **situationsangemessenes Handeln** zusammenfallen. Dies bezieht sich somit auf alle Ebenen der Kommunikation:

- Ist die Sachbotschaft eine Botschaft, die ich grundsätzlich vertreten kann und die ich in dieser Situation äußern kann?
- Bin ich glücklich mit meiner Selbstoffenbarung und ist sie der Situation und meiner Beziehung zu den anderen Kommunikationsteilnehmer/innen angemessen?

- Kann ich die von der Kommunikationssituation geschaffene Beziehung zwischen mir und den anderen Teilnehmer/innen akzeptieren?
- Ist der Appellgehalt der Kommunikation für mich akzeptabel und der Situation angemessen?

Wenn alle diese (beispielhaften und je nach Kontext umzuformulierenden) Fragen positiv beantwortet werden können, kann man von stimmiger Kommunikation sprechen.

Neben diesem Idealfall lassen sich drei Fälle von nicht stimmiger Kommunikation unterscheiden:

Typen nicht stimmiger Kommunikation

1. Von angepasster Kommunikation ist die Rede, wenn die Kommunikation zwar der Situation angemessen ist, aber nicht der sprechenden Person, d.h. wenn diese das Gefühl hat, sich verstellen zu müssen. Ein Beispiel könnte der erste Termin in der Sprechstunde eines Ihnen noch kaum bekannten Professors sein oder auch ein Bewerbungsgespräch, bei dem Sie besonders interessiert sind, einen guten Eindruck zu machen und anfangen, wie ein Schauspieler zu agieren. In solchen Situationen ist es wichtig, einen Ausgleich zwischen situationsangemessenem und persönlich passendem Verhalten zu finden. Insofern ist stimmige Kommunikation immer auch ein wenig angepasste Kommunikation, die jedoch nicht in **Überanpassung** und **Selbstverleugnung** abgleitet.

2. »Daneben«: Den gegenteiligen Fall von Kommunikation bezeichnet Schulz von Thun als daneben, wenn Personen zwar authentisch, aber der Situation unangemessen handeln. Ein Beispiel dafür wäre ein allzu flapsiges Referat im Seminar, das vielleicht der clownesken Seite des Referenten gemäß ist, nicht jedoch dem wissenschaftlichen Kontext der Situation.

3. Verquere Situationen: Schließlich gibt es noch die verqueren Situationen, in denen weder persönlich angemessen noch situationsangemessen kommuniziert wird. Dies ist sicherlich die seltenste Variante nicht stimmiger Kommunikation, doch auch sie kann vorkommen, oft in Kombination mit bzw. als Folge von Kommunikationen, in denen ein Beteiligter »daneben« agiert und – sei es durch eine Machtposition oder nur durch eine laute Stimme – jede Intervention durch andere Teilnehmer/innen verhindert. Diese haben dann oft das Gefühl weder personal noch situativ angemessen agieren zu können, sondern einer völlig »verqueren« Situation hilflos ausgeliefert zu sein.

Tipp

> → Versuchen Sie, die Kriterien für angemessene Botschaften und stimmige Kommunikation im Alltag zunächst beobachtend anzuwenden. Analysieren Sie Alltagssituationen: Verhalten sich die Teilnehmer/innen stimmig? Wonach beurteilen Sie Stimmigkeit? Fallen Ihnen Beispiele ein, in denen Sie selbst angepasst, daneben oder verquer agiert haben? Wie haben Sie sich in diesen Situationen gefühlt? Wie hätte eine angemessenere Kommunikation aussehen können?

13.5 | Die Wichtigkeit von Metakommunikation

Wenn Sie Ihre Kommunikationskompetenz schärfen wollen, dann kann dies nur gelingen, indem über Kommunikation gesprochen bzw. geschrieben und gelesen wird, indem also über Kommunikation kommuniziert wird. Genau dies tun wir hier bereits seit einigen Seiten. Der Fachausdruck für solche Selbst-Thematisierungen von Kommunikation lautet ›Metakommunikation‹. Die griechische Vorsilbe ›Meta‹ soll dabei auf eine höhere Ebene verweisen. Metakommunikation ist also sozusagen Kommunikation auf einer höheren Ebene, die z. B. die Niederungen der Alltagskommunikation in den Blick bekommen und Aussagen über sie machen kann. Metakommunikation ist entscheidend, damit wir einander im Alltag verstehen können und uns auch einmal selbst aus Kommunikationsproblemen befreien können. Dabei lassen sich verschiedene Arten von Metakommunikation unterscheiden.

13.5.1 | Indirekte Metakommunikation als fortlaufende Interpretationshilfe

Eine Form von Metakommunikation haben wir bereits besprochen, als wir bei Nachrichten die Sach- und die Beziehungsebene unterschieden haben. Dabei haben wir mit Watzlawick, Beavin und Jackson erläutert, dass die Beziehungsebene gewissermaßen eine Interpretationsanleitung für die Sachebene anbietet. Die Beziehungsebene macht somit eine Aussage über die (Sach-)Aussage – beispielsweise: »Verstehe diese Aussage als Scherz, als Aufforderung« usw. Wie wir gesehen haben, ist es oft nicht-sprachliche Kommunikation, die Informationen auf der Beziehungsebene anbietet und die sich somit als andauernde implizite (das heißt nicht ausdrückliche, sondern indirekte) Metakommunikation deuten lässt.

13.5.2 | Ausdrückliche Metakommunikation als Mittel gegen Missverständnisse

Neben der andauernden impliziten Metakommunikation gibt es explizite, also ausdrückliche Formen der Kommunikation über Kommunikation. Auch im Alltag gibt es viele Situationen, in denen wir die Kommunikation zum Thema machen, insbesondere wenn es Verständigungsprobleme gibt. Die Aussage »Das habe ich doch gar nicht so gemeint«, ist eine solche Form von Metakommunikation. Die Fähigkeit, über Kommunikationsprobleme zu reflektieren und diese anzusprechen, wird in vielen Lehrbüchern als entscheidende Kompetenz für erfolgreiches Kommunizieren angesehen. Dies ist auch zweifellos richtig, denn immer wieder gibt es Situationen, in denen man ›aneinander vorbei‹ redet oder sich in Kreisläufen von Missverständnissen, Unstimmigkeiten usw. gefangen hat. Dann ist es wichtig, die Kommunikationskette durchbrechen zu können und das bestehende Problem ansprechen zu können. Da Sie bereits einiges über Kommunikation und z. B. über die verschiedenen Ebenen von Kommunikation gelernt haben, können Sie vielleicht jetzt bei manchen Problemen besser in Worte fassen, wo ein Missverständnis oder ein Unbehagen entstanden ist – etwa wenn es um widersprüchliche Botschaften geht, oder Sie eine in einer Nachricht unterstellte Beziehungsbotschaft ablehnen.

Schulz von Thun weist zu Recht darauf hin, dass das theoretische Wissen über Kommunikation auch als Machtmittel missbraucht werden kann. Wer in Metakommunikationen mit Vokabeln protzt (»Ich akzeptiere die Sachbotschaft, aber die von Dir implizierte Beziehungsbotschaft lehne ich ab«), der schafft womöglich die nächsten Kommunikationsprobleme. Denn auch Metakommunikation ist wiederum Kommunikation auf allen Ebenen und kann gelingen oder misslingen, kann Probleme lösen oder sie einfach nur auf eine höhere Ebene verlagern. Deswegen ist es auch hier wichtig, situations- und adressatenangemessen zu kommunizieren.

Es bleibt festzuhalten, dass Kommunikation über Kommunikation ein wichtiges **Mittel zur Lösung kommunikativer Probleme** sein kann. Sie erfordert jedoch die Bereitschaft beider Seiten, persönliche Empfindungen anzusprechen und gegenseitig zu akzeptieren, denn meist ist es ja nicht die Sachbotschaft, die zu Problemen führt. Daher erfordert Metakommunikation meist zugleich Mut. Wenn sie gelingt, wird es oft als Befreiung empfunden, und alle Beteiligten sind froh, offen ein Problem angesprochen zu haben. Weil explizite Metakommunikation aber häufig auch explizite Kommunikation über die Beziehung der Beteiligten und zugleich eine ausdrückliche Selbstoffenbarung verlangt, ist es ebenso leicht, sie zu missbrauchen, ins Lächerliche zu ziehen und verletzend zu werden. Somit ist Metakommunikation immer ein Wagnis und bedarf einer der vielleicht wichtigsten Voraussetzungen für gelingende Kommunikation (die sie ja eigentlich erst wiederherstellen soll) von vorneherein: **Vertrauen**.

Tipp

> → Üben Sie sich in angemessener Metakommunikation. Versuchen Sie, nicht mit den hier verwendeten Fachbegriffen zu prahlen, sondern je nach Gesprächspartner verständlich und offen Missverständnisse anzusprechen, ohne Schuldzuweisungen zu formulieren. Erklären Sie, wo *aus ihrer Sicht* ein Problem Ihrer Kommunikation liegt und bedenken Sie, dass die meisten Probleme nicht aus Bösartigkeit oder Ignoranz der Gesprächspartner resultieren, sondern entstehen, obwohl alle Beteiligten guten Willens waren.

13.6 | Kommunikationsformen im Studium

In Ihrem Studium erleben Sie sehr unterschiedliche Kommunikationssituationen. Für viele dieser Situationen erhalten Sie im vorliegenden Band gezielt spezifische Informationen, etwa was Sie beim Verfassen wissenschaftlicher Texte berücksichtigen müssen (s. Kap. 8), wie Sie sich auf eine Prüfung vorbereiten (s. Kap. 9), wie Sie eine Seminardiskussion leiten können (s. Kap. 14) oder was Sie bei Referaten beachten sollten (s. Kap. 11 und 12). Als allgemeiner Hinweis gilt für alle diese Situationen das bereits betonte **Gebot der Stimmigkeit**, das Sie auf allen Ebenen berücksichtigen sollten. In fast jeder Situation hilft es dafür, sich vorab wenige klärende Fragen zu stellen. Oft reicht es schon, diese Fragen zu beantworten, und Sie haben wichtige Hilfen, um sich auf die Kommunikationssituation einzustellen:

- Was ist meine Sachaussage? Was möchte in der Kommunikationssituation erreichen?
- Zu wem spreche ich? In welcher Beziehung stehe ich zu der Person/ den Personen? Welche gemeinsamen Grundlagen haben wir bereits, wie gut und woher kennen wir uns? Welche Kommunikation erwartet mein Gegenüber, kann ich dem entsprechen oder entgegenkommen, ohne mich zu verstellen?
- Habe ich die Wahl zwischen verschiedenen Kommunikationsarten, etwa face-to-face-Kommunikation, Telefon, E-Mail? Ist eine Kommunikationsart meinem Anliegen besonders angemessen bzw. womöglich abträglich?

Fragen zur Kommunikationssituation

13.7 | Kommunikative Kompetenzen entwickeln

Wie Sie selbst in diesem kurzen Kapitel schon gesehen haben, ist Kommunikation ein komplexes, vielschichtiges Thema. Viel muss zusammenkommen, stimmig sein, damit Kommunikation erfolgreich ist. Deswegen ist es auch irreführend, von ›Kommunikationskompetenz‹ im Singular zu sprechen. Denn Sie benötigen viele Kompetenzen für erfolgreiche Kommunikation:

- Sie müssen **sprachliche Fähigkeiten** haben, um Ihre sachlichen Aussagen angemessen formulieren zu können.
- Auf der Beziehungsebene ist **gutes Zuhören und Einfühlungsvermögen** gefragt, um angemessen reagieren zu können.
- Um die unterschiedlichen Kommunikationssituationen richtig einzuschätzen, braucht es **emotionale und soziale Kompetenzen** und oft **Fingerspitzengefühl**.
- Und spätestens, wenn es einmal kommunikative Probleme gibt, sind **Analyse-, Reflektions- und Abstraktionsfähigkeit** gefragt, um dem Ursprung des Missverständnisses auf die Schliche zu kommen.

Kommunikationskompetenzen

Dabei gilt für alle diese Kompetenzen: Die richtige Dosis aus Theorie und Praxis hilft bei der Entwicklung und Stärkung. Sie haben jetzt schon einiges über Kommunikation gelernt. Versuchen Sie immer wieder einmal, mit diesen Begriffen alltägliche Kommunikationssituationen zu analysieren. Üben Sie sozusagen Metakommunikation im Kopf, indem Sie Kommunikation nicht mehr als selbstverständlich ansehen. Sie wissen jetzt: Es ist immer wieder eine ganz alltägliche Unwahrscheinlichkeit, dass wir uns verstehen, die Sie mit aufmerksamem, einfühlsamem und reflektiertem Kommunizieren ein wenig wahrscheinlicher machen können.

Literatur   Luhmann, Niklas (2001): »Die Unwahrscheinlichkeit der Kommunikation«. In: Ders./
          Oliver Jahraus (Hg.): Aufsätze und Reden. Stuttgart: Reclam, 76–93.
     Nünning, Ansgar/Zierold, Martin (2008): Kommunikationskompetenzen. Erfolgreich
          kommunizieren in Studium und Berufsleben. Stuttgart: Klett.
     Schulz von Thun, Friedemann (2006): Miteinander Reden 1: Störungen und Klärungen.
          Reinbek: Rowohlt.
     — (2007a): Miteinander Reden 2: Stile, Werte und Persönlichkeitsentwicklung.
          Reinbek: Rowohlt.
     — (2007b): Miteinander Reden 3: Das »innere Team« und situationsgerechte
          Kommunikation. Reinbek: Rowohlt.
     Schmidt, Siegfried J./Zurstiege, Guido (2000): Orientierung
          Kommunikationswissenschaft. Was sie kann, was sie will. Reinbek: Rowohlt.
     Watzlawick, Paul/Beavin, Janet H./Jackson, Don D. (1969): Menschliche
          Kommunikation. Formen, Störungen, Paradoxien. Bern u. a.: Hans Huber.

Martin Zierold

14. Moderationskompetenzen und Verhandlungsführung

14.1   Moderation
14.2   Gesprächs- und Verhandlungsführung

14.1 | Moderation

> Die → Moderationsmethode ist eine vielseitige Methode für die strukturierte Arbeit mit Gruppen. Sie wird als Verfahrensweise eingesetzt, um einen konstruktiven und symmetrischen Umgang in Entscheidungs- und Problemlösungsprozessen zu ermöglichen. Die Moderationsmethode bezieht alle Ideen, Themen und Lösungsansätze der Beteiligten mit ein. Sie ist die Basis für tragfähige Lösungen und die Klärung von Konflikten. Der/die Moderator/in begleitet den Prozess als methoden- und verfahrenskompetenter Ansprechpartner. Inhaltlich bleiben Moderatoren neutral.

Definition

Die Moderationsmethode gehört zum methodischen Handwerkszeug in der Bildungsarbeit sowie in der Organisations- und Personalentwicklung. Sie ist aus dem gesellschaftspolitischen Hintergrund der 60er und 70er Jahre entstanden. Die Forderung nach Demokratie und Übernahme von Verantwortung erfasste auch die Bildungsbereiche. Die Beteiligten formulierten ihr Interesse und ihren Willen, an Entscheidungsprozessen aktiv mitwirken zu wollen (vgl. Hartmann/Rieger/Pajonk 1997, 15). Entwickelt wurde die Moderationsmethode von dem »Quickborner Team«. Die Idee des Teams war es, dass alle Beteiligten von Beginn an in die Planungs- und Entscheidungsprozesse aktiv eingebunden werden. Entwickelt wurde ein Lösungsansatz, der die Begleitung und Strukturierung des Gesprächsverlaufs von Gruppenprozessen ermöglicht, *ohne* auf den Gesprächsinhalt Einfluss zu nehmen. Der/die Moderator/in führt als neutraler Experte für Methoden und Verfahren durch den Prozess und veranschaulicht diesen durch die Visualisierungstechniken. Sein/ihr unterstützendes Verhalten ist von den Prinzipien **Neutralität** und **Wertschätzung** geprägt. **Neutralität** meint die Zurückhaltung mit der eigenen Meinung und mit Bewertungen. **Wertschätzung** meint die Akzeptanz der anderen und deren Meinungen. Das Ziel der Moderation ist die konstruktive und zielorientierte Unterstützung von Gruppenprozessen und der Gesprächs- und Verhandlungsführung (vgl. Fuleda 2006).

Merkmale einer Moderation

- Einsatz spezifischer Materialien und Medien
- offener Stuhlkreis
- Blickkontakt der Teilnehmer/innen
- Anwendung einer spezifischen Fragetechnik
- prozessbegleitende Visualisierung
- neutrales Selbstverständnis des Moderators
- partnerschaftlicher Moderationsstil
- offene und vertrauensvolle Atmosphäre

14.1.1 | Der/die Moderator/in

Eine erfolgreiche Moderation hängt insbesondere von der Begleitung der Gruppe durch den/die Moderator/in ab. Diese Person ist Experte/in für die Methode und den Prozess, nicht für den Inhalt (vgl. Hartmann/ Rieger/Pajonk 1997, 29 und 146). Seine/Ihre Tätigkeit umfasst, dass …:

Tätigkeiten von Moderatoren

- er/sie Orientierung gibt und das Vorgehen transparent macht,
- er/sie einen guten Kontakt zwischen den Teilnehmer/innen herstellt,
- er/sie Störungen und Konflikte wahrnimmt,
- er/sie allen Teilnehmer/innen die gleiche Wertschätzung zeigt,
- er/sie eigene Ziele und Meinungen zurückstellt,
- er/sie den Moderationsprozess strukturiert,
- er/sie dafür sorgt, dass gemeinsam formulierte Regeln eingehalten werden,
- er/sie methodische Arbeitsverfahren einführt und erklärt,
- er/sie eine fragende und keine besserwissende Haltung einnimmt,
- er/sie alle wichtigen Prozessschritte visualisiert,
- er/sie den gesamten Arbeitsprozess aufmerksam und unterstützend begleitet.

14.1.2 | Moderationstechniken

Die Moderationstechniken sind die Verfahren, die in den einzelnen Moderationsphasen eingesetzt werden, um den Prozess zu steuern. Neben den Fragen, die durch die Moderation führen, ist die **Visualisierung** eine der wichtigsten Steuerungstechniken.

Weitere Techniken sind beispielsweise:

- das **Blitzlicht**, um Momentaufnahmen des gruppendynamischen Geschehens zu erheben, Stimmungen der Teilnehmer/innen deutlich zu machen und Erwartungen zu klären (vgl. Fuleda 2001);
- das **Brainstorming** als Kreativitätstechnik zur spontanen und gegenseitig anregenden Ideenfindung in Gruppen, ohne dass die Beiträge anderer kritisiert oder bewertet werden (vgl. Osborn 1953) und

- die **Intervention** als Eingreifen des pädagogisch Handelnden in den aktuellen pädagogischen Prozess mit dem Ziel, die Handlungsressourcen der Beteiligten zu aktivieren (vgl. Michel-Schwartze 2007).

14.1.3 | Fragearten

Wer nicht fragt bzw. die falsche Frage stellt, bekommt keine bzw. nicht die richtige Antwort. Die Fragen beeinflussen den Verlauf des Moderationsprozesses, da sie die Schwerpunkte setzen. Fragen dürfen Denkanstöße geben und das Reflexionsvermögen der Teilnehmer/innen anregen. Die Fragen formuliert der/die Moderator/in immer in der Vorbereitung einer Moderation und nicht im Prozessverlauf. Die richtigen Fragen zu stellen, ist das A und O der Moderation. Das Gelingen hängt davon ab, wie gut der/die Moderator/in über die Hintergründe informiert ist, die Probleme und Konfliktbereiche sowie das Ziel der Moderation kennt. Unterschieden werden die Fragearten zunächst in geeignete und ungeeignete Fragen:

- offene statt geschlossener Fragen
- kurze und eindeutige statt verschachtelter Fragen
- konkrete statt hypothetischer Fragen
- kontroverse statt polarisierender Fragen
- persönlich relevante statt intimer Fragen
- Phantasie anregende statt ironischer Fragen

Fragearten

14.1.4 | Kartenabfrage

Die klassischen Fragen in einer Moderation sind die Einpunkt- und Mehrpunktfrage, die Kartenabfrage und die Zuruffrage. Diese werden zu unterschiedlichen Zeitpunkten mit bestimmten Funktionen eingesetzt:

1. **Einpunktfrage – eröffnet die Moderation:** Der/die Moderator/in stellt die Einpunktfrage oft zu Beginn einer Moderation, um die Meinungen oder Stimmungen in der Gruppe transparent zu machen. Er/sie gibt ein Antwortschema vor (Bsp.: Stimmungsbarometer, Koordinatensystem), in dem die Teilnehmer/innen mit einem Klebepunkt ihre Antwort geben können.

2. **Kartenfrage – sammelt die Themen:** Die Teilnehmer/innen erhalten 2 bis 3 Karten und schreiben stichwortartig ihre Antworten auf die von dem/der Moderator/in formulierte Frage auf und pinnen diese an der Pinnwand an.

3. **Zuruffrage – erhebt Ideen, ein Meinungsbild oder Vorkenntnisse:** Der/die Moderator/in fordert die Teilnehmer/innen per Zuruf zur Beantwortung der Frage auf und sammelt diese an der Pinnwand.

Klassische Fragen und ihre Funktionen

4. **Mehrpunktfrage – führt Entscheidungsprozesse herbei:** Eingesetzt wird die Mehrpunktfrage bei inhaltlichen (= Themenwahl) oder methodischen Entscheidungsprozessen (= Arbeitsschritte) der Gruppe. Die Teilnehmer/innen erhalten drei Klebepunkte, die sie nach ihren Interessen an den jeweiligen Themen verteilen.
5. **Einpunktfrage – schließt die Moderation ab:** Mit der Einpunktfrage am Ende einer Moderation bewerten die Teilnehmer/innen den Moderationsprozess. Der/die Moderator/in gibt ein Schema vor (Bsp.: Skalen, Koordinatensystem), in dem die Auswertung durch die Klebepunkte vorgenommen wird.

14.1.5 | Die Visualisierung in der Moderation

Eine Moderation lebt von der Visualisierung, da durch diese der Prozess abgebildet wird. Benötigt wird eine Pinnwand und ein Moderationskoffer mit Moderationskarten in verschieden Formen, Farben und Größen, Pinnnadeln, Moderationsstiften in den Grundfarben schwarz, blau, grün und rot; Klebeband, Klebestifte und Klebepunkte.

14.1.6 | Ablauf einer Moderation

Die klassische Dramaturgie eines »interaktiven Szenarios« einer Moderation wird durch die folgenden Phasen des **Einstiegs**, der **Themensammlung**, der **Auswahl**, der **Bearbeitung**, der **Ergebnispräsentation** und der **Maßnahmenplanung** gestaltet. In der praktischen Durchführung könnte eine Dramaturgie so ablaufen:

Einstieg: Nach einem Warming-up, das dem **gegenseitigen Kennenlernen** und der **Vorstellung der Rahmenbedingungen** der gemeinsamen Arbeit dient, beginnt die Moderationsmethode mit der Einpunktfrage bzw. Zuruffrage. Beide Techniken eignen sich, um die Interessen und die Stimmung in der Gruppe transparent zu machen.

Themensammlung: Nun geht es darum, konkret in das Thema einzusteigen. Mit Hilfe der Kartenfrage sammelt der/die Moderator/in die jeweiligen **Interessen und Erwartungen der Teilnehmer** an dem Thema (Begrenzung auf 3 Karten pro Person). Gemeinsam mit den Teilnehmer/innen bringt der/die Moderator/in eine erste Struktur in die Themenschwerpunkte (**»Clusterbildung«**).

 Die Pinnwand ist mit Packpapier bespannt und wird als **Speicher des Moderationsprozesses** eingesetzt. An die Pinnwand werden die Karten angepinnt und mit Moderationsstiften in verschiedenen Farben Anmerkungen, Beispiele, Bilder etc. aufgezeichnet. Sie benötigen für eine Moderation drei bis sechs Pinnwände. Wichtig ist ein **Fotoprotokoll** zur Ergebnissicherung am Ende des Moderationsprozesses.

 Rechteckige Karten werden für die Erwartungen, Meinungen und Ideen der Teilnehmer/innen eingesetzt. Diese schreiben sie stichwortartig auf die Karten und pinnen sie an die Pinnwand.

 Ovale Karten werden nach der Ergebnispräsentation im Plenum eingesetzt. So ist schnell nachvollziehbar, welche Ergebnisse gemeinsam im Plenum und welche von den Teilnehmern individuell formuliert wurden.

 Runde Karten nehmen hervorzuhebende Äußerungen und Symbole (z. B. Pfeile, Ausrufungszeichen, Blitze) auf und werden den anderen Karten zugeordnet.

 Lange, rechteckige Karten bilden die Überschrift einer Moderationssequenz.

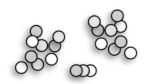 Klebepunkte in verschiedenen Farben werden bei der Beantwortung von Einzelpunkt- und Mehrpunktfragen eingesetzt und ausgezählt. Die Themenschwerpunkte, die die meisten Punkte erhalten, werden weiter bearbeitet.

 Pfeile und Blitze stehen für schwierige Themen und Konfliktbereiche.

Mögliche Einpunkt-, Zuruf- und Kartenfragen
- Welche Anliegen möchte ich in der Moderation bearbeiten?
- Was möchte ich an der gemeinsamen Arbeit verändern?
- Mit welchen Erwartungen/Gefühlen bin ich zu dem Seminar gekommen?

Auswahl: Während der Präsentation der eingesammelten Karten stellen die Teilnehmer/innen oft erstaunt fest, dass ihre Erwartungen, Interessen und Anliegen sehr ähnlich sind. Gemeinsam mit den Teilnehmer/innen clustert der/die Moderator/in die Karten und formuliert Überschriften für die Anliegen. Die Teilnehmer/innen entscheiden sich nun, welches Thema für sie **Priorität** hat. Mit Klebepunkten oder mit Stiften treffen sie ihre Wahl.

Bearbeitung: Je nach Schwerpunktwahl und Gruppengröße findet nun die Arbeitsphase in **Kleingruppen** statt. Die Teilnehmer/innen beginnen mit der Bearbeitung und werden von dem/der Moderator/in in der Startphase unterstützt. Moderatoren sind **Ansprechpartner** für die Fragen zur Aufgabenstellung, sie vereinbaren den Zeitrahmen und stellen Materialien zur Verfügung. Sobald alle Kleingruppen in der Arbeitsphase sind, begleitet der/die Moderator/in den Prozess und unterstützt bei Unklarheiten, Schwierigkeiten und Fragen des methodischen Vorgehens.

Ergebnispräsentation: Die Arbeitsgruppe formuliert ihr Ergebnis und präsentiert dieses im **Plenum**. Nach den verschiedenen Präsentationen der einzelnen Gruppen werden konkrete Maßnahmen vereinbart, die eine Umsetzung der erarbeiteten Ideen und Lösungsansätze sicherstellen.

Maßnahmen: Der Maßnahmenplan verhindert, dass die vielfältigen Anregungen und Handlungsmöglichkeiten aus einer erfolgreich verlaufenen Moderation nicht in Vergessenheit geraten. An der Pinnwand werden die Arbeitsaufträge gesammelt, die die Gruppe umsetzen möchte. In einem vorbereiteten Maßnahmenplan werden die konkreten Vorhaben aufgenommen, die Verantwortlichen benannt, das Ergebnis formuliert und die Termine festgesetzt.

Beispiel | **Maßnahmenplan**

WAS? (Aufgabe)	WER? (Verantwortlich)	WOZU? (Ergebnis)	BIS WANN? (Termin)

Abschluss: Zum Abschluss der Moderation bewerten die Teilnehmer/innen, wie zufrieden sie mit dem Verlauf der Moderation sind. Der/die Moderator/in bereitet eine Skala oder ein Stimmungsbarometer vor.

++	+	+/-	-	--

14.2 | Gesprächs- und Verhandlungsführung

Gespräche und Verhandlungen sind Kommunikationssituationen, in denen wechselseitig die eigenen Interessen und Ziele eingebracht werden. Jede Partei versucht, möglichst erfolgreich das **Gesprächsziel** zu erreichen und die eigenen Interessen sachgerecht zu verhandeln.

Fragen zur Gesprächs- und Verhandlungsführung

Die wenigen **Stilmittel**, die Sie für die Verbesserung Ihrer Gesprächs- und Verhandlungsführung benötigen, sind in den Antworten auf folgende Fragen enthalten:

- Welche allgemeinen Grundlagen muss ich beachten, um das Gelingen eines Gesprächs zu ermöglichen?
- Welche Bedingungen führen zu einer wertschätzenden Beziehung zu dem Gesprächspartner?
- Welche Gesprächsförderer tragen zu gelungenen Gesprächen bei bzw. welche Gesprächsstörer sollten vermieden werden?
- Wie stellt man die richtigen Fragen, um die gewünschten Informationen zu bekommen?
- Wie kann ich ein Gespräch anhand eines Leitfadens vorbereiten und strukturieren?

Ein Wegweiser durch Gesprächs- und Verhandlungspfade sind **fünf Basisregeln**, die Tipps für die Anwendung in jeglichen Besprechungen geben:

Tipps

1. Stellen Sie eine gute **Atmosphäre** her, indem Sie für angenehme Rahmenbedingungen sorgen und die Besprechungen positiv beginnen und beenden.
2. **Zeigen** Sie Ihrem Gesprächspartner ihre **Wertschätzung**, indem Sie seine Anliegen ernst nehmen.
3. **Formulieren** Sie ein eindeutiges **Ziel** für das Gespräch oder die Verhandlung, indem Sie Kriterien festlegen, anhand derer Sie prüfen können, ob Sie das Ziel erreicht haben und wie zufrieden Sie damit sind.

4. **Strukturieren** Sie das Gespräch oder die Verhandlung entlang des roten Fadens, indem Sie ihre Argumente an dem Ziel ausrichten.
5. **Führen** Sie durch das Gespräch oder die Verhandlung mit gezielten Fragen und der Formulierung des erreichten Ergebnisses.

14.2.1 | Wie faire Gespräche gelingen können

Die eigenen Interessen und Ziele in Gesprächen und Verhandlungen zu verfolgen, ist ein zentraler Aspekt der Gesprächs- und Verhandlungsführung. Vergessen wird dabei oft, dass beide Gesprächspartner das Bedürfnis nach Anerkennung und Wertschätzung haben und fordern, dass ihre Anliegen ernst genommen werden. Durch eine bewusste Sprache und Wortwahl sowie mittels Mimik, Gestik und Körpersprache können Sie dem Gesprächspartner zeigen, dass Ihnen der partnerschaftliche Umgang wichtig ist. Aktives Zuhören, Ich-Botschaften und gezielte Fragen sind einige Techniken der Gesprächs- und Verhandlungsführung, die sach- und beziehungsgerechte Gespräche und Verhandlungen ermöglichen.

Grundhaltungen in Gesprächen: Es sind drei definierbare Bedingungen (Grundhaltungen), die eine wertschätzende Beziehung zwischen den Gesprächs- und Verhandlungspartnern fördern. Diese Grundhaltungen wurden bereits 1951 von Carl Rogers, Begründer des klientenzentrierten Ansatzes in der Gesprächspsychotherapie formuliert. Seit den 80er Jahren sind sie in den Bildungsbereichen und im Training von Schlüsselkompetenzen etabliert. Ob der Gesprächspartner eine wertschätzende Einstellung mitbringt, erkennen Sie an seinen Worten (verbal) und seiner Mimik, Gestik, Körperhaltung sowie seinem Tonfall (nonverbal).

Grundhaltungen
in Gesprächen

- **Kongruenz/Echtheit:** die Gesprächspartner sind mit ihren Gefühlen, Stärken und Schwächen im Gespräch erkennbar und verstecken sich nicht hinter einer »professionellen Fassade«.
- **Akzeptanz/Aufmerksamkeit:** jeder akzeptiert den anderen Gesprächspartner in seinem »So-Sein« und ist ihm positiv zugewandt. Dazu gehören das Interesse an der Meinung des anderen und die Bereitschaft, das Anliegen des anderen als gleichwertig zu betrachten.
- **Empathie/Einfühlendes Verstehen:** die Gesprächspartner können die Situation und die Gefühle des anderen nachfühlen und mitteilen.

Aktives Zuhören: Das aktive Zuhören fordert die ganze Aufmerksamkeit des Gesprächspartners. Einige sind sicherlich der Meinung, dass sie gut zuhören können. Doch es reicht nicht aus, den anderen ausreden zu lassen, während man selbst vielleicht schon seine Gegenposition oder eine Rechtfertigung formuliert. Vielmehr hört man als Gesprächspartner auf zwei Ebenen: Die erste Ebene umfasst die **Inhaltsebene**, d.h., man wiederholt in eigenen Worten die wesentlichen Inhalte, die man verstanden hat. Die Sätze können so beginnen:

- Ich habe den Eindruck, dass...
- Könnte es sein, dass...
- Ist es richtig, dass Sie...
- Habe ich Sie richtig verstanden, dass...
- Mit anderen Worten, Sie meinen...
- Für mich hat sich das so angehört, dass...

Satzanfänge

Die zweite Ebene umfasst die **Beziehungsebene**, d.h. man nimmt die verbalen und nonverbalen Signale des Gesprächspartners auf und teilt ihm die wahrgenommenen Gefühle mit, z.B. »Und das hat Dich ziemlich geärgert...«

> → Oftmals setzen wir das aktive Zuhören in Gesprächen mit guten Freunden oder Kollegen ein, ohne darüber nachzudenken. Nutzen Sie diese Intuition bewusst, um Ihr Interesse an Ihrem Gesprächspartner zu zeigen, seine Argumente aufzunehmen, Missverständnissen vorzubeugen und ihm mitzuteilen, dass Sie seine Anliegen ernst nehmen.

Tipp

Ich-Botschaften: Viele Gespräche und Verhandlungen beginnen mit vorwurfsvollen Du-Botschaften, z.B. »Du lässt einen nie ausreden«; »Du kommst immer zu spät«. Durch den Vorwurf belastet man die Beziehung zu dem Gesprächspartner und ruft Rechtfertigungen geradezu hervor. Um dennoch seine Meinung oder seinen Unmut mitteilen zu können, sind Ich-Botschaften das richtige Mittel. Sie stellen den Inhalt des eigenen Erlebens in den Mittelpunkt und nicht die Beziehung z.B. »Ich verliere meinen roten Faden, wenn ich durch Störungen nicht zu Ende reden kann«; »Ich ärgere mich darüber, dass ich warten musste«. Der Gesprächspartner kann sich so in Ihren Unmut oder ihren Ärger hineinversetzen, ohne sich angegriffen zu fühlen. Und es fördert die Bereitschaft, das eigene Verhalten zu verändern. Um zu vermeiden, dass Gespräche nicht so verlaufen, wie wir uns das vorstellen und wir unzufrieden über den Gesprächsablauf und das Ergebnis sind, ist es wichtig, **Gesprächsstörer** zu kennen.

- Der Gesprächspartner ist mit seinen Gedanken woanders.
- Er hört nicht zu und unterbricht ständig.
- Sie kommen nicht zu Wort, da er nur von sich selbst spricht.
- Beide fangen an zu plaudern und erreichen ihr Gesprächsziel nicht.
- Sie werden nicht ernst genommen und bekommen ironische Antworten.
- Keiner bemüht sich, das Anliegen des anderen zu verstehen.
- Das Gespräch besteht aus Vorwürfen und endet im Streit.

Gesprächsstörer

Tipp

→ Setzen Sie **Gesprächsförderer** ein und vermeiden Sie Gesprächsstörer. Gesprächsförderer sind die Bausteine guter Gesprächsführung und der verbale Ausdruck der Wertschätzung zwischen den
Gesprächspartnern.

Stellen Sie Ihre Fragen gezielt: Durch gezielte Fragestellungen kann man
die Gedankenwelt des Gesprächspartners kennen lernen, neue Informationen erschließen, Verständnisschwierigkeiten klären, Interesse zeigen
und das Gespräch leiten und strukturieren.
Offene Fragen: fordern den Gesprächspartner heraus, von sich zu erzählen und seine Gedanken ausführlicher zu formulieren. Offene Fragen
sind W-Fragen, da sie mit Fragewörtern, deren erster Buchstabe ein »w«
ist, beginnen: wieso, was, weshalb, warum, wozu, wo, wann, worüber?
Offene Fragen sind Informationsfragen und können nicht mit »ja/nein«
beantwortet werden.

Beispiele für
offene Fragen
- Was denken Sie darüber?
- Was kann ich für Sie tun?
- Welche Ideen haben Sie zu dem Thema?

Geschlossene Fragen: sind reine Entscheidungs- oder Kontrollfragen,
die eindeutig mit »ja /nein« beantwortet werden. Geschlossene Fragen
werden abschließend gestellt, um ein Thema, einen Sachverhalt oder
das Gespräch zu beenden. Durch diesen deutlichen Abschluss wird verhindert, dass längst besprochene Details wiederholt werden. So können
Sie Ihre weiteren Themen wie vorbereitet einbringen.

Beispiele für ge-
schlossene Fragen
- Können wir so verbleiben?
- Ist das in Ihrem Sinne?
- Kann ich das als Ergebnis festhalten?
- Wollen wir das Thema jetzt abschließen?

14.2.2 | Der rote Faden in Gesprächen und Verhandlungen

Jedes Gespräch und jede Verhandlung folgt einer Struktur, die den
roten Faden darstellt. Dieser knüpft die Verbindungen zwischen den
einzelnen Phasen und ist zugleich eine Art »Checkliste«, damit nichts
vergessen wird.

Gesprächsphasen: Was ist meine Aufgabe?

Vorbereitung:
→ persönliche Vorbereitung auf den Gesprächspartner
   (Wie stehen wir zueinander?)
→ inhaltliche Vorbereitung (Entwurf einer Gesprächsstrategie)
→ Rahmenbedingungen klären (Zeit, Ort, Beteiligte)

Beginn:
→ positive Atmosphäre herstellen (Sitzanordnung beachten)
→ Vertrauen aufbauen (Beziehungsebene berücksichtigen!)
→ persönliche Begrüßung, Small Talk und inhaltlicher Einstieg

Absprachen:
→ Gesprächsablauf und Zeitplan abstimmen
→ gemeinsame Zielvereinbarung formulieren

Gesprächsverlauf:
→ Argumentationsaufbau anschaulich einbringen
→ eigenes Fazit formulieren
→ aktiv zuhören, Ich-Botschaften formulieren, gezielte Fragen
   stellen

Ergebnis:
→ Konsens bzw. tragfähigen Kompromiss finden
→ konkrete Vereinbarungen treffen, was nach dem Gespräch
   erfolgen soll

Abschluss:
→ Pünktlich, Positiv, Persönlich = PPP

Auswertung:
→ Wie zufrieden bin ich mit dem Gesprächsverlauf?
→ Habe ich mein Ziel erreicht?
→ Welche Aufgaben muss ich nun konkret erledigen?
→ Wie gehe ich vor?

Literatur Freimuth, Joachim (2000): Moderation in der Hochschule. Konzepte und Erfahrungen
in der Hochschullehre und Hochschulentwicklung. Hamburg: Windmühle.
Fuleda, Stefanie (2001): »Blitzlicht«. In: Grundlagen der Weiterbildung – Praxishilfen
GdW-Ph55. Neuwied: Luchterhand.
— (2004): »Partnerschaftliche Gesprächsführung«. In: Grundlagen der Weiterbildung –
Praxishilfen GdW-Ph57. Neuwied: Luchterhand.
— (³2006): »Die Moderationsmethode«. In: Manuel Schulz/Stefanie Fuleda/Zorana
Gavranovic//Anne Schulz: Kommunikation aktiv. Basiswissen, Beispiele und
Übungen für das selbstorganisierte Training. Augsburg: Ziel-Verlag.
Hartkemeyer, Johannes F./Hartkemeyer, Martina (2005): Die Kunst des Dialogs –
Kreative Kommunikation entdecken. Erfahrungen, Anregungen, Übungen.
Stuttgart: Klett-Cotta.
Hartmann, Martin/Rieger, Michael/Pajonk, Brigitte (1997): Zielgerichtet moderieren –
Ein Handbuch für Führungskräfte, Berater und Trainer. Weinheim/Basel: Beltz.
Klebert, Karin/Schrader, Einhard/Straub, Walter G. (2006): Kurzmoderation.
Hamburg: Windmühle.
Michel-Schwartze, Brigitta (Hg.) (2007): Methodenbuch Soziale Arbeit: Basiswissen für
die Praxis. Wiesbaden: Verlag für Sozialwissenschaften.
Osborn, Alex F. (1953): Applied imagination. New York: Scribner.
Pallasch, Waldemar (⁴1995): Pädagogisches Gesprächstraining. Lern- und
Trainingsprogramm zur Vermittlung therapeutischer Gesprächs- und
Beratungskompetenz. Weinheim/München: Juventa.
Redlich, Alexander (1997): Konfliktmoderation: Handlungsstrategien für alle, die mit
Gruppen arbeiten; mit vier Fallbeispielen. Hamburg: Windmühle.
Rogers, Carl R. (1993): Die klientenzentrierte Gesprächspsychotherapie [1951]. Frankfurt
a.M.: Fischer.
Schilling, Gert (2002): Moderation von Gruppen. Der Praxisleitfaden für die
Moderation von Gruppen, die gemeinsam arbeiten, lernen, Ideen sammeln,
Lösungen finden und entscheiden. Berlin: Gert Schilling.
Schulz, Manuel/Fuleda, Stefanie/Gavranovic, Zorana/ Schulz, Anne (³2006):
Kommunikation aktiv. Basiswissen, Beispiele und Übungen für das
selbstorganisierte Training. Augsburg: Ziel-Verlag.
Schulz von Thun, Friedemann (1981): Miteinander Reden 1–3. Reinbek: Rowohlt.
Watzlawick, Paul/Beavin, Janet H./Jackson, Don D. (1969): Menschliche
Kommunikation. Formen, Störungen, Paradoxien. Bern: Huber.

Stefanie Fuleda

15. Kreativitätstechniken*

15.1   Der übergeordnete Rahmen:
       Menschliches Denken
15.2   Kreativität
15.3   Was ist zu tun, um Kreativität zu fördern?
15.4   Praktische Empfehlungen

Wenn man in einschlägigen Datenbanken nach dem Stichwort ›Kreativitätstechnik‹ sucht, wird man mit einer großen Treffermenge konfrontiert. Die Tatsache, dass so viele verschiedene Techniken als Hilfsmittel angeboten werden, lässt schon ahnen, dass keine von ihnen so richtig zuverlässig funktionieren wird, sonst gäbe es diese Vielfalt nicht. Aber woran liegt es, dass nicht das *eine* Verfahren zur Steigerung unserer Kreativität existiert? Ganz offenkundig hat dies mit der Schwierigkeit des Themas ›Kreativität‹ zu tun.

15.1 | Der übergeordnete Rahmen: Menschliches Denken

Kreativität ist Teil menschlicher Denkleistungen: Menschliches Denken ist darauf ausgerichtet, durch bewusste Reflexion unsere Handlungsfähigkeit in ungewissen Situationen herzustellen und zu verbessern. Denken ist somit kein Selbstzweck, sondern höchst funktional für ein menschliches Dasein. Denken taucht in mehreren Erscheinungsformen auf:

1. Als **logisches Schließen**, bei dem deduktive Urteile gefällt werden; Beispiel: »Prämissen: Sokrates ist ein Mensch. Alle Menschen sind sterblich. Konklusion: Sokrates ist sterblich.« Korrekte logische Schlüsse sind wahrheitserhaltend: Sind die Prämissen wahr, muss die Konklusion logisch zwingend ebenfalls wahr sein. Konkret bedeutet dies, dass in der Konklusion nichts wirklich Neues zutage tritt, das nicht schon implizit in den Prämissen gesteckt hat. Die Konklusion hat es nur explizit gemacht.

Erscheinungsformen des Denkens

* Für die Mitarbeit bei der Recherche zu diesem Beitrag danke ich Frau cand. psych. Marlene Heilig ganz herzlich. Frau Dr. Marlene Endepohls hat hilfreiche Hinweise zu einer Vorfassung gegeben – auch dafür danke!

2. Als Wahrscheinlichkeitsurteil, bei dem induktive Schlüsse über zukünftige Ereignisse gefällt werden; Beispiel: »In meiner bisherigen Erfahrungswelt ist die Sonne jeden Morgen aufgegangen. Deswegen gehe ich davon aus, dass dies auch morgen wieder passieren wird.« Dieser Induktionsschluss ist logisch unzulässig (er ist deswegen nicht gerechtfertigt, da über Nacht z. B. unser Weltall implodieren könnte), ist aber pragmatisch ganz vernünftig. Im Abschätzen von Wahrscheinlichkeiten machen Menschen zwar Fehler, sind aber im Großen und Ganzen ausgezeichnete Induktivschließer.

3. Als problemlösendes Denken, das Lücken in einem Handlungsplan schließt; Beispiel: Wenn man an seinem Fahrrad, mit dem man eilig zur anstehenden Prüfung radeln wollte, einen platten Reifen feststellt, hat man ein Problem – dies könnte z. B. durch ein herbeigerufenes Taxi gelöst werden. Probleme unterscheiden sich in ihrer Komplexität und Lösbarkeit erheblich und stellen damit sehr unterschiedliche Anforderungen an die problemlösende Person (vgl. Funke 2003).

4. Als kreatives Denken, das neue Verbindungen herstellt, die originell und nützlich sind. Als Beispiel sei die Entdeckung der Solarenergie genannt, die eine erneuerbare Energiequelle darstellt, die man z. B. in Wüstenregionen zur Stromerzeugung nutzen kann. Unendlich viele andere Entdeckungen haben es übrigens möglich gemacht, dass dieser Aufsatz auf einem Rechner geschrieben und als Buchkapitel gedruckt wurde. Kreative Erfindungen befinden sich daher immer in einem Kontext mit anderen Erfindungen, von denen sie Gebrauch machen (»Wir stehen auf den Schultern von Riesen«).

Kreatives Denken ist nicht einfach nur ein nettes Abfallprodukt kognitiver Aktivitäten, (die Freude über kreative Produktionen ist nämlich selbstwertdienlich und somit positiv zu bewerten), sondern Kreativität ist für das **Wohl der Menschheit** unerlässlich und zudem ein mächtiger **Wirtschaftsfaktor**. So berichtet etwa Kulturstaatsminister Bernd Neumann in einem Interview in *Focus* (Heft 1/2008, 48) von einer beeindruckenden Zahl: »Mit circa 125 Milliarden Umsatz pro Jahr ist hierzulande der Anteil der Kultur- und Kreativwirtschaft am Bruttosozialprodukt etwa genauso hoch wie der der Automobilbranche.«

15.2 | Kreativität

Ein entscheidender Aspekt kreativen Denkens ist das **Herstellen neuer Ideen**. Der amerikanische Kreativitätsforscher Joy Paul Guilford (1950) hat diesen Prozess als **divergente Produktion** gekennzeichnet, um ihn von konvergenten Denkprozessen zu unterscheiden. Divergent nennt er Prozesse, die auseinanderlaufen, wohingegen konvergente Prozesse auf einen Punkt hin fokussiert sind. Das logische Urteil etwa versucht, konvergente Schlüsse herzustellen, d.h. die verschiedenen Aussagen auf ein zugrunde liegendes passendes Modell zu reduzieren. Divergentes Denken verlangt den **Gedankensprung**, das Herbeiführen überraschender **Assoziationen** und den **Wechsel von Bezugssystemen**. Während Konvergenz bedeutet, unter vielen verschiedenen Möglichkeiten die eine richtige gute auszuwählen, bedeutet **Divergenz** im Gegenteil das **Erzeugen vieler verschiedener Möglichkeiten**.

> Folgt man Robert Sternberg, Todd Lubart, James Kaufman und Jean Pretz (2005), wird unter → Kreativität die Fähigkeit verstanden etwas hervorzubringen, das sowohl neu als auch nützlich ist.

Definition

Durch die Hinzuziehung von Nützlichkeit wird eine Einschränkung möglich, damit man nicht alles, was neu ist, auch gleich »kreativ« nennen muss. Die Beachtung von Nützlichkeit verhindert einen inflationären Gebrauch des Begriffs der Kreativität.

Drei wichtige Teilaspekte der Kreativität werden normalerweise unterschieden: 1. die kreative **Person**, 2. der kreative **Prozess** und 3. das kreative **Produkt**. Zu allen drei Bereichen sollen kurze Erläuterungen gegeben werden.

15.2.1 | Die kreative Person

Kreative Personen zeichnen sich durch ganz spezielle **Persönlichkeitseigenschaften** aus, unter anderem sind dies:

- Unabhängigkeit
- Nonkonformismus
- unkonventionelles Verhalten
- weitgespannte Interessen
- Offenheit für neue Erfahrungen
- Risikobereitschaft
- kognitive und verhaltensmäßige Flexibilität

Eigenschaften
kreativer Personen

Intelligenz scheint oberhalb einer gewissen Intelligenzschwelle (ab einem IQ von etwa 120) keine Rolle mehr zu spielen. Biographische Kreativitätsforschungen zeigen, dass kreative Persönlichkeiten erschwerende Lebensbedingungen produktiv nutzen können (Holm-Hadulla 2005). Biographien herausragender Künstler wie Robert Schumann, Ernest Hemingway oder Leo Tolstoi machen deutlich, dass auch unter denkbar ungünstigen Bedingungen Werke von zeitloser Bedeutung geschaffen werden können. Hinsichtlich der Stimmungslagen gibt es allerdings unterschiedliche Befunde darüber, ob es nun die gehobenen oder die depressiven Stimmungslagen sind, die zur Kreativität anspornen. Möglicherweise ist weniger eine bestimmte Stimmungslage als vielmehr das **Wechselbad der Gefühle** für die kreativen Prozesse verantwortlich.

15.2.2 | Der kreative Prozess

Das Entstehen einer kreativen Lösung stellt man sich gelegentlich wie einen Blitz aus heiterem Himmel vor. Faktisch sieht die Forschung eher einen mehrstufigen Verlauf, der seit den Arbeiten von Graham Wallas (1926) die folgenden fünf Stufen vorsieht:

Fünf Stufen eines kreativen Prozesses

1. Vorbereitung: Kreative Lösungen setzen **Wissen und Expertise** auf einem bestimmten Gebiet voraus, sonst wäre das Kriterium der Nützlichkeit kaum zu erfüllen. Künstlerische wie wissenschaftliche Kreationen entstehen in aller Regel erst nach einer längeren Zeit der Beschäftigung mit dem entsprechenden Gegenstand und stehen häufig nicht am Anfang der Karriere.
2. Inkubation: In dieser wichtigen Phase befasst man sich nicht mit dem gestellten Problem, sondern geht **ablenkenden Tätigkeiten** nach. In der Inkubationsphase setzt sich die Beschäftigung mit dem Problem in unbewusster Weise fort. Daher kann man hier von einer Art »gedanklicher Infektion« reden, in der unser Gehirn weiterarbeitet, auch wenn wir selbst den Eindruck der Nichtbeschäftigung mit der Problemstellung haben.
3. Einsicht: Hier ist der Moment der **Bewusstwerdung des schöpferischen Augenblicks** angesprochen, der nach entsprechender Vorbereitung und daran anschließender Inkubation einsetzt. Gestaltpsychologen haben hier vom »Aha-Effekt« gesprochen. Eine neue Anordnung bereits vorliegender Lösungselemente durchdringt die Schwelle zum Bewusstsein und liefert den Moment der Erleuchtung.
4. Bewertung: Eine neu gewonnene Einsicht muss bewertet werden, denn nicht alle kreativen Einsichten sind wirklich brauchbar oder tatsächlich neu. Mit Hilfe von Experten sowie unter Heranziehung von Normen und Werten kann eine Entscheidung darüber gefällt werden, ob eine neue Idee tatsächlich der kritischen Zensur zum Opfer fällt oder es schafft, diese Hürde zu überwinden.
5. Ausarbeitung: Diese Phase umfasst den Weg von der ersten Idee bis hin zum fertigen Endergebnis – ein Weg, auf dem zahlreiche Überraschungen und mancherlei Änderungen Einfluss auf das kreative Produkt nehmen. Der Satz von Thomas Edison, wonach Genie 1 Prozent Inspiration und 99 Prozent Transpiration bedeute, weist auf die Kräfte hin, die zur Durchsetzung einer kreativen Idee nötig sind.

Kreativität als Prozess zu betrachten, trägt zur **Entmystifizierung** dieses wichtigen Phänomens bei. Jonathan Schooler und Joseph Melcher (1995) haben bei kreativen Aufgaben drei Prozesse unterschieden, die sich als nützlich erweisen:

- den Prozess des Durchbrechens der mentalen Einstellungen (»mental sets«),
- die Restrukturierung in eine neue, globale Repräsentation des Problems und
- die Suche nach innovativen Lösungen.

Das Durchbrechen der mentalen Einstellungen verlangt etwa, dass man die nahe liegenden Ideen ausblendet und die Aufmerksamkeit von den üblichen auf die unüblichen Aspekte richtet. So könnte man bei der Frage, wozu ein Ziegelstein zu verwenden wäre, etwa vom Hausbau ablenken und sich vorstellen, den Ziegelstein zu zermahlen und als Schminke zu benutzen.

Der Prozess der Restrukturierung in eine neue, globale Repräsentation des Problems bedeutet ebenfalls, eine andere Perspektive auf ein und dieselbe Sache zu richten. Der Wechsel zwischen Figur und Hintergrund bei den bekannten Kippfiguren wäre ein Beispiel für eine solche Restrukturierung.

Wahlweise werden die weiße Vase oder die beiden sich zugewandten schwarzen Gesichter als Vordergrund gesehen. Mit der Entscheidung,

Kippfigur: Vase oder Gesichter?

eines der beiden Elemente (Vase oder Gesichter) als Figur in den Fokus der Aufmerksamkeit zu rücken, wird das jeweils andere Element zwangsweise in den Hintergrund geschoben. Allerdings ist ein schneller Wechsel des Fokus möglich. [Quelle: http://commons.wikimedia.org/wiki/Image:Facevase.png]

Der Prozess der Gedächtnissuche nach innovativen Lösungen geschieht unwillentlich und ist wohl teilweise von Zufällen abhängig. Hierbei werden entlegene Assoziationen im Gedächtnis durch einen Prozess namens »extensive Aktivationsausbreitung« (d.h. ausgedehnte Aktivierung benachbarter Knoten in einem hypothetischen semantischen Netzwerk) mit dem Problem verbunden. Jens Förster und Markus Denzler (2006) illustrieren dies am Beispiel des eben schon erwähnten Ziegelsteins, den man mit Karneval in Verbindung bringen kann. Die Frage, über welche Kette assoziativer Verknüpfungen es zu dieser Idee kommen könnte, führt z.B. zu einem zerriebenen Ziegelstein, den man als Schminke nutzen kann.

15.2.3 | Das kreative Produkt

Wie schon eben angedeutet, zeichnet sich das kreative Produkt durch Neuigkeit und Angemessenheit bzw. Nützlichkeit im Sinne einer Problemlösung aus. Ob etwas als neu wahrgenommen wird, hängt natürlich vom Hintergrund der beurteilenden Person ab: unter Umständen meint jemand, eine Entdeckung gemacht zu haben, die allerdings schon von einer anderen Person gemacht wurde. Neben diesen Hauptkriterien nennt Todd Lubart (1994) noch die **Nebenkriterien** der **Qualität**, der **Bedeutsamkeit** und der **Entstehungsgeschichte**, auf die hier allerdings nicht näher eingegangen werden soll. Wichtig bleibt nur festzuhalten, dass die Beurteilung des kreativen Wertes eines Produktes auch von der **sozialen Bezugsgruppe** abhängig ist. Kunstlehrer etwa, die schon viele Zeichnungen gesehen haben, beurteilen das Bild eines Kindes kritischer als dessen Eltern, die von den ersten kindlichen Produkten ganz begeistert sind, aber kaum Vergleichsmöglichkeiten haben. Außerdem führt natürlich eine **unterschiedliche Gewichtung** der verschiedenen Kriterien zu **anderen Gesamturteilen** hinsichtlich des Wertes eines kreativen Produkts.

15.3 | Was ist zu tun, um Kreativität zu fördern?

Bei der nachfolgenden Betrachtung von Kreativitätstechniken stehen zwei Ansatzpunkte im Vordergrund: Der erste Ansatzpunkt besteht darin zu fragen, was man selbst tun kann, um im Rahmen seiner Möglichkeiten ein Maximum an Ideen freizusetzen. Zweitens hat die Gestaltung der Umwelt auch Einfluss auf das Produzieren von kreativen Ideen (s. Abschnitt 4). Tatsächlich ist das **Wechselspiel von kreativer Person und kreativitätsförderlichen Umwelten** der entscheidende Schlüssel bei der Erzeugung von kreativen Ideen.

Ansatzpunkte für die Kategorisierung verschiedener Kreativitätstechniken ergeben sich auch durch den Bezug auf die einzelnen Phasen des kreativen Prozesses, die eingangs dargestellt wurden. Die verschiedenen Kreativitätstechniken greifen an verschiedenen Stellen dieses kreativen Phasenmodells in den Prozess ein und versuchen, die jeweilige Phase wirkungsvoller zu machen.

15.3.1 | Brainstorming

Die bekannteste Kreativitätstechnik ist das von dem Werbefachmann Alexander Osborn (1953) entwickelte »Brainstorming«, ein Verfahren, von dem es viele Varianten gibt. Brainstorming ist eine Technik, die bevorzugt in einem Team zum Einsatz kommt und in **zwei Phasen** abläuft.

In der ersten Phase der Ideenfindung kommen folgende Prinzipien zum Tragen:

- **Ausschalten von Kritik und Bewertung:** Durch diese Regel wird eine konsequente Trennung zwischen dem Finden von Ideen und deren Bewertung vollzogen.
- **Quantität ist wichtiger als Qualität:** Diese Regel fordert die Produktion einer großen Menge von Ideen; keinesfalls sollte man nach den ersten Vorschlägen aufhören. Der Fluss der Ideen ist wichtiger als die Ideen selbst.
- Synergie durch **Aufgreifen und Weiterentwickeln der Ideen anderer.** Diese Regel greift den sozialen Kontext auf; es ist erwünscht und gefordert, mit den Anregungen anderer Gruppenmitglieder freizügig weiter zu arbeiten.

Prinzipien der Ideenfindung

In der zweiten Phase der Auswertung des gesammelten Ideenschatzes werden normalerweise drei Kategorien von Ideen unterschieden:

- unmittelbar umsetzbare Vorschläge
- noch genauer zu untersuchende Vorschläge
- nicht zu gebrauchende Vorschläge

Auswertungskategorien

Für die Beurteilung und Zuordnung von Vorschlägen zu den drei Kategorien braucht es Sachverstand und Fachkunde in Hinblick auf »feasibility« (Machbarkeit, Umsetzbarkeit). Durch eine allzu strenge Bewertung kann das kreative Potential natürlich wieder verlorengehen.

Als Alternative zum Brainstorming schlägt Helmut Schlicksupp (1993) das **»Brainwriting«** vor. Dabei handelt es sich um ein Brainstorming auf schriftlichem Weg: Schriftlich formulierte Ideen werden an andere Teilnehmer weitergereicht zur Vervollständigung oder Weiterentwicklung. In Form der sog. »635-Methode« sollen 6 Personen je 3 Ideen 5 Mal weitergeben, um so insgesamt 108 Ideen zu produzieren. Schlicksupp sieht den Vorteil dieser Methode darin, dass keine Überwachung der Gruppe nötig ist (jeder arbeitet für sich) und dadurch keine Spannungen oder hierarchische Konflikte die Produktivität hemmen. Die Nachteile sieht er in der starren Struktur, die zu einer »kanalisierten« Kreativität führen. Eine Erhöhung der Effizienz dieses Verfahrens sei zu erreichen, wenn eine erneute Runde mit bereits ausgewählten Ideen erfolgt. Empirische Befunde zur Wirksamkeit dieser Technik sind allerdings nicht bekannt.

15.3.2 | Nutzung von Metaphern und Analogien

Kreativität bedeutet das Herstellen neuer Assoziationen. Metaphern spielen hierbei eine besondere Rolle, da sie zum Vergleich zwischen Bekanntem und Unbekanntem (bzw. weniger Bekanntem) zwingen. Was hat etwa die Struktur des Benzols mit einer Schlange gemein, die sich in den Schwanz beißt (gemäß dem »Uroborostraum«, der 1863 zur Entdeckung des Benzolrings durch August Kekulé geführt haben soll)? Bei entsprechendem Vorwissen wird klar, dass die Struktur des Benzols als Ringform gedacht werden kann; Kreativität entstand also, indem aus etwas Bekanntem eine Analogie zu etwas Unbekanntem gezogen wurde.

Kreatives Problemlösen wird durch das **»mapping«** zwischen verschiedenen Realitätsbereichen gefordert. Unter mapping versteht man also die Abbildung des einen auf den anderen Bereich.

Beispiel

> Der Satz »Baumstämme sind Strohhalme für durstige Blätter« regt die Aktivierung einer abstrakten Vorstellung »Wasserleitung« an, durch die uns bekannte Formen von Trinkhilfen in den Bereich der Natur projiziert werden. Metaphern erweisen sich damit als wichtiges Bindeglied zwischen Denken und Sprache.

Durch den **Zwang zur Analogiebildung**, den eine Metapher auslöst, werden Suchprozesse angeregt, die neben trivialen Bezügen auch Neues aufdecken helfen. Sieht man Elektrizität als strömenden Fluss von Elektronen, kann man in Analogie dazu z. B. Fragen nach der Speicherung bzw. Lagerung von Elektrizität mit neuen Antwortmöglichkeiten stellen (analog zur Sammlung in Fässern, Weihern, Talsperren), über deren Brauchbarkeit nachgedacht werden kann. Analogien dieser Art können somit neue Problemlösungen anregen.

George Lakoff und Mark Johnson (1980; vgl. auch Lakoff 1987) machen darauf aufmerksam, dass beispielsweise mit der Metapher »Zeit ist Geld« ein gesamter Gegenstandsbereich (derjenige der Zeit) neu organisiert werden kann: Durch diese Metapher werden Assoziationen wie die des Verschwendens, des Sparens, des Aufhebens etc. wachgerufen. Aber dies ist noch gar nicht der ganze kreative Akt! Erst wenn die schwierigeren Fragen gestellt werden (was ist die Münze der Zeit, was deren Währung, wer die Bank?), kommen kreative Lösungen zum Vorschein. Eine Metapher auszureizen heißt zugleich, auch ungewöhnliche Relationen herzustellen und sie zu interpretieren – was ist etwa der Zins der Zeit? Lässt sich Zeit leihen?

Das Kreativitätspotential von Metaphern liegt darin, genau solche ungewöhnlichen Fragen aufzuwerfen, die man sonst nicht stellen würde. Eine Metapher der Art »X ist Y« zu verwenden, ist damit gleichbedeutend mit der Frage: Was haben X und Y gemeinsam, worin unterscheiden sie sich? Damit regt die Metapher dazu an, sich seines Begriffssystems zu vergewissern und gegebenenfalls neue, noch unentdeckte Beziehungen darin aufzudecken. Damit dient das Verständnis von Metaphern auch als Test für sprachliche Kreativität. So gibt der »Remote Associates Test« (RAT, vgl. Mednick 1962) etwa drei Wörter wie »Ratte« – »blau« – »Hütte« vor, wobei nach dem alles verbindenden »Käse« gefragt wird; eine andere

Möglichkeit liegt in der Frage nach der Verbindung von Zeit und Geld. In diesem Fall wird die Suche im assoziativen Speicher in Gang gesetzt und heraus kommt gegebenenfalls eine neue Erkenntnis.

Geht man davon aus, dass kreatives Problemlösen unverzichtbar ist, um unsere Zukunftprobleme zu lösen, wird die Bedeutsamkeit der Metaphern bei der Bewältigung dieser Aufgabe evident. Metaphern sind wichtige Hilfsmittel zur Erhöhung des kreativen Potentials und lenken die Aufmerksamkeit des Wissenden auf weniger durchschaubare Merkmale, die ohne entsprechende Analogiebeziehungen nicht ins Auge springen. Wollen wir neue Assoziationen herstellen und damit Kreativität anregen, so ist auf Sprecherseite das **Bilden von Metaphern** ein ebenso kreativer Akt wie es auf Hörerseite das **Verstehen von Metaphern** ist. Metaphern setzen somit konstruktive Prozesse in Gang, die die Bildung neuer Assoziationen unterstützen.

15.3.3 | Die Rolle der Medien

Neue Assoziationen können mit Hilfe von verschiedenen Medien angeregt werden: Die sicher wichtigste Form erfolgt im **Medium der Sprache**, wo man neue Assoziationen vor dem Hintergrund des umfangreichen mentalen Lexikons stiften kann. Neben der Sprache ist aber auch das **Medium der Bilder** wichtig. Im Medium bildlicher Vorstellungen kann man manche Dinge leichter realisieren als diese im Medium der Sprache zu beschreiben sind. So kann man sich etwa problemlos eine Banane vorstellen, die man blau anmalt, auf deren Oberfläche man einen Zebrastreifen malt, die man zu einer Schleife verknotet, deren eines Ende man in eine Trompete münden lässt usw.

Klecksografie von Justinus Kerner

Es ist daher nicht erstaunlich, dass sich Künstler im 19. Jahrhundert von zufälligen Formen und Farben Anregungen versprochen haben. Justinus Kerner (1786-1862) gilt als Erfinder der »Klecksografien«, die aus zufällig entstandenen Tintenklecksen kleine Kunstwerke formen, hier zu einem gegenständlichen Objekt ausgearbeitet, das durch ein beigefügtes Gedicht als »Schwarzer Tod« identifiziert wird (Quelle: http://digi. ub.uni-heidelberg.de/diglit/kerner1890).

Hier wird – wie an vielen Stellen – der kreative Prozess durch Zufälle stimuliert. Anstelle von Klecksen kann man natürlich auch beliebiges Bildmaterial verwenden und als Anstoß für Assoziationsketten nutzen.

15.4 | Praktische Empfehlungen

Aus den akademischen Erkenntnissen lassen sich einige praktische Empfehlungen ableiten, die zum Hervorbringen der eigenen Kreativität hilfreich sein können. Die erste Gruppe von Empfehlungen betrifft die **Gestaltung der Umgebung**, die zweite Gruppe bezieht sich auf **konkrete Vorgehensweisen** und die dritte Gruppe auf **allgemeine Grundhaltungen**. Allen diesen Empfehlungen ist gemeinsam, dass sie nicht sonderlich originell sind und nicht als Einzelmaßnahme Wirkung versprechen. Man kann Kreativität einfach schlecht vorhersagen – es gibt keine Garantien für bestimmte Effekte.

15.4.1 | Gestaltung der Umgebung

Eine störungsfreie und angenehme Umgebung ist eine wichtige Grundvoraussetzung. Kreativität geschieht nicht auf Knopfdruck, sondern braucht eine entspannte Atmosphäre. Gestalten Sie Ihre Umgebung so, dass Sie sich dort wohlfühlen. Ein schöner Arbeitsplatz, eventuell leise Instrumentalmusik – all das sind Umgebungsfaktoren, die nicht unterschätzt werden sollten. Achten Sie einmal darauf, wie sich professionell tätige Kreative wie z. B. Werbeleute ihre Arbeitsplätze einrichten. Umgeben Sie sich mit Bildern, Notizzetteln, anregenden Gegenständen, usw. – die sterile weiße Kammer, in der sich sonst nichts befindet, hat dagegen nur geringe stimulierende Wirkung.

Umgeben Sie sich nicht nur mit anregenden Dingen, sondern sorgen Sie auch für eine **anregende soziale Umwelt**. Freunde, die nur Fernsehen wollen, tun Ihnen weniger gut als solche, die Sie zu anregenden Aktivitäten verführen wollen. Der Stammtisch mit Personen, die immer wieder die gleichen Themen in immer gleicher Form debattieren, ist möglicherweise ein weniger anregender Ort für Sie als der Diskussionskreis derjenigen, die offen und interessiert an Neuem sind – ob es sich um Leute handelt, die eine neue Weltordnung planen oder um eine Gruppe von Naturliebhabern, die einen begradigten Flusslauf wieder in seine alte ursprüngliche Bahn zurückführen möchte, ist dabei eher nebensächlich.

15.4.2 | Konkrete Gestaltung des eigenen Vorgehens

Gute Stimmung erhöht die kognitive Flexibilität: Wenn Druck auf Sie ausgeübt wird (auch durch Sie selbst in Form von Erwartungshaltungen) oder Sie Autorität Ihnen gegenüber wahrnehmen (der Vorgesetzte wartet auf Ihren Einfall), so wirkt dies kontraproduktiv. Eine schlechte Stimmung fördert analytische Denkweisen – in solchen Verfassungen sollten Sie Abrechnungen kontrollieren oder Texte Korrektur lesen. Für die kreative Denkweise ist eine gute Stimmung sehr hilfreich, weil sie statt des analytischen Details auf die globale Vogelperspektive setzt und damit ein gedankliches Fliegen über große Gebiete möglich macht, was der Kreativität gut tut.

Stimulieren Sie Ihre Phantasie durch bildliche oder verbale Anregungen. Unter dem Motto »Dem Zufall auf die Sprünge verhelfen« kann man natürlich mit Klecksen arbeiten, aber auch andere Stimulationen können sich als nützlich erweisen wie z. B. das Ansehen thematisch gemischter Bilder oder das Lesen von zufällig aus dem Lexikon entnommenen Wörtern, über die man einen Bezug zu seinem Thema herzustellen versucht.

Brechen Sie gezielt aus den vertrauten Bahnen aus, denken Sie sich das Gegenteil dessen aus, was erwartet wird, oder stellen Sie sich etwas vor, was andere aufregen und provozieren könnte. Phantasie zeigen bedeutet: sich Dinge oder Abläufe vorzustellen, die gerade *nicht* auf der Hand liegen, die gerade nicht selbstverständlich sind, die es noch nicht gibt und vielleicht auch nie geben wird.

> → Halten Sie alle Ideen fest für eine spätere Bewertung. Nichts ist schlimmer, als sich in einer Woche daran zu erinnern, dass man einmal einen interessanten Gedanken gehabt hat – aber was war das noch mal? Auch ein **Ideen-Tagebuch** kann sinnvoll sein.

Tipp

Visualisieren Sie abstrakte Konzepte – malen Sie Bilder, die für Sie wichtige Begriffe veranschaulichen sollen; nutzen Sie ein illustriertes Mind-Mapping, um einen komplexen Gegenstand in seine Kernkonzepte zu zerlegen und ihn damit leichter handhabbar zu machen.

Nutzen Sie die Anregungen und Potentiale von anderen Personen, mit denen Sie an einem Projekt arbeiten. Gerade in der Phase der Erzeugung von Ideen kommen die **Gruppenvorteile** besonders deutlich zum Tragen: Hier sind zehn Köpfe einfallsreicher als einer und durch gegenseitiges Anfeuern kann Brainstorming in der Gruppe richtig Spaß machen.

15.4.3 | Allgemeine Grundhaltungen

Zu den allgemeinen Grundhaltungen, die für kreative Prozesse förderlich sind, gehören **Offenheit** und **Neugier** sowie **Toleranz** gegenüber ungewöhnlichen Vorschlägen. Aber auch hier gibt es spezielle Empfehlungen von Robert Sternberg (1995, 363 f.), die man beachten kann.

1. **Entwickeln Sie eine hohe Motivation** dafür, auf einem speziellen Gebiet kreativ zu sein. Lassen Sie sich dabei nicht durch extrinsische Motivation (z. B. in Form von Geld) als Entschädigung für kreative

Kreative
Grundhaltung

Leistungen bestechen – Geld korrumpiert. Generell sollte das Streben nach kreativen Handlungen aus Ihnen selbst kommen (intrinsische Motivation). Natürlich schadet es nicht, wenn man mit kreativen Schöpfungen auch Geld verdient, aber es sollte nicht das Motiv sein.

2. **Zeigen Sie ein gewisses Maß an Nonkonformismus** – Regeln, die Ihre kreativen Handlungen beschränken, können gegebenenfalls missachtet werden. Allerdings: nicht alle Regeln und Gewohnheiten sind schädlich. Was die eigene Leistung angeht, so sind höchste Ansprüche und Selbstdisziplin beim Schaffen nötig.

3. Sie müssen vom **Wert und der Bedeutung Ihrer kreativen Tätigkeit** völlig überzeugt sein, Kritik und Abwertung durch andere Personen darf Sie nicht stören. Die Selbstkritik sollte jedoch den eigenen Prozess überwachen und verbessern.

4. **Suchen Sie sich Gegenstände und Personen**, auf die sich Ihre kreative Aufmerksamkeit konzentriert, sorgfältig aus – dabei kann es sich auch (und gerade) um solche handeln, die von anderen Personen *nicht* geschätzt werden.

5. **Benutzen Sie Analogien und divergentes Denken**, wo immer möglich. Aber: Kreatives Denken berücksichtigt *auch* die alten Traditionen – und sei es nur, um ihnen zu widersprechen.

6. **Suchen Sie sich Mitstreiter**, die gegen die Konvention angehen und neue Ideen ausprobieren, Mitstreiter, die zum Risiko ermutigen.

7. **Sammeln Sie viel Wissen** über Ihren Bereich. Damit kann verhindert werden, dass das Rad zum hundertsten Mal erfunden wird. Vermeiden Sie gleichzeitig, von diesen Daten gefesselt zu werden.

8. **Verpflichten** Sie sich auf das strengste zu Ihren kreativen Unternehmungen.

Abschließend ist festzuhalten: Vermeiden Sie eine Situation, in der Sie sich selbst unter Druck setzen oder von anderen unter Druck gesetzt werden. Kreative Prozesse lassen sich nicht erzwingen und brauchen Geduld. Lassen Sie sich nicht entmutigen, wenn es nicht auf Anhieb klappt, eine Entdeckung ähnlich der von Thomas Edison zu machen, die die Welt erleuchtet hat. Auch über kleine persönliche Entdeckungen kann man sich freuen – und in guter Stimmung steigt die Wahrscheinlichkeit für weitere gute Ideen.

Literatur   Förster, Jens/Denzler, Markus (2006): »Kreativität«. In Joachim Funke/Peter A. Frensch (Hg.): Handbuch der Allgemeinen Psychologie – Kognition. Göttingen: Hogrefe, 446–454.

Funke, Joachim (2003): Problemlösendes Denken. Stuttgart: Kohlhammer.

Guilford, Joy Paul (1950): »Creativity«. In: American Psychologist 5, 444–454.

Holm-Hadulla, Rainer M. (2005): Kreativität. Konzept und Lebensstil. Göttingen: Vandenhoeck & Ruprecht.

Lakoff, George (1987): Women, fire, and dangerous things. What categories reveal about the mind. Chicago, IL: University of Chicago Press.

—/Johnson, Mark (1980): Metaphors we live by. Chicago, IL: University of Chicago Press.

Lubart, Todd I. (1994): »Creativity«. In: Robert J. Sternberg (Hg.): Thinking and Problem Solving. San Diego, CA: Academic Press, 290–323.

Mednick, Sarnoff A. (1962): »The associative basis of the creative process«. In: Psychological Review 69, 220–232.

Osborn, Alexander F. (1953): Applied imagination. New York: Scribner.

Schlicksupp, Helmut (1993): Kreativ-Workshop. Würzburg: Vogel.

Schooler, Jonathan W./Melcher, Joseph (1995): »The ineffability of insight«. In: Steven M. Smith/Thomas B. Warth/Ronald A. Finke (Hg.): The creative cognition approach. Cambridge, MA: MIT Press, 97–134.

Sternberg, Robert J. (1995): In search of the human mind. Fort Worth, TX: Harcourt Brace College Publishers.

—/Lubart, Todd I./Kaufman, James C./Pretz, Jean E. (2005): »Creativity«. In: Keith J. Holyoak/Robert G. Morrison (Hg.): The Cambridge handbook of thinking and reasoning. Cambridge: Cambridge University Press, 351–370.

Wallas, Graham (1926): The art of thought. New York: Harcourt Brace.

Joachim Funke

16. Interkulturelle Kompetenz

16.1   Zum Stellenwert interkultureller Kompetenz
16.2   Definitionen: Interkulturelle Kompetenz und
       interkulturelle Kommunikation
16.3   Praxis- und Handlungsfelder
16.4   Zur Erlernbarkeit interkultureller Kompetenz

16.1 | Zum Stellenwert interkultureller Kompetenz

›Interkulturelle Kompetenz‹, ebenso wie der Begriff ›Interkulturelle Kommunikation‹, ist in den letzten Jahren zur Bezeichnung einer vieldiskutierten und im Rampenlicht von Öffentlichkeit und Wissenschaft stehenden Schlüsselqualifikation geworden. Beide Begriffe nehmen im wissenschaftlichen Bereich einen zunehmenden Stellenwert ein, sind aber zugleich zu Modewörtern avanciert, die zuweilen geradezu den Beigeschmack von ›Zauberwörtern‹ enthalten. Beide Begriffe, die häufig unscharf gebraucht werden, bezeichnen Kompetenzen, die auf die Bewältigung der zunehmenden internationalen Verflechtung von Gesellschaften, Kulturen und Volkswirtschaften zielen. Dies betrifft sowohl die zunehmende Bedeutung internationaler Beziehungen in allen Bereichen als auch die Herausforderungen, die Immigration und Multikulturalität in der eigenen Gesellschaft mit sich bringen.

Nicht nur im politischen und gesellschaftlichen Bereich – vor allem durch die wachsende Bedeutung des Tourismus und die zunehmende Bedeutung transnationaler Kooperation (wie in der EU) – haben internationale Kontakte stark zugenommen, sondern auch im **wirtschaftlichen und kulturellen Bereich**. Dies gilt für Großbetriebe, aber in wachsendem Maße auch für kleine und mittelständische Betriebe. Für sie spielen der Export sowie die Gründung von Filialen und Tochtergesellschaften im Ausland vor allem seit dem Beginn der 1990er Jahre eine immer wichtigere Rolle. In zahlreichen Betrieben auch der mittelständischen Wirtschaft hat sich der Auslandsanteil am Gesamtumsatz zwischen 1990 und 2007 mehr als verdoppelt. Die Ausweitung des Exports und die Verlagerung von Produktionsstätten vollziehen sich in einem rasanten Tempo, das die Unternehmen vor völlig neue Herausforderungen stellt. Zu diesen Herausforderungen gehört an herausragender Stelle die **Vermittlung von interkulturellen Kompetenzen** sowie, hiermit verknüpft, von **Fremdsprachenkenntnissen**. Diese betreffen sowohl Vertrieb und Einkauf, Werbung und Marketing als auch Personalmanagement und Personalmarketing. Im kulturellen Bereich lässt sich seit den 1980er Jahren eine rasch zunehmende internationale Verflechtung der Medien-

und Filmkulturen erkennen, bei der Übersetzung und Synchronisation, aber auch die Adaption von Kultur- und Medienangeboten auf andere Kulturen eine zentrale Rolle spielen.

Sowohl interkulturelle als auch Fremdsprachenkompetenzen werden im Allgemeinen als zentrale **Zusatzqualifikationen** gesehen, die Fachkompetenzen ergänzen. In Stellenausschreibungen und bei der Auswahl von Bewerber/innen erweisen sie sich häufig – bei vergleichbarer fachlicher Qualifikation – als ausschlaggebend.

16.2 | Definitionen: Interkulturelle Kompetenz und interkulturelle Kommunikation

›Interkulturelle Kompetenz‹ wird in der Fachliteratur auf sehr unterschiedliche Weise definiert. Die verschiedenen Sichtweisen und Definitionen hängen auch von den jeweiligen betroffenen Fachdisziplinen ab, so dass von einem sehr unterschiedlichen Profil interkultureller Kompetenz z.B. in der Psychologie und den Wirtschafts- sowie den Kulturwissenschaften gesprochen werden kann. Es lassen sich jedoch trotz der Vielfalt der Ansätze dominierende Tendenzen herausarbeiten, die sich in folgenden Definitionen spiegeln. So definiert der Wirtschaftswissenschaftler Alexander Bergmann den Begriff ›interkulturelle Kompetenz‹ wie folgt:

> Es handelt sich bei interkultureller Kompetenz um die Fähigkeit, sich in fremden Kulturen erfolgreich zu verständigen und bewegen zu können, d.h. eine Brücke zwischen seinen eigenen und anderen Denkweisen, Gefühlen, Wertvorstellungen, Ausdrucksformen, Verhaltensmustern und Gewohnheiten zu schlagen.

Bergmann 1993, 200

Die Linguisten Karlfried Knapp und Annelie Knapp-Potthoff rücken stärker die **kommunikative und damit interpersonale Dimension** interkultureller Kompetenz in den Blick:

> Es geht im Wesentlichen um einen Komplex von analytisch-strategischen Fähigkeiten, die das Interpretations- und Handlungsspektrum des betreffenden Individuums in interpersonaler Interaktion mit Mitgliedern anderer Kulturen erweitern. In diese analytisch-strategischen Fähigkeiten sind Wissen über andere Kulturen generell, die Veränderung von Einstellungen und eine Sensibilität (awareness) gegenüber kultureller Andersartigkeit integriert.

Knapp/Knapp-Potthoff 1990, 83

> Als genereller Nenner der unterschiedlichen Definitionen lässt sich → interkulturelle Kompetenz als das Vermögen definieren, »mit fremden Kulturen und ihren Angehörigen in adäquater, ihren Wertesystemen und Kommunikationsstilen angemessener Weise zu handeln, mit ihnen zu kommunizieren und sie zu verstehen« (Lüsebrink 2008, 9).

Definition

Die mit dieser Definition erfassten Einzelkompetenzen umfassen:

- Fremdsprachenkenntnisse als eine Grundvoraussetzung für das Verstehen anderer Kulturen und die Kommunikation mit Angehörigen anderer Kulturen,
- landeskundliche Kenntnisse etwa über die Wirtschaftsstruktur und das politische System der betreffenden Kultur sowie
- Kommunikations- und Verstehenskompetenzen, die das Beherrschen der Kommunikations-, Denk- und Handlungsstile anderer Kulturen umfassen. Zu letzteren gehören Phänomene wie Körperdistanz, Gestik, Mimik, soziale Codes der Höflichkeit, Erfassen des implizit Gemeinten oder auch Formen der Gesprächsdynamik.

Unterschiedliche Kulturen: In ›High-Context-Kulturen‹ (E.T. Hall) wie der japanischen oder chinesischen Kultur verlaufen Kommunikationsprozesse weniger explizit, sprachliche, gestische oder mimische Anspielungen und Andeutungen spielen eine weitaus größere Rolle als in ›Low-Context-Kulturen‹ wie der deutschen und US-amerikanischen Kultur. Auch in anderen Bereichen der Kommunikation bestehen zwischen den Kulturen grundlegende Unterschiede, deren Erkennen und deren Bewältigung einen wichtigen Bestandteil interkultureller Kompetenz darstellen. Im Französischen ist z. B. die Gesprächsdynamik im Vergleich etwa zum Englischen oder Deutschen durch ein weit häufigeres Unterbrechen und ›ins Wort fallen‹ gekennzeichnet, was in französischer Sicht keineswegs als Zeichen für unhöfliches Kommunikationsverhalten zu werten ist, wie etwa im Deutschen, sondern ganz im Gegenteil als sicheres Indiz für ein lebhaftes, die Gesprächspartner interessierendes, nicht steifes Gespräch.

›Harte‹ und ›weiche‹ Faktoren: Interkulturelle Kompetenz umgreift somit sowohl ›harte Faktoren‹ wie die Kenntnis ökonomischer Kerngrößen, wichtiger historischer Fakten, sozialer Gegebenheiten (z. B. des Kastensystems in Indien oder der Bedeutung von Laizität in Frankreich) sowie steuerlicher, rechtlicher und politischer Rahmenbedingungen als auch ›weiche Faktoren‹, zu denen die Kenntnis von und der verständnisvolle Umgang mit fremden Kommunikationsformen und Wertesystemen gehört.

Neben dem Begriff ›interkulturelle Kompetenz‹ existieren in der Forschung und der Trainingspraxis eine Reihe anderer, zum Teil sehr ähnlicher und großenteils synonym gebrauchter Begriffe: vor allem die Begriffe **Intercultural Sensitivity, Global Competence, Intercultural Effectiveness** und **Cross-Cultural Commmunication Competence** im Englischen (Straub 2007). Die teilweise mit dem Begriff ›interkulturelle Kompetenz‹ gleichgesetzten Begriffe ›interkulturelle Handlungskompetenz‹ und ›interkulturelle Kommunikationskompetenz‹ umfassen bei genauerer Betrachtung **Teilkompetenzen**, auf die im Folgenden detaillierter eingegangen werden soll.

Die meisten Definitionen interkultureller Kompetenz basieren auf einem Begriff interkultureller Kommunikation, der kommunikations-

und interaktionsorientiert ist. Diese relativ begrenzte, auf Kommunika-
tions*situationen* und ihre möglichst problemlose Bewältigung zielende
Definition interkultureller Kompetenz liegt einer Fülle eng praxis-
bezogener Ratgeber und Trainingsseminare zugrunde, die in möglichst
knapper und kompakter Form einen handlungsorientierten Leitfaden
für den Umgang etwa mit Franzosen, Chinesen oder Japanern zu vermitteln suchen.

Aus der Sicht der Forschung, aber auch vor dem Hintergrund der
Praxisanforderungen erscheint es notwendig, die Begriffe ›interkulturelle Kommunikation‹ und ›interkulturelle Kompetenz‹ weiter zu
fassen, d.h. sie unter die Gesamtheit jener Schlüsselqualifikationen
einzugliedern, durch die ein **Verstehen** fremder Kulturen und die
Kommunikation mit Angehörigen anderer Kulturen ermöglicht wird.
Neben der Ebene von Face-to-face-Kommunikation und Interaktion
betrifft interkulturelle Kompetenz in diesem Sinne auch die **Prozesse
des Kulturkontakts, des Kulturaustauschs und des Kulturtransfers** sowie
der Fremdwahrnehmung. Interkulturell kompetent zu sein, bedeutet
somit nicht nur, Kommunikationssituationen mit Angehörigen anderer Kulturen bewältigen zu können, sondern z. B. auch fähig zu sein,
Unterschiede in der Alltagskultur fremder Gesellschaften zu erkennen
und kulturelle Muster der eigenen Kultur (wie Werbebotschaften, Text-
gattungen oder Medienformate) adäquat auf die Strukturen anderer
Gesellschaften adaptieren zu können.

Im Zuge des ökonomischen Globalisierungsprozesses der letzten
15 bis 20 Jahre ist deutlich geworden, dass die wachsende Vernetzung
der Volkswirtschaften und Märkte keineswegs mit einer zunehmenden
Vereinheitlichung etwa von Werbe-, Medien-, Marketing und Personal-
managementstrategien einhergeht, sondern im Gegenteil in wachsendem Maße **kulturelle Differenzierungen und Adaptationen** erfordert.
Hierfür bedarf es interkultureller Kompetenz(en):

> »Wir müssen eine viel engere Beziehung mit den Kunden aufbauen und direkt auf
> sein Verhalten Einfluß nehmen«, formuliert es Marc Gault, Stratege für Global Bran-
> ding bei McCann Erickson in New York. »Dazu brauchen wir ein komplettes Arsenal
> an Kommunikationsmitteln.« In der Praxis heißt das, dass an die Stelle des alten
> Traums vom weltumspannenden, einheitlichen Werbespot immer häufiger eine
> Vielfalt von Kommunikationsmethoden tritt und oft mit erheblichem Aufwand
> lokal organisiert werden müssen.

Fischermann 2000

In dem Begriff ›interkultureller Kompetenz‹ in diesem erweiterten Sinn
sind Fremdsprachenkenntnisse, landeskundliche Kenntnisse und das
Verstehen der Beziehungen von Kulturen auf ihren verschiedenen Ebenen eng miteinander verknüpft. Das hiermit verbundene Qualifikationsprofil umfasst in erster Linie folgende **Einzelkompetenzen**:

Einzelkompeten-
zen interkulturel-
ler Kompetenz
- die Beherrschung von Strategien der Kommunikation mit Angehörigen anderer Kulturen;
- die Beherrschung von Strategien zur Vermeidung bzw. Klärung von Missverständnissen in der Kommunikation mit Angehörigen anderer Kulturen;
- kognitive und affektive Sensibilisierung für die Abhängigkeit menschlichen Denkens, Handelns und Verhaltens (und speziell des kommunikativen Handelns und Verhaltens) von kulturspezifischen Schemata und Codes;
- Kommunikationsfähigkeit und -bereitschaft;
- die Fähigkeit und Bereitschaft, fremdkulturelle Perspektiven zu übernehmen, d.h. Distanz zur eigenen Kultur zu gewinnen und sich in fremde Sicht- und Beurteilungsweisen hinein zu versetzen;
- die Fähigkeit zur Erklärung und zum Verstehen von Phänomenen kommunikativen Handelns und Verhaltens durch tieferliegende, häufig historisch geprägte Determinanten (wie kulturspezifische Familien- und Sozialisationsformen oder unterschiedliche Ausprägungen kollektiver, vor allem auch nationaler Identität);
- die kognitive und affektive Sensibilisierung für Grundprinzipien und kulturspezifische Funktionsweisen der interpersonalen Kommunikation, insbesondere für Unsicherheitsreaktionen sowie Stereotypen- und Vorurteilsbildungen;
- kognitive Fähigkeiten des Verstehens und der Analyse von Phänomenen und Prozessen des interkulturellen Transfers sowohl auf medialer als auch auf Produktebene.

Die genannten interkulturellen Kompetenzen – sowie weitere hiermit verbundene – lassen sich drei Bereichen zuordnen. Die systematische Zuordnung von Einzelkompetenzen wird auch als **Strukturmodell interkultureller Kompetenz** bezeichnet, da es über eine reine Auflistung von Qualifikationsmerkmalen hinausgeht und diese in eine Struktur einfügt:

Strukturmodell
interkultureller
Kompetenz
- **affektive Dimension:** umfasst die Einstellungen und Persönlichkeitsmerkmale, die im Rahmen von Auslandseinsätzen und -kontakten erfolgversprechend sind;
- **kognitive Dimension:** umfasst die fremdkulturspezifischen Kenntnisse;
- **konative (oder verhaltensbezogene) Dimension:** umfasst die Fähigkeiten, die für unmittelbare Kontakte und Interaktionsformen mit Angehörigen anderer Kulturen notwendig sind.

In einem weitergehenden Systematisierungsvorschlag hat Jürgen Bolten dieses Modell erweitert und zugleich systematisch mit grundlegenden, auch in der eigenen Kultur relevanten Kompetenzen in Verbindung gebracht. Er geht hierbei von der Feststellung aus, dass *interkulturelle Kompetenz* kein gesondertes, abgeschottetes Qualifikationsprofil umfasst, sondern *intra*kulturelle Kompetenzbereiche lediglich *inter*kulturell, d.h. auf das Verstehen und den Umgang mit anderen Kulturen und ihren Angehörigen hin, erweitert. Interkulturelle Kompetenz, so seine Kernthese, baue in vielen Bereichen auf Fähigkeiten auf, die auch in der eigenen Kultur von zentraler Bedeutung sind. Zu den Kernfähigkeiten, die generell eine kontinuierliche Weiterentwicklung kulturellen Wissens und sozialer Verhaltenskompetenzen erlauben, gehören »das Zuhören, das (aufmerksame) Beobachten und Interpretieren sowie das Analysieren, Bewerten und Zuordnen kultureller Elemente« (Boecker/ Jäger 2006, 91). Bolten unterscheidet hierbei **vier Kompetenzbereiche**, die er zunächst intrakulturell definiert und dann auf den interkulturellen Bereich überträgt:

- interkulturelle Fachkompetenz
- interkulturelle soziale Kompetenz
- interkulturelle strategische Kompetenz
- interkulturelle individuelle Kompetenz

Vier Kompetenzbereiche (nach Bolten 2007a, 86)

Diese vier Kompetenzen und die zu ihnen gehörenden Erfahrungen und Kenntnisse lassen sich wie folgt veranschaulichen und konkretisieren:

Komponenten und Bereiche interkultureller Kompetenz (nach Bolten 2007a)

Kompetenz-bereich	Allgemeine Hand-lungskompetenzen		Interkulturelle Handlungs-kompetenzen
individuell	Belastbarkeit, Lern-bereitschaft, Selbst-wahrnehmung, Selbststeuerungs-fähigkeit, Rollen-distanz, Flexibilität, Ambiguitätstoleranz usw.	>	dto. plus Transferfähigkeit auf ziel-/interkulturelle Kontexte; z. B.: Selbst-steuerungsfähigkeit in sprachlich fremder Umgebung
sozial	Teamfähigkeit, Konfliktfähigkeit, (Meta-)Kommuni-kationsfähigkeit, Toleranz, Kritikfähig-keit, Empathie usw.	>	dto. plus Transferfähigkeit auf ziel-/interkulturelle Kontexte; z. B.: Konfliktfä-higkeit in Kontexten unter Beweis stellen können, in denen andere Konflikt-bewältigungsstrategien üblich sind als im eigen-kulturellen Kontext

fachlich	Fachkenntnisse im Aufgabenbereich, Kenntnisse der fachlichen/beruflichen Infrastruktur, Fachwissen vermitteln können, Berufserfahrung usw.	>	dto. plus Transferfähigkeit auf ziel-/interkulturelle Kontexte; z. B.: Fachkenntnisse unter Berücksichtigung anderskultureller Traditionen der Bildungssozialisation vermitteln können
strategisch	u. a. Organisations- und Problemlösefähigkeit, Entscheidungsfähigkeit, Wissensmanagement usw.	>	dto. plus Transferfähigkeit auf ziel-/interkulturelle Kontexte; z. B.: Synergiepotentiale bei kulturell bedingt unterschiedlichen Formen der Zeitplanung erkennen und realisieren können

Nach Bolten handelt sich bei den definierten Kompetenzbereichen nicht um *spezifisch* interkulturelle Kompetenzen, sondern um Kompetenzen, die zu allgemeinen Handlungskompetenzen zählen. Um interkulturell handeln zu können, ist es notwendig, diese allgemeinen Handlungskompetenzen um spezifische interkulturelle Kompetenzen zu erweitern. Die Teamfähigkeit in multikulturellen Teams, der in Unternehmen und Institutionen eine zunehmende Bedeutung zukommt, baut z. B. auf Kompetenzen wie Toleranz, Kritikfähigkeit und Empathie (Einfühlungsvermögen) auf, die im interkulturellen Kontext vorausgesetzt werden, aber hier zugleich neue Dimensionen erhalten. Das Handeln in interkulturellen Kontexten erfordert auch neue Fachkenntnisse, vor allem landeskundliche, kulturelle und fremdsprachliche Kenntnisse, die jedoch auf den vorhandenen Kenntnissen der eigenen Sprache und Kultur aufbauen:

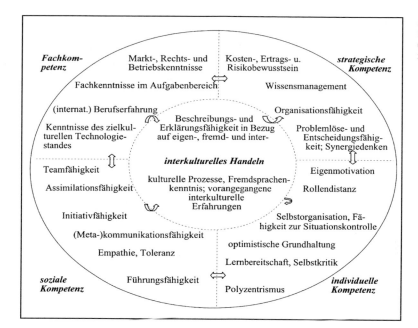

Interkulturelles
Kompetenzprofil
(nach Bolten
2001, 913)

16.3 | Praxis- und Handlungsfelder

Was sich auf den ersten Blick zunächst eher abstrakt ausnimmt, umgreift bei näherem Hinsehen, auch in der universitären Lehre und Forschung und ihrer Verzahnung mit der Praxis, sehr konkrete Realitätsphänomene. So beruhen Integrationsprobleme von ins Ausland entsandten deutschen Führungskräften weniger auf mangelnden Sprachkenntnissen als auf einer fehlenden Verbindung von fremdsprachlicher, landeskundlicher und (im engeren Sinn) interkultureller Vorbereitung auf den Auslandseinsatz (vgl. Seemann 2000).

Das Niveau der landeskundlichen Kenntnisse weist in der Tat einen direkten, statistisch signifikanten Einfluss auf das berufliche und private Integrationsniveau entsandter Arbeitnehmer auf:

Je besser die landeskundlichen Kenntnisse der Entsandten zum Zeitpunkt der Untersuchung sind, desto höher ist ihr berufliches und privates Integrationsniveau [...]. Landeskundliche Kenntnisse erlauben es dem Entsandten, die Situation der Franzosen besser zu verstehen. Die Kenntnis der französischen Geschichte und der frankreichspezifischen gesellschaftspolitischen Probleme sind Erklärungsgrundlage für Einstellungen der Franzosen und sind gleichzeitig beliebter Gesprächsstoff unter Franzosen. Ein Entsandter, der »mitreden« kann, dokumentiert sein Interesse für Frankreich, kann Gespräche verfolgen, in diese eingreifen, und wird von Franzosen eher als einer der »ihren« akzeptiert. Deshalb werden Entsandte, die diese Kenntnisse besitzen, sich leichter in Frankreich beruflich und privat integrieren können.

Seemann 2000, 177

Paradoxerweise können gute Fremdsprachenkenntnisse, die nicht mit einem entsprechenden Niveau landeskundlicher interkultureller Kompetenz einhergehen, die Kommunikations- und Anpassungsschwierigkeiten eher noch verschärfen anstatt sie – wie zu erwarten gewesen wäre – zu erleichtern. Bei einem Ausländer mit flüssigem Französisch beispielsweise setzt der fremdkulturelle Gesprächspartner geradezu selbstverständlich auch ein entsprechendes Wissen über die Werte, Kommunikations- und Denkstile der Franzosen voraus – eine Erwartung, die häufig nicht den tatsächlichen Gegebenheiten entspricht.

Beispiel

Eine (minimale) interkulturelle Kompetenz für deutsche Handwerker, die grenzüberschreitend in Polen, Tschechien oder Frankreich tätig sind, muss folglich neben sprachlichen Basiskenntnissen vor allem ein landeskundlich orientiertes Wissen um spezifische institutionelle Strukturen und Arbeitsabläufe in den diversen exportorientierten Sparten des Handwerks umfassen. Sinnvoll und für viele Arbeitsabläufe wichtig ist zudem ein Training berufsrelevanter Kommunikationsformen, vor allem des Verkaufsgesprächs und der spartenspezifischen Textsorten, insbesondere der Werbeanzeigen, sowie der Ausschreibungsformen, für die erhebliche Unterschiede zwischen Deutschland und den europäischen Nachbarländern existieren.

Der **medizinische Bereich** ist ein weiteres Praxisfeld, in dem interkultureller Kompetenz eine zunehmende Bedeutung zukommt, da eine rapide wachsende Zahl von Ärzten, Pflegepersonal sowie von Patienten aus anderen Kulturen stammt und von diesen geprägt wurde. In einem Bereich, in dem Körperlichkeit, Privat- und Intimsphäre sowie Kommunikation eine herausragende Rolle spielen, ist die Aneignung interkultureller Kompetenz(en) – neben den eigentlichen medizinischen Fachkompetenzen – von zentraler Bedeutung. Diese betreffen sowohl die Institutionen (Krankenhäuser oder Pflegestationen) als auch die Ärzte und das Pflegepersonal: Für die Institutionen ist die Nutzung des fremdsprachlichen Potentials der Mitarbeiter sowie die Vernetzung mit Dolmetscherdiensten wichtig; für die Ärzte und das Pflegepersonal die Sensibilisierung für kulturell sehr unterschiedliche Reaktions- und Wahrnehmungsweisen hinsichtlich des Arzt-Patienten-Verhältnisses, der Einstellung zu Krankheit und Gesundheit sowie der Kommunikation von Diagnosen, Prognosen und Krankheitsphänomenen (vgl. Bolten 2007c).

16.4 | Zur Erlernbarkeit interkultureller Kompetenz

Interkulturelle Kompetenz ist nicht punktuell und in kompakter Form erlernbar, sondern ist Bestandteil lebenslangen Lernens. Dieses Lernen vollzieht sich in vielen Bereichen:

- in Alltagssituationen und lebensweltlichen Alltagserfahrungen,
- durch Schüleraustausch, Studienaufenthalte im Ausland und Begegnungen mit Angehörigen anderer Kulturen,
- durch die Weitergabe interkultureller Erfahrungen in der Familie und im Freundeskreis sowie
- in Bildungsinstitutionen und in spezifischen interkulturellen Trainings.

Bereiche lebenslangen Lernens von interkultureller Kompetenz

»Gerade weil die Entwicklung interkultureller Kompetenz nicht in einem Fach allein geleistet werden kann und weit über Sprachunterricht und Landeskunde hinausgeht, ist ein integrierter Bildungsansatz zu verfolgen und die Vermittlung der einzelnen Dimensionen interkultureller Kompetenz auf verschiedenen Ebenen und durch unterschiedlichste Lernformen zu leisten« (Boecker/Jäger 2006, 10). Das Durchlaufen interkultureller Lernprozesse stellt somit eine »Grundvoraussetzung« zum Erlangen einer »handlungsorientierten interkulturellen Kompetenz« dar (Vatter 2007, 22).

16.4.1 | Phasen und Formen interkulturellen Lernens

Welche Phasen und welche Formen interkulturellen Lernens zum Erwerb interkultureller Kompetenz lassen sich unterscheiden?

Nach Winter (1988) lassen sich **vier Phasen des interkulturellen Lernprozesses** unterscheiden – unabhängig davon, wo er abläuft, in der Schule, in interkulturellen Trainings oder in der Alltagswelt. Diese Phasen bauen aufeinander auf und beinhalten jeweils unterschiedliche Anforderungen:

1. Stufe: »[...] **Aneignung von Orientierungswissen:** Hier steht im Vordergrund das Kennenlernen des fremdkulturellen Milieus in seinen physikalischen und sozialen Erscheinungsformen, Strukturen und Zusammenhängen und das Erarbeiten von Grundkenntnissen über die im Gastland üblichen sozialen Umgangsformen, Sitten, Gebräuche, Rituale u. a.

Phasen des interkulturellen Lernens (nach Winter 1988)

2. Stufe: [...] **Erfassen fremdkultureller Orientierungssysteme** (Normen, Werthaltungen, Einstellungen, Überzeugungen) im Sinne zentraler Kulturstandards;

3. Stufe: [...] **Koordination kulturdivergenter Handlungsschemata:** Auf dieser Stufe gelingt es, die von beiden Interaktionspartnern eingesetzten Handlungsspielregeln zu erfassen, angemessen zu interpretieren und im interaktiven Handeln einzusetzen. Es werden neue Handlungs-

regeln, Kommunikationsformen und Interaktionsgewohnheiten entwickelt;

4. Stufe: [...] **generalisiertes Kultur-Lernen und -Verstehen:** Die Erfahrung mit vielfältiger und wiederholter interkultureller Kommunikation und Interaktion in verschiedenen Ländern und Kulturen eröffnet nach und nach die Möglichkeit, allgemeinere Regeln, Strategien und Techniken zu entwickeln, die generell zur interkulturellen Orientierung und Anpassung nützlich sind« (Winter 1988, zit. nach Thomas 1991, 26).

Interkulturelles Lernen fügt sich in einen Prozess ein, der auf **personalen und sozialen Bedingungen** (wie Lebenserfahrungen und Persönlichkeitsmerkmalen) fußt, verschiedenste Formen **interkultureller Erfahrung** einbezieht und interkulturelles Verstehen und **interkulturelle Kompetenz** nach sich zieht. Interkulturelles Lernen in diesem Sinne erschöpfe sich nicht, so Thomas,»im Kennenlernen einiger (exotischer) Merkmale anderer Kulturen oder fremdkultureller Orientierungssysteme und einem Vergleich zwischen den eigenen und anderen Orientierungssystemen« (Thomas 2003, 146).

Neben der interkulturellen Kompetenzaneignung in unterschiedlichen Schul- und Universitätsfächern – wo sie allerdings überwiegend noch in den Kinderschuhen steckt, von spezialisierten Studiengängen und -fächern an einigen Universitäten (wie Jena, Passau, Bayreuth, München, Regensburg, Saarbrücken, Chemnitz, Frankfurt/Oder etc.) abgesehen – kommt interkulturellen Trainings, auch im Internet, eine zunehmende Bedeutung zu. Nach Bolten lassen sich folgende **interkulturelle Trainingsformen** im Rahmen des interkulturellen Lernens unterscheiden:

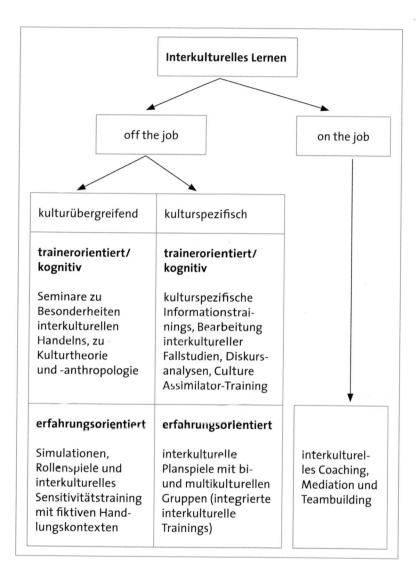

Formen des
interkulturellen
Trainings (nach
Bolten 2007a, 103)

Zu nahezu allen Trainingsformen finden sich mittlerweile auch Angebote im Internet, die sich zumindest als ›Appetizer‹ und erster Einstieg in die Problematik sowie zum Selbststudium eignen. Die an der Universität des Saarlandes unter Leitung von Christoph Vatter entwickelten Internet-Module zum Thema ›Frankreichkompetenz‹ zielen darauf ab, anhand unterschiedlicher Lernmaterialien (Situationsbeschreibungen, Trainingsfilme, Bildinterpretationen) die Entwicklung einer **kulturspezifischen interkulturellen Kompetenz** zu fördern. Anhand einer Werbung für die französische Biermarke *Kronenbourg*, die sich eines stereotypen Deutschlandsbildes bedient, werden z.B. Funktionsweisen und Wirkungen von Stereotypen aufgezeigt, in diesem Falle eines ›Heterostereotyps‹, d.h. eines sehr vereinfachenden Deutschenbildes in Frankreich:

Internet-
Lernmodul
»Stereotypen-
wahrnehmung«

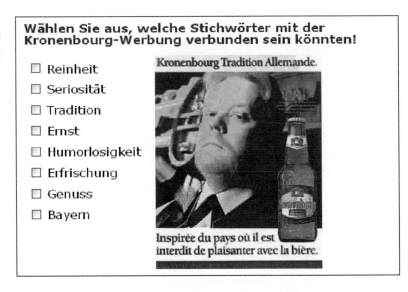

Auch in Hinblick auf die Sensibilisierung für Unterschiede in der nonverbalen Kommunikation, z. B. in der Gestik und Mimik, lässt sich das Internet für die Vermittlung interkultureller Kompetenzen nutzen, wie das folgende Beispiel zeigt:

Internet-
Lernmodul
»Non-verbale
Kommunikation«

Wo liegt hier der Unterschied? Klicken Sie auf die Bilder, um mehr über die Bedeutung der jeweiligen Gesten zu erfahren.

2.) Gleiche Bedeutung, andere Geste:

Langeweile	Daumendrücken - "Viel Glück"

(Morris, 1995:25/217)

deutsch "Bart":

Möchte man in Deutschland Langeweile ausdrücken, wird die Hand unter das Kinn gehalten und nach unten bewegt. Dies verdeutlicht, dass man sich einen derart langen Bart wachsen lassen könnte, beispielsweise während einem nicht zum Ende kommen wollenden Vortrag. Auch bei einem altbekannten Witz kann diese Geste im Sinne von "Dieser Witz ist so alt, dass er schon einen Bart hat" benutzt werden.

französisch:

Die gekreuzten Finger, eine in Frankreich übliche Geste, um jemandem Glück zu wünschen, sollen sinnbildlich vor allem ein Unglück abweisen.

deutsch:

Möchte man in Deutschland einer Person "Viel Glück" wünschen, so drückt oder hält man statt dessen die Daumen und ballt dabei eine Faust. Diese Geste ist jedoch, im Gegensatz zu den "Fingern über Kreuz" international nicht sehr verbreitet.

→ Eine Vorreiterrolle für die Entwicklung **internetbasierter Lernmodule** für interkulturelle Kompetenz, zum Teil in Verbindung mit Präsenzlehrveranstaltungen *(Blended learning)*, nimmt der Hochschulverbund »Interkulturelles Lernen im Netz« ein, in dem die Universität Jena (Jürgen Bolten) federführend ist. Neben kulturspezifischen Trainings wurden hier kulturübergreifende Trainings entwickelt, die auf die Entwicklung genereller interkultureller Kompetenzen abzielen (www.interkulturelles-portal.de). Das Zertifikatsstudium »Interkultureller Trainer und Coach« repräsentiert einen Blended-Learning-Studiengang im Bereich der Weiterbildung. Einzelne, gleichfalls zertifizierte Modulkombinationen können gleichfalls über E-Learning erworben werden (www.bbwonline.de/bbwonline/shop/index). Daneben existieren auch Lehrbücher, die Vorlagen für Interkulturelle Planspiele und Trainings bieten und sich m.E. auch als Selbstlernwerke eignen (Losche 2003; Lustig/Koester 2003).

Tipp

Welche Rolle das Internet beim Erwerb interkultureller Kompetenz spielen wird, zeichnet sich allerdings noch nicht definitiv ab. Entscheidend ist, sowohl für die individuelle Aneignung interkultureller Kompetenz als auch für ihre Vermittlung in Schulen, Universitäten und Unternehmen, ihre Einbettung in **ein integratives Lern- und Vermittlungskonzept** interkultureller Kompetenz. Dieses muss die zunehmend differenzierteren interkulturellen Erfahrungen der Lerner ebenso einbeziehen wie die Möglichkeiten des Internet und die Unumgänglichkeit des Präsenz-Lernens.

Literatur   Bergmann, Alexander (1993): »Interkulturelle Managemententwicklung«. In: Matthias Haller (Hg.): Globalisierung der Wirtschaft. Bern: Haupt, 193–216.
Boecker, Malte C./Jäger, Matthias (2006): Interkulturelle Kompetenz – Schlüsselkompetenz des 21. Jahrhunderts? Thesenpapier der Bertelsmann-Stiftung auf Basis der interkulturellen-Kompetenz-Modelle von Dr. Darla K. Deardorff. Gütersloh: Bertelsmann.
Bolten, Jürgen (2001): »Interkulturelles Coaching, Mediation, Training und Consulting als Aufgaben des Personalmanagements internationaler Unternehmen«. In: Alois Clermont/Wilhelm Schmeisser/Dieter Krimphove (Hg.): Strategisches Personalmanagement in Globalen Unternehmen. München: Vahlen, 909–925.
— (2007a): Interkulturelle Kompetenz. Erfurt: Landeszentrale für Politische Bildung Thüringen.
— (2007b): »Was heißt »Interkulturelle Kompetenz«? Perspektiven für die internationale Personalentwicklung«. In: Jutta Berninghausen/Vera Künzer (Hg.): Wirtschaft als interkulturelle Herausforderung. Frankfurt a.M.: Iko, 21–42.
— (2007c): »Internationalisierung und interkulturelle Kompetenz im Gesundheitssektor«. In: Kosmetische Medizin 1, 16–22.
Fischermann, Thomas (2000): »Marken für Milliarden. Ein Produkt, eine Werbung für die ganze Welt – das versprach die Globalisierung, doch die Konsumenten sprechen nicht mit«. In: Die Zeit, Nr. 45/2000.
Helmolt, Katharina von/Müller, Bernd-Dietrich (1993): »Zur Vermittlung interkultureller Kompetenzen«. In: Dies. (Hg.): Interkulturelle Wirtschaftskommunikation. München: Iudicium, 509–548.
Knapp, Karlfried/Knapp-Potthoff, Annelie (1990): »Interkulturelle Kommunikation«. In: Zeitschrift für Fremdsprachenforschung 1, 62–93.
Losche, Helga (2005): Interkulturelle Kommunikation. Sammlung praktischer Spiele und Übungen. Augsburg: Alex Media.
Lüsebrink, Hans-Jürgen (²2008): Interkulturelle Kommunikation. Interaktion – Fremdwahrnehmung – Kulturtransfer. Stuttgart: J.B. Metzler.
Lustig, Myron W./Koester, Jolene (⁵2003): Intercultural Competence. Interpersonal Communication accross Cultures. Boston [u.a.]: Allyn&Bacon.
Seemann, Axel (2000): Deutsche Führungskräfte in Frankreich. Eine empirische Studie des interkulturellen Integrationsprozesses im beruflichen und privaten Bereich. St. Ingbert: Röhrig Universitätsverlag.
Straub, Jürgen (2007): »Kompetenz«. In: Ders. u.a. (Hg.): Handbuch Interkulturelle Kommunikation und Kompetenz. Stuttgart: J.B. Metzler, 35–46.
Thomas, Alexander (1991): Psychologische Grundlagen kultureller Identität und interkultureller Handlungskompetenz. Iserlohn: Evangelische Akademie.
— (2003): »Interkulturelle Kompetenz. Grundlagen, Probleme und Konzepte«. In: Erwägen, Wissen, Ethik. Deliberation, Knowledge, Ethics, Jg. 14, 137–167.
Vatter, Christoph (2007): »»Spiegelbilder« – Wege zur interkulturellen Kommunikation und Kooperation«. In: Ludmilla Klotz/Götz-Martin Rosin (Hg.): SpiegelBilder. Erfahrungen der deutsch-georgischen Zusammenarbeit. Berlin: Tbilissi.
Winter, Gerhard (1988): »Konzepte und Studien interkulturellen Lernens«, In: Alexander Thomas (Hg.): Interkulturelles Lernen im Schüleraustausch. Saarbrücken: Breitenbach, 151–178.

Hans-Jürgen Lüsebrink

17. Didaktische Kompetenzen

17.1   Zur Einführung – Wissen und Lernen
        im 21. Jahrhundert
17.2   Versuch der Definition des Gegenstands –
        Was ist Didaktik?
17.3   Didaktische Entscheidungsfelder
17.4   Zusammenfassung

17.1 | Zur Einführung – Wissen und Lernen im 21. Jahrhundert

Im ausgehenden 20. und beginnenden 21. Jahrhundert hat das Wissen einen niemals zuvor gekannten Stellenwert erreicht. Dies ist mehreren Faktoren geschuldet: Zum einen der Hochtechnologie, die menschliche Arbeit in weiten Bereichen ersetzt, außerdem der **Notwendigkeit von intelligentem Wissen**, der Zunahme der Wissensmenge, die bedingt ist durch beschleunigte Kommunikation und digitale Speichermedien, der Pluralisierung von Wissensordnungen und der damit zusammenhängenden Relativierung von Kanonisierung und der Entinstitutionalisierung von Wissen (Hallet 2006, 9 f.). Aus diesem Grund werden Schlüsselqualifikationen, die dazu beitragen sollen, »neue, zum Zeitpunkt der Ausbildung noch gar nicht bekannte Aufgaben zu meistern« (Jank/ Meyer 2005, 25), immer wichtiger. Die oben genannten Faktoren, v.a. die rasche Zunahme von Wissensmengen, machen dabei »den Erwerb von dynamischem Wissen notwendig, das flexibel auf veränderte Bedingungen reagieren kann« (Hallet 2006, 10). Didaktische Kompetenz, also die **Fähigkeit zur Vermittlung eben dieses Wissens**, kann somit mit einigem Recht als wesentliche Zukunfts- und Schlüsselkompetenz gelten.

17.2 | Versuch der Definition des Gegenstands – Was ist Didaktik?

Der Begriff der Didaktik ist im 17. Jahrhundert erstmals als »Kunst des Lehrens« belegt. Etymologisch herzuleiten ist er aus dem griechischen *didaktiké téchne* (Lehrkunst) bzw. dem Verb *didáskein* (lehren, unterrichten).

Definition

Im heute gebräuchlichen Begriffsverständnis bezeichnet → Didaktik im weiteren Sinn »die erziehungswissenschaftliche Teildisziplin vom institutionalisierten Lehren und Lernen oder die umfassende Wissenschaft vom Unterricht in allen seine Spielarten« (Huwendiek 2006a, 31).

Der Didaktikbegriff kann dabei je nach Funktion noch weiter ausdifferenziert werden:

Aufgaben der Didaktik

- als **Wissenschaft vom Lehren und Lernen**, wo sie die Erforschung und Beschreibung von Lehr- und Lernprozessen unter professionellen Bedingungen zum Gegenstand hat.
- als **Bildungstheorie**, hier befasst sich die Didaktik mit der allgemeinen Frage nach gesellschaftlichen Bedingungen, Rahmungen und Zielsetzungen des Lernens und Lehrens.
- als **Theorie für den Unterricht:** Theorien für Inhalte und Gestaltung von Unterricht.
- als **Wissenschaft vom Lehrberuf** (Hallet 2006, 25 f.).

Für die Zwecke dieses Kapitels soll auf eine relativ weitgefasste Definition der Didaktik von Werner Jank und Hilbert Meyer zurückgegriffen werden, die alle Komponenten aufgreift, die bei der Planung von Unterricht jeglicher Art zu berücksichtigen sind, nämlich:

Definition

Die → Didaktik kümmert sich um die Frage, wer, was, von wem, wann, mit wem, wo, wie, womit, und wozu lernen soll (sog. neun W-Fragen der Didaktik vgl. Jank/Meyer 2005, 16).

17.3 | Didaktische Entscheidungsfelder

17.3.1 | Wer soll lernen? – Lernergruppen und deren spezifische Voraussetzungen

Beim Abarbeiten dieses Fragenkatalogs begegnet man zunächst der Frage nach dem ›Wer‹ des Lernprozesses. Für die Planung von Unterricht ist diese Frage von höchster Relevanz, da dieser Faktor unter Umständen den gesamten Entscheidungskomplex bedingt (so z. B. die Auswahl geeigneter Themen, Inhalte und Methoden). So müssen die Lernenden zum einen als **Subjekt des Lernvorgangs** begriffen werden (Hallet 2006, 48), zum anderen muss bei der **Formulierung von Lernzielen** genau darauf geachtet werden, welche Voraussetzungen für deren Erreichen notwendig sind und ob die Lerngruppe, die diese Ziele erreichen soll, diese Voraussetzungen mitbringt (vgl. Jank/Meyer 2005, 73). Für Winteler ist das bereits vorhandene Wissen der Lernenden gar »der wichtigste einzelne Faktor, der neues Lernen beeinflusst« (Winteler 2004, 31). Becker (2004) bezeichnet die Berücksichtigung der Lernvoraussetzungen der Lernenden als herausragendes Merkmal von qualifiziertem Unterricht; die falsche Einschätzung dieser Voraussetzungen führt in jedem Falle dazu, dass der Unterricht nicht den gewünschten Erfolg zeitigt – sei es nun, dass die Lernenden unterfordert oder, im umgekehrten Fall, überfordert werden.

Auch die **motivationalen Voraussetzungen** der Lerngruppe stellen einen nicht zu unterschätzenden Faktor dar, da diese unter Umständen die Herangehensweise und Darbietung eines bestimmten Inhaltes entscheidend beeinflussen. So ist dabei, ausgehend von der generellen Bereitschaft der Lerngruppe, zu überlegen, wie sich Interesse am Thema und Lernbereitschaft erhöhen lassen und wie sich dieses Interesse über längere Zeit aufrechterhalten lässt (Becker 2004, 44). **Hinreichende Motivation** ist in jedem Falle eine »notwendige Bedingung für jegliche Art von Wissenserwerb« (Hallet 2006, 79), wobei bei der individuellen Motivation grundsätzlich zwei Arten unterschieden werden können:

> → Intrinsische Motivation: Dispositionen, die der/die Lernende
> selbst in das Lernen einbringt: Neugier, Interesse an der Sache etc.
> → Extrinsische Motivation: Faktoren außerhalb des Lernprozesses:
> gute Note, Lehrstelle etc. (Hallet 2006, 79)

Definition

Das Ziel bei der Gestaltung von Lehr- und Lernprozessen ist dabei die Überführung extrinsischer in intrinsische Motivation, also das Wecken der Freude an der Sache.

Weitere Faktoren, die die Lernvoraussetzungen einer Gruppe bestimmen, sind individuelle Begabungen, familiäre Voraussetzungen, kulturelle Voraussetzungen, kognitive Prädispositionen sowie gruppendynamische Bedingungen.

17.3.2 | Was soll gelernt werden? – Ziele, Themen und Inhalte

Hat man sich nun einen Überblick über die spezifischen Voraussetzungen der Lerngruppe verschafft, ist zunächst die Frage zu klären, welches **Lernziel** mit dem geplanten Unterricht erreicht werden soll; erst dann kann über Sozialstruktur, Lehr- und Lernformen und Zeitrhythmus entschieden werden (zum Primat der Zielstellung vgl. Jank/Meyer 2005, 65).

Zur Vertiefung

Bei der **Zielplanung** maßgebend ist die Definition der im Unterricht zu lösenden Aufgabe; dabei wird idealerweise die Aufgabenstellung durch das Ziel bestimmt.

Lernziele können dabei durchaus unterschiedlicher Natur sein: So wird mit einer Aufgabenstellung in der Regel ein regelrechtes Bündel von Zielen verfolgt, nämlich die Aneignung fachlicher Inhalte, die Aneignung einer bestimmten Methode und in der Regel (je nach gewählter Arbeitsform) auch die Ausprägung sozialer und personaler Kompetenzen.

Nach der Bestimmung des Lernziels erfolgt die **Auswahl des Themas**, bei der das Prinzip der sog. **Passung** zu berücksichtigen ist, d.h. ein Thema muss auf den jeweiligen Entwicklungsstand der Lernenden zugeschnitten sein (Jank/Meyer 2005, 76) und an deren Vorwissen anknüpfen. Unter Passung versteht man konkret die Abstimmung auf die Fähigkeiten der Lernenden, die die Problemlösung in erreichbarer Entfernung erscheinen lässt, zugleich aber mit Anstrengung verbunden ist (vgl. Hallet 2006, 80). Hier zeigt sich erstmals, dass sich alle hier vorgestellten Teilbereiche didaktischer Entscheidungen gegenseitig bedingen. In diesem Fall bedingt die Analyse der spezifischen Voraussetzungen der Lerngruppe die Themenwahl. In gleicher Weise bedingen sich Themen und Methoden, Methoden und Ziele etc. gegenseitig. Man kann also von einem System mehrfacher wechselseitiger Abhängigkeit sprechen (sog. **Interdependenzmodell**).

Prinzipien der Themenwahl

Die Lernenden sollten erkennen können, welche Relevanz das zu Lernende für sie besitzt. Dies bedeutet zum einen, dass das Thema Möglichkeiten zur Selbsttätigkeit enthalten sollte; zum anderen muss bei der Planung überlegt werden, wie das **Thema für die Lernenden zugänglich** gestaltet werden kann, d.h. welche Zugänge, Arbeitsweisen und Anwendungsmöglichkeiten geeignet sind, um das Thema für die Lernenden zu erschließen (Jank/Meyer 2005, 76). Dabei versteht sich, dass das vermittelte Wissen wissenschaftlich gesichert sein muss: »Bildung führt also insofern immer zu einer Verankerung wissenschaftlicher Begrifflichkeiten und Erklärungsmodelle im alltagsweltlichen Denken der Lernenden« (Hallet 2006, 47). Dabei ist allerdings **didaktische Selektion und Reduktion** notwendig. Ersteres bedeutet, dass Unterrichtsinhalte so gewählt werden, dass sie sich an den zentralen Wissensbeständen und Konzepten des Fachs orientieren und dass sie andererseits zur Kompetenzentwicklung der Lernenden beitragen. Gleichzeitig müssen die ausgewählten Phänomene und Sachverhalte auf ihre wesentlichen Merkmale reduziert werden (ebd., 46).

17.3.3 | Wie soll gelernt werden? – Methoden

Methoden sollen »Lehr/Lernprozesse so organisieren, dass die von einer Lerngruppe getätigten Aktionen und Interaktionen ebenso wie die individuell beschrittenen kognitiven Wege auf möglichst direktem Wege zum Ziel führen« (Hallet 2006, 71).

Man unterscheidet im Allgemeinen drei Ebenen der Methodik (vgl. Huwendiek 2006b, 70):

- Mikromethodik mit sinnlich fassbaren **Inszenierungstechniken** (aufrufen, erklären, verfremden etc.)
- Mesomethodik mit den **Dimensionen** (Sozialformen, Handlungsmuster, Verlaufsformen)
- Makromethodik mit methodischen **Großformen** (Lehrgang, Freiarbeit, Projektarbeit)

Ebenen der Methodik

Des Weiteren unterscheidet man Methoden nach ihrer Leistung für (vgl. Hallet 2006, 72):

- Initiierung, Strukturierung und Förderung von Lernprozessen
- Strukturierung von Lerninhalten und Gegenständen
- Initiierung und Strukturierung von Interaktionen
- Initiierung und Strukturierung von Unterrichts- und Lehr/Lerndiskursen

In letzter Zeit ging die allgemeine Tendenz im Bereich der Methodik hin zu mehr und **mehr Schüler-, Interaktions- und Handlungsorientierung**. Lernende sollen dabei neben Sach- auch **Methodenkompetenz** erlangen (Huwendiek 2006b, 69f.), was u.a. durch unterschiedliche Sozial- und Inszenierungsformen erreicht werden kann.

Im Hinblick auf die grundlegenden praktischen Fragen, denen man bei der Planung von Unterricht begegnet, beschränkt sich dieses Kapitel im Wesentlichen auf die Ebene der Mesomethodik.

Der methodische Grundrhythmus einer jeden Unterrichtsstunde lässt sich in drei **Phasen** untergliedern, nämlich in **Einstiegsphase, Erarbeitungsphase** und **Ergebnissicherung/Schlussphase**. Bei der Planung einer Stunde ist es daher zweckmäßig, sich zunächst an dieser Dreiteilung zu orientieren; oft ergeben sich weitere Planungselemente wie Sozialformen und Medieneinsatz aus den grundlegenden Überlegungen zu der Funktion der drei Phasen. Diese Funktionen sind im Wesentlichen in der Einstiegsphase die Motivation der Schüler/innen und das Wecken des Problembewusstseins, in der Erarbeitungsphase die Kompetenzentwicklung und -festigung bei den Lernenden und in der Schlussphase die Ergebnissicherung und Kontrolle (Hallet 2006, 123). Weitere Funktionen der einzelnen Phasen und zu beachtende Komponenten legen Werner Jank und Hilbert Meyer in Form eines kleinen Schaubilds dar, das hier der Einfachheit halber verbal wiedergegeben wird. Zur besseren Orientierung sind dabei zu beachtende Punkte gesondert hervorgehoben.

Unterrichtsphasen

Erster Schritt: In der **Einstiegsphase** müssen Lehrer/innen dafür sorgen, dass eine **gemeinsame Orientierungsgrundlage** für den zu erarbeitenden Sach-, Sinn- oder Problemgegenstand hergestellt wird. Dies legt oft, aber nicht immer, eine führende Rolle der Lehrer/innen nahe.
Zweiter Schritt: In der **Erarbeitungsphase** sollen sich die Schüler/innen in den Sach-, Sinn- oder Problemzusammenhang einarbeiten. Dies ist ohne ein **hohes Maß an Eigentätigkeit** nicht zu schaffen. Die Schüler/innen erhalten deshalb eine führende Rolle.
Dritter Schritt: In der Phase der **Ergebnissicherung** sollen sich Lehrer/in und die Schüler/innen darüber **verständigen**, was bei der Unterrichtsarbeit herausgekommen ist und wie die Arbeit in der nächsten Stunde weitergehen kann. Darüber hinaus sollen die **neu erworbenen Kenntnisse und Fähigkeiten geübt** und gegebenenfalls angewandt werden. Dies legt eine gemeinsame Unterrichtsführung durch Lehrer/innen und Schüler/innen nahe (Jank/Meyer 2005, 91, eigene Hervorhebungen).

Bei der Planung empfiehlt es sich, ein DIN-A-4-Blatt zur Hand zu nehmen und dieses den drei Grundphasen entsprechend dreizuteilen. Sie können dann – unter Beachtung der skizzierten Funktionen der einzelnen Phasen – zunächst für jede Phase das gewünschte Teilziel festhalten und davon ausgehend Überlegungen zu den einzusetzenden Methoden, Sozialformen und Medien festhalten.

17.3.4 | Sozialformen

Der Klassenunterricht ist die klassische Sozialform der Vermittlung und dadurch gekennzeichnet, dass Rhythmus, Tempo und Inhalte des Lernens und Arbeitens für alle Lernenden gleich sind (Huwendiek 2006b, 78). Dabei bringt die Lehrkraft ihre Fach- und Sachkompetenz ein, nämlich eine angemessene »Melde- und Drannehmetechnik«, Umgang mit der Tafel, Sensibilität für Über- und Unterforderungen und für die Zeitgestaltung (ebd.). Klassenunterricht kann sehr unterschiedlich inszeniert werden und muss keinesfalls in eine monotone und einkanalige Berieselung von Seiten der Lehrkraft münden. Er hat daher zwar nicht als permanente Form, aber als Unterrichtsphase seine Berechtigung. Es gibt »in einem umfassenderen methodischen Arrangement sinnvolle didaktische Funktionen, die nur ein frontales Setting abdecken kann (Gudjons 2003, 36). Nach Herbert Gudjons (ebd.) sind die Einsatzbereiche von Frontalunterricht die folgenden:

- Informieren, Darbieten
- Stoff erarbeiten, Lernen vernetzen
- Lern- und Arbeitsmethoden vermitteln
- Entdecken und Problemlösen
- Üben und Wiederholen
- Planen, Koordinieren, Auswerten
- Klassengemeinschaft fördern

Einsatzbereiche von Frontalunterricht nach Gudjons

Lehrervortrag: Innerhalb des Frontalunterrichts ist neben fragenden Verfahren der Lehrervortrag als Darbietungs- und Vortragsform prominent, der immer dann sinnvoll ist, wenn ein Überblick vermittelt, ein Zugang eröffnet oder anspruchsvolle Einsichten ökonomisch vermittelt werden sollen (Huwendiek 2006b, 83). Ein gelungener Lehrervortrag zeichnet sich durch folgende Komponenten aus:

- In der Vorbereitung muss der Stoff fachlich gründlich aufgearbeitet und der Medieneinsatz geklärt werden.
- Bei der Durchführung ist auf Variationen im Sprechstil, Pausen, Mimik, Gestik und Körpersprache zu achten.
- Außerdem sollte der Vortrag einer für die Lernenden übersichtlichen Struktur folgen. In der Regel ist es dabei sinnvoll, diese Struktur vorher offen zu legen (d.h. klarzumachen, welche Schritte im Vortrag aufeinander folgen werden), da dies das Zuhören erleichtert und eine Orientierung darüber vermittelt, wo im Vortrag man sich gerade befindet und worauf man sich u.U. besonders konzentrieren muss.
- Im Interesse der Aufnahmefähigkeit der Zuhörerschaft sollte der Vortrag darüber hinaus kurz gehalten werden (Huwendiek 2006b, 83).

Komponenten eines gelungenen Lehrervortrags

Bei den Gesprächsformen innerhalb des Klassenunterrichts unterscheidet man je nach Lenkungsgrad das fragen-gelenkte Verfahren, das entwickelnde Unterrichtsgespräch und das Kreis- oder Schülergespräch (Huwendiek 2006b, 86f.). Der Einsatz eines jeden Verfahrens hängt dabei – wie in allen anderen Teilbereichen didaktischer Entscheidungen auch – stark davon ab, welches Ziel damit verfolgt werden soll. Gleiches gilt für **Fragen**, bei denen man folgende Typen und Funktionen unterscheidet (nach Huwendiek 2006b, 86):

- **Wissensfragen:** Wiederholung, Gedächtnisleistung
- **Denkfragen:** Anregung von Denkprozessen, Motivation
- **gefühlsgerichtete Fragen**
- **Sondierungsfragen:** Klärung zum Ablauf, Organisation
- **rhetorische Fragen:** Disziplinierung

Typen und Funktionen von Fragen

Bei der Einzelarbeit erarbeiten die Schüler/innen einen bestimmten Themenaspekt in Stillarbeit; dabei ist die übliche Einzelarbeit zumeist themen- und arbeitsgleich angelegt, d.h. alle Schüler/innen erhalten gleiche Arbeitsaufträge.

Bei der Partnerarbeit arbeiten die Schüler/innen mit einem Partner, der entweder fest zugewiesen (z.B. der/die Nebensitzer/in) oder frei gewählt wird.

- **Das Kugellager** stellt eine Sonderform der Partnerarbeit dar, in der sich ein Außen- und ein Innenkreis gegenübersitzen und sich die sich jeweils gegenübersitzenden Partner über ein bestimmtes Thema austauschen. Dies kann mehrfach praktiziert werden, indem die Partner durch Rotieren der Außen- und Innenkreise wechseln.
- **Das Partnerinterview** ist eine weitere Sonderform, bei dem jeweils zwei Partner mit einem vorgegebenen Fragebogen arbeiten und abwechselnd die Fragen darauf beantworten; der gerade nicht sprechende Partner notiert dabei die Antworten (Huwendiek 2006b, 93 f.).

Bei der Gruppenarbeit wird die Lerngruppe vorübergehend in Kleingruppen aufgeteilt, die selbständig Themen erarbeiten und später im Plenum ihre Ergebnisse präsentieren. Ziele von Gruppenarbeit sind (nach Huwendiek 2006b, 95 f.):

Ziele von Gruppenarbeit

- Erhöhung der Interaktionsmöglichkeiten in der Klasse: verbesserte Beteiligung, größerer Sprachumsatz
- Förderung sozialer und emotionaler Lernprozesse in der Gruppe
- Entwicklung reflexiven, kritischen und moralischen Denkens
- Förderung explorativer, produktiver und kreativer Prozesse

Neben den klassischen Unterformen der Gruppenarbeit, nämlich der **themengleichen oder themendifferenzierten Gruppenarbeit** (d.h. die Gruppen erhalten entweder gleiche Arbeitsaufträge zu gleichen Themen oder bearbeiten unterschiedliche Materialien) gibt es eine Reihe von neueren Formen des Gruppenunterrichts, von denen vier hier kurz vorgestellt werden sollen (nach Huwendiek 2006b, 99):

Neuere Formen des Gruppenunterrichts

- »Methode 66«: je sechs Lernende tauschen sich sechs Minuten lang über ein bestimmtes Thema, Problem oder ihre Befindlichkeit aus.
- »Vier-Ecken-Methode«: die Gruppenbildung wird mit der Entscheidung für eine These oder Sichtweise verbunden, indem die Lernenden an die Position im Raum gehen, an der beispielsweise ein Symbol für diese These angebracht wurde oder die These per Aushang ausführlich dargelegt wird.
- »Strukturlegetechnik«: Kärtchen mit Strukturbegriffen sollen von den Gruppenmitgliedern erläutert und Strukturzusammenhang angeordnet werden (auf den Tischen, auf Plakate aufgeklebt o.Ä.)
- Gruppenpuzzle: zunächst werden Stammgruppen eingeteilt, in denen die Mitglieder wählen, wer welche Teilaspekte eines Themas behandelt. Diese Gruppenmitglieder werden anschließend in gemischt besetzte Expertengruppen entsandt, die diesen Teilaspekt anhand geeigneter Texte bearbeiten. Danach kehren die Gruppenmitglieder aus den Expertengruppen in ihre Stammgruppen zurück und referieren die Ergebnisse. In der Schlussphase erfolgt zumeist die Evaluation der Ergebnisse mittels Test o.Ä.

17.3.5 | Womit soll gelernt werden? – Medien

Im weiteren Sinn sind alle Hilfsmittel, die als Erfahrungsersatz oder als Stellvertreter für die Wirklichkeit im Klassenraum zum Einsatz kommen, **Unterrichtsmedien** (Dohnicht 2006,150). Medien werden unterschieden zum einen nach den **Sinnesmodalitäten**, die sie ansprechen (auditiv, visuell, audiovisuell), zum anderen nach den **Kommunikationscodes**, durch die die Informationsaufnahme erfolgt – Bilder beispielsweise zählen zu den analogen Medien, während Texte wegen ihrer sprachlichen Vermitteltheit den symbolischen Medien zuzurechnen sind (hier kommen selbstverständlich Kombinationen vor, in der das eine das andere stützt, etwa bebilderte Texte).

Die dritte und letzte Unterscheidung betrifft die **Informationsträger**, also Lehrbuch, Film, Overheadfolie, Powerpointpräsentation etc. Diese sind **Unterrichtsmedien im engeren Sinn** und meist Gegenstand der Diskussion, wenn es um den Einsatz von Medien im Unterricht geht (Dohnicht 2006, 150 f.).

Für den Einsatz von Medien im Unterricht gibt es im Wesentlichen zwei grundlegende didaktische Begründungen:

- Erstens eine **lernpsychologische**: Es sind grundsätzlich mehrere Sinne und Wahrnehmungskanäle am Lernen beteiligt, so dass besonders der Einsatz solcher Medien Gewinn verspricht, die mehrere dieser Sinnesmodalitäten ansprechen.

Begründungen für den Medieneinsatz im Unterricht

- Zweitens sind die **lebensweltlichen Diskurse**, denen die Lernenden außerhalb der Lernumgebung begegnen, durch große mediale Vielfalt geprägt. Diesem Umstand soll und muss im Unterricht Rechnung getragen werden, um die Lernenden auf eine Teilhabe an eben jenen Diskursen vorzubereiten (vgl. Hallet 2006, 142 f.).

Die **Funktionen des Medieneinsatzes** im Unterricht lassen sich im Wesentlichen in drei Bereiche untergliedern (Hallet 2006, 143 f.):

- **Mediale Unterstützung von zu vermittelnden Inhalten:** In diesem Fall dient der Medieneinsatz der Darstellung und besseren Verständlichkeit der Informationen und Sachverhalte, macht Dargestelltes anschaulicher oder lenkt die Aufmerksamkeit auf wesentliche Merkmale eines Gegenstands. Klassische »Unterstützermedien« sind etwa Bilder in Schulbüchern, Tafelbilder oder Demonstrationsmodelle in den Naturwissenschaften.

Funktionen des Medieneinsatzes

- **Das Medium selbst ist Grundlage des Lernens:** Dies ist beispielsweise bei den zahlreichen Lernprogrammen für den PC, die auf dem Markt erhältlich sind, der Fall. Allerdings ist hier durchaus Vorsicht geboten, da die inhaltliche Qualität stark variieren kann.

- Medien können im Unterricht zum Zwecke des **Erwerbs von Medienkompetenz** eingesetzt werden, die für Lernende im multimedialen Zeitalter unabdingbar ist und die sie in die Lage versetzen soll, mit Medien verschiedenster Art umzugehen. Dies betrifft vor allem (aber sicherlich nicht nur!) die digitalen Informationstechnologien.

Beim Einsatz von **Bildern** sollte man beachten, dass Bilder entschlüsselt werden müssen, was u.U. etwas Übung erfordert. Es kann daher passieren, dass der Einsatz eines Bildes nicht den gewünschten Effekt zeigt, wenn Bildbetrachtungen nicht systematisch eingeübt wurden und wesentliche Elemente der Bildsprache gelernt wurden. Dem kann man jedoch entgegenwirken, indem man die **Bildbetrachtung** moderiert. Dohnicht (2006, 155) schlägt dazu folgende Fragen vor:

Fragen zur
Moderation von
Bildbetrachtungen

- Welchen Ausschnitt zeigt das Bild?
- Was zeigt das Bild nicht?
- Welche Perspektive wird dem Betrachter vorgegeben?
- Welche Objekte bzw. Zusammenhänge sind durch Anordnung oder graphische Auszeichnung hervorgehoben?
- Gibt es mehrdeutige oder unverständliche Bildbestandteile?
- In welcher Weise gehen Einstellungen und Wertungen in die Bildgestaltung ein?
- Welche Hinweise geben die sprachlichen Elemente zum Verständnis des Bildes?

Bilder sollten möglichst zusammen mit einem mündlichen Kommentar präsentiert werden, da sie so leichter verarbeitet werden können. Wenn ein Bild und ein Text präsentiert werden, sollte das Bild vor dem Text gezeigt werden.

Visualisierungen haben folgende Vorteile (vgl. Dohnicht 2006, 156):

Vorteile von
Visualisierungen

- motivationaler Anreizcharakter
- Steuerung selektiver Aufmerksamkeitsausrichtung
- Erleichterung des Textverständnisses/Unterstützung verbaler Erläuterungen in einer Präsentation

Bei Tafelbildern empfiehlt es sich, Konventionen wie Farben und Symbole einzubauen und immer in gleicher Weise zu verwenden. Größe bzw. Unterteilungen sollte man gezielt einsetzen, etwa indem die linke Tafelhälfte der Informationssammlung zum Thema dient, die Tafelmitte die Systematik bzw. Logik des Themas erschließt und die rechte Tafelhälfte wichtige Lernbegriffe, Merksätze etc. enthält. Der Einfachheit und vor allem Durchdachtheit halber sollten Tafelbilder bereits bei der Vorbereitung konzipiert werden und nicht spontan im Unterricht. Dabei ist genügend Zeit einzuplanen, damit die Schüler/innen das Tafelbild abschreiben können (Dohnicht 2006, 161).

Overhead-Folien eignen sich gut als Unterstützung in verschiedenen Phasen des Unterrichts, z.B. als begleitende Visualisierung zu einer kurzen Lehrerinformation, in einer spielerischen Übungsphase (Folienpuzzle o.Ä.) oder als Zeit sparende Präsentation von Gruppenarbeitsergebnissen am Ende einer Stunde.

> → **Weniger ist manchmal mehr:** Folien sollten nicht zu dicht bedruckt sein. In der Regel sind Dinge in der Mitte einer Folie gut zu erkennen (bei einer DIN A 4 Folie in etwa in einer Fläche, die DIN A 5 entspricht), während die Ränder eher ›verschwimmen‹.

Der Nutzen von **Beamerpräsentationen** für den Unterricht ist leider recht eingeschränkt, da die Vermittlung weitestgehend frontal ist und insofern wenig Interaktionsmöglichkeiten bietet, als keine spontane Übernahme von Beiträgen aus der Lerngruppe möglich ist.
Klassische Medien: Neben diesen Medien, die eher Präsentationen stützen, gibt es die klassischen Medien zur selbstständigen Erarbeitung von Wissen, wie z. B. **Texte** und **Lernprogramme.** Auch hier ist – wie bei den anderen Medien – darauf zu achten, dass sie der Lerngruppe und der Aufgabenstellung angemessen sind und das Potential haben, die gewünschten Arbeitsergebnisse herbeizuführen bzw. zu unterstützen. Es empfiehlt sich daher, die Medien und Materialien, die man gerne einsetzen möchte, im Hinblick darauf kritisch zu prüfen.

17.4 | Zusammenfassung

Im Wesentlichen sollten Sie bei der Planung von Unterricht auf folgende Punkte achten:

> → **Überblick:** Verschaffen Sie sich zunächst einen Überblick über die spezifischen Voraussetzungen der Lerngruppe, mit der Sie arbeiten.
> → **Ziele:** Formulieren Sie auf dieser Grundlage Ziele und Aufgabenstellungen, die erreicht bzw. bearbeitet werden sollen.
> → **Thema:** Wählen Sie ein Thema aus, das Sie einerseits als fachlich relevant, andererseits als für die Lerngruppe bedeutsam und erarbeitbar einschätzen, und überlegen Sie sich, welche Zugänge dazu für Ihre Lerngruppe geeignet sein könnten.
> → **Planung:** Planen Sie zunächst die größere Sequenz und gehen Sie dann zur Feinplanung über, indem Sie jede Einheit in drei Phasen untergliedern und für jede Phase die gewünschten Teilziele festhalten.
> → **Methoden:** Überlegen Sie dann, welche Methoden geeignet sind, um diese Ziele zu erreichen und welche Medien und Materialien Sie dabei unterstützen könnten.

Nach dem Unterricht sollten Sie sich die Zeit nehmen, den tatsächlichen Ablauf des Unterrichts zu reflektieren und mit der Planung zu vergleichen. So behalten Sie zum einen den Überblick, zum anderen haben Sie die Möglichkeit, flexibel auf veränderte Bedingungen etc. zu reagieren und Ihre Planungen entsprechend zu adaptieren. Nicht zuletzt sammeln Sie auf diese Weise Erfahrungswerte, auf die Sie bei späteren Planungen zurückgreifen können.

Verwendete Literatur

Becker, Georg E. (⁹2004): Unterricht planen. Handlungsorientierte Didaktik [1984]. Weinheim: Belz.

Dohnicht, Jörg (2006): »Medien im Unterricht«. In: Volker Huwendiek/Gislinde Bovet (Hg): Leitfaden Schulpraxis. Berlin: Cornelsen Scriptor.

Gudjons, Herbert (2003): Frontalunterricht – neu entdeckt. Integration in offene Unterrichtsformen. Bad Heilbrunn: Klinkhardt.

Hallet, Wolfgang (2006): Didaktische Kompetenzen. Lehr- und Lernprozesse erfolgreich gestalten. Stuttgart: Klett.

Huwendiek, Volker (2006a): »Didaktische Modelle«. In: Ders./Gislinde Bovet (Hg.): Leitfaden Schulpraxis. Berlin: Cornelsen, 31–67.

— (2006b): »Unterrichtsmethoden«. In: Ders./Gislinde Bovet (Hg.): Leitfaden Schulpraxis. Berlin: Cornelsen, 68–103.

Jank, Werner/Meyer, Hilbert (⁵2005): Didaktische Modelle [1991]. Berlin: Cornelsen Scriptor.

Winteler, Adolf (2004): Professionell lehren und lernen. Ein Praxisbuch für Universität und Schule. Darmstadt: Wissenschaftliche Buchgesellschaft.

Weiterführende Literatur

Kiper, Hanna/Mischke, Wolfgang (2004): Einführung in die Allgemeine Didaktik. Weinheim: Belz.

Kron, Friedrich W. (²1994): Grundwissen Didaktik. München: Reinhard.

Mattes, Wolfgang (2002): Methoden für den Unterricht. 75 kompakte Übersichten für Lehrende und Lernende. Paderborn: Schöningh.

Meyer, Hilbert (1987): Unterrichtsmethoden I: Theorieband. Frankfurt a.M.: Cornelsen Scriptor.

— (1987): Unterrichtsmethoden II: Praxisband. Frankfurt a.M.: Cornelsen Scriptor.

Peterssen, Wilhelm H. (⁹2000): Handbuch Unterrichtsplanung. Grundfragen, Modelle, Stufen, Dimensionen. München: Oldenbourg.

Terhart, Ewald (³2000): Lehr-Lern-Methoden. Eine Einführung in Probleme der methodischen Organisation von Lehren und Lernen. Weinheim/München: Juventa.

Barbara Zorn

18. Journalistisches Schreiben

18.1   Rahmenbedingungen des journalistisches
        Schreibens
18.2   Für welches Publikum schreiben?
18.3   In welcher Sprache schreiben?
18.4   Wie den Text aufbauen?
18.5   Die inhaltlichen Kriterien für den Textaufbau
18.6   Journalistische Textformen
18.7   Die Gestaltung journalistischer Texte

18.1 | Rahmenbedingungen des journalistisches Schreibens

Journalistisches Schreiben im 21. Jahrhundert ist geprägt durch die permanent wachsende Konkurrenz anderer Medien. Aufgrund dieser Tatsache müssen sich journalistische Texte auch in einer Überfülle von Medienangeboten behaupten, die zumeist leichter zu konsumieren sind. Denn sie verlangen von ihren Rezipienten nicht den intellektuellen Aufwand, der mit dem Lesen eines Textes verbunden ist. Und **Lesefähigkeit** und **Leseneigung** sind eher rückläufig, wie Untersuchungen nach Einführung etwa des Fernsehens gezeigt haben. Zudem muss jeder Text im überreichen Angebot an aktuellen Lektürestoffen für sich um die Aufmerksamkeit und das Interesse der Leser und Leserinnen werben. Zwischen 20 und 30 Minuten verbringen viele nach einschlägigen Statistiken mit der Lektüre einer normalen Tageszeitung, die komplett zu lesen in der Regel mehrere Stunden beanspruchen würde. Dementsprechend groß ist der Selektionsdruck für jeden Zeitungsartikel. Wie sehr es jedem einzelnen Text gelingt, in dieser Selektion die Aufmerksamkeit an sich zu binden und die Leserschaft sogar zu ausdauernder Lektüre zu veranlassen, hängt ab von verschiedenen **Leseanreizen**:

- äußere Gestaltung (Layout, Bebilderung)
- innere Organisation des Textes
- Nähe zu Leserinteressen
- Sprache

Leseanreize

Doch was bindet konkret die Aufmerksamkeit der Leser/innen? Dazu müssen die Verfasser/innen zumindest eine Idee des Publikums entwickeln, das sie mit ihren Texten ansprechen wollen. Entscheidende **Bestimmungskriterien der Leserschaft** sind:

Bestimmungs-
kriterien
der Leserschaft

- Sprachniveau,
- Lesefähigkeit, Leseerfahrung,
- Vorwissen,
- Interessenlage.

Je größer das Publikum ist, desto ungenauer lassen sich diese Kriterien durch einen einzigen Text bedienen. Wer z. B. für eine Regionalzeitung schreibt, die möglichst die gesamte Bevölkerung in einem Gebiet erreichen will, kann die Eigenschaften seiner Leserschaft weit weniger eingrenzen als die Autor/innen einer Firmenzeitung. Doch auch in solchen Fällen wie einer Firmenzeitung treffen journalistische Texte nie auf ein in allen genannten Kriterien homogenes Publikum. Gerade darin liegt deshalb die Herausforderung des journalistischen Schreibens, unabhängig vom jeweiligen Medium: Sein Ziel ist es, durch einen entsprechend gestalteten Text einen möglichst großen Teil des anvisierten Publikums anzusprechen, auch wenn dessen Interessen oder Vorwissen disparat sind.

    Funktionen journalistischen Schreibens: Gemeinhin gilt **Information** als Auftrag journalistischen Schreibens. Gewiss ist die Übermittlung von Fakten wichtig – aber als Leseanreiz erreicht sie allenfalls diejenigen, die von vornherein an diesen Fakten wegen deren Neuheit, Aktualität, aber auch aufgrund der Gründlichkeit der Recherche oder der klaren Argumentation des Textes interessiert sind. Journalistische Texte in Tageszeitungen zielen aber nur selten auf ein fachlich orientiertes Publikum, sondern auf eine breitere Leserschaft, auf ein größeres Spektrum aus der Gesamtgesellschaft. Sie wollen auch Leser/innen gewinnen, denen das jeweilige Thema eher fremd ist. Das kann nur gelingen, wenn es im Text entsprechend attraktiv aufbereitet ist. Information wird auf diese Weise eng mit **Unterhaltung** verknüpft. Journalistisches Schreiben bewegt sich im gesamten Spannungsfeld von reiner Information (zum Beispiel Statistiken) bis zu reiner Unterhaltung (zum Beispiel Prominentenklatsch). Journalistisches Schreiben benutzt daher in der Darstellung von Informationen als Leseanreize stets bestimmte Elemente der Unterhaltung:

Elemente der
Unterhaltung

- Betonung des Neuen
- Überraschung oder Provokation des Publikums
- das Kuriose und Besondere des Sachverhalts
- Personalisierung
- Emotionalisierung
- eingängiger oder lockerer Schreibstil

Tipp

> → Je komplizierter die Information in einem journalistischen Text ist, desto unterhaltsamer und unkomplizierter sollte die Schreibart sein, um ein fachfremdes Publikum für die Lektüre zu gewinnen.

18.2 | Für welches Publikum schreiben?

Journalistisches Schreiben berücksichtigt ständig, dass es die Aufmerksamkeit der Leser/innen auf sich lenken will. Deshalb muss es deren Erwartungen und Ansprüche in jedem Satz reflektieren. Durch bestimmte Eigenschaften kann ein Text auch sein Zielpublikum direkt ansprechen und es vom übrigen Publikum abgrenzen.

> John Tomac hat wahrscheinlich ausgesorgt: er hat als Rennfahrer in den Boomjahren ordentlich verdient und seine Bike-Marke an die American Bicycle Group verkauft. Zusammen mit seinem Freund Doug Bradbury entwirft er weiterhin seine Bikes, dies aber unter spürbarem Einfluss der Mit-Marken Litespeed und Merlin. So war auf der Eurobike ein Titan-Fully zu sehen, dessen Rahmen unter 2,1 Kilo wiegen soll [...] Als alter Cowboy bleibt Johnny T. dem Pistolen-Thema treu. Nach seinem 6-Shooter und dem Magnum nennt er sein neues Race-Fully Revolver. Von den massiven CNC-Frästeilen, früher Markenzeichen der Bradbury-Rahmen, ist am neuen Rahmen nur noch eines zu finden. Stattdessen werden gebogene Rohre verwendet. (Aus der Zeitschrift *Bike*)

Beispiel

Dieser Text ist für ein **Spezialpublikum** geschrieben, auf dessen **Sonderinteressen**, **Vorwissen** und **Fachjargon** er ohne weitere Erläuterungen zurückgreift. Diese Eigenschaften bestimmen, ob ein/e Leser/in einen solchen Text liest.

Umgekehrt gilt deshalb auch: Beachtet ein Text nicht Vorwissen oder Jargon, erscheint er in den Augen dieses Publikums als inkompetent und damit als nicht lesenswert. Zum Beispiel können und müssen Texte in einer **Börsenzeitung** mit Fachbegriffen arbeiten und komplizierte Sachverhalte des Aktienhandels verkürzen, weil sie sonst das kompetente Publikum, das sie ansprechen wollen, unterfordern würden. In einer **Tageszeitung** sind die Fachbegriffe dagegen zu vermeiden und die Sachverhalte zu erläutern, weil sonst das Publikum überfordert würde.

In der Regel wird es keinem Text gelingen, alle Leser/innen anzusprechen – es sei denn, sein Inhalt wäre von solcher Brisanz, dass er alle Publikumsinteressen bedienen kann. Bevor Sie daher einen journalistischen Text verfassen, müssen Sie selbst für sich bestimmen, welches Publikum Sie mit Ihrem Text ansprechen wollen. Daraus resultiert die Entscheidung über das Niveau des Textes. Dieses muss so auf die Verständnismöglichkeiten der Leserschaft abgestimmt sein, dass deren Lesebereitschaft stets erhalten bleibt. Denn die Qualität eines journalistischen Textes liegt darin, dass er sein gewünschtes Publikum mit seinen Darstellungsmitteln tatsächlich erreicht.

Je breiter die anvisierte Leserschaft in der Gesamtgesellschaft aber ist, umso diffuser sind die Ansprüche an die Texte. Darin liegt eine zentrale Herausforderung an das journalistischen Schreibens: Ein Text sollte möglichst viele Leser/innen ansprechen, auch wenn deren Ansprüche breit gestreut sind. Dies kann Ihnen gelingen, indem Sie durch eingängige, attraktive Sprache und eine schlüssige Darstellung die **Spanne der Textakzeptanz** ausweiten.

Das sprachliche und inhaltliche Niveau eines journalistischen Textes kann insgesamt leicht über dem Niveau der Leser/innen liegen, weil es auf diese Weise durch das Informationsangebot (Neuheit/Wissenserweiterung) und stilistische Qualität zum Lesen anreizt. Denn Unterforderung bedeutet Wiederholung von Bekanntem und damit Langeweile; und zu große Überforderung schafft Verständnisprobleme und damit ebenfalls Langeweile. Beides führt zum Abbruch der Lektüre. Um daher ein disparates Publikum stärker zu binden, sollten Sie in ihren journalistischen Texten gleitende sprachliche und inhaltliche Niveauwechsel einplanen.

Attraktivität eines Textes (nach Früh 1980, 95)

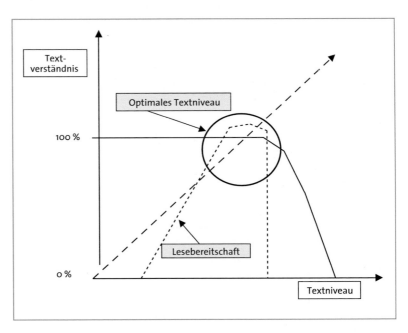

Übung

Versuchen Sie, das Textbeispiel aus der Zeitschrift *Bike* in eine sprachliche Form zu bringen, die für das breitere, nicht spezialisierte Publikum einer Tageszeitung verständlich ist. Ohne zusätzliche Recherche zu den Fachbegriffen wird Ihnen das kaum gelingen.

18.3 | In welcher Sprache schreiben?

Wolf Schneider hat die Qualität des journalistischen Stils so definiert: »Was ich nicht mühelos verstehe, kann mir nie gefallen« (Schneider 2004, 14). Dies reduziert Textqualität auf den Aspekt der Verständlichkeit. Doch ein journalistischer Text muss darüber hinaus sprachliche Leseanreize bieten, um die Aufmerksamkeit der Leserschaft zu fesseln. Erst beides zusammen garantiert, dass ein Text funktioniert, dass er also zum einen möglichst ausdauernd und intensiv gelesen, zum anderen möglichst genau verstanden wird.

Journalistische Texte müssen daher sprachlich ihrem Publikum ebenso gerecht werden wie ihrem Thema. In vielen Fällen haben sie **zwischen Thema und Publikum zu vermitteln**, in dem sie gleichsam übersetzen. Komplexere oder fremde Sachverhalte müssen so beschrieben werden, dass sachunkundige Leser/innen sie nachvollziehen können. Ohne **Vereinfachungen** lässt sich das nicht bewerkstelligen.

Der Umgang mit Thema und Publikumsanspruch bestimmt letztlich den **journalistischen Stil**. Entsprechend gibt es verschiedene Stilebenen mit stets fließenden Übergängen. Um nur drei zu nennen:

Auswahl journalistischer Stilebenen

- **Boulevardstil**, der Information stärker mit Unterhaltung zu verbinden sucht und durch sprachliche sowie inhaltliche Einfachheit gekennzeichnet ist;
- **Nachrichtenstil**, der in nüchterner Sprache sich in klar gegliederten Sätzen auf die Informationsvermittlung konzentriert;
- **Feuilletonstil**, der in elaborierter Sprache Bildungsbürger anspricht.

Der Schreibstil prägt die **Wortwahl**, die **Sprachebene**, insbesondere den **Aufbau und die Länge der Sätze**. Boulevardzeitungen pflegen einfach gegliederte Sätze (Hauptsatz, maximal ein Nebensatz) mit im Durchschnitt zwölf Wörtern *(Bild)*, Zeitungen und Zeitschriften für ein vorwiegend akademisches Publikum einen variationsreichen Satzbau mit bis zu 24 Wörtern *(Spiegel)*.

Die Leseforschung liefert eine Reihe von Kriterien, welche Art von Texten leichter und welche schwerer lesbar sind – wie also Texte der Lesefähigkeit ihrer Leser/innen mehr oder weniger entgegenkommen. Denn das Auge erfasst optisch Satzteile, die vom Gehirn inhaltlich als Bedeutungseinheiten verstanden werden; je geübter die Leser/innen sind, desto länger können die Satzteile und desto umfangreicher die Bedeutungseinheiten sein.

> → Um gute Lesbarkeit zu schaffen, sollten die Sätze in journalistischen Texten so konstruiert sein, dass überschaubare Teile jeweils sinnvolle Bedeutungseinheiten ergeben. Verschachtelte Sätze erschweren dagegen das Lesen, weil das Auge hin- und herspringen muss.

Tipp

Anhand eines verstandenen Satzteils entscheidet das Gehirn, wohin das Auge als nächstes springt. Wobei das Auge nicht streng der Syntax folgt, sondern zu einzelnen Worten wechselt, denen die Leser/innen größere Aussagekraft beimessen als anderen – etwa starken Verben oder zentralen, einfachen Begriffen. Damit Texte auf diese Weise leichter erfasst werden können, sollten sie auf jene Begriffe und Sachzusammenhänge zurückgreifen, die dem Publikum bekannt sind. Im Jargon der Lehrbücher zum Journalismus heißt das: Leser/innen dort abholen, wo sie stehen.

Tipp

> → Gut lesbare Texte sind sprachlich lebhafte Texte. Benutzen Sie daher in journalistischen Texten **starke Verben, anschauliche Adjektive** und **passende Substantive**, die zum Sachverhalt passen.
> → Verzichten Sie auf **substantivierte Verben** (Nominalstil), wie sie die Verwaltungssprache prägen: Solche Wörter frieren ein Geschehen, das eigentlich dynamisch ist, in statische Substantive ein (Handlung, Vorgang, Aufkommen, Erfassung).
> → Das **Passiv** im Deutschen ist schwer lesbar, weil im Satz Hilfsverb und Verb meist auseinandergerissen werden. In journalistischen Texten sollten Sie damit möglichst ebenso sparsam umgehen wie mit **Konjunktivformen**, die in der Umgangssprache wenig geläufig sind.

Lesefähigkeit: **Leseerfahrungen** und **Augenbewegungen** beim Lesen sind nicht voneinander zu trennen und machen die individuelle Lesefähigkeit aus. Sie zeigt sich etwa darin, wie schnell die Leser/innen die einzelnen Bedeutungseinheiten kombinieren, wie rasch sie Schlüsselbegriffe fokussieren und in den Gesamtzusammenhang des Satzes und des fortlaufenden Textes einordnen können. Stellt sich das Verständnis nicht sofort ein, weil der Text in seinem Inhalt oder in seinem Satzbau zu schwierig ist, springt das Auge im Text zurück. Dadurch verringert sich die Lesegeschwindigkeit, das Lesen wird als eher anstrengend empfunden. Um mit Wolf Schneider zu sprechen: Er gefällt nicht mehr. Dann droht der Ausstieg der Leser/innen aus der Lektüre – genau das, was journalistisches Schreiben vermeiden will. Darum gilt: »Je klarer das Handlungsschema, die Rahmenstruktur eines Textes ist und je widerspruchsfreier die Einzelinformationen integriert werden können, desto schneller und müheloser wird gelesen« (Gross 1994, 21).

»Erneut befasste sich der Gemeinderat mit der Anlegung eines Freizeitgeländes im Flurteil »Altfeld« in Neustadt. Hierzu war im Rahmen einer Bauanfrage vom Landratsamt gefordert worden, dass ein Bodengutachten erstellt werden soll, ob aufgrund der Ablagerungen als frühere Deponie der Gemeinde Bodenverunreinigungen dem Vorhaben entgegenstehen. Durch ein Geologisches Institut wurde zwischenzeitlich unter Beiziehung des staatlichen Gesundheitsamtes eine Untersuchung vorgenommen. Hiernach wurde durch Kernsondierungen bis zu einer Tiefe von sechs Metern und verschiedenen Bodenluftmessungen festgestellt, dass die Untergrundverhältnisse als gut zu bezeichnen sind und keine auffälligen Belastungen an Werten von Schwermetallen oder Gasabsonderungen vorhanden sind«.

Was dieser Text bietet, ist umständliches Verwaltungsdeutsch. Leichter zu lesen ist folgende Fassung, die die Logik der Darstellung verändert, kurze Sätze benutzt, auf Nominalstil verzichtet, Passivkonstruktionen weitgehend auflöst – und dadurch sogar insgesamt kürzer wird:

»Die frühere Deponie im Neustädter Flurteil »Altfeld« hat offenbar wenig Spuren hinterlassen. Dies stellt ein Gutachten fest, das im Auftrag des Landratsamts entstanden ist. Ein geologisches Institut hatte in Zusammenarbeit mit dem Gesundheitsamt den Boden bis in eine Tiefe von sechs Meter untersucht. Außerdem war die Bodenluft mehrfach gemessen worden. Wie der Gemeinderat in seiner jüngsten Sitzung erfuhr, ist das Erdreich nicht auffällig mit Schwermetallen belastet. Es tritt auch kein Gas aus. Daher kann das Grundstück wie geplant zum Freizeitgelände werden«.

18.4 | Wie den Text aufbauen?

18.4.1 | Der erste Satz

Die innere Organisation, die Aufbereitung der Information in journalistischen Sätzen, richtet sich aus an der Lesefähigkeit der Leserschaft. Das gilt insbesondere für den ersten Satz eines journalistischen Textes. Einerseits ist dieser die ›Fangrute‹ für das über das Textangebot einer Zeitung hinweg schweifende Auge der Leser/innen; andererseits muss er ein Informations- und Unterhaltungsangebot machen, das die Leserschaft für die weitere Lektüre gewinnt. Deshalb muss gerade der erste Satz den vermuteten Lesefähigkeiten des Publikums weitgehend entgegenkommen, um in der Textkonkurrenz als attraktiver Text wahrgenommen zu werden.

Er sollte deshalb kurz sein und ohne komplizierte Syntax die Leser/-innen zum Weiterlesen einladen. Die Abfolge ›Subjekt–Prädikat–Objekt‹ kommt den Lesefähigkeiten am besten entgegen, denn sie entspricht der Sinnstruktur von Sätzen am klarsten. Überhaupt helfen alle klaren Sinnzuordnungen im Satzbau beim Lesen, etwa die enge Verbindung von Relativsatz und Bezugswort.

Tipp

→ Für den wichtigen ersten Satz eines journalistischen Textes gibt es eine Reihe von Möglichkeiten:
- knappe Zusammenfassung der Kernaussagen
- konzentrierte Beschreibung des Vorgangs
- prägnantes, kurzes Zitat, in sich verständlich und am besten provokativ oder emotional ansprechend
- detaillierte Schilderung einer fremd oder anziehend wirkenden Szene
- rhetorische Fragen
- direkte Ansprache der möglichen Erwartungen oder des Vorwissens von Leser/innen

18.4.2 | Wortwahl, Stil, Argumentation

Im Lesevorgang bereitet der erste Satz die Lektüre des nächsten Satzes vor. Der inhaltliche Zusammenhang lässt sich zur Lenkung des Lesevorgangs schreibend unterstützen durch:

Mittel zur Lenkung des Lesevorgangs
- Wortwiederholungen,
- Rück- und Vorverweise,
- klare Ausbildung von Unter- und Oberbegriffen,
- zusätzliche Erklärungen, Begründungen und Schlussfolgerungen, die auch in der Wortwahl auf das zuvor Gelesene zurückgreifen.

Im Idealfall ergibt sich aus der Lektüre des einen Satzes bei den Leser/-innen eine **Frage**, die der nächste Satz beantwortet. Und zugleich wirft dieser seinerseits eine neue Frage auf. Aus dieser Abfolge von Fragen, an deren Stelle Assoziationen, Wortwiederholungen oder Wechsel der emotionalen Stimmungen treten können, spinnt ein journalistischer Text seinen **roten Faden**, der die Leser/innen auch über längere Strecken an sich zu binden vermag.

Wie dicht dabei das Textnetz aus rhetorischen Figuren, Verweisen oder Wiederholungen zentraler Begriffe gewebt sein muss, entscheidet sich allein anhand der Lesefähigkeiten und der Vorkenntnisse des anzusprechenden Publikums.

- Können **Vorkenntnisse** unterstellt werden, dann kann ein journalistischer Text darauf vertrauen, dass die Leser/innen Andeutungen und gedankliche Sprünge nicht bloß nachvollziehen, sondern aus den von ihnen mit gedachten Ergänzungen sogar einen besonderen Genuss ziehen, nämlich die **Selbstbestätigung ihres Wissens.**
- Fehlen solche Vorkenntnisse bei den Leser/innen, gerät die Verstehbarkeit des Textes in Gefahr – und es droht der Abbruch der Lektüre.

Die Rückbesinnung auf die Voraussetzungen der Leser/innen gilt erst recht für die **Wortwahl:** Je unbekannter der Sachverhalt ist, umso weniger sollte mit Fachbegriffen, Fremdwörtern oder fremdsprachlichen Zitaten gearbeitet werden. Sind sie zur Darstellung der Sachverhalte unentbehrlich sind, müssen sie bei ihrem ersten Auftreten erläutert oder übersetzt werden.

> Die Strategien des verständlichen Schreibens erstrecken sich auf drei Ebenen:
>
> → Wortwahl: Verwenden Sie kurze, geläufige und möglichst konkrete Wörter.
>
> → Satzbau: Verzichten Sie auf verschachtelte Sätze, wie z. B. eingebettete Nebensätze, die Subjekt und Prädikat trennen. Je länger ein Satz ist, umso klarer muss er syntaktisch strukturiert sein.
>
> → Argumentative Gliederung: Halten Sie Ordnung im Aufbau Ihres Gedankengangs und zeigen Sie durch Wortwiederholungen oder Rückgriffe den Leser/innen immer wieder den roten Faden Ihres Textes. Redundanzen können zum Verständnis eines Textes hilfreich sein.

Tipp

Verständlichkeit ist aber, wie erwähnt, nicht das einzige Kriterium eines gut lesbaren Textes. Eine lange Abfolge kurzer Sätze beispielsweise, die stets die Subjekt-Prädikat-Objekt-Anordnung einhalten, wirkt eintönig und damit langweilig. Deshalb bedürfen journalistische Texte darüber hinaus **sprachlicher und stilistischer Stimulanzien**, die zusätzliche Leseanreize schaffen:

- variationsreiche Syntax
- überraschende Wortwahl
- rhetorische Figuren (etwa Frage-Antwort-Aufgliederung, um ein eher theoretisches Thema zu erschließen)
- wörtliche Rede
- Wechsel zwischen anschaulicher Schilderung konkreter Vorgänge und zusammenfassender Darstellung der Sachverhalte (s. u. Reportage)
- Provokation der Leser (ohne freilich diese so zu brüskieren, dass sie die Lektüre unwillig abbrechen)

Sprachliche
und stilistische
Stimulanzien

Zum journalistischen Stil gehört zudem, Sachverhalte in einer ihnen angemessenen Weise auf den Punkt zu bringen, abstrakte Inhalte zu verlebendigen, indem sie etwa durch Erzählungen über Menschen veranschaulicht werden. Überhaupt ist zu empfehlen, abstrakte Themen zu personalisieren und in aktive Handlungen umzusetzen. Eine Folge dieser Empfehlung ist, dass journalistische Texte häufig das Augenmerk stärker auf **Konflikte** lenken, die Leser/innen durch Alternativen herausfordern und Sachverhalte zuspitzen. Das lässt sich damit rechtfertigen, dass auf diese Weise das Publikum stärker an den Text gebunden wird. Aber diese Stimulanzien haben eben deswegen auch ihre Grenzen: Sie müssen stilistisch dem Thema und dessen Niveau angemessen bleiben, weil sie sonst die Glaubwürdigkeit des gesamten Textes und dessen Aussage unterlaufen.

Journalistische Texte ordnen die Sachverhalte für ihre eigenen Zwecke neu. Hierin unterscheiden sie sich klar von Protokollen, Handlungsanweisungen oder anderen Gebrauchstexten. Statt auf die Wiedergabe von Abläufen (Chronologie) setzen sie auf eine eigenständige **inhaltliche Argumentation** oder auf **Assoziationsketten**, um so einen für Leser/innen attraktiven Text zu schaffen. Sie wählen zu diesem Zweck die für ihre Darstellung wichtigen Fakten aus, und sie reduzieren Komplexität auf eindeutige und verständliche Kernaussagen.

Zur Neuordnung der Fakten zählt die Beantwortung entscheidender Fragen, der so genannten W-Fragen:

W-Fragen
- Was ist geschehen?
- Wer ist beteiligt?
- Wann hat es stattgefunden?
- Wo ist es passiert?
- Wie war der Ablauf?
- Warum hat es sich ereignet?
- Wozu führt es?

18.5 | Die inhaltlichen Kriterien für den Textaufbau

Was ist vom Standpunkt des journalistischen Schreibens aus wichtig? Was macht ein Ereignis zum Thema eines journalistischen Textes? Genauer: Worin besteht dessen Nachrichtenwert?

Der **Nachrichtenwert** eines Ereignisses oder eines Sachverhalts setzt sich aus verschiedenen **Nachrichtenfaktoren** zusammen, die als professionelle Entscheidungskriterien Journalisten helfen, aus der Unzahl der Ereignisse die wichtigen auszusortieren.

> → **Nachrichtenfaktoren** regeln die Nachrichtenauswahl und bestimmen zugleich den Aufbau jedes journalistischen Textes. Sie machen Aussagen in zwei Richtungen: Sie gelten als Eigenschaft der zu beschreibenden **Sachverhalte** – und sie benennen die Leseanreize, durch die das **Publikumsinteresse** an einem journalistischen Text zu wecken ist.

Definition

Der inhaltliche Aufbau eines journalistischen Textes, die Auswahl der zu berichtenden Fakten und das Arrangement der Sachverhalte sowie deren Reihung folgt aus den einzelnen Nachrichtenfaktoren und deren jeweiligem Gewicht. Daraus ergibt sich in der Tat eine »Konstruktion sozialer Wirklichkeit« (Ruhrmann 1994, 246), ohne die jedoch ein journalistischer Text gar nicht zustande käme.

Es lassen sich neun zentrale Nachrichtenfaktoren als Eigenschaften von Ereignissen oder Sachverhalten beschreiben (nach Schulz 1990):

- **Kurze Dauer und rasche Entwicklung:** Je kürzer ein Ereignis dauert, je schneller es zum Ergebnis kommt, desto verständlicher lässt es sich in einem journalistischen Text erfassen.

Zentrale Nach-richtenfaktoren

- **Stärke:** Starke Ereignisse und deren Sensationseigenschaften (überraschend oder außergewöhnlich) sprechen die Emotionalität an.
- **Eindeutigkeit:** Eindeutige Ereignisse erlauben eher eine übersichtliche Information der Leserschaft als komplexe Sachverhalte.
- **Nähe zu Redaktion/Publikum:** in politischer oder kultureller Hinsicht oder in räumlicher Hinsicht: Ein Unfall in der Nachbarschaft ist interessanter als der gleiche Vorfall in einer fremden Stadt.
- **Zentralität:** Ereignisse an zentralen Orten interessieren mehr als solche an der Peripherie.
- **Übereinstimmung mit Stereotypen:** Wenn ein Ereignis ein Vorurteil bestätigt oder einem bekannten Ablauf folgt, dann kann ein journalistischer Text leichter die Erfahrungen der Leser/innen aufgreifen und bestätigen.
- **Leichte Variation eines Stereotyps:** Auch noch die Abweichung von einem Stereotyp greift auf die Vorurteile zurück, auch wenn sie diese nicht vollauf bestätigt.
- **Kontinuität:** Indem er ein aktuelles Thema aufgreift, knüpft ein journalistischer Text beim Vorwissen der Leser/innen und deren Interessen an.
- **Personalisierung:** Das Interesse an Menschen ist ein zentrales Kriterium journalistischer Texte.

Der Nachrichtenwert eines Sachverhalts ergibt sich aus der Summe der Nachrichtenfaktoren, die angeführt werden können. Dabei sind nie alle Faktoren beteiligt. Für journalistische Texte ist aber entscheidend, die attraktivsten zu bestimmen und entsprechend in der Anordnung der Einzelaussagen herauszustellen.

→ Journalistische Texte folgen in der Regel nicht der Chronologie der Ereignisse, sondern stellen deren Ergebnis heraus. Nehmen wir das Beispiel einer normalen Podiumsdiskussion: Für das Nacheinander der einzelnen Wortmeldungen interessieren sich die allermeisten Leser/innen nicht – sie waren ja nicht dabei. Um ihr Interesse dennoch zu wecken, sollten Sie deshalb die Meinungsäußerungen so auswählen und arrangieren, dass daraus ein Text wird, der das Thema attraktiv und gut darstellt. Die Diskussion und deren Teilnehmer dienen dann als Informationsquelle ihres Textes, aber sind selbst nicht mehr direkt Gegenstand (vielleicht noch Anlass) des Berichts.

Die Forderung »Das Wichtigste zuerst« ist dabei zu relativieren. Denn Nachrichtenfaktoren bewerten nicht nur den Vorrang eines Sachverhalts vor anderen, sondern beschreiben auch Prioritäten des Publikumsinteresses. Hier muss zwischen zweierlei »Wichtigkeit« abgewogen werden: Obwohl beispielsweise vom Sachverhalt her der Nachrichtenwert in der Kontinuität eines eher abstrakten Themas liegt, kann es sich empfehlen, die Nachricht mit einer Personalisierung zu beginnen – weil diese stärker das Publikumsinteresse bindet. Nur in der reinen Nachrichtenform gibt es eine definitive Hierarchie der Fakten und damit eine strikte Abfolge der einzelnen Sachaussagen, die mit dem Wichtigsten in beiderlei Hinsicht – Sachverhalt und Publikumsinteresse – beginnt und dann absteigt.

Aufbau einer
Nachricht

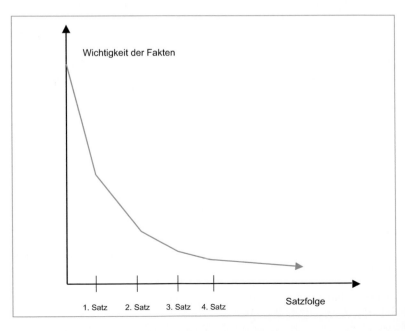

18.6 | Journalistische Textformen

Das journalistische Schreiben nutzt unterschiedliche Textformen, die ihm unterschiedliche Zugänge zu einem Thema, aber auch zu unterschiedlichen Leser-Interessen ermöglichen. Daraus ergeben sich je eigene Textformen, die sich in zwei Arten von Kategorien aufteilen lassen: Zum einen sind sie mehr **darstellend** oder mehr **analysierend**; und zum anderen sind sie mal stärker **subjektiv**, mal stärker **objektiv** gefärbt. Subjektiv heißt hier nicht nur bewertend (in Kommentaren oder Leitartikeln), sondern auch aus eigenem Erlebnis beschreibend (Reportage). In Nachrichten und Berichten tritt dagegen die persönliche Haltung zu den dargestellten Sachverhalten so weit wie möglich zurück – unbeschadet der Tatsache, dass auch solche Texte kein objektives Abbild des Sachverhalts geben, sondern ihn nach den bereits genannten Kriterien des journalistischen Schreibens (Angemessenheit der Darstellung und Publikumsinteresse) ordnen und arrangieren.

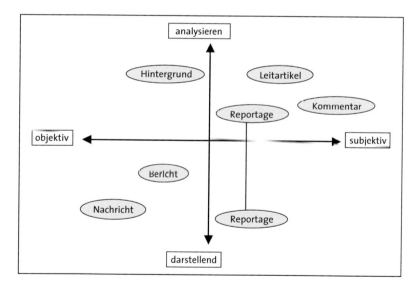

Journalistische Textsorten

- **Nachricht:** Nachrichten sind die nüchternste journalistische Form und dienen der knappen Darstellung von Sachverhalten. Ihr Aufbau orientiert sich am Nachrichtenwert der einzelnen Fakten und an Sachlichkeit: Hier steht das Wichtigste konzentriert im ersten Satz. Die Nachricht enthält meist keinerlei Wertung. Wenn gewertet oder begründet wird, so geschieht dies unter Berufung auf Quellen.
- **Bericht:** Berichte vermitteln neben nüchternen Fakten zusätzliche Informationen wie Emotionen, Stimmungen und die Meinungsäußerungen Betroffener oder Dritter. Dies muss im Sinne der ›Objektivität‹ wie bei der Nachricht durch Quellenangaben oder nachvollziehbare Beschreibungen abgesichert werden. Auf Grund seiner Länge muss

der Bericht durch die überzeugende Abfolge seiner Absätze einen eigenständigen roten Faden entwickeln, der die Leser/innen durch den gesamten Text führt.

- **Hintergrund:** In einer dem Essay ähnlichen Form werden hier Strukturen, Zusammenhänge, Handlungsmotive und ähnliches analysiert. Die Analyse verzichtet auf Bewertungen, sondern zitiert dazu Gewährsleute.
- **Reportage:** Der Übergang zwischen Bericht und Reportage ist fließend. In der Reportage setzt sich aber der erzählerische und schildernde Schreibstil stärker durch. In der Verbindung von Anschaulichkeit und Reflexion wechselt die Reportage überdies zwischen Darstellung und Analyse hin und her. So kommt die Person des Autors, der Autorin stärker ins Spiel – bis hin zur Ich-Reportage.
- **Kommentar/Leitartikel:** Kommentare sind deutlich kürzer als Leitartikel: Wo diese abwägen und eine breite Argumentation entwickeln (und darum ›objektiver‹ erscheinen), kommt der Kommentar rasch zum entscheidenden Argument – oder er setzt gar mit ihm ein. Die subjektive Ansicht des Autors, der Autorin muss jeden Satz erkennbar prägen. Nur durch ihre sprachliche und argumentative Dynamik können Kommentare das Interesse der Leser/innen wachhalten. Dabei helfen klare und durchgängige Wertungen, attraktive Begriffe und der Mut zur Polemik (was selbst für den Leitartikel gelten kann). Leitartikel lassen dagegen die Leser/innen an der Diskussion und der Meinungsfindung teilhaben – weshalb hier Stringenz der Argumentation umso wichtiger ist.
- **Interview:** Interviews müssen in ihrer schriftlichen Form einerseits einen nachvollziehbaren Dialogverlauf haben, andererseits in ihrer Gesprächsführung und Themensetzung so angelegt sein, dass sie die Leser/innen interessieren. In die oben abgebildete Graphik der Textsorten passt das Interview aus zwei Gründen nicht: Es ist kann sowohl darstellend wie analytisch sein, je nach Gesprächsgegenstand; und obwohl es die objektive Darstellung des/r Interviewten ist, ist mit der/m Interviewer/in ein hohes Maß an Subjektivität gegeben.

Übung

Lesen Sie ein Trauerspiel oder schauen Sie es sich im Theater an. Versuchen Sie anschließend, das Geschehen in die Fassung einer Nachricht, eines Berichts, eines Kommentars zu bringen – so als wäre das Geschehen heute wirklich eingetreten. Lassen Sie danach jemanden, der das Trauerspiel nicht kennt, Ihren Text lesen: Hat er ihn verstanden? Fehlen ihm Informationen? Findet er den Text interessant, zum Lesen anregend? Jede/r Leser/in kann hierzu kompetente Urteile angeben, denn er oder sie ist ja Adressat/in des Textes.

18.7 | Die Gestaltung journalistischer Texte

Die graphische und visuelle Gestaltung ist ein wichtiger Faktor, der dazu beiträgt, Leser/innen zur Lektüre von journalistischen Texten zu verführen. Zugleich beeinflusst sie die sprachliche Ausformung des Textes. Journalistisches Schreiben ist daher im hohen Maß mit der entsprechenden **Gestaltung des Textes** verbunden.

> Die Laufweite der Spalten, in die der Text umbrochen wird, spielt eine Rolle: Je breiter sie sind, desto höhere Lesefähigkeit verlangen sie, weil das Auge in der jeweiligen Zeile mehr Informationen auf einen Blick zusammenfassen muss. Je enger die Spalte ist, desto kürzer müssen andererseits die Sätze ausfallen, weil Auge und Gehirn sonst über mehrere Zeilen hinweg die Syntax erfassen und rekonstruieren müssen.

Entscheidend ist, dass journalistisch geschriebene Texte selten für sich allein stehen, sondern **in eine Zeitungs- oder Zeitschriftenseite eingebaut** sind. Deren Layout bemüht sich, die Lesegewohnheiten der Leser/innen zu bedienen und ihnen durch Ordnung, Bildauswahl, Schriftgrößen oder Farbe **Orientierungshilfen** im Textangebot zu schaffen. Überschriften, Dach- oder Unterzeilen der Überschrift, Vorspann (Lead), Zwischenüberschriften tun ein Übriges, um auf einen Text aufmerksam zu machen und zu dessen Lektüre anzuhalten. Auch die Länge journalistischer Texte folgt den Lese-Erwartungen: Sinkende Leseneigungen, wie sie Umfragen belegen, führen zu kürzeren Texten. All das zeigt, dass journalistische Texte in der Publikumswahrnehmung nicht von ihrer optischen Aufbereitung zu trennen sind.

Erst beides zusammen, Layout und journalistischer Text, schaffen Leseanreize und gute Lesbarkeit. In ihrem Zusammenwirken entwickelt sich das journalistische Leseangebot, das sich in einer Multimedia-Gesellschaft voller optischer Reize und vielfältigster Informationsmöglichkeiten immer noch behaupten kann. Und zwar trotz seiner Stummheit, seiner Bewegungslosigkeit und trotz seiner nicht gering zu schätzenden Erwartung an das Publikum, mit seiner Lesekompetenz einen beachtlichen intellektuellen Eigenanteil einzubringen.

Literatur

Christmann, Ursula/Groeben, Norbert (2001): »Psychologie des Lesens«. In: Bodo Franzmann/Klaus Hasemann/Dietrich Löffler (Hg.): Handbuch Lesen. Baltmannsweiler: Schneider Hohengehren, 145–223.
Fritz, Angela/Suess, Alexandra (1986): Lesen. Die Bedeutung der Kulturtechnik Lesen für den gesellschaftlichen Kommunikationsprozess. Konstanz: Universitätsverlag Konstanz.

Früh, Werner (1980): Lesen, Verstehen, Urteilen. Untersuchungen über den Zusammenhang von Textgestaltung und Textwirkung. Freiburg i.Br./München: Alber.

Gross, Sabine (1994): Lesezeichen. Kognition, Medium und Materialität im Leseprozess. Darmstadt: Wissenschaftliche Buchgesellschaft.

Langer, Inghard/Schulz von Thun, Friedemann/Tausch, Reinhard (2006): Sich verständlich ausdrücken [1981]. München/Basel: Reinhardt.

Lorenz, Dagmar (2002): Journalismus. Stuttgart/Weimar: J.B. Metzler.

Ruhrmann, Georg (1994): »Ereignis, Nachricht und Rezipient« In: Klaus Merten/ Siegfried J. Schmidt/Siegfried Weischenberg (Hg.): Die Wirklichkeit der Medien. Eine Einführung in die Kommunikationswissenschaft. Opladen: Westdeutscher Verlag, 237–256.

Schneider, Wolf (2004): Deutsch fürs Leben: Was die Schule zu lehren vergaß [1994]. Reinbek: Rowohlt.

Schulz, Winfried (1990): Die Konstruktion von Realität in den Nachrichtenmedien. Analyse der aktuellen Berichterstattung [1976]. Freiburg i.Br./München: Alber.

Schulz von Thun, Friedemann (2007): Miteinander Reden 1: Störungen und Klärungen. Allgemeine Psychologie der Kommunikation [1981]. Reinbek: Rowohlt.

Weischenberg, Siegfried (1988): Nachrichtenschreiben. Journalistische Praxis zum Studium und Selbststudium. Opladen: Westdeutscher Verlag.

Einführungen in das journallstische Schreiben

Haller, Michael (2006): Die Reportage. Ein Handbuch für Journalisten [1987]. Konstanz: UVK.

Häusermann, Jürg (2005): Journalistisches Texten. Sprachliche Grundlagen für professionelles Informieren. Konstanz: UVK.

LaRoche, Walther von (2008): Einführung in den praktischen Journalismus [1975]. Berlin: Econ.

Schneider, Wolf/Raue, Paul-Josef (2003): Das neue Handbuch des Journalismus. Reinbek: Rowohlt.

Wulf Rüskamp

19. Soziale Kompetenzen

19.1   Strukturen und Prozesse sozialer Kompetenz
19.2   Anforderungen in der Praxis
19.3   Bedeutung sozialer Kompetenzen im Berufsleben
19.4   Entwicklung und Förderung sozialer Kompetenzen
19.5   Aneignung von sozialen Kompetenzen im Studium

Soziale Kompetenzen zählen heute ohne Zweifel zu den wichtigsten Karrierefaktoren in unzähligen Berufsfeldern. Überall dort, wo Menschen in ihrem Berufsleben mit Vorgesetzten, Kolleg/innen, Mitarbeiter/innen und Kund/innen zusammenarbeiten, ist das Ergebnis dieser Zusammenarbeit nicht nur von fachlichen Kompetenzen, Berufserfahrung, Entscheidungsspielräumen u. Ä. abhängig, sondern immer auch Spiegelbild der Art und Weise, wie zwei oder mehrere Menschen miteinander umgehen.

19.1 | Strukturen und Prozesse sozialer Kompetenz

Soziale Kompetenzen bilden die individuelle Grundlage unseres Verhaltens gegenüber anderen Menschen; dies gilt gleichermaßen für das Privat- wie für das Berufsleben. Dabei stellen die Kompetenzen im Sinne eines **Potentials** eine Möglichkeit dar, das eigene Sozialverhalten zu verändern. Wer beispielsweise über eine hohe Durchsetzungskompetenz verfügt, wird nicht zwangsläufig in jeder Situation seine eigenen Interessen erfolgreich durchsetzen können. Er/sie wird dies jedoch mit einer größeren Wahrscheinlichkeit realisieren als ein Mensch, der nur eine geringe Durchsetzungskompetenz besitzt. Die sozialen Kompetenzen versetzen das Individuum potentiell in die Lage, eine bestimmte zwischenmenschliche Situation (z.B. einen Konflikt oder eine Führungsaufgabe) erfolgreich zu meistern. Ob und inwieweit die vorhandenen Potentiale in einer konkreten Situation tatsächlich ausgelebt werden, hängt von vielen situativen Faktoren ab. Man denke hier etwa an die aktuelle emotionale Belastung der handelnden Person (z.B. durch Angst oder Wut), an Zeitdruck unter dem gegebenenfalls gehandelt werden muss oder an ein Extremverhalten des Gegenübers. All dies kann die Umsetzung des vorhandenen Potentials in sozial kompetentes Verhalten erschweren.

An dieser Stelle wird bereits deutlich, dass soziale Kompetenzen im Gegensatz zum Sozialverhalten **einen allgemeinen, übersituativen Charakter** haben. Während sich das Sozialverhalten in einer ganz konkreten

Situation – also z. B. in einem Konflikt am Arbeitsplatz zwischen Herrn Müller und Frau Schulze abspielt – kommen dabei Kompetenzen zum Einsatz, die auch jenseits dieser konkreten Situation zur Persönlichkeit der handelnden Menschen gehören.

Im Alltag wird bisweilen von »der sozialen Kompetenz« eines Menschen gesprochen, so als würde es sich um eine einzige Eigenschaft handeln. Bei genauerer Betrachtung wird jedoch deutlich, dass dies nur ein Oberbergriff sein kann, den man beispielsweise in Abgrenzung zu anderen Kompetenzbereichen wie Fachkompetenz oder Intelligenz verwendet. So besteht denn auch in der Fachliteratur große Einigkeit hinsichtlich der **Multidimensionalität sozialer Kompetenz**. Es gibt mithin mehrere soziale Kompetenzen, die jede für sich bei einem Menschen unterschiedlich stark ausgeprägt sein kann.

Uneinigkeit besteht allerdings dahingehend, welche einzelnen Kompetenzen als soziale Kompetenzen zu bezeichnen sind. Insbesondere in Praxispublikationen finden sich z.T. sehr umfangreiche Kompetenzkataloge (vgl. Faix/Laier 1991), die mehr oder minder plausibel sind, allesamt jedoch eine empirische Fundierung vermissen lassen. Zudem werden oftmals inhaltlich identische Kompetenzen mit unterschiedlichen Begriffen belegt, was die Verwirrung noch vergrößert. Kanning (in Vorbereitung) hat den Versuch unternommen, die Vielzahl der immer wieder genannten Kompetenzen auf die Wesentlichen zu reduzieren. In der folgenden Abbildung werden zunächst 17 primäre soziale Kompetenzen unterschieden, die sich zu vier übergeordneten Konzepten gruppieren.

Struktur sozialer Kompetenzen (nach Kanning, im Druck)

Soziale Orientierung (SO)	Offensivität (OF)
Prosozialität (PS)	Durchsetzungsfähigkeit (DU)
Perspektivenübernahme (PÜ)	Konfliktbereitschaft (KB)
Wertepluralismus (WP)	Extraversion (EX)
Kompromissbereitschaft (KO)	Entscheidungsfreudigkeit (EF)
Zuhören (ZU)	
Selbststeuerung (SE)	**Reflexibilität (RE)**
Selbstkontrolle (SK)	Selbstdarstellung (SD)
Emotionale Stabilität (ES)	Direkte Selbstaufmerksamkeit (DS)
Handlungsflexibilität (HF)	Indirekte Selbstaufmerksamkeit (IS)
Internalität (IN)	Personenwahrnehmung (PW)

1. Soziale Orientierung: In diesen Bereich fallen **fünf Primärkompetenzen**: Personen mit einer hohen sozialen Orientierung haben eine positive Grundhaltung gegenüber anderen Menschen, helfen anderen und verhalten sich ihnen gegenüber fair (**Prosozialität**). Sie versuchen, sich in ihre Interaktionspartner hineinzudenken und die Situation mit deren Augen zu sehen (**Perspektivenübernahme**). Dabei zeigen sie sich tolerant gegenüber den Einstellungen anderer (**Wertepluralismus**), streben in Konfliktsituationen einen Interessenausgleich an (**Kompromissbereitschaft**) und bemühen sich, andere zu verstehen, indem sie ihren Ausführungen aufmerksam folgen und bei Unklarheiten nachfragen (**Zuhören**).

2. Offensivität: Hierzu gehört, dass ein Mensch in der Lage ist, sich erfolgreich für seine eigenen Interessen einzusetzen (**Durchsetzungsfähigkeit**) und notwenigen Konflikten nicht aus dem Weg geht, sondern sich ihnen stellt, ohne jedoch Konflikte aktiv herbeizuführen (**Konfliktbereitschaft**). Dabei hilft ihm/ihr, dass er/sie offen auf andere Menschen zugeht und gern mit anderen Menschen in Kontakt steht (**Extraversion**). Darüber hinaus muss er/sie nicht lange darüber grübeln, welche Verhaltensweise in einer bestimmten Situation seiner/ihrer Meinung nach die richtige sei (**Entscheidungsfreudigkeit**).

3. Selbststeuerungsfähigkeit: Sozial kompetentes Verhalten erfordert zudem eine hinreichende Fähigkeit, das eigene Verhalten gezielt steuern zu können. Hinter der Selbststeuerungsfähigkeit stehen vier Primärkompetenzen: Die betreffende Person ist in der Lage, emotionale Informationen, wie etwa Provokationen, rational zu verarbeiten und in bewusst kontrolliertes Verhalten umzusetzen (**Selbstkontrolle**) und weist **emotionale Stabilität** bei der Umsetzung auf; sie erfährt generell keine starken Stimmungsschwankungen, sondern ist eher ausgeglichen. Zudem verfügt sie über ein breites Spektrum an Verhaltensoptionen, die es ihr erlauben, flexibel auf unterschiedlichste Situationen und Menschen einzugehen, auch wenn diese sich unerwartet verändern (**Handlungsflexibilität**). Insgesamt begreift sie sich selbst als Ursache ihres Verhaltens und schiebt die Verantwortung für ihr Verhalten nicht primär auf andere Menschen, das Schicksal oder Faktoren, die außerhalb ihrer eigenen Person liegen ab (**Internalität**).

4. Reflexibilität: Ein weiterer Sekundärfaktor sozialer Kompetenz ist die Reflexibilität. Sie bezieht sich auf das Ausmaß, in dem ein Mensch sich und seine soziale Umwelt bewusst reflektiert. Dies ermöglicht ihm, sich aktiv so zu verhalten, wie eine bestimmte Situation es erfordert. Dabei kann sie gegebenenfalls auch bewusst bei ihren Interaktionspartnern einen Eindruck erzeugen, der nicht zwangsläufig die eigene Befindlichkeit offenbart (**Selbstdarstellung**). Hierzu zählt, dass er sein eigenes Verhalten beobachtet und bewertet (**direkte Selbstaufmerksamkeit**), schaut, wie andere Menschen auf sein Verhalten reagieren (**indirekte Selbstaufmerksamkeit**) und auch unmittelbar das Verhalten anderer Menschen im Blick hält, um sie besser einschätzen zu können (**Personenwahrnehmung**).

19.2 | Anforderungen in der Praxis

In den **Personalabteilungen von Firmen** und Behörden wird man sicherlich nicht all diese sozialen Kompetenzen im Blick haben, wenn es um Fragen der Personalauswahl oder Weiterqualifizierung geht. Dies ist auch nicht anders zu erwarten, da unterschiedliche Arbeitsplätze unterschiedliche Anforderungen an die Mitarbeiter/innen stellen und daher auch unterschiedliche Kompetenzprofile erfordern. So wird man von einer Führungskraft beispielsweise stärkere Ausprägungen im Bereich der Durchsetzungsfähigkeit erwarten als von Personen, die in einem Archiv arbeiten.

Zudem wird in der beruflichen Praxis oft auch eine andere Terminologie angewandt. Zu den wichtigsten sozialen Kompetenzen zählen hier z.B. **Teamfähigkeit, Konfliktfähigkeit oder Führungskompetenz**. Hierbei handelt es sich jeweils um Sekundärkompetenzen, die sich aus unterschiedlichen Mischungen der oben genannten Primärkompetenzen definieren lassen.

Eine hohe **Teamfähigkeit** impliziert beispielsweise, dass die betreffende Person sich mit ihrem eigenen Verhalten und ihrer Wirkung auf andere Menschen auseinandersetzt (direkte und indirekte Selbstaufmerksamkeit). Sie sollte zudem kompromissbereit sein und eine positive Grundhaltung zu anderen Menschen haben (Prosozialität).

Auch wenn die allermeisten Definitionen der Teamfähigkeit zumindest implizit derartige Primärkompetenzen ansprechen, muss in der Praxis jede Organisation für sich definieren, was sie im Hinblick auf die jeweiligen Arbeitsaufgaben unter Teamfähigkeit subsumiert.

Beispiel

> So mag etwa die Extraversion für die Arbeit in einem Team der Werbebranche von sehr viel größerer Bedeutung sein als für Mitarbeiter/innen einer teilautonomen Arbeitsgruppe in der Pkw-Produktion. In beiden Fällen sind soziale Kompetenzen von großer Bedeutung für den beruflichen Erfolg, obwohl hier jeweils unterschiedliche Primärkompetenzen in den Vordergrund rücken.

Die Annahme, dass eine bestimmte Person über soziale Kompetenz verfügt und daher überall dort erfolgreich sein wird, wo soziale Kompetenzen gefordert sind, ist daher irrig. Wer jedoch in keinem der genannten Bereiche Stärken aufweist, ist aber ebenso gewiss überall dort, wo soziale Kompetenzen gefordert werden, fehl am Platz.

Es sind zwei Aspekte, die immer wieder in unterschiedlichsten Definitionen hervorgehoben werden (Döpfner/Schlüter/Rey 1981; Kanning 2002). → Sozial kompetentes Verhalten versetzt einen Menschen zum einen in die Lage, **seine eigenen Interessen im sozialen Kontext erfolgreich verwirklichen** zu können. Hierbei ist jedoch zum anderen nicht jedes Mittel recht. Die Person muss vielmehr auch die **Ansprüche der sozialen Umwelt** (Interessen der betroffenen Menschen, Normen und Werte einer sozialen Gruppe etc.) berücksichtigen. Wer seine eigenen Interessen ohne Rücksicht auf andere Menschen realisiert, handelt ebenso wenig sozial kompetent wie eine Person, die sich immer nur den Interessen anderer unterordnet.

Definition

Sozial kompetentes Verhalten beinhaltet Durchsetzung und Anpassung. Aus dieser Definition ergibt sich, dass ein und dasselbe Verhalten je nach Rahmenbedingungen mehr oder minder sozial kompetent erscheinen kann, da sich in unterschiedlichen Situationen sowohl die eigenen Interessen als auch die Ansprüche des sozialen Umfeldes verändern können. Eine absolute Definition nach dem Prinzip, Verhalten A ist immer sozial kompetent und Verhalten B nicht, ist somit kaum realitätsnah. Im Berufsleben sind es nicht zuletzt die beruflichen Rollen der Mitarbeiter/-innen, die Werte des Unternehmens sowie die Ansprüche der Kunden, die darüber entscheiden, welches Verhalten als sozial kompetent gilt.

19.3 | Bedeutung sozialer Kompetenzen im Berufsleben

In den letzten 10 bis 15 Jahren hat das Thema soziale Kompetenz in den Personalabteilungen von Unternehmen und Behörden zunehmend Aufmerksamkeit gefunden. Man wird heute kaum eine Stellenausschreibung für eine verantwortungsvolle Position finden, in der nicht auch explizit auf soziale Kompetenzen Bezug genommen wird. Insbesondere bei der Besetzung von Führungspositionen spielt in vielen Organisationen Fachkompetenz und Erfahrung bei weitem nicht mehr die allein ausschlaggebende Rolle. Warum ist dies so? Lutz von Rosenstiel (1999) führt mehrere Gründe an, die letztlich auf Veränderungen in gesellschaftlichen Gegebenheiten fußen.

1. Zunehmende Emanzipierung breiter Bevölkerungsschichten: Bürger/-innen treten heute gegenüber Autoritäten sehr viel selbstsicherer und fordernder auf, als dies vor 30 oder 40 Jahren der Fall war. In der Konsequenz muss man sich heute Kunden und Mitarbeitern gegenüber auch rücksichtsvoller verhalten, denn letztlich kann eine Organisation ihre Ziele nicht gegen, sondern nur gemeinsam mit Kunden und Mitarbeitern erreichen. In diesem Zusammenhang kommt der Zufriedenheit von Kunden und Mitarbeitern eine wichtige Funktion zu. In der folgenden Abbildung finden sich zur Illustration die Ergebnisse aus drei empirischen Studien (Kanning/Bergmann 2006).

Bedeutung sozialer Kompetenzen für die Zufriedenheit von Kunden und Mitarbeitern

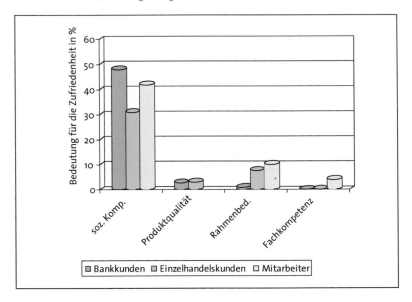

Beispiel

In zwei Studien wurden die Kund/innen einer Bank bzw. einer Schuhgeschäftskette zu ihrer allgemeinen Zufriedenheit befragt. Zusätzlich sollten sie die sozialen Kompetenzen der Servicemitarbeiter/innen, die Qualität der angebotenen Produkte, die Rahmenbedingungen (Gestaltung der Filiale, Arbeitsgeschwindigkeit etc.) sowie die fachlichen Kompetenzen der Servicemitarbeiter/innen einschätzen. In der dritten Studie wurden die Mitarbeiter/innen einer Bank analog befragt. Diesmal ging es um die Zufriedenheit mit den Serviceleistungen der eigenen Personalabeilung. Anschließend wurde berechnet, welche Bedeutung diese Faktoren für die Zufriedenheit hatten. Es zeigt sich durchgängig ein sehr ähnliches Ergebnis. Den sozialen Kompetenzen kommt jeweils mit Abstand die größte Bedeutung zu. Im Vergleich hierzu nehmen die wahrgenommenen Fachkompetenzen kaum Einfluss auf die Zufriedenheit.

2. Wissenszuwachs in der Gesellschaft (vgl. Rosenstiel 1999): Konnte man vor 50 Jahren nach Abschluss einer Berufsausbildung oder eines Studiums noch davon ausgehen, dass das erworbene Wissen für einige Jahrzehnte Gültigkeit besitzt, hat sich dies inzwischen stark gewandelt.

Innerhalb weniger Jahre wird heute in der Forschung so viel neues Wissen generiert, dass bestehende Ausbildungen häufig nur noch die Basis für den leichteren Erwerb der neuen Erkenntnisse darstellen. Hinzu kommt, dass insbesondere im technischen Bereich Produkte zunehmend komplexer werden.

> Die Automobilindustrie ist ein besonders eindrucksvolles Beispiel. Heute weisen schon Kleinfahrzeuge technische Raffinessen auf, die vor 20 Jahren nur im Premium-Sektor zu finden waren. Mittelklasse-Limousinen ähneln eher einem fahrenden Computer als einer motorisierten Kutsche.

In der Konsequenz bedeutet dies, dass ein einzelner Mensch immer weniger in der Lage ist, das gesamte Wissen, das für eine erfolgreiche Erfüllung seiner beruflichen Aufgaben relevant ist, allein auf sich zu vereinen. Die Folge ist eine steigende **Spezialisierung im Berufsleben**. In der Wirtschaft besitzen Führungskräfte schon heute oftmals weitaus weniger Fachkompetenz als ihre hoch spezialisierten Mitarbeiter/-innen. Wenn die Mitarbeiter/innen aber besser Bescheid wissen als die Führungskraft, muss sich auch der Führungsstil verändern. An die Stelle von klaren Anweisungen tritt der Dialog, und dieser wiederum erfordert von den Vorgesetzten weitaus mehr soziale Kompetenzen.

3. Teamarbeit: Eng verbunden mit der ansteigenden Komplexität des Arbeitslebens ist die zunehmende Ausbreitung der Teamarbeit. Wenn die einzelnen Mitarbeiter/innen nur noch über jeweils spezifisches Fachwissen zur Lösung einer komplexen Arbeitsaufgabe verfügen, müssen sie in multiprofessionellen Teams zusammenarbeiten. Hierdurch steigen die Anforderungen an die sozialen Kompetenzen der Mitarbeiter/-innen, denn überall dort, wo Menschen zusammenarbeiten, entstehen Interaktionen und Konflikte, die erfolgreich gemeistert werden müssen. Die Situation erhält zusätzlich Brisanz, da Karrieren nicht zuletzt auch über die Leistung des Individuums im Vergleich zu den Kolleg/-innen gefördert werden. Hier stecken die Mitarbeiter/innen in einem Dilemma: Einerseits müssen sie besser sein als die anderen, damit sie in der Hierarchie aufsteigen können, andererseits eng mit ihren potentiellen Konkurrent/innen kooperieren, damit das Team als ganzes Erfolg hat. Ein Schlüssel zum Erfolg liegt darin, dass man durch seinen eigenen Beitrag dem Team maßgeblich zum Erfolg verhilft und gerade hierdurch zu einem besonders wichtigen Mitglied der Organisation wird. All dies erfordert andere soziale Kompetenzen als eine (klassische) Arbeitsordnung, bei der »Einzelkämpfer« gegeneinander antreten.

4. Networking: Jenseits der tatsächlichen Leistungen, die ein Mensch für seine Organisation erbringt, werden Karrieren in starkem Maße auch durch Networking beflügelt. Dies gilt wahrscheinlich umso mehr, je weiter man in der Hierarchie aufsteigt, da hier bei Stellenbesetzungen

oft nach sehr subjektiven Kriterien entschieden wird. Stattdessen gewinnen die Fürsprache durch einflussreiche Autoritäten sowie das »positive Auffallen« eine größere Bedeutung. Eine Untersuchung von Luthans, Hodgetts und Aronson Rosenkrantz (1988) zeigt, dass Manager/innen, die schnell Karriere machen, fast 50 % ihrer Arbeitszeit auf die Netzwerkbildung verwenden. Erfolgreiche Manager/innen, also solche Führungskräfte, die wirtschaftlich erfolgreich sind, dabei aber nicht schnell in der Hierarchie aufgestiegen sind, investieren demgegenüber nur 11 % ihrer Arbeitszeit in Netzwerke. Die Bedeutung entsprechender Strategien für die Förderung von Karrieren ist inzwischen gut belegt (zum Überblick vgl. Blickle/Solga 2006). Wenn wir danach fragen, was eine Person dazu befähigt, die eigene Karriere entsprechend zu fördern, so trifft man wiederum auf soziale Kompetenzen, was nicht verwundert, denn letztlich geht es ja darum, Beziehungen zu anderen Menschen vorteilhaft zu gestalten, also eigene Interessen so zu verwirklichen, dass dabei die Ansprüche anderer nicht auf der Strecke bleiben.

Zusammenhang zwischen sozialen Kompetenzen und political skills

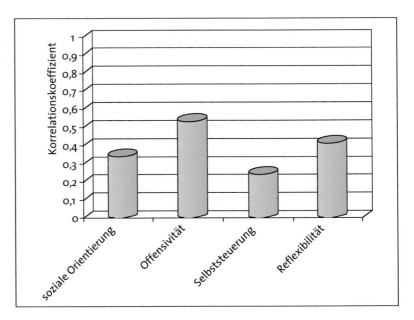

In dieser Abbildung finden sich Ergebnisse aus einer empirischen Studie, bei der die Fähigkeit zur karriereförderlichen Einflussnahme (»political skills«) zu den oben genannten vier Sekundärfaktoren der sozialen Kompetenz in Beziehung gesetzt wurde (Kanning, in Vorbereitung). Die Zahlenwerte drücken aus, wie stark die sozialen Kompetenzen (soziale Orientierung etc.) mit den political skills zusammenhängen. Wenn der Korrelationskoeffizient bei Null liegt, bedeutet dies, die beiden angeführten Variablen in keiner Weise voneinander abhängig sind. Je weiter sich der Wert der maximalen Ausprägung von 1,0 annähert, desto größer ist der Zusammenhang. Es zeigen sich durchweg positive Zusammenhänge, wobei Offensivität und Reflexibilität die höchsten Korrelationen erzielen.

19.4 | Entwicklung und Förderung sozialer Kompetenzen

Wenn den sozialen Kompetenzen nun aber eine solch große Bedeutung für den beruflichen Erfolg und die Karriere zukommt, so stellt sich die Frage, wie man entsprechende Kompetenzen entwickeln und fördern kann.

Methoden der Personalentwicklung: In der Personalarbeit großer Unternehmen ist dies ein zentraler Aufgabenbereich der Personalentwicklung. Dazu werden unterschiedliche Methoden eingesetzt (vgl. Kanning 2007).

- In **Verhaltenstrainings** wird mit Hilfe der Rollenspieltechnik konkretes Verhalten in schwierigen Situationen eingeübt. Dabei lernt man beispielsweise, wie man sich in Konfliktsituationen einem emotional aufgebrachten Kunden gegenüber so verhält, dass man überzogene Forderungen des Kunden zurückweist, ihn gleichzeitig aber so zufriedenstellt, dass er dem Unternehmen weiterhin treu bleibt.

   Methoden der Personalentwicklung

- **Beratungsorientierte Ansätze**, wie das **Coaching**, begleiten die Mitarbeiter/innen über einen längeren Zeitraum. In regelmäßigen (Einzel-) Gesprächen werden beispielsweise konkrete Führungsprobleme von Nachwuchsführungskräften diskutiert und mögliche Verhaltensänderungen durchgesprochen. Bis zum nächsten Treffen kann die beratene Person dann versuchen, dies in die Praxis umzusetzen, ehe im Gespräch die Erfahrungen erneut analysiert und gegebenenfalls zu weiteren Verhaltensänderungen herangezogen werden.

- **Outdoor-Trainings** erfreuen sich seit einigen Jahren zunehmender Beliebtheit. Dabei wird eine Gruppe von Mitarbeiter/innen in der freien Natur mit ungewöhnlichen Aufgaben konfrontiert, die nur durch gemeinsame Anstrengungen erfolgreich bewältigt werden können. Beispielsweise muss man aus Baumstämmen gemeinsam eine Brücke über einen kleinen Fluss bauen, während man bald darauf nur mit einem Kompass ausgestattet ein Ziel in einem unbekannten Gelände erreichen muss. Der Nutzen derartiger Aktionen ist bislang allerdings empirisch nicht überzeugend belegt worden.

- **Computergestützte Lernprogramme** vermitteln beispielsweise grundlegendes Wissen über Probleme interkultureller Kommunikation, um Mitarbeiter/innen für zukünftige Einsatzfelder in fernen Kulturen zu sensibilisieren.

Tipp

> → Den größten Erfolg wird man im Rahmen der Personalent-
> wicklung wahrscheinlich durch die **Kombination verschiedener
> Verfahren** erreichen. So können beispielsweise computergestützte
> Lernprogramme für Interaktionsprobleme sensibilisieren und Ver-
> haltensstrategien benennen, die anschließend in einem klassischen
> Verhaltenstraining durch Rollenspiele eingeübt werden. Für die
> dauerhafte Sicherung des Transfers der neu erworbenen Kompe-
> tenzen in den Arbeitsalltag sorgt dann ein begleitendes Coaching.

19.5 | Aneignung von sozialen Kompetenzen im Studium

Will man bereits im Studium an seinen sozialen Kompetenzen arbeiten,
ist zwar das Angebot offizieller Fördermaßnahmen (der Hochschule)
in aller Regel sehr viel spärlicher, dennoch sind auch hier die grundlegenden methodischen Zugänge die gleichen wie für die professionelle
Personalentwicklung.

1. Theoretische Annäherung: Zunächst besteht die Möglichkeit, sich
theoretisch mit den Problemen und Anforderungen bestimmter Inter-
aktionstypen auseinanderzusetzen. Für das bevorstehende Berufsleben
wären dies insbesondere Themen wie Teamarbeit, Führung, soziale
Konflikte, Umgang mit Kunden, Selbstmanagement oder Networking.
Zu all diesen Themen gibt es wissenschaftliche Fachliteratur. Auf diesem Wege kann ein theoretisches Wissen aufgebaut werden, das in den
allermeisten Fällen allerdings nicht dazu ausreichen dürfte, das eigene
Verhalten entsprechend zu optimieren.

2. Bewusste Reflexion des eigenen Sozialverhaltens: An manchen Hochschulen besteht die Möglichkeit, im Rahmen einer Vorbereitung auf
spätere Bewerbungsverfahren **Assessment Center** zu durchlaufen. Zum
Teil existieren solche Angebote auch von privaten Anbietern, was jedoch
sehr kostspielig sein kann. Im Rahmen der Assessment Center müssen die Teilnehmer/innen meist über einen ganzen Tag hinweg unterschiedliche Übungen erledigen, die eine Simulation wichtiger Aufgaben
des späteren Arbeitsalltags darstellen. Nach kurzer Vorbereitungszeit
muss man beispielsweise einen möglichst professionellen Vortrag vor
einer Zuhörergruppe halten, im Rollenspiel zeigen, wie man mit einem
Mitarbeiter einen Konflikt austrägt, in einer Gruppendiskussion seine
eigene Position gegenüber anders denkenden Kollegen vertreten oder in
einem Interview darlegen, wie man sich in schwierigen Berufssituatio-
nen verhalten würde.

Bei all diesen Übungen wird man von mehreren geschulten Personen
beobachtet und bewertet. Anschließend erhält man ein differenziertes
Feedback über sein eigenes Verhalten. Wichtig ist nun, dass man sich

auch ernsthaft mit dem Feedback auseinandersetzt. Dies gilt insbesondere dann, wenn die Sichtweise der Beobachter/innen von der eigenen Einschätzung abweicht. Für die Interaktion mit anderen Menschen ist das Fremdbild – also die Sichtweise von außen – viel entscheidender als das Selbstbild, denn auch später im Berufsleben werden die Menschen immer nur auf der Basis des Fremdbildes auf das Verhalten eines anderen Menschen reagieren. Überspitzt ausgedrückt bedeutet dies: Letztlich ist es irrelevant, ob man sich selbst für sozial kompetent hält. Entscheidend für die Interaktion mit anderen Menschen ist, wie man von diesen wahrgenommen wird. Eine andere Quelle des Feedbacks können Rückmeldungen zu Referaten darstellen, die man im Studium hält.

> → Auch Referate sind im Grunde genommen Simulationen für Arbeitsaufgaben, die – je nach Tätigkeit – später im Berufsleben vorkommen. Dabei ist die Art der Präsentation für die Wirkung eines Vortrags keineswegs weniger wichtig als der Inhalt. Daher darf man sich wünschen, dass Dozent/innen ihren Studierenden auch in diesem Bereich differenzierte Rückmeldung geben.

Tipp

3. Praktische Übung: Neben grundlegendem Wissen und Selbstreflexion kommt dem praktischen Einüben eine zentrale Funktion zu. Sozialverhalten lernt man letztlich dadurch, dass man sich mit anderen Menschen auseinandersetzt bzw. handelt, sein Handeln reflektiert und gegebenenfalls korrigiert. Genau dies ist in der Personalentwicklung die Aufgabe klassischer Verhaltenstrainings, die an Hochschulen allerdings nur selten angeboten werden. Mögliche Ansprechpartner wären hier die zentrale Studienberatung oder der Career Service einer Hochschule.

Darüber hinaus kann man in **Eigeninitiative** Erfahrungen sammeln, auch wenn die Förderung sozialer Kompetenzen dabei in gewisser Weise unsystematisch erfolgt. Hier bieten sich viele Möglichkeiten an.

- **Arbeit in Gruppen:** So kann man sich beispielsweise in studentischen Initiativen engagieren, aktives Mitglied der Fachschaft werden oder an der Ausgestaltung der Einführungswoche für die Erstsemester beteiligen. Auch die Tätigkeit als studentische Hilfskraft kann hilfreich sein. Mit Führungsaufgaben wird man vertrauter, wenn man in der Freizeit Jugendgruppen leitet oder im Studium in den genannten Gruppen besonders verantwortungsvolle Aufgaben übernimmt. Letzteres kann auch in Projektseminaren geschehen.

Möglichkeiten der Eigeninitiative

- Die **Möglichkeit zu Praktika** sollte man über das in der Studienordnung vorgeschriebene Maß hinaus wahrnehmen. Hier erhält man Einblick in die alltäglichen Abläufe eines Arbeitsplatzes und Verhaltensnormen im Umgang mit Vorgesetzten, Kolleg/innen und Kund/innen. Gleiches gilt natürlich auch für die Berufstätigkeit neben dem Studium oder für viele ehrenamtliche Tätigkeiten. Durch entsprechendes Engagement fördert man nicht nur seine Möglichkeiten, die eigenen sozialen Kompetenzen zu trainieren und im günstigsten Falle weiterzuentwickeln, man erhöht auch seine **Chancen auf dem Arbeitsmarkt**, denn in den meisten Berufen reicht ein gutes Examen schon lange nicht mehr aus, um einen attraktiven Arbeitsplatz zu bekommen.

Grundlegende Literatur

Kanning, Uwe Peter (2005): Soziale Kompetenzen. Entstehung, Diagnose, Förderung. Göttingen: Hogrefe.

Weiterführende und zitierte Literatur

Blickle, Gerhard/Solga, Marc (2006): »Einfluss, Konflikte, Mikropolitik«. In: Heinz Schuler (Hg.): Lehrbuch der Personalpsychologie. Göttingen: Hogrefe, 611–650.

Döpfner, Manfred/Schlüter, Sabine/Rey, Eibe-Rudolf (1981): »Evaluation eines sozialen Kompetenztrainings für selbstunsichere Kinder im Alter von neun bis zwölf Jahren. Ein Therapievergleich«. In: Zeitschrift für Kinder- und Jugendpsychiatrie 9, 233–252.

Faix, Werner/Laier, Angelika (1991): Soziale Kompetenz. Das Potential zum unternehmerischen und persönlichen Erfolg. Wiesbaden: Gabler.

Kanning, Uwe Peter (2002): »Soziale Kompetenz. Definition, Strukturen und Prozesse«. In: Zeitschrift für Psychologie 210, 154–163.

— (2005): Soziale Kompetenzen. Entstehung, Diagnose, Förderung. Göttingen: Hogrefe.

— (Hg.) (2007): Förderung sozialer Kompetenzen in der Personalentwicklung. Göttingen: Hogrefe.

— (im Druck): Fragebogen zur Messung allgemeiner sozialer Kompetenzen. Göttingen: Hogrefe.

—/Bergmann, Nina (2006): »Bedeutung sozialer Kompetenzen für die Kundenzufriedenheit. Zwei Studien«. In: Zeitschrift für Arbeits- und Organisationspsychologie 50, 148–154.

Luthans, Fred/Hodgetts, Richard/Rosenkrantz, Stacey Aronson (1988): Real managers. Cambridge, MA: Ballinger.

Rosenstiel, Lutz von (1999): »Entwicklung von Werthaltungen und interpersonaler Kompetenz. Beiträge der Sozialpsychologie«. In: Karlheinz Sonntag (Hg.): Personalentwicklung in Organisationen. Psychologische Grundlagen, Methoden und Strategien. Göttingen: Hogrefe, 99–122.

Uwe Peter Kanning

20. Organisatorische Kompetenzen und Eventmanagement

20.1   Erwerb und Erprobung organisatorischer
       Kompetenzen im universitären Umfeld
20.2   Planungskompetenzen
20.3   Durchführungskompetenzen
20.4   Anforderungs- und Kenntnisprofil der Veranstaltungsorganisation
20.5   Von der Veranstaltung zum Event als erlebnisorientierte Veranstaltung
20.6   Eventmanagement und Wissenschaftsmarketing

Organisatorische Kompetenzen sind eine Kernkompetenz von Geistes- und Kulturwissenschaftler/innen und auf dem Arbeitsmarkt von großem Nutzen (vgl. Rupprecht 2008). Ziel des vorliegenden Beitrags ist es, Studierenden und Nachwuchswissenschaftler/innen aus geistes- und kulturwissenschaftlichen Fächern ihre Kenntnisse und Fähigkeiten im organisatorischen Bereich bewusst zu machen und zugleich Orientierung und Hilfestellung beim Erwerb von organisatorischen Kompetenzen zu bieten.

20.1 | Erwerb und Erprobung organisatorischer Kompetenzen im universitären Umfeld

Das universitäre Umfeld bietet eine Vielzahl an Möglichkeiten, organisatorische Kompetenzen zu erwerben und/oder zu erproben. Während die Organisation universitärer Veranstaltungen – z. B. von Seminaren, Workshops, Vorträgen, Tagungen und Konferenzen, Weihnachts- oder Semesterabschlussfeiern, Exkursionen, Institutsjubiläen oder Festakten (etwa zu Geburtstagen von Lehrstuhlinhabern) – in der Regel wissenschaftlichen Mitarbeitern obliegt, d.h. Doktoranden und/oder Postdocs, bieten verschiedene an der Universität angesiedelte Organisationen und Vereine, aber auch die Fachbereiche und sogar manche Seminare, ein weites Betätigungsfeld für Studierende, die selbständig Veranstaltungen organisieren wollen.

Fachschaften sind als Interessensvertretung von Studierenden eines bestimmten Faches weit verbreitet. Die Fachschaft organisiert z.B. Partys und andere Feiern, Büchertische und Flohmärkte oder auch Filmreihen sowie Lesungen. Mitunter werden auch studienbegleitende

Veranstaltungen mit fachlichen Inhalten von der Fachschaft für die Studierenden organisiert.

Politische Aktivitäten: Darüber hinaus können sich Studierende in einem breiten **Spektrum politischer Gruppierungen (oder Listen)** engagieren und sich für das Studierendenparlament zur Wahl stellen. Die Aktivitäten von Vertretern des **Allgemeinen Studierenden Ausschusses (AStA)** sind äußerst vielfältig und bieten die Möglichkeit, Veranstaltungen und Events zu organisieren. In den letzten Jahren haben die ASten vor allem durch öffentlichkeitswirksame und hochschulpolitisch einflussreiche Veranstaltungen wie z.B. die **Streiks** für bessere Studienbedingungen auf sich aufmerksam gemacht: Die abwechslungsreichen Streikprogramme haben über mehrere Monate hinweg eine Vielzahl von Studierenden zum Besuch von Demonstrationen, Zeltlagern, Konzerten und anderen Veranstaltungen mobilisiert.

Soziales Engagement: Darüber hinaus gibt es an den meisten Universitäten studentische Gruppierungen von Organisationen wie Attac, Amnesty International u.Ä. Für den gleichzeitigen Erwerb organisatorischer und interkultureller Kompetenzen steht AIESEC, eine internationale Studentenorganisation (www.aiesec.de), die Studierenden, die mit AIESEC im Ausland ein Praktikum absolvieren, bei der Integration im neuen Umfeld Hilfe und Unterstützung anbietet und deren Programm von regelmäßigen Stammtischen, Partys und Diskussionsveranstaltungen bis zu Filmreihen und Lesungen reicht.

Religiöse, sportliche und kulturelle Gruppen: Abseits der politischen Bühne besteht die Möglichkeit, Mitglied einer evangelischen, katholischen, muslimischen oder anderen religiösen Studierendengemeinde zu werden und deren vielfältiges Programm mitzugestalten. **Sportgruppen** veranstalten regelmäßig Turniere; (zum Teil fremdsprachige) **Theatergruppen** erarbeiten pro Jahr oder mitunter sogar pro Semester eine Aufführung. Oft wurden »schwierige« Theatertexte erstmals auf der Theaterbühne einer Universität vor- oder uraufgeführt. An manchen Hochschulen haben sich sogar **Film-, Literatur- und Theaterfestivals** oder Slam Poetry-Wettbewerbe etabliert, die vollständig von Studierenden in Eigenregie organisiert werden.

Ein Engagement im politischen, sozialen, religiösen, sportlichen oder kulturellen Bereich bedeutet aber nicht allein organisatorische Erfahrung, sondern kann auch bei der Bewerbung auf ein Stipendium für Studium und/oder Promotion bei einem Begabtenförderungswerk von Vorteil sein. Unabhängig davon, in welcher Organisation, Gruppierung oder Gemeinde bzw. im welchen Verein das Engagement erfolgt, ist das Organisieren eine komplexe Tätigkeit, die verschiedene Kompetenzen und Kenntnisse erfordert.

Merkmale des Organisationsmanagements

Die Tätigkeit des Organisierens kann in zwei (zeitlich aufeinanderfolgende) Phasen bzw. Bereiche differenziert werden: **Planung und Durchführung**. Eine gelungene Organisation zeichnet sich demnach durch die sorgfältige und systematische Vorbereitung und den reibungslosen und planmäßigen Ablauf einer Unternehmung oder Veranstaltung aus. Nachfolgend werden die Besonderheiten beider Phasen bzw. Tätigkeitsbereiche nacheinander vorgestellt.

20.2 | Planungskompetenzen

Typen von Veranstaltungen: Wie bei den verschiedenen Textsorten, die in Wissenschaft und Literatur identifiziert werden können (s. Kap. 7), sind auch bei Veranstaltungen verschiedene Typen zu differenzieren, die sich im Hinblick auf Teilnehmerzahl, Ziel und Dauer unterscheiden. Folgerichtig besteht der erste Schritt einer erfolgreichen Veranstaltungsplanung darin, sich Klarheit über die Art der geplanten Veranstaltung zu verschaffen, um so den richtigen Titel auswählen und kommunizieren zu können. Bei der Wahl des Veranstaltungstypus kann die folgende Übersicht behilflich sein. Sie bezieht sich vor allem auf den (außer-)universitären Bereich und kann daher, etwa durch Veranstaltungstypen aus dem sportlichen und kulturellen Bereich, jederzeit nach Belieben ergänzt werden.

Titel	Teilneh-merzahl	Ziel	Dauer	Merkmale
Business Lunch/ Arbeitsessen	2–8	Informations-austausch, Kontaktpflege, Vertragsver-handlungen	2–5 Stunden	lediglich Orts- und Termin-absprache nötlg
Besprechung/ Meeting	2–15	Entscheidungen treffen, Informa-tionsaustausch	bis zu mehrere Stunden	geringer Organisa-tionsaufwand da meist kurzfristig einberufen
Mitarbeiter-ausflug/ Exkursion	bis zu mehreren Hundert	Teambildung, Identifikation mit dem Unter-nehmen fördern	0,5–1 Tag	langfristige Vorbereitung für oft heterogene Gruppe
Kongress	mehr als 100, bis 1.000	Informations- und Kontakt-börse	2–3 Tage	Fachvorträge und Work-shops, Ple-numsvorträge; arbeitsintensive Vorbereitung

Veranstaltungstypen (nach Schmitt 2005, 35f.)

Jubiläum	bis zu 300	PR-Event, Stärkung des Wir-Gefühls, Verbesserung des eigenen Images, Dank an Ehemalige	bis zu 1 Tag	langfristige Planung, da ggf. erschwerte Kontaktauf-nahme (z. B. zu Ehemaligen)
Messe-auftritt	bis zu meh-reren Tausend	PR-Event, Produkt-präsentation, Kontakt- und Kundenpflege, Branchen-information	1–7 Tage	langfristige Planung – ggf. komplett delegierbar
Podiums-diskussion	5–10	Informations- und Diskussions-veranstaltung	1–3 Stun-den	je nach Pro-minenz der ausgewählten Teilnehmer langfristige Vorbereitung
Runder Tisch / Round Table	4–20	Erfahrungsaus-tausch, Kontakt-pflege, ggf. Entscheidungs-findung	bis zu 1 Tag	ausgewählte Teilnehmer, meist Ent-scheidungs-träger
Strategie-konferenz	bis 25	interne Planun-gen und Ent-scheidungen	2–3 Tage	Zukunfts-visionen durch kreative Formate entwickeln
Tagung / Konferenz	25–100	Fachlicher Austausch bzw. Diskussion, Kontakte knüpfen	1–3 Tage	langfristige Vor-bereitung und Ankündigung; ggf. mit Rah-menprogramm
Workshop / Training	5–15	anwendungs- und ergebnis-orientierte Gruppenarbeit	einige Std. oder 1–3 Tage	Aktivität der Teilnehmer (Erfahrungs-lernen)

Für die Planung einer Veranstaltung ist die **Unterteilung der Planungs-phase** in Etappen und die Definition von Etappenzielen, sogenannten »Meilensteinen«, zentral. Am Beispiel (wissenschaftlicher) Tagungen können folgende Meilensteine definiert werden (vgl. Echterhoff/Heinen/Neumann 2007, 202 ff.):

1. **Zielformulierung und -kommunikation:** Als erster Schritt beim Versuch, den Typus einer geplanten Veranstaltung zu bestimmen, sollten deren Ziele präzisiert werden. Die Zielorientierung einer Tagung im universitären Bereich ist häufig in erster Linie fachlicher Natur und dient der Wissensvermittlung, der Arbeit an einem Forschungsdesiderat, der Vorstellung aktueller Forschungsergebnisse oder der Verständigung über methodische Fragen. Sie kann jedoch auch wissenschaftstheoretische oder hochschulpolitische Ziele verfolgen und etwa die Ausrichtung eines Faches im Spannungsfeld von Lehrerausbildung und Forschung diskutieren. Als dritte Möglichkeit schließlich können mit einer Tagung auch eher pragmatische Ziele verfolgt werden wie beispielsweise die Aufnahme oder Pflege von Kontakten und der Auf-oder Ausbau eines Netzwerks (z. B. auf (inter-)nationaler Ebene oder speziell für den wissenschaftlichen Nachwuchs).

2. **Themenfindung bzw. -präzisierung:** In einem zweiten Schritt gilt es, ein Thema für die Tagung zu finden oder – falls das schon geschehen ist – dieses gegebenenfalls zu präzisieren. Bei der Themenfindung kann man sich an der eigenen Forschung bzw. dem eigenen Forschungsinteresse orientieren. Nach Abschluss der Themenwahl ist eine Ausschreibung, ein sogenannter **Call for Papers**, zu formulieren. Das Thema der Tagung sollte im Hinblick auf die von Bewerber/innen einzureichenden Abstracts zum einen hinreichend flexibel und zum anderen auf Experten als mögliche Wunschkandidaten für Vorträge ausreichend zugeschnitten sein.

3. **Bestimmung des Rahmens:** Entscheidend für die Ausrichtung einer Tagung ist der Rahmen. Leitfragen zur Bestimmung des Rahmens sind etwa die nach dem Stellenwert der Tagung im jeweiligen universitären Kontext, nach ihrer nationalen bzw. internationalen Ausstrahlung, nach der Konferenzsprache sowie ob eine Publikation der Beiträge geplant ist. Darüber hinaus ist für die Bestimmung des Rahmens von Bedeutung, ob die Tagung auch ein nicht-akademisches Publikum oder Kolleginnen und Kollegen aus anderen Disziplinen ansprechen soll. Die Klärung dieser Fragen, die Festlegung der Parameter Ort und Zeit (Dauer und Termin) und auch die Größe des Rahmenprogramms hängen aber letztlich von der Finanzierung ab, so dass die Bestimmung des Rahmens und die Klärung der Finanzierung häufig zusammen erfolgen.

4. **Budgetierung, Finanzierung und Kostenkalkulation:** Wenn man als Organisator/in in einen wissenschaftlichen Kontext eingebunden ist, der für die Kosten der Tagung aufkommt (z. B. Institut, Forschungseinrichtung, Graduiertenkolleg oder -zentrum), genügt in der Regel ein formloser Antrag bei der entsprechenden Stelle. Universitätseigene Fördertöpfe (Frauenförderung, Forschungsförderung, Projekt-

gelder) oder universitätsnahe Fördervereine (Freunde der Hochschule oder Alumni) bieten Universitätsangehörigen weitere Finanzierungsmöglichkeiten. Auch Stiftungen wie die VolkswagenStiftung fördern Tagungen, mitunter jedoch nur dann, wenn diese thematisch zum eigenen Profil passen (so z. B. die Stiftung für Romantikforschung). Nicht zuletzt fördert auch die Deutsche Forschungsgemeinschaft (DFG) Tagungen mit einem internationalen, thematisch begrenzten, wissenschaftlich aktuellen und diskussionsorientierten Fokus. Grundsätzlich sollten Drittmittelanträge möglichst frühzeitig, d.h. etwa ein Jahr im Voraus, gestellt werden. Es empfiehlt sich eine Kostenaufstellung mit einzelnen Posten für Honorare, Reisekosten, Catering, Raummiete u. a., die danach unterschieden werden können, ob sie übernommen werden oder nicht. Diese Kalkulation kann zugleich eine hilfreiche Grundlage für die Abrechnung im Anschluss an die Veranstaltung sein.

5. **Terminierung und Raumorganisation:** Bei der Festlegung von Zeit, Dauer und Ort bzw. Raum einer Veranstaltung sollten (Semester-)Ferien, Feiertage und konkurrierende Termine vermieden werden. Bei der Orts- bzw. Raumwahl können Raumgröße, Verkehrsanbindung, Mietpreis, technische Ausstattung (z. B. Overhead-Projektor, Beamer, Leinwand, Tonanlage, Moderationskoffer, Kamera), aber auch Möglichkeiten der Tischanordnung, Stil (der Dekoration) und Service, Atmosphäre und Ambiente ausschlaggebend sein.

Eine äußerst hilfreiche Checkliste für die Organisation wissenschaftlicher Tagungen bietet der Artikel »Wissenschaftliche ›Zusatzqualifikationen‹: Aufsatzpublikation, Vortrag, Tagungsorganisation« im *Handbuch Promotion* (vgl. Echterhoff/Heinen/Neumann 2007, 201 ff.). Hier werden auch alle weiteren wichtigen Meilensteine der Tagungsorganisation aufgeführt und erläutert:

Checkliste

> **Meilensteine der Tagungsorganisation**
> → Ausschreibung (Call for Papers)
> → Auswahl der Beiträge
> → Zusammenstellung des (Rahmen-)Programms
> → Anfrage von Moderator/innen
> → Organisation von Unterkünften
> → Presse- und Öffentlichkeitsarbeit
> → Catering
> → Werbung
> → Technik
> → kontinuierliche Kontrolle/Anpassung/Nachsteuerung von Kosten und Budget
> → Betreuung der Teilnehmer
> → gegebenenfalls Einsatz von (externem) Personal

Nachbereitung: Auch die Nachbereitung will vorbereitet sein und ist daher ebenfalls ein Meilenstein der Planungsphase. Da es unüblich ist, bei Tagungen einen Fragebogen zu verteilen, können Sie ein Gästebuch auslegen oder in der Abschlussdiskussion Zeit für Feedback reservieren. Um den Kontakt zu Teilnehmern nach der Tagung zu halten, empfiehlt es sich, während der Tagung ein Gruppenfoto zu machen, das im Anschluss mit einer Dankes-E-Mail verschickt werden kann. Das Einverständnis der Teilnehmer/innen vorausgesetzt, kann im Anschluss an die Veranstaltung auch eine Adressliste an alle Teilnehmenden verschickt werden, damit diese sich gegebenenfalls untereinander kontaktieren können.

Für die **interne Evaluation** sollten Sie nach der Veranstaltung eine Teamsitzung anberaumen, um positive und negative Erfahrungen auszutauschen und so die Abläufe für ein eventuelles nächstes Mal optimieren zu können. Auch die retrospektive Anfertigung einer ›Soll/Haben-Aufstellung‹ kann hilfreich sein. Mit deren Hilfe können Sie beispielsweise am Verhältnis angestrebter und tatsächlicher Gästezahl prüfen, ob Ihre Veranstaltung die anvisierte Zielgruppe erreicht hat.

→ Wenn keine Übernachtung geplant ist, sollte die Veranstaltung um 16 Uhr enden, um den Teilnehmer/innen die Rückreise zu ermöglichen bzw. zu erleichtern.

→ Sorgen Sie für ausreichend informiertes **Empfangspersonal**. Bieten Sie zur Begrüßung Getränke an (Kaffee, Tee, Wasser, Saft). Halten Sie Namensschilder für die Teilnehmer/innen bereit. Falls nicht am Tagungsort selbst vorhanden, richten Sie ein *back office* ein mit Kopiermöglichkeit, PC mit Internetzugang und E-Mail, Drucker, Telefon, Fax, Büromaterial (z. B. Folien), Informationen zu Bus-, Flug- und Bahnreiseplänen sowie Hoteladressen.

→ Planen Sie einen **Technik-Check** vor Ort ein und sorgen Sie gegebenenfalls für entsprechend geschulte Ansprechpartner. Es ist für alle Beteiligten (Veranstalter, Referenten, Teilnehmer) unangenehm, wenn im entscheidenden Moment die Technik ›streikt‹.

→ Weisen Sie schon während der Veranstaltung (oder im Vorfeld) auf die **Abrechnungsmodalitäten** hin, und versorgen Sie die Teilnehmer bereits mit den entsprechenden Formularen.

→ Das Aufhängen einer **Gästeliste** kann Ihren Gästen die Kontaktaufnahme erleichtern.

→ Beginnen Sie pünktlich, und bestrafen Sie nicht die pünktlichen Gäste mit Wartezeiten.

→ Verteilen Sie die Aufmerksamkeit beim Abendessen: Setzen Sie an jeden Tisch einen der Organisator/innen (oder ermöglichen Sie Platzwechsel im Verlauf des Abends).

→ Empfangen Sie Journalisten und Fotografen immer persönlich.

Kleiner Tagungsknigge

> → Versorgen Sie auch diejenigen, die nicht teilnehmen konnten, mit Informationsmaterial.
> → Wenngleich das Ziel einer perfekten Organisation gerade darin besteht, an alles gedacht und für alle eventuellen (organisatorischen) Probleme und (technischen) Schwierigkeiten einen ›Plan B‹ ausgearbeitet zu haben, gehört zu einer gelungenen Veranstaltung auch Glück und Gelassenheit, denn auch der/die perfekteste Organisator/in kann letztlich nicht alles unter seiner/ihrer Kontrolle haben.

20.3 | Durchführungskompetenzen

Vor allem die beiden letzten der oben angeführten Meilensteine der Veranstaltungsorganisation, die Teilnehmerbetreuung und die Nachbereitung, leiten zur Veranstaltungsdurchführung über, die den zweiten zentralen Bereich organisatorischer Kompetenzen bildet. Erfolgreich war die Durchführung einer Veranstaltung, wenn Zeit und Kosten eingespart wurden. Der Schlüssel hierfür liegt in einer effizienten Arbeitsorganisation. Mit den eigenen (Zeit-)Ressourcen und denen anderer – seien es die eigenen Teamkollegen bzw. Mitarbeiter oder externe Dienstleister – ist daher so sparsam wie möglich umzugehen. Man sollte sich deshalb stets fragen, ob ein Treffen anzuberaumen ist oder ob eine Information oder Entscheidungsabfrage z. B. per E-Mail ausreicht.

Die Checkliste als Organisationshilfe: Eine zentrale Organisationshilfe ist die Checkliste. Zwar muss beim Erstellen einer Checkliste einmalig Zeit investiert werden. Langfristig profitiert man jedoch von der Zeitersparnis, die Checklisten dadurch mit sich bringen, dass sie das Gedächtnis entlasten und helfen, die Arbeit zu strukturieren.

Besonders lohnenswert ist das Erstellen von Checklisten bei:

Nützlichkeit
von Checklisten

- regelmäßig wiederkehrenden Aufgaben,
- komplexen Aufgaben mit hohem Risiko,
- delegierbaren Aufgaben (vor allem in Kombination mit hoher Mitarbeiterfluktuation) und
- seltenen Aufgaben (Checklisten beschleunigen das ›Zurechtfinden‹ bzw. ›Eindenken‹).

Neben Gedächtnisentlastung und Strukturierungshilfe bringen Checklisten zudem mehr Transparenz in Arbeitabläufe und machen diese für Vertretungen oder andere Mitglieder des Organisationsteams nachvollziehbar. Checklisten können daher auch zur Schaffung einer einheitlichen, verpflichtenden Arbeitsweise in Teams eingesetzt werden. Weitere Vorteile von Checklisten liegen darin, dass sie Erfolgserlebnisse schaffen können – die Genugtuung, die sich einstellt, wenn man einen Punkt von der Liste streichen oder ›abhaken‹ kann, ist sicher jedem/r bekannt. Gegenüber Dritten fungieren Checklisten zugleich als schriftliche Dokumentation der eigenen Arbeit. Die Übersichtlichkeit, die Checklisten in Arbeitsabläufe bringen, trägt zudem zur Erhöhung von Schnelligkeit und Effizienz bei.

Was ist beim Erstellen einer Checkliste zu beachten? → Wählen Sie beim Benennen der einzelnen Schritte (und auch beim Ablegen der Dateien auf Festplatte oder Server) möglichst aussagekräftige Namen. → Verwenden Sie kurze, präzise, stichwortartige Formulierungen. → Versuchen Sie, möglichst alle Teilschritte und Etappenziele bzw. Meilensteine zu notieren und überprüfen Sie deren Zuordnung und Abfolge. → Aktualisieren Sie Ihre Checkliste(n) kontinuierlich. → Vervollständigen und perfektionieren Sie die Checkliste für das nächste Mal, während Sie an einer bestimmten Aufgabe arbeiten. → Bemühen Sie sich um eine möglichst übersichtliche Struktur. → Lassen Sie ausreichend Platz für Anmerkungen. → Fügen Sie vor jedem Einzelpunkt ein Kästchen zum Ankreuzen/ Abhaken ein.	Checkliste

→ Zahlreiche Checklisten und andere Mustervorlagen, Formulare, Schritt-für-Schritt-Anleitungen und nützliche Internetlinks für ein breites Spektrum von Veranstaltungen im außeruniversitären Bereich finden sich in Schmitt (2005) sowie bei Holzbaur et al. (2002).	Tipp

Delegierbare Arbeitspakete: Nicht zuletzt ermöglichen und erleichtern Checklisten das Delegieren von Aufgaben. Die Identifikation delegierbarer ›Arbeitspakete‹ und die Fähigkeit, diese delegieren zu können, sind zentrale Bestandteile einer effizienten Arbeitsorganisation. Erste Anhaltspunkte, welche Arbeitspakete tendenziell delegierbar sind, bietet die nachfolgende Liste:

- Einladungen
- Bewirtung/Catering
- Rahmenprogramm
- Dekoration/Ausstattung des Veranstaltungsortes
- Gäste/VIP-Betreuung
- Sicherheit
- Hotelreservierungen (externe Anbieter offerieren mitunter einen kostenlosen Service, z. B. www.hrs.de oder www.hotel.de)
- Pressearbeit
- Informations- und/oder Werbematerial
- Einsatz des externen Personals

Tipp Sie können Checklisten jederzeit in To-Do-Listen verwandeln, indem Sie etwa folgende Spalten ergänzen:
- verantwortliche/r Bearbeiter/in
- Kontrolltermin
- Status
- zu erledigen bis
- erledigt am
- Bemerkungen

Softwareprogramme: Für die Bewältigung komplexer Aufgaben oder bei der Koordination von Organisationsteams bieten zudem auf dem Markt erhältliche Softwareprogramme technische Unterstützung. Sehr verbreitet, wenn es um die Bearbeitung von Datensätzen in Listenform geht, ist Microsoft Excel. Microsoft Outlook hingegen erleichtert die Aufgaben- und Adressverwaltung. Außerdem gibt es speziell für das Management von Projekten entwickelte Programme wie Microsoft Project bzw. iCal für Apple-User. Diese Programme koppeln Aufgaben und Projekte an eine Kalenderfunktion und erlauben, mehrere Ebenen anzulegen, Projekte in Meilensteile zu untergliedern oder sich Termine und Aufgaben wieder vorzulegen. Aufgaben können von mehreren Teamkollegen gleichzeitig bearbeitet werden, die mit verschiedenen Zugriffsrechten ausgestattet und nur zu bestimmten Unterprojekten ›eingeladen‹ werden können. Auch die Arbeitsorganisation und -kommunikation im Team wird erleichtert: Einzelne Mitglieder eines Arbeitsnetzwerks können sich gegenseitig Aufgaben zuweisen.

Tipp → Oft haben Hochschulen Lizenzen für eine bestimmte Gruppensoftware erworben und bieten Schulungen für Mitarbeiter an. Hat man (z. B. als Studierende/r) nicht die Möglichkeit, daran zu partizipieren, kann man auf verschiedene kostenlose Angebote im Internet zurückgreifen, die gleichfalls das Teilen bzw. Zusammenführen verschiedener Terminkalender ermöglichen oder automatische Erinnerungen per SMS oder E-Mail versenden.

Für die erfolgreiche Durchführung einer Veranstaltung kann es hilfreich sein, sich typische **Risiken, Probleme und Fehlerquellen** zu vergegenwärtigen. So sind mögliche Gründe für den Optimierungsbedarf einer Veranstaltung, dass deren Ziel nicht klar genug definiert war oder die Form dem Veranstaltungsziel nicht entsprach. Auch Zeitmangel und eine geringe Teilnehmerzahl können den Erfolg einer Veranstaltung vermindern. Letztere ist unter Umständen auch auf Fehler der Organisation zurückzuführen, etwa wenn eine Veranstaltung nicht rechtzeitig angekündigt wurde oder Einladungen zu spät verschickt wurden.

20.4 | Anforderungs- und Kenntnisprofil der Veranstaltungsorganisation

Hard skills: Wie bereits deutlich geworden sein sollte, weist die Veranstaltungsorganisation ein äußerst breites Anforderungs- und Kenntnisprofil auf, da in der Person des Organisators die verschiedenen Teilbereiche eines Projekts zusammenlaufen. So ist **betriebswirtschaftliches Basiswissen** für Finanzierung, Budgetierung, Buchhaltung und Controlling unverzichtbar. Im Umgang mit Anbietern benötigen Veranstaltungsmanager/innen zudem sehr gute **Rhetorik- und Verhandlungskenntnisse**, wenn es darum geht, in Verhandlungen einleuchtende Argumente vorzubringen, Reizthemen diplomatisch anzusprechen, Minimal- und Maximalziele auszuhandeln, das Vertrauen zwischen den Verhandlungspartnern zu fördern oder für beide Vertragspartner eine Win-Win-Situation herzustellen.

Darüber hinaus gehört das **Informationsmanagement**, d.h. die professionelle Ablage und Auswertung sowie der Schutz von Daten, in den Bereich der Veranstaltungsorganisation. Da eine (retrospektive) Auswertung des Erfolgs von Veranstaltungen wichtig ist, um Organisationsprozesse zu optimieren, zählen auch Grundkenntnisse in der Evaluation zu den Kompetenzen der Organisatoren. Darüber hinaus sind **technisches und infrastrukturelles Know-how** über Licht- und Tontechnik, Raumakquisition, E-Technologien und Informatik von Vorteil. Nicht zu vergessen sind auch **juristische Kenntnisse** in Vertrags- und Handelsrecht. Diese sind etwa dann hilfreich, wenn für ein Gebäude bzw. eine Veranstaltungsart behördliche Genehmigungen einzuholen sind.

Soft skills: Neben diesen Hard Skills gehören zu den organisatorischen Kompetenzen auch eine ganze Reihe Soft Skills. Organisatoren müssen selbstverständlich über ein gutes **Projekt- und Zeitmanagement** (s. Kap. 2 und 3) sowie über ein sensibles Urteilsvermögen gepaart mit einer gewissen Entscheidungsfähigkeit bzw. -freudigkeit verfügen. Auch **Präsentationstechniken** (s. Kap. 11 und 12) zahlen sich aus, wenn im Vorfeld potenzielle Kunden von der Veranstaltungsidee überzeugt werden müssen (im Bereich des Eventmanagements bedeutet dies, dass die Präsentation oftmals einem Event ähnlich, d.h. erlebnisorientiert, ist). Darüber hinaus ist ein Gespür für die **Dramaturgie von Veranstaltungen** wichtig (vgl. Schäfer-Mehdi 2005). Im Umgang mit Kunden und Partnern sowie mit den verschiedenen Dienstleistern vom Hausmeister bis zum Catering-Service ist **Kommunikationsstärke** von zentraler Bedeutung, denn es gilt, auf allen Hierarchieebenen den »richtigen Ton« zu treffen. Da vor allem große Veranstaltungen nur im Team organisiert werden können, ist es außerdem unverzichtbar, die eigenen Mitarbeiter/innen und Teamkolleg/innen (gerade in Stress- und Krisenzeiten) loben, begeistern und motivieren zu können. Findet die Organisation der Veranstaltung in einer Gruppe statt, sind zudem kommunikative Kompetenzen und teamgerechtes Verhalten gefordert (s. Kap. 19). Um

Teamprojekte zum Erfolg führen zu können, sind ein guter Führungsstil und eine hohe Akzeptanz der Teamleitung auf allen Ebenen des Unternehmens bzw. des beruflichen Umfelds Voraussetzung. Zu den Stärken des Organisators im sozialen Kompetenzbereich zählen des Weiteren:

- Belastbarkeit (Souveränität und Gelassenheit in Stresssituationen)
- Durchsetzungsfähigkeit
- Durchhaltevermögen
- Flexibilität (ein guter Umgang mit spontanen Änderungen bzw. Pannen)
- Führungskompetenz
- Fähigkeit zu delegieren, d.h. mit den Aufgaben auch Verantwortung abzugeben
- integratives Rollenverständnis (sich selbst als Teil einer Mannschaft sehen)
- interkulturelle Kompetenz
- Konfliktmanagement
- Kreativität
- Kritikfähigkeit
- Fähigkeiten im Umgang mit Moderationstechniken
- Offenheit für neue Ideen
- Small Talk-Fähigkeit (im Idealfall über Standardthemen wie Wetter, Anreise oder Sehenswürdigkeiten der Stadt hinaus)
- Sicherung des Informationsflusses
- Verantwortungsbewusstsein
- Zuverlässigkeit

**Beruf
›Organisator/in‹**

In Deutschland ist der Bildungsgang → ›Organisator/in‹ eine schulische Fortbildung nach dem Berufsbildungsgesetz. Die Lehrgänge zur Vorbereitung auf die Prüfung dauern in Vollzeit 12 und in Teilzeit 12 bis 24 Monate (vgl. die Berufbeschreibung der Bundesagentur für Arbeit unter http://infobub.arbeitsagentur.de/berufe/start?dest=profession&prof-id=7552). Weiterführende Informationen bietet die Webseite der Gesellschaft für Organisation e.V. (www.gfuero.org).
Für die Schweiz informieren die Webseite der schweizerischen Berufsberatung über Weiterbildungsangebote (www.berufsberatung.ch/dyn/13630.asp) sowie die Schweizerische Gesellschaft für Organisation und Management (www.sgo.ch).

20.5 | Von der Veranstaltung zum Event als erlebnisorientierte Veranstaltung

In der heutigen ›**Erlebnisgesellschaft**‹ (vgl. Schulze 2005) sind Events allgegenwärtig. Ihre Bandbreite reicht vom Messeauftritt zur Außendienstkonferenz, den Tag der offenen Tür oder den Mitarbeiterausflug bis zum Dienstjubiläum. Bei all diesen ›Ereignissen‹ handelt es sich um Veranstaltungen, die von A bis Z geplant und organisiert sein müssen und deren Durchführung kompetent betreut und begleitet werden muss. Erlebnischarakter und Erlebnisorientierung machen aus diesen Veranstaltungen Events.

> → **Events** sind nach dem Alltagsverständnis geplante und organisierte Veranstaltungen mit Erlebnischarakter. Neben den erlebnisorientierten Veranstaltungen aus den Bereichen Kultur und Sport (z. B. Open-Air-Konzerte oder Handballturniere) gibt es auch die als Kommunikationsinstrumente im Rahmen einer Marketingstrategie eingesetzten ›Marketingevents‹ (vgl. *Eventlexikon*). Letztere vermitteln einer bestimmten Gruppe (Kunden, Händler, Meinungsführer, Mitarbeiter) firmen- oder produktbezogene Kommunikationsinhalte auf erlebnisorientierte Weise. Inszenierte Ereignisse dieser Art dienen somit der Umsetzung der Marketingziele eines Unternehmens (vgl. Zanger in Nickel 2007, 3 f.; vgl. weiterführend Haase/Mäcken 2005, Hosang 2007 und Nufer 2006).

Definition

Das **Eventmarketing als Kommunikationsstrategie** kam in den 1990er Jahren auf. Hintergrund dieser Entwicklung ist die Fragmentierung der Märkte durch den Zerfall umfangreicher Zielgruppen in individualisierte ›Szenen‹. Als eine Aktionsform, die die Zielgruppe direkt erreicht und mit ihr aktiv und emotional interagiert, ergänzen Events häufig ein Marketing-Mix aus klassischen Werbeformen in Zeitung, Radio, Fernsehen und/oder Internet.

Das **Eventmanagement** bietet eine berufliche Spezialisierung für Marketingfachleute sowie Berufsperspektiven für Quereinsteiger (vgl. Kreutzer 2008). Die Bezeichnung ›Eventmanager‹ ist jedoch bislang keine geschützte Berufsbezeichnung. Während viele Firmen aus Kostengründen die Organisation von Events intern *(in house)* durchführen und dies vor allem Sekretären und Assistentinnen Aufstiegsmöglichkeiten bietet, wird aufgrund der wachsenden Bedeutung von Events als Marketingstrategie häufig auch entschieden, die Organisation von Events an externe Anbieter abzugeben.

Tipp

→ Da es sich bei Events tendenziell um kreative, unkonventionelle Veranstaltungen handelt, die Teilnehmenden (neuartige) Erlebnisse ermöglichen sollen, bietet es sich an, verstärkt mit **Kreativitätstechniken** (s. Kap. 15) in die Planung eines Events einzusteigen: Weit verbreitet ist das sogenannte ›**Brainstorming**‹, die spontane und zeitlich begrenzte Ideensammlung und -findung in der Gruppe, bei der Diskussion und Kritik unerwünscht sind. Im Anschluss an ein Brainstorming kann die Visualisierungs- und Strukturierungsstrategie des ›**Mindmapping**‹ von großer Hilfe sein. Die Definition von Schlüsselwörtern und deren Verbindung durch Äste und Zweige gliedert und dokumentiert Gedanken eines Brainstormings und ermöglicht so gerade bei komplexen Vorgängen eine strukturierte und übersichtliche Darstellung. Im Anschluss an ein solches kreatives Output kann auf die Erstellung von Checklisten zurückgegriffen werden, wie sie oben vorgestellt wurden.

20.6 | Eventmanagement und Wissenschaftsmarketing

Auch im wissenschaftlichen Bereich gewinnen Eventmanagement und Wissenschaftsmarketing als Strategie der Öffentlichkeitsarbeit zunehmend an Bedeutung. Bundesweite Ausschreibungen zur »Stadt der Wissenschaft«, jährlich wechselnde disziplinäre Projekte wie zuletzt 2007 das »Jahr der Geisteswissenschaften« sowie erfolgreiche Konzepte an der Schnittstelle zwischen Wissenschaft und (Erlebnis-)Museum wie das Universum Science Center Bremen oder das Mathematikum in Gießen belegen diese Entwicklung. Neue Firmen, wie z. B. die 2006 gegründete Heidelberger Agentur »Athena Wissenschaftsmarketing« (www.athena-marketing.de), spezialisieren sich auf das Marketing von Wissenschaft und wissenschaftlichen Einrichtungen.

Literatur   Echterhoff, Gerald/Heinen, Sandra/Neumann, Birgit (2007): »Wissenschaftliche
  ›Zusatzqualifikationen‹. Aufsatzpublikation, Vortrag, Tagungsorganisation«.
  In: Nünning, Ansgar/Sommer Roy (Hg.): Handbuch Promotion. Forschung –
  Finanzierung – Förderung. Stuttgart/Weimar: Metzler, 196–204.
Eventlexikon. Das Online-Lexikon der Professur für Marketing und Handelsbetriebslehre Technische Universität Chemnitz (http://www.eventlexikon.eu).
Haase, Frank/Walter Mäcken (Hg.) (²2005): Handbuch Event-Management [2004].
  München: Kopaed.
Holzbaur, Ulrich et al.(2002): Eventmanagement. Veranstaltungen professionell zum
  Erfolg führen. Berlin: Springer
Hosang, Michael (³2007): Event & Marketing 3. Konzepte – Beispiele – Trends [2002].
  Frankfurt a.M.: Deutscher Fachverlag.

Kreutzer, Heike (2008): »Schlüsselkompetenzen contra Fachwissen«. In: Arbeitsmarkt. Bildung – Kultur – Sozialwesen. Hrsg. v. Wissenschaftsladen Bonn e.V. 13.6 (2008), IV–VIII.

Nickel, Oliver (Hg.) (²2007): Eventmarketing. Grundlagen und Erfolgsbeispiele [1998]. München: Franz Vahlen.

Nufer, Gerd (²2006): Event-Marketing. Theoretische Fundierung und empirische Analyse unter besonderer Berücksichtigung von Imagewirkungen [2002]. Wiesbaden: Deutscher Universitäts-Verlag.

Rupprecht, Annette (2008): »Geisteswissenschaftler und Praxisbezug«. In: arbeitsmarkt. Bildung – Kultur – Sozialwesen. Hrsg. v. Wissenschaftsladen Bonn e.V. 13.7 (2008), IV–V.

Schäfer-Mehdi, Stefan (²2005): Event-Marketing. Kommunikationsstrategie, Konzeption und Umsetzung, Dramaturgie und Inszenierung [2004]. Berlin: Cornelsen.

Schmitt, Irmtraud (2005): Praxishandbuch Event Management. Das A–Z der perfekten Veranstaltungsorganisation. Wiesbaden: Gabler.

Schulze, Gerhard (⁹2005): Die Erlebnisgesellschaft. Kultursoziologie der Gegenwart [1992]. Frankfurt a.M.: Campus.

Janine Hauthal

21. Bewerbungstraining

21.1   Die Vorbereitungsphase
21.2   Stellensuche
21.3   Schriftliche Bewerbung
21.4   Vorstellungsgespräch
21.5   Bewerbung im Ausland

Studierende der geistes- und kulturwissenschaftlichen Fächer bewerben sich heute neben den Bereichen Lehramt, Journalismus oder Verlagswesen immer selbstbewusster auf eine breit gefächerte Palette von Stellen in der freien Wirtschaft. Da Unternehmen aber Schlüsselkompetenzen und Qualifikationen verlangen, die traditionell nicht Teil des geistes- oder kulturwissenschaftlichen Studiums sind, erfordert der Bewerbungsprozess eine strukturierte **Vorbereitungsphase** zur Ausweitung von Zusatzkompetenzen, die die Bewerbungschancen erhöhen und bei **Stellensuche, schriftlicher Bewerbung, Vorstellungsgespräch** wie bei **Bewerbung im Ausland** hilfreich sind. Gleichzeitig müssen Geistes- und Kulturwissenschaftler/innen sich ihrer durch ihr Studium gewonnenen Stärken und Kompetenzen bewusst werden und diese in der Bewerbung überzeugend hervorheben, damit sie bei Rekruter/innen punkten können.

21.1 | Die Vorbereitungsphase

Eine strukturierte, möglichst früh begonnene und sorgfältig durchgeführte Vorbereitungsphase ist die beste Voraussetzung für eine erfolgreiche Bewerbung. Zur Vorbereitungsphase gehören folgende Aufgaben:

Berufsfelder recherchieren: Mit ersten ›Orientierungsrecherchen‹ verschaffen Sie sich einen Überblick über für Sie relevante Unternehmen, Institutionen und Einstiegsmöglichkeiten. Jobportale im Internet bieten Job- und Berufsbeschreibungen sowie Links zu Unternehmen, auf deren Webseiten Sie sich die unterschiedlichen Arbeitsfelder näher anschauen können. Viele der guten Jobportale bieten neben Suchmöglichkeiten auch eingehende Informationen rund um die Bewerbung – zum Teil auch spezifisch für Studierende und Hochschulsolventen der Geistes- und Kulturwissenschaften und für die Jobsuche im In- und Ausland. Hier einige der größten bzw. bekanntesten:

- www.jobscout24.de
- www.monster.de
- www.stellenanzeigen.de
- www.stellenmarkt.de
- www.stepstone.de

- www.praktikant24.de
- www.jobware.de
- www.crosswater-systems.com
- www.karriere.de
- www.c2n.de

Nutzen Sie auch die Informations- und Beratungsmöglichkeiten der Arbeitsagenturen, der Industrie- und Handelskammern (IHK) und Berufsverbände für Ihre Recherchen (s. Kap. 22).

Tipp

> → Dokumentieren Sie interessante Webseiten. Mit der »Book-marks«- oder »Favoriten«-Funktion Ihres Internet-Browsers können Sie Links leicht speichern und organisieren, und somit die spätere Jobsuche gezielter durchführen.

Berufswünsche definieren: Hier geht es nicht nur um die Frage: »Was kann ich mit meinem Studium anfangen?«, sondern auch »Was möchte ich beruflich machen?«. In den Überlegungen zum Wunschberuf sollten Sie neben dem Berufsfeld auch weitere Kriterien wie das bevorzugte **Arbeitsumfeld** (Region, Großstadt oder Land, Großunternehmen oder klein- oder mittelständisches Unternehmen, lokales oder internationales Umfeld) und die gewünschten **Arbeitsbedingungen** (Vergütung, Arbeitsstunden, Teamarbeit oder selbstständige Arbeit, Aufstiegsmöglichkeiten usw.) berücksichtigen. Kompromisse werden Sie beim Berufseinstieg unausweichlich schließen müssen. In der Vorbereitungsphase der Bewerbung geht es aber erst einmal darum, sich bewusst zu werden, was beruflich interessant und was einem wichtig ist.

Tipp

> → Erstellen Sie eine nach persönlicher Priorität geordnete Rangliste Ihrer Berufswünsche.

Schlüsselkompetenzen für Berufsfelder identifizieren: Welche Kompetenzen sind Voraussetzung für die von Ihnen ausgesuchten Berufsfelder? Dabei muss man zwischen »Hard Skills«, wie faktischem Wissen, EDV-Kenntnissen, Fremdsprachen, Lern- und Arbeitstechniken oder Präsentationskompetenzen und »Soft Skills«, wie sozialen Kompetenzen, kognitiven Kompetenzen und Persönlichkeitskompetenzen, unterscheiden.

Tipp

> → Einige Großunternehmen haben das angelsächsische Management Trainee-Modell übernommen, in dem Hochschulabsolventen ein von dem Unternehmen erstelltes Einstiegsprogramm durchlaufen und sich spezifisches kaufmännisches Wissen und Kompetenzen aneignen, die für eine Tätigkeit im Management des Unternehmens wichtig sind. Hier haben Geistes- und Kulturwissenschaftler/innen gute Bewerbungschancen, denn die Kompetenzen sind in diesem Fall nicht Voraussetzung für die Bewerbung, sondern werden im Trainee-Programm vermittelt.

Die eigenen Stärken und Kompetenzen identifizieren: Mit Hilfe einer Bestandsaufnahme der eigenen Fähigkeiten ist es leichter festzustellen, in welche Berufsfelder man passen könnte und welche Kompetenzen man sich noch aneignen muss (im Bewerbungsjargon wird das »finding the fit« oder »matching« genannt). Neben den spezifischen Kompetenzen der individuellen Studienfächer werden Geistes- und Kulturwissenschaftler/innen im Allgemeinen eine Reihe von Eigenschaften zugeschrieben, die im beruflichen Umfeld generell erwünscht sind. Dazu zählen z. B. Kommunikations- und Darstellungsfähigkeit, analytisches Denkvermögen, Stilsicherheit in Rede und Präsentation, Eigeninitiative, Flexibilität, kritische Reflexion und Offenheit gegenüber neuen Ideen. Solche Kompetenzen muss man allerdings in der Bewerbung belegen können. Hilfreich ist hier folgende Übung:

Übung

Auflisten von Kompetenzen
- Listen Sie alle Ihrer Tätigkeiten, (studentische) Funktionen, Ehrenämter, Positionen in Vereinen und Leistungen sportlicher oder sozialer Art auf.
- Schreiben Sie neben jedem Posten alle Kompetenzen auf, die Sie dabei erlernt, gebraucht oder entwickelt haben.
- Unterstreichen Sie die Kompetenzen, die Sie meinen, gut zu beherrschen oder die Sie besonders gerne weiterentwickeln möchten.
- Heben Sie die Liste für die Verfassung der schriftlichen Bewerbung auf.

Zusatzkompetenzen durch Nebenstudium: Die »Career Services« der Hochschulen bieten neben berufsbezogenen Vortragsreihen, Seminaren, Firmenpräsentationen und individuellen Beratungen oft Nebenstudienmöglichkeiten an, in denen man sich zum Beispiel EDV- und BWL-Kenntnisse aneignen kann. Zusätzlich gibt es subventionierte und kostengünstige Programme der Arbeitsagentur, die über Bildungsträger wie die IHK angeboten werden.

→ Sie beziehen bereits ein steuerpflichtiges Einkommen? Bei Weiterbildung jeglicher Art – von dem eintägigen Kurs bei einem kommerziellen Anbeiter bis zum MBA Studium – sollten Sie sich beim Finanzamt informieren, in welcher Höhe die Kosten der Weiterbildung bzw. des Studiums absetzbar sind.

Tipp

Zusatzkompetenzen durch Praktika im In- und Ausland: Vor und während des Studiums ist es absolut unerlässlich, mindestens ein Praktikum zu absolvieren, um Zusatzkompetenzen zu entwickeln, wichtige berufliche Kontakte zu knüpfen und berufliches Selbstbewusstsein zu gewinnen. Sehr empfehlungswert sind Auslandspraktika, denn diese dokumentieren neben dem Erwerb von Sprachkenntnissen, interkulturellen Kompetenzen, kaufmännischem Wissen und Erfahrung mit anderen Arbeitsprozessen aus der Perspektive eines späteren Arbeitgebers auch Neugierde, Flexibilität, Initiative, Organisationsgeschick und die Fähigkeit, sich auf Unbekanntes einzulassen. In vielen ausländischen Firmen – vor allem in den englischsprachigen Ländern – wird kaufmännisches Wissen eher berufsbegleitend erlernt und nicht bereits als Studienqualifikation vorausgesetzt. Dies bietet gute Chancen für Geistes- und Kulturwissenschaftler/innen (siehe Abschnitt 5: Bewerbung im Ausland).

Neben Praktika kommen auch andere Arbeitsformen in Frage, wie eine Werkstudententätigkeit, Zeitarbeit und freie Mitarbeit in der Wirtschaft oder als Werkstudent oder studentische Hilfskraft an der Hochschule. Auch ein ehrenamtliches Engagement – zum Beispiel im Rahmen einer studentischen Unternehmensberatung – wird gerne gesehen. In jedem Fall kommt es auf die Qualität der Arbeit an, die vor allem dokumentieren soll, dass man eine Brücke zwischen der Theorie des Studiums und der Realität der Arbeitswelt aufgebaut hat, dass man motiviert ist, die Arbeitswelt kennenzulernen, dass man sich weiterentwickeln will und dass man sich unterschiedlichen Arbeitssituationen anpassen kann.

→ Bitten Sie Ihren Arbeitgeber bereits kurz vor dem Abschluss einer Arbeitstätigkeit um ein Arbeitszeugnis. Erstellen sie dazu als Hilfe selbst eine Liste aller Ihrer Aufgaben und lassen Sie nichts aus, denn jetzt als unwichtig eingeschätzte Aufgaben könnten später eine wichtige Rolle spielen. Vorsicht: Es sollte nichts negativ Interpretierbares erscheinen (Weiteres hierzu finden Sie auf der Webseite www.zeugnisdeutsch.de).

Tipp

Networking: Bauen Sie Ihr persönliches Netzwerk auf. Networking beginnt bei Freunden, Studienkollegen und Familienmitgliedern und erweitert sich über Freunde der Familie und Professoren, zu früheren Arbeitskontakten usw. Über die Industrie- und Handelskammer, sowie die Berufsverbände finden Sie Menschen, die Ihnen bei der Arbeitssuche behilflich sind. Recruiting-Messen, Berufsinformations-Messen und Recruitment-Workshops bieten exzellente Gelegenheiten, direkt mit Unternehmen in Kontakt zu kommen und Ansprechpartner zu finden.

Tipp

> → **Links zu Recruitment-Messen**
> www.sueddeutsche.de/app/jobkarriere/jobmesse/
> www.berufszentrum.de/messen.html

Auch Networking über Internet-Communities und Foren bieten Möglichkeiten zum Kennenlernen und Austausch (s. Kap. 19: Soziale Kompetenzen):

Networking
Communities
im Internet

- www.xing.com
- www.studententum.de
- www.unicum.de
- www.uni.zeit.de
- www.community.e-fellows.net

Tipp

> → Networking dient neben Kontaktmöglichkeiten auch zur kritischen Reflexion der eigenen Berufswünsche. Durch Erfahrungsaustausch kommen positive und negative Aspekte eines Berufs ans Licht, die man vorher nicht berücksichtigt hatte.

21.2 | Stellensuche

Die Stellensuche findet in der Regel auf zwei Ebenen statt: auf dem offenen und auf dem verdeckten Arbeitsmarkt.

Definition

> Wir verwenden die Begriffe → Stelle und → Job im Sinne des englischen Begriffes »job«, also für eine strukturierte, qualifizierte und entsprechend bezahlte Tätigkeit – zeitlich unbefristet oder befristet.

Auf dem offenen Arbeitsmarkt läuft die Stellensuche über Stellenanzeigen, die man in Zeitungen, Fachzeitschriften, bei Arbeitsagenturen und in Jobportalen sowie auf Firmenseiten im Internet findet. Hier kann man auf die Orientierungsrecherchen der Vorbereitungsphase zurückgreifen, die die Stellensuche nun um einiges erleichtert.

Tipp

→ Die Webseite der Bundesagentur für Arbeit (www.arbeitsagentur.de) führt mit Abstand die größte Jobbörse Deutschlands und ist mit vielen der kommerziellen Jobportalen (s. S. 291) vernetzt. Auf der ersten Seite der Webseite finden Sie neben dem Link zur Jobbörse auch Links zum BERUFENET und KURSNET, die A-Z Listen und Beschreibungen von Berufsfeldern bzw. Weiterbildungsmöglichkeiten beinhalten (direkt zugänglich über www.berufenet.arbeitsagentur.de/berufe/index.jsp und http://infobub.arbeitsagentur.de/kurs/index.jsp).

Jobportale sind besonders praktisch wegen der leichten Bearbeitung der Informationen durch Eingabefelder und verlinkte Suchmöglichkeiten. Außerdem kann man das persönliche Profil in den Datenbanken der Jobportale und Unternehmen speichern, und wird so leichter gefunden.

Tipp

Bevor Sie Ihr Profil oder Lebenslauf in einem Jobportal ablegen, kontrollieren Sie die Nutzerbedingungen:
- Ist der Zugang durch einen Code begrenzt oder sind Ihre persönlichen Details für jeden zugänglich und weiterverwendbar (zum Beispiel für Marketingzwecke)?
- Können Sie Ihr Profil nach Bedarf ändern oder löschen?
- Wird Ihr Profil nach einem bestimmten Zeitraum automatisch gelöscht?
- Ist die Ablage des Profils kostenpflichtig?

Im verdeckten Arbeitsmarkt kommt Ihnen Ihr Networking der Vorbereitungsphase zugute, denn viele Jobs – von Praktika bis zu den Top-Manager-Positionen – werden erst gar nicht ausgeschrieben. Wenn Sie Ihr Netzwerk pflegen, werden Sie mehr Chancen haben, Zugang zu solchen Stellen zu bekommen.

Tipp

→ Wir empfehlen, einen »Bewerbungsmanager« oder »Log« (eine Art Bewerbungstagebuch) zu führen mit folgenden Details: Stellen, auf die man sich bewirbt, wichtige Bewerbungstermine und Leute, mit denen man im Bewerbungsprozess gesprochen hat (und wann).

21.2.1 | Jobanzeigen- und Unternehmensanalyse

Hat man eine interessante Stellenanzeige gefunden, sollte man mit Hilfe der Stellenanzeige und der Webseite der anbietenden Firma eine Jobanalyse und Unternehmensanalyse durchführen, um folgende Punkte ausfindig zu machen:

Checkliste

Jobanalyse	Unternehmens-/ Organisationsanalyse
■ Stellentitel und Art der Arbeit ■ Wann und wo bzw. von wem haben Sie von der Stelle erfahren? ■ Welche Schlüsselqualifikationen, Abschlüsse und Kompetenzen sollte der Bewerber besitzen? ■ Welche Angaben zum Arbeitsumfeld werden erwähnt (Ort, Büro)? ■ Welche Angaben zu den Arbeitsbedingungen werden erwähnt (Vergütungen, Sozialleistungen, Arbeitsstunden, Urlaubstage)? ■ Wann sollte die Beschäftigung anfangen? ■ Ist die Stelle zeitlich begrenzt?	■ Firmenname und -anschrift ■ Produkt(e) oder Dienstleistung(en) ■ Marktanteil und Konkurrenten ■ Börsennotierung ■ Organisations- und Personalstruktur (wo passt die Stelle in das Unternehmen?) ■ Interessante Fakten und Zahlen (Wachstum, Erweiterungen und Änderungen in den letzten Jahren) ■ Presseberichte, Unternehmens- oder Organisationsphilosophie ■ Welchen Gesamteindruck macht das Unternehmen bzw. die Organisation auf Sie?

Falls die Ergebnisse der Analyse Ihren Stellenwünschen und Ihrem Profil entsprechen und Sie sich auf die Stelle bewerben wollen, bilden diese Angaben die Basis der weiteren Schritte im Bewerbungsprozess.

Tipp

→ Fehlende oder unklare Informationen zur Stelle oder zum Unternehmen sollten Sie unbedingt mit der Personalabteilung des Unternehmens abklären, bevor Sie sich schriftlich bewerben.

21.3 | Schriftliche Bewerbung

Die schriftliche Bewerbung – sowohl für ein Praktikum als auch für eine Vollzeitstelle – muss in Form und Inhalt fehlerfrei sein und gleichzeitig eine individuelle Note haben, die sie von anderen Bewerbungen abhebt.

21.3.1 | Bewerbungsmappe

Zu den »üblichen Unterlagen« gehören neben Anschreiben und Lebenslauf Zeugnisse, Zertifikate und Referenzen, die Sie seit dem Abitur erhalten haben. Gängig, aber kein Muss, ist ein Deckblatt mit den persönlichen Daten und einem Foto.

Personalentscheider widmen einer Bewerbung beim ersten Durchlesen im Schnitt nur 30 bis 60 Sekunden. Es empfiehlt sich deshalb, die Bewerbungsmappe schlicht und leicht leserlich zu gestalten und sich auf den Inhalt zu konzentrieren.

Gestaltung der Bewerbungsmappe   Tipp

- Lebenslauf in der Regel auf zwei A4-Seiten, Anschreiben auf eine Seite.
- Schwarze oder dunkelblaue Schrift auf weißem oder cremefarbigem Papier liest sich am leichtesten.
- Eine einheitliche und hochwertige Papiersorte für alle Dokumente verwenden.
- Ein bis zwei gängige Schrifttypen wie Arial, Verdana oder Times Roman, die leicht zu lesen sind und im Fall einer E-Mail-Bewerbung auch auf dem Empfänger-PC sein werden.
- Eine Schriftgröße für den Haupttext (10–12 pt), maximal zwei für Überschriften.
- Genügend Zwischenraum zwischen den Abschnitten.
- Zu viel fetten, kursiven und unterstrichenen Text vermeiden.
- Grafiken und zusätzliche Farben weglassen oder auf ein Minimum reduzieren.
- Auf die Qualität des Fotos achten, das entweder in den Lebenslauf oder in etwas größerem Format (ca. 5 cm x 7 cm) auf dem Deckblatt eingefügt wird.

21.3.2 | Inhalt der Bewerbung

Das Entscheidende der Bewerbung ist immer, dass sie das Interesse an Ihrer Person weckt und dem potenziellen Arbeitgeber klar macht, welchen (betriebswirtschaftlichen) Nutzen Sie dem Unternehmen bringen. Geistes- und Kulturwissenschaftler/innen, die sich auf Stellen bewerben, die normalerweise von einem Betriebswirt besetzt werden, müssen deshalb ihre Motivation in besonders überzeugender und selbstbewusster Sprache darstellen und ihre besonderen Kompetenzen, die sie in der Vorbereitungsphase identifizierten, deutlich hervorheben und belegen. Dabei sollen Schlüsselwörter und Begriffe aus der Anzeige oder von der Firmenwebseite auf jeden Fall aufgegriffen und verwendet werden. Wenn Sie sich zum Beispiel auf eine Marketingstelle bewerben, müssen das Wort »Marketing« und relevante verwandte Ausdrücke in ihrer Bewerbung erscheinen, damit der »Fit« zwischen Ihrem Profil und der Stelle deutlich wird. Schlüsselworte sind vor allem dann entscheidend, wenn das Unternehmen eingehende Bewerbungen computergestützt auswertet.

Tipp

> → Bei Verfassung der Bewerbung ist es hilfreich, sich an der englischen AIDA-Formel zu orientieren:
>
> A: Attention = Die Gestaltung der Bewerbung zieht die Aufmerksamkeit auf sich.
>
> I: Interest = Der Inhalt der Bewerbung weckt das Interesse des Unternehmens.
>
> D: Desire = Die Bewerbung drückt deutlich Ihre Bewerbungsmotivation aus.
>
> A: Action = Die Bewerbung bewirkt eine Einladung zum Vorstellungsgespräch.

Der Lebenslauf wird normalerweise als Erstes angeschaut. Er beinhaltet alle wesentlichen Fakten zur Person und den Bezug zwischen Ihnen und der Stelle bzw. dem Unternehmen in knapper chronologischer Abfolge. Es ist das Ziel des Anschreibens, Ihre stellenrelevanten Merkmale besonders positiv hervorzuheben und detailliert darzustellen und Ihre Motivation für die Bewerbung zu verdeutlichen. Obwohl es kein konventionelles Muss ist, benutzen manche Bewerber eine zusätzliche Seite, um ihre Motivation für die Bewerbung gesondert darzustellen.

Tipp

> → Der Lebenslauf sollte genau wie das Anschreiben für jede Stelle spezifisch angepasst werden, auf die Sie sich bewerben.

21.3.3 | Initiativbewerbung

Falls Sie in der Vorbereitungsphase interessante Unternehmen gefunden haben, die keine Stellenausschreibung geschaltet haben, können Sie diesen eine Initiativbewerbung schicken. Bei fehlender Stellenanzeige spielt die gründliche Recherche über das Unternehmen und die Anpassung Ihrer Bewerbung an das Firmenprofil eine noch wichtigere Rolle. Neben der Unternehmensanalyse (s. Abschnitt 2) ist es wichtig, den Namen einer Kontaktperson, zum Beispiel eines Personalmanagers oder eines/einer Abteilungsleiters/in ausfindig zu machen, so dass Sie diese direkt anschreiben können.

21.3.4 | Das Verschicken der Bewerbung

Bewerbungen werden in der Regel immer noch mit der Post verschickt, auch wenn es viel schneller und billiger wäre, sie per E-Mail zu senden. Gründsätzlich gilt, dass Sie Ihre Dokumente so verschicken, wie die Firma es in der Stellenanzeige angibt. Falls es unklar ist, fragen Sie beim Unternehmen nach.

Wenn eine **E-Mail-Bewerbung** erwünscht ist, achten Sie auf Folgendes: Im Stil ist das Anschreiben per E-Mail genauso förmlich wie das Anschreiben per Brief. Schreiben Sie am besten eine kurze zusammenfassende E-Mail und hängen das Anschreiben, Lebenslauf und andere Dokumente als pdf-Dateien an. Die Betreffzeile muss aussagekräftig sein und Ihren Namen beinhalten, zum Beispiel:

Bewerbung – Lisa Beermann – Public Relations Officer – Ref wer329658

Versehen Sie die Dateinamen der Anhänge auch mit Ihrem Namen. Vollständige Kontaktinformationen folgen Ihrem Namen am Ende der E-Mail.

> → Senden Sie Ihre Bewerbung per E-Mail zuerst sich selbst zu, um sicherzustellen, dass die Formatierung sich nicht ändert und dass alle Dokumente geöffnet und gedruckt werden können.

Tipp

21.3.5 | Trend Online-Bewerbung

Einige Unternehmen lassen sich Bewerbungen nur noch über ein Online-Formular zusenden. Da man in der Online-Bewerbung meist begrenzten Platz hat, die persönlichen Angaben einzugeben, liegt die Kunst der Online-Bewerbung darin, die Hauptschlüsselwörter der Stellenbeschreibung zu identifizieren und entsprechend anzugeben. In der Regel fällt das Anschreiben weg. Dafür gibt es ein Textfeld, in dem Sie (häufig mit begrenzter Wortzahl) Informationen zu Ihrer Person und die Motivation für Ihre Bewerbung etwas freier formulieren können.

Tipp	→ Wenn Sie nach drei Wochen nichts von dem Unternehmen gehört haben, scheuen Sie sich nicht, Kontakt mit der Personalabteilung aufzunehmen, um festzustellen, in welchem Stadium der Bearbeitung sich Ihre Bewerbung befindet.

21.3.6 | Kommentiertes Beispiel eines Lebenslaufes

Lisa Beermann	
Persönliche Daten	
Adresse	Lothringer Str. 15 81667 München
Telefon	089 44 10 43
E-Mail	lbeermann@hotmail.com
Schulbildung/ Studium 10/2003 – 07/2008	**Ludwig-Maximilians-Universität, München** Magister Artium, Note 1,58 Hauptfach: Studium der Englischen Sprachwissenschaft Nebenfach 1: Politikwissenschaft Nebenfach 2: Interkulturelle Kommunikation Thema der Magisterarbeit: »Language and Gender in Animated Films« Nebenstudium am »Student und Arbeitsmarkt« der LMU: Grundkurs betriebswirtschaftliches Wissen und Projektmanagement
06/2002	**Gymnasium zu St. Anna, Augsburg** Abitur Durchschnitt 2,0
Praktika und berufliche Tätigkeiten	
10/2005 – 09/2007	**Werkstudentin bei Eichbaum Unternehmungsberatung, München** ■ Strategiekonzeptionen ■ Kundenpräsentationen ■ Vorbereitung von Presseinformationen, Pressekontakte und Kontaktpflege ■ Verfassen von Broschüren und Berichten ■ Eventmanagement

04/2005 – 09/2005	**Praktikum bei Marketing International, Dublin, eine Marketing-Kommunikationsagentur** ■ Vertriebsassistenz ■ Projektkoordinierungsassistenz ■ Internet-Recherche und Aufstellung unterschiedlicher Zielgruppen ■ Direktmarketing ■ Kundenbetreuung und Kontaktpflege
07/2004 – 09/2004	**Ehrenamtliches Praktikum bei SOS Kinderdorf e.V. München** ■ Presse- und Öffentlichkeitsarbeit ■ Redaktionelle Arbeit in Text und Bild für die offizielle Webseite
01/2004 – 06/2004	**Studentische Hilfskraft beim Projekt Jobline LMU Fremd- und Fachsprachenprogramm (Sprachenzentrum) der Ludwig-Maximilians-Universität** ■ Durchführung von Kostenabrechnungen ■ Vorbereitung von Arbeitsverträgen, Lehraufträgen und Lehrvergütung ■ Koordinierung mit der Universitäts-verwaltung und mit dem Bayerischen Ministerium für Wissenschaft, Forschung und Kunst
02/2003 – 08/2003	**Work and Travel Programm mit Travelworks in Australien** Als Rucksackreisende ein halbes Jahr durch Australien gereist und gejobbt

Sprachen: Deutsch: Muttersprache; Englisch: Verhandlungssicher; Französisch: Sehr gute Kenntnisse; Italienisch: Gute Kenntnisse; Spanisch: Grundkenntnisse (im Lernprozess)

EDV: MS-Office (sehr gute Kenntnisse); HTML; Photoshop; Quark XPress

Persönliche Interessen: Künstlerische Gegenwartsfotografie, Reisen (vor allem in Australien, Neuseeland und Asien)

Sonstiges Engagement: Amnesty International

Persönliche Daten: Zu den persönlichen Daten gehören nur Ihr Name und Ihre Kontaktinformationen. Familienstand sowie Geburtsdatum und -ort müssen Sie nicht erwähnen. Auch Nationalität und Religion sollten nur angegeben werden, wenn relevant. Man kann die persönlichen Angaben und Foto aus dem Lebenslauf herausnehmen und in ein extra Deckblatt einfügen zusammen mit dem Titel der Stelle, auf die Sie sich bewerben. Falls Sie für eine optimale Erreichbarkeit Ihre Handynummer angeben, müssen Sie in Kauf nehmen, dass der Rekruter Sie auch leicht zu unerwünschten Zeiten anrufen könnte. Für die Bewerbung sollten Sie selbstverständlich eine seriöse E-Mail-Adresse haben.

Reihenfolge: Heutzutage ist es gängig, bei den Punkten Schulbildung/Studium (erst ab Abitur) und Berufsleben mit den aktuellsten Angaben anzufangen.

Ordentliches Layout: Bullet Points verhelfen dem Lebenslauf zu einem sauberen Layout. Siehe auch Tipp oben zur Gestaltung der Bewerbungsmappe.

Praktika: Lisa hatte Arbeitstätigkeiten in unterschiedlichen Berufsfeldern vor und während des Studiums, die insgesamt Flexibität und Interesse an persönlicher Weiterentwicklung zeigen.

Lücken erklären: Die Lücke zwischen Abitur und dem Work and Travel Programm wird Lisa in einem Vorstellungsgespräch u.U. erklären müssen. Möglicherweise hat sie in der Zeit gejobbt, um das halbe Jahr in Australien zu finanzieren.

Politische Aktivitäten: Vorsicht bei der Angabe politischer Aktivitäten oder Interessen. Amnesty International wird in der Regel gerne gesehen, aber manche politische Aktivitäten könnten gegen eine Firmenphilosophie verstoßen.

21.4 | Vorstellungsgespräch

Als Erstes sollte man sich im Klaren sein, dass das Vorstellungsgespräch ein Austausch zwischen einem potentiellen Arbeitgeber und einem/er Bewerbungskandidat/in ist, in dem man sich vorstellt, näher kennenlernt, Fragen stellt und ein Gefühl dafür bekommt, ob man zusammenarbeiten möchte. Es ist keine Prüfung, in der Sie einseitig ausgefragt werden und bestehen oder durchfallen. Trotzdem sollten Sie sich gut vorbereiten, so dass das Gespräch für alle Beteiligten möglichst gewinnbringend verläuft.

21.4.1 Die Vorbereitung auf das Vorstellungsgespräch

Ablauf klären: Die Einladung, die Sie immer schriftlich bestätigen, sollte Ihnen Informationen zum Ablauf des Vorstellungsgesprächs geben, d.h. Angaben zu den Interviewern, zur Anzahl der Gesprächsrunden und der Kandidaten und zu Anfahrtsinformationen. Rufen Sie die Person an, die Ihnen die Einladung zuschickte, falls Ihnen Informationen fehlen.

Überarbeitung Ihrer Unternehmensrecherchen: Vor dem Vorstellungsgespräch sollten Sie Ihre Unternehmensanalyse (s. Abschnitt 2) überarbeiten und ergänzen, so dass Sie die neuesten Angaben zu Entwicklungen im Unternehmen im Kopf haben. Zu diesem Zweck lohnt es sich, zusätzliche Zeitungsrecherchen durchzuführen, um aktuelle Presseberichte über das Unternehmen und die Branche nachzulesen. Auch über Ihre **Gehaltsvorstellungen** bzw. über typische Gehälter in der Berufssparte sollten Sie sich informieren. Einen guten Überblick finden Sie auf der Webseite www.monster.de.

Vorbereitung auf Fragen: Der Interviewer will im Vorstellungsgespräch feststellen, ob Sie wirklich die richtigen Kompetenzen und Erfahrungen für den Job haben, was Ihre Motivation für die Bewerbung ist und ob Sie ins Team passen. Deshalb sollten Sie sich auf Fragen vorbereiten, die an Angaben in Ihrer schriftlichen Bewerbung anknüpfen. Sie müssen in der Lage sein, ausführlicher über diese Angaben zu reden, Ihre Fähigkeiten noch einmal hervorzuheben und Ihr Interesse an dem Unternehmen und der Stelle deutlich zu machen.

Nehmen Sie die Rolle des Interviewers ein, überlegen Sie, welche unternehmensrelevanten Fragen Sie sich stellen würden und formulieren Sie die Antworten auf diese Fragen schriftlich. Bereiten Sie auch Fragen vor, die Sie dem Unternehmen stellen möchten und auch im Gesprächsverlauf zu relevanten Zeitpunkten stellen (warten Sie nicht bis zum Schluss des Gesprächs).	Übung

→ **Beispiele typischer Fragen** im Vorstellungsgespräch finden Sie in Jobportalen und Ratgeber-Webseiten wie www.stepstone.de und www.monster.de. Auch das Buch *Bewerbungstraining* von Andreas Kirchner (2002) liefert eine umfangreiche Analyse von häufig gestellten Fragen.	Tipp

Persönlicher Auftritt: Unter persönlichem Auftritt versteht man nicht nur eine angemessene Kleidung und rechtzeitiges Erscheinen, sondern auch die Körpersprache und die Art, wie Sie sich geben. Unsere Wahrnehmung eines Gesprächspartners – vor allem in den ersten Minuten eines Treffens – wird sehr vom Erscheinungsbild beeinflusst und ist entscheidend für das Resultat des Vorstellungsgesprächs. Unterschätzen Sie deshalb nicht die Wirkung eines selbstbewussten Händedrucks, einer aufrechten aber entspannten Haltung, eines freundlichen Lächelns und des Blickkontakts. Schließlich soll der Auftritt den Eindruck hinterlassen, diese/r Kandidat/in ist selbstbewusst, aufgeschlossen und besitzt souveräne kommunikative Kompetenzen.

Tipp → Was heißt schon »belastbar« oder »kommunikativ«? Weil unterschiedlich interpretierbar, müssen Sie im Vorstellungsgespräch bereit sein, Ihre Soft Skills anhand persönlicher Beispiele näher zu beschreiben.

21.4.2 | Das telefonische Vorstellungsgespräch

Vor allem bei Praktika oder bei Bewerbungen mit mehreren Gesprächsrunden führen Unternehmen telefonische Vorstellungsgespräche. Obwohl das Gespräch in der Regel etwas kürzer als bei sonstigen Vorstellungsgesprächen ist, läuft es im Wesentlichen nach dem gleichen Schema ab, und entsprechend sollten Sie sich darauf vorbereiten. Zum ausgemachten Gesprächstermin sollten Sie ungestört sprechen können und Ihre Bewerbungsunterlagen bei sich haben. Der souveräne Auftritt ist am Telefon ebenfalls genauso wichtig wie im üblichen Vorstellungsgespräch. Achten Sie dabei auf eine deutliche Aussprache (hier hilft eine aufrechte Sitzhaltung), eine gemäßigte Sprechgeschwindigkeit und einen freundlichen Ton (lächeln!).

21.4.3 | Assessment Centre

Größere Unternehmen benutzen das Assessment Centre als Rekrutierungs-Instrument, in dem einige Kandidaten in einer Reihe von Gesprächsrunden und Aufgaben beobachtet werden, um festzustellen, wer die oder der geeignetste Kandidat/in für eine Stelle ist. In der Regel werden acht bis zwölf Kandidaten zu einem ein- bis dreitägigen Assessment Centre eingeladen und müssen in der Zeit Aufgaben wie Rollenspiele, Fallstudien, Präsentationen und Konfliktgespräche durcharbeiten. Für Geistes- und Kulturwissenschaftler/innen bietet das Assessment Centre einen ausgesprochenen Vorteil, da weniger das Fachwissen als die Persönlichkeit, das Kommunikationsverhalten und die Motivation der Kandidaten im Vordergrund stehen. Damit sind Ihre Erfolgsaussichten genauso gut wie die der Betriebswirte, auch wenn die Stelle eher für Betriebswirte ausgeschrieben ist.

Tipp → Beispiele von typischen Assessment Centre-Aufgaben finden Sie bei den Webseiten www.stepstone.de und www.monster.de.

21.5 | Bewerbung im Ausland

> → Detaillierte Informationen, Sprachtraining und Beispiele für **eng-lischsprachige Bewerbungen** finden Sie auf www.jobline.lmu.de

Im Abschnitt 1 wurden die Vorteile eines Auslandsaufenthaltes für spätere Bewerbungen in Deutschland schon erwähnt. Wer sich aller-dings erfolgreich im Ausland bewerben will, muss selbstverständlich die Gepflogenheiten des Bewerbungsprozesses im Zielland beachten – sowohl sprachlich als auch in der Form der Bewerbung. Für Beratung zur Bewerbungen in individuellen Ländern finden sie erste Informatio-nen auf den Webseiten des DAAD oder der Bundesagentur für Arbeit.

> → Umfangreiche Informationen zur Vermittlung im Ausland mit besonders detaillierten **Informationen zum Arbeiten in den europäischen Ländern** findet man auch bei der Bundesagentur für Arbeit unter www.ba-auslandsvermittlung.de.
> → www.auswaertiges-amt.de/diplo/de/Startseite.html beinhaltet Informationen zu den meisten Ländern der Welt und Links zu den Seiten der individuellen Konsulate, die weitere Informationen zu Visa und ähnliche Arbeitsbedingungen geben.
> → http://ec.europa.eu/eures/home.jsp?lang=de – EURES ist das Portal der EU für berufliche Mobilität innerhalb Europas. Hier finden Sie Suchmöglichkeiten für Stellen in 31 europäischen Ländern, Wis-senswertes zum Thema Leben und Arbeiten im Ausland und Hilfe bei der Erstellung der Bewerbungsunterlagen für andere Länder.
> → www.outofgermany.de – allgemeine Informationen zu Arbeit und Studium im Ausland.
> → http://www.travelworks.de

Hier eine kurze Zusammenfassung der wichtigsten Aspekte der Bewer-bung im Ausland.

Formalitäten für einen Auslandsaufenthalt: Bevor Sie mit der Jobsuche anfangen, sollten Sie sich über Formalitäten wie Visa, Sozialversiche-rungen, Aufenthalts- und sonstige Einschränkungen und Nachweise über die sprachlichen Kompetenzen informieren. Hier stellen die Inter-netseiten der diplomatischen Vertretungen in Deutschland Hilfestellung und weiterführende Links zur Verfügung.

Jobsuche: Die großen Jobportale in Deutschland bieten die Möglich-keit der Suche im Ausland an. Benutzen Sie aber die Jobportale des Ziellandes, internationaler Arbeitsagenturen und Zeitarbeitsfirmen wie

Manpower oder Ranstad und der Auslandshandelskammern für Ihre Suche. Gute Chancen gibt es bei internationalen Unternehmen mit Niederlassungen im Ausland.

Gehalts- und Kostenvergleich: Überprüfen Sie parallel zur Jobsuche die Lebenshaltungskosten, die zu erwartenden steuerlichen Abgaben bzw. Sozialversicherungskosten und die Modalitäten der Vergütung (wird ein niedrigeres Grundgehalt, dafür aber Extras wie Privatversicherung, Reisekosten oder Ähnliches angeboten?), um einen Vergleich zu Ihren Gehaltsvorstellungen in Deutschland zu ziehen.

Schriftliche Bewerbung: Die Sprache und die Form der Bewerbung muss den Gepflogenheiten des Ziellandes entsprechen. Die schriftliche Bewerbung in englischsprachigen Ländern besteht zum Beispiel lediglich aus einem Lebenslauf (»CV« oder in den USA »resume« genannt) und dem Anschreiben. Fotos, Zeugnisse und sonstige Dokumente werden nicht mitgeschickt, sondern in einem Satz am Ende des Lebenslaufes (»References available upon request«) angeboten.

Vorstellungsgespräch: Für kürzere Aufenthalte ist ein telefonisches Vorstellungsgespräch die wahrscheinlichere Gesprächsvariante. Sie können sich sprachlich vorbereiten, indem Sie so viel wie möglich über das Unternehmen, die Industriebranche und wirtschaftliche Entwicklungen im Internet, in Zeitungen oder Zeitschriften und im Fernsehen in der Zielsprache lesen und anhören.

Tipp	→ Unterstützung in der Vermittlung und Finanzierung von Praktika im Ausland wird von Organisationen wie DAAD (Deutscher Akademischer Austauschdienst), PAD (Pädagogischer Austauschdienst), AvH (Alexander von Humboldt-Stiftung) und EU-Programmen wie Leonardo angeboten. Der Auslandsvermittlungsdienst der Bundesagentur für Arbeit bietet auf seiner Webseite und in Beratungszentren Informationen rund um die Bewerbung und das Arbeiten in anderen Ländern.

Weitere berufliche Orientierungshilfe für Geistes- und Kulturwissenschaftler/innen

- www.berufsstart.de
- www.career-service-network.de
- www.akademiker-online.de
- www.unternehmensgeist.de

Härter, Gitte/Öttl, Christine (2004): Vorstellungsgespräche. Souverän ans Ziel kommen. München: Gräfe & Unzer.

Hesse, Jürgen/Schrader, Hans Christian (2005): Das Hesse/Schrader Bewerbungshandbuch. Alles, was Sie für ein erfolgreiches Berufsleben wissen müssen. Frankfurt a.M.: Eichborn.

Invernizzi, Friederike (1999): »Wirtschaft mit Geist«. In: Die Zeit, 36/1999 (Download unter www.zeit.de/1999/36/Wirtschaft_mit_Geist).

Janson, Simone (2007): Der opitimale Berufseinstieg. Perspektiven für Geisteswissenschaftler. Darmstadt: Wissenschaftliche Buchgesellschaft.

Kirchner, Andreas (2002): Bewerbungstraining. Hamburg: b + r.

Kraemer-Schwinn, Ulrike/Stader, Wolfgang (2006): Bewerbungs-Trainer. München: Gräfe & Unzer.

Neuhaus, Dirk/Neuhaus, Karsta (2007): Das Bewerbungshandbuch für Europa [2004]. Bochum: ILT-EUROPA.

— (2007): Das Bewerbungshandbuch Englisch. Bochum: ILT-EUROPA.

Otto, Jeanette (2000): »Reise ins Ungewisse«. In: Die Zeit, 49/2000 (Download unter www.zeit.de/2000/49/Reise_ins_Ungewisse).

Pocklington, Jackie/Schulz, Patrik/Zettl, Erich (2004): Bewerben auf Englisch. Tipps, Vorlagen & Übungen. Berlin: Cornelsen.

Schütz, Astrid/Hoge, Lasse (2007): Positives Denken. Vorteile – Risiken – Alternativen. Stuttgart: Kohlhammer.

Winkler, Gerhard (2007): »In English, please!«. In: Karriere. Das junge Job- und Wirtschaftsmagazin 09/2007, 64–65.

Rachel Lindner / Angela Hahn

22. Ausblick: Berufschancen und Berufsfelder für Geistes- und Kulturwissenschaftler/innen

22.1 Die nackten Zahlen: Der Arbeitsmarkt für Geisteswissenschaftler/innen
22.2 Berufsfelder für Geisteswissenschaftler/innen
22.3 Warum der Berufseinstieg für Geisteswissenschaftler/innen nicht einfach ist
22.4 Der optimale Berufseinstieg: Was Geisteswissenschaftler/innen tun können, um einen Job zu finden
22.5 Mehr Wissen schadet nicht: Aufbaustudiengänge und Weiterbildung

Da Geisteswissenschaftler/innen ihren Traumjob selten auf dem Silbertablett serviert bekommen, ist Eigeninitiative gefragt. Doch viele Absolventen resignieren, wenn sie merken, dass die Jobsuche nicht so läuft wie gedacht. Dabei ist es sehr wichtig, gezielt nach neuen Perspektiven zu suchen und das eigene Profil für den Arbeitsmarkt zu schärfen – z.B. auch durch berufsbezogene Weiterbildungen. Denn viele Beispiele von erfolgreichen Geisteswissenschaftler/innen zeigen: Wer nicht aufgibt, sondern am Ball bleibt, sich aber immer auch am Bedarf auf dem Arbeitsmarkt orientiert, wird früher oder später – auch über Umwege – seinen Traumjob finden.

Ein fester, unbefristeter Job, interessante Aufgaben, gute Bezahlung, Nähe zum Studienort; oder wenigstens eine gute Einstiegsposition wie eine Trainee-Stelle oder ein Volontariat: Der Wunsch vieler Geisteswissenschaftler/innen! Doch wenn neben dem Studium keine weiteren Kenntnisse vorhanden sind, die sich direkt im Berufsalltag verwerten lassen, kann die Umsetzung schwierig sein. Kompromisse sind unumgänglich; zum einen beim Berufsziel, da der Traumjob nicht immer möglich ist, zum anderen beim Berufseinstieg, denn der eigentlich angestrebte Beruf kann oft nur über Umwege erreicht werden.

22.1. | Die nackten Zahlen: Der Arbeitsmarkt für Geisteswissenschaftler/innen

Die positive Entwicklung auf dem Arbeitsmarkt in jüngster Zeit lässt auch für Geisteswissenschaftler/innen einen Hoffnungsstreifen am Horizont erkennen. Die Zahl der arbeitslosen Geisteswissenschaftler/innen ging im Zeitraum von September 2005 bis September 2006 um 21,7 % zurück. Den stärksten Rückgang verzeichneten dabei die Germanisten und verwandte Gruppen, bei denen 30,4 % weniger Arbeitslose registriert wurden, gefolgt von den Philosophen und Religionswissenschaftlern (-23,8 %), den Historikern, Archäologen und Völkerkundlern (-20,8 %) sowie den Erziehungswissenschaftlern (19,4 % weniger Arbeitslose im untersuchten Zeitraum). Die Statistik zeigt außerdem, dass jüngere Absolventen und solche mit bereits vorhandener Berufserfahrung seltener arbeitslos werden als ältere Kommilitonen ohne Berufserfahrung (Rang 2007, 4-8).

> → Wöchentlich bietet der Wissenschaftsladen Bonn einen bundesweiten Überblick über den aktuellen Stellenmarkt für Geisteswissenschaftler/innen. Es werden Stellenanzeigen ausgewählt, bei denen die von Arbeitgebern gestellten Anforderungen auf Geisteswissenschaftler/innen zutreffen, selbst wenn diese nicht ausdrücklich in der Stellenanzeige genannt werden. Darüber hinaus bietet die Publikation aktuelle Nachrichten und Hintergrundartikel, Trendmeldungen zur Entwicklung des fachspezifischen Arbeitsmarktes, Hinweise zur Arbeitsförderung, Informationen zu neuen Tätigkeitsfeldern für Geisteswissenschaftler/innen, Tipps für die Bewerbung sowie Hinweise auf Fortbildungsangebote. Mehr dazu unter: www.wila-bonn.de.

Tipp

Die Situation für Geisteswissenschaftler/innen ist trotz der tendenziell positiven Entwicklung alles andere als optimal. Die **Arbeitslosenquote** für Geisteswissenschaftler/innen liegt in Deutschland bei etwa sechs Prozent und damit etwa zwei Prozent oberhalb des Durchschnitts aller Akademiker. Auch die **Einstiegsgehälter** sind niedriger als bei den Absolventen anderer Fächer: Wirtschaftsingenieure etwa bekommen durchschnittlich 3228 Euro, Geisteswissenschaftler/innen im Durchschnitt weniger als 2000 Euro brutto. Noch dazu sind viele Stellen für Geisteswissenschaftler/innen zeitlich befristet und bieten damit eine eher unsichere Zukunftsperspektive: Noch im Jahr 2000 waren 14 % aller Stellen für Geisteswissenschaftler/innen zeitlich befristet – 2006 waren es schon mehr als 21 % (vgl. Krings 2007). Dennoch gehen Experten davon aus, dass die **Aussichten für Geisteswissenschaftler/innen** insgesamt recht gut sind; durch die momentan stattfindenden gesellschaftlichen Veränderungen wandeln sich auch traditionelle Berufsbilder und

Ausbildungswege. Gut ausgebildete Absolventen, die sich flexibel an Veränderungen anpassen können, haben durchaus Perspektiven.

Eine Alternative zum deutschen Arbeitsmarkt sind **ausländische Firmen**, besonders in den angelsächsischen Ländern, denn diese stehen aufgrund ihrer liberaleren Unternehmenskultur, die Quereinsteiger in die Wirtschaft gezielt anspricht, Geisteswissenschaftler/innen offener gegenüber. Das gilt übrigens auch für Niederlassungen dieser Firmen in Deutschland. So erklärt sich beispielsweise der Berufsweg einer Philologin, die aufgrund ihrer hervorragenden Kenntnisse in drei Sprachen bei einer renommierten britischen Bank im Bereich Aktienhandel einsteigen konnte. Das in Deutschland so häufig geschätzte kaufmännische Wissen wurde berufsbegleitend vermittelt.

Tipp

> → Die Zentralstelle für Arbeitsvermittlung (ZAV: http://www.
> arbeitsagentur.de > Ihre Agentur für Arbeit > besondere Dienst-
> stellen) in Bonn berät und vermittelt wie eine Personalagentur
> Fach- und Führungskräfte ohne Altersbeschränkung sowie junge
> Berufstätige unter 35 Jahren ins Ausland. Umfassende Informatio-
> nen zum Arbeiten im Ausland finden sich auch beim Europaservice
> der Bundesagentur für Arbeit (www.europaserviceba.de).

22.2 | Berufsfelder für Geisteswissenschaftler/innen

Die Statistiken der Agentur für Arbeit zeigen nicht nur die Entwicklung auf dem Arbeitsmarkt, sondern noch etwas anderes: Geisteswissenschaftler/innen sind keinesfalls so weltfremd, wie ihnen gemeinhin unterstellt wird. Vielmehr besitzen sie häufig durchaus **Qualifikationen, die auf dem Arbeitsmarkt gefragt sind** und die studienbegleitend erworben wurden. Dazu gehören u. a. Fähigkeiten in **Recherche, Lektorat, PR und Journalismus, Dolmetschen und Übersetzen, Kultur- und Eventmanagement, Organisation** oder den **Umgang mit den neuen Medien**. An den Kenntnissen kann es also nicht liegen, dass Geisteswissenschaftler/innen gewisse Schwierigkeiten beim Berufseinstieg haben.

Tatsächlich liegt das Problem an anderer Stelle: Im Gegensatz zu Medizinern oder Juristen studieren Geisteswissenschaftler/innen, wenn sie nicht gerade eine Hochschulkarriere oder das Lehramt anstreben, nicht auf ein **konkretes Berufsziel** hin. Dadurch haben Sie unter Arbeitgebern den Ruf, von allem ein bisschen, aber nichts richtig zu können. Mit anderen Worten: Es fehlt ihnen meist ein klares Profil, das potentielle Arbeitgeber auf einen Blick erkennen lässt, was Geisteswissenschaftler/innen können!

Kulturbereich: Ein absolut passendes Profil besitzen Geisteswissenschaftler/innen in der Regel nur für die traditionell geisteswissenschaftlichen Institutionen, etwa Hochschulen, Museen oder Bildungseinrichtungen. Hier fehlen jedoch Gelder, Stellen werden gekürzt – daher kommen nur wenige Absolventen im Kulturbereich unter.

Andere Berufsfelder: Doch Geisteswissenschaftler/innen haben längst nicht mehr nur in der **Weiterbildung** oder **Öffentlichkeitsarbeit** gute Karten, sondern auch in Berufen, die sie während ihres Studiums wahrscheinlich nicht vor Augen hatten: Viele von ihnen finden mittlerweile im **Personalwesen**, in **Werbung und Marketing**, bei der **Kundenbetreuung**, im **Sales- oder Call-Center-Management** einen Job. Einige arbeiten sogar in Bereichen, die vom Studium sehr weit entfernt sind, etwa in der **Verwaltung**, im **Vertrieb**, als **Assistenz der Geschäftsleitung**, als **Unternehmensberater**, bei **Banken**, in der **Netzwerkadministration**, als Programmierer bzw. Webdesigner oder Internetscout im **EDV-Bereich**.

Immer wieder berichten die Medien über Beispiele einzelner Geisteswissenschaftler/innen, die solche Nischen erfolgreich finden konnten: Etwa Rüdiger Booz, Personalchef bei Renault und studierter Historiker (vgl. Krings 2007), oder Peter Stuckenberger, Redenschreiber bei Siemens und promovierter Kunsthistoriker (vgl. Christ 2007). Häufig liest man zudem von **Patchwork-Karrieren**, bei denen Absolventen im Lauf ihres Berufslebens in mehreren ganz unterschiedlichen Branchen und Aufgabenfeldern tätig sind (vgl. Jacoby 2006). Solche Beispiele zeigen: Die Berufsfelder für Geisteswissenschaftler/innen sind vielfältiger geworden. Und daher gibt es auch nicht die eine Strategie, die zum erfolgreichen Berufseinstieg führt, sondern stattdessen zahlreiche individuelle Optionen.

Wer sich einen Überblick über seine Möglichkeiten verschaffen möchte: Das BERUFEnet (www.berufenet.de) der Bundesagentur für Arbeit beschreibt verschiedene Berufsfelder. Das *Uni Magazin – Perspektiven für Beruf und Arbeitsmarkt* (www.abi.de, hier die Rubriken Arbeitsmarkt und Berufsleben) stellt verschiedene Karrierewege und Berufsfelder – immer wieder auch von Geisteswissenschaftler/innen – im In- und Ausland vor. Ganz konkrete Karrieretipps gibt die Autorin selbst unter www.berufebilder.de/berufseinstieg/gewi; vgl. auch Berger 2002.

Zur Vertiefung

Wer einen Arbeitsplatz sucht, sollte gezielt nach Unternehmen Ausschau halten, die auch Geisteswissenschaftler/innen einstellen. Auskunft darüber geben in der Regel die Unternehmen selbst bzw. ihre Website. Frank Walzel hat auf seinem Knowledge-Weblog www.unternehmensgeist.de (veröffentlicht am 27.1.2006) einige Firmen zusammengetragen, bei denen sich eine Bewerbung auch als Geisteswissenschaftler/innen lohnt, die hier in Auszügen wiedergegeben wird.

<table>
<tr><td>Unternehmen,
die Geisteswis-
senschaftler/
innen einstellen</td><td><ul><li>Allianz Gruppe</li><li>Boston Consulting Beratung</li><li>Citigroup Finanzen</li><li>Coca-Cola</li><li>Debeka</li><li>Deutsch Bank Finanzen</li><li>Gruppe Deutsche Börse</li><li>Henkel</li><li>JPMorgan</li></ul></td><td><ul><li>Kienbaum</li><li>McKinsey</li><li>Morgan Stanley</li><li>Nashuatec</li><li>Nestlé</li><li>Procter & Gamble</li><li>Roland Berger Strategy Consultants</li><li>Union Investment Gruppe</li></ul></td></tr>
</table>

22.3 | Warum der Berufseinstieg für Geisteswissenschaftler/innen nicht einfach ist

Gerade wenn sie Neuland betreten, müssen Geisteswissenschaftler/innen leider oft mit Gegenwind rechnen. Denn auf fremdem Terrain konkurrieren sie mit gut ausgebildeten **Fachkräften**, die mitbringen, was Geisteswissenschaftler/innen nicht selten fehlt: Branchenspezifische Kenntnisse, kaufmännisches oder technisches Wissen oder einschlägige Berufserfahrung.

Zudem sind potentielle Arbeitgeber auch nur Menschen, die gern zeitsparend in Schubladen denken. Geisteswissenschaftler/innen mit ihren oft exotisch anmutenden Lebensläufen passen in die Denkweise des jeweiligen Entscheiders einfach nicht hinein. Den Absolventen wird oft nicht zugetraut, dass sie den Anforderungen gewachsen sind. Wenn dann noch Bewerber zu Verfügung stehen, die bereits ausreichend Erfahrung mitbringen, erhalten diese den Vertrauensvorschuss. Wer in einer bestimmten Branche arbeiten will, sollte sich genau erkundigen, welche Kompetenzen dort gefragt sind und sich diese gegebenenfalls aneignen.

Aber es gibt noch ein anderes Problem: Geisteswissenschaftler/innen hören während des Studiums immer wieder, dass ihre Chancen auf dem Arbeitsmarkt eher begrenzt seien. Lösungen werden dabei selten aufgezeigt. Nicht wenige Geisteswissenschaftler/innen geraten dann in eine Art **Identitäts- und Legitimationskrise** und sind schnell frustriert, wenn sie merken, dass es mit dem »Traumjob« nicht so recht klappt, statt weiter aktiv auf ihr Ziel hinzuarbeiten.

Tipp

> → Geisteswissenschaftler/innen sollten ein realistisches Bewusstsein für die Stärken, auf die sie aufbauen, und die Schwächen, an denen sie arbeiten können, entwickeln. Wie will man künftige Arbeitgeber von seinen Kompetenzen überzeugen, wenn man selbst nicht daran glaubt?

22.4 | Der optimale Berufseinstieg: Was Geisteswissenschaftler/innen tun können, um einen Job zu finden

Es empfiehlt sich daher, die Stellensuche ganz pragmatisch anzugehen. Wer also einen Job sucht, muss eine geforderte **Gegenleistung** erbringen, die den Bedürfnissen des Arbeitgebers entspricht. Und natürlich gilt: Je mehr Bewerber auf dem Markt sind, desto mehr Auswahl hat das Unternehmen. Das klingt banal und hart zugleich, hilft aber, Absagen besser ›wegzustecken‹. Denn wer sich die Beweggründe des Arbeitgebers vor Augen führt, merkt schnell, dass diese häufig nicht persönlich gemeint sind und nur aus Zeitnot so unfreundlich und standardisiert ausfallen.

Auch **Arbeitserfahrung** ist ein Pluspunkt bei der Bewerbung: Sie zeigt in der Regel, dass man in der Lage ist, seine Fähigkeiten in Unternehmen auch gewinnbringend umzusetzen. Dabei kann auch jede noch so unbedeutend scheinende Erfahrung weiterqualifizieren – beispielsweise zeigt ein Kellnerjob, dass man hart, unter Druck und im Team arbeiten und mit Kunden umgehen kann (vgl. Friedmann/Meyer-Althoff 2004). Allerdings ist es nicht sinnvoll, irgendwelche Arbeitserfahrungen beliebig aneinanderzureihen; vielmehr sollten die Jobs eine **rote Linie im Lebenslauf** und einen **Fortschritt** erkennen lassen, da potentielle Arbeitgeber sonst schnell den Eindruck gewinnen, der Bewerber sei unentschlossen und unambitioniert. Nach dem Abschluss sollte daher Schluss sein mit prekären Beschäftigungen wie unbezahlten Praktika, Mini- und Studentenjobs. Denn diese sind auch aus sozialversicherungstechnischer Sicht schwierig: Während seines Studiums kann man zwar noch in der günstigen studentischen Krankenversicherung bleiben. Nach dem Abschluss muss sich jeder, der einen 400-Euro-Job oder ein unbezahltes Praktikum macht, freiwillig selbst versichern, was erheblich teurer ist (vgl. Janson 2007a, 88–89).

Oft gehört zur Jobsuche auch das Glück, zur richtigen Zeit am richtigen Ort zu sein oder die richtigen Leute zu kennen. Denn viele Unternehmen suchen ihre Mitarbeiter kurzfristig und sparen sich gern langwierige Auswahlverfahren. Natürlich lassen sich solche glücklichen Zufälle nicht planen, und doch kann man ihnen systematisch auf die Sprünge helfen, indem man sich rechtzeitig ein **Netzwerk an guten Kontakten** aufbaut (s. Kap. 19). Dadurch stehen die Chancen gut, von freien Stellen zu erfahren, noch bevor diese ausgeschrieben werden. Möglichkeiten, solche Kontakte zu knüpfen, gibt es genug: **Praktika** und **Studentenjobs**, **Zeitarbeit**, **Messen**, **Recruitingveranstaltungen**, **Stammtische** oder **Onlinenetzwerke** wie die Xing-Gruppe» Geisteswissenschaftler/innen in der Wirtschaft« unter https://www.xing.com/net/gewiwiwi/. Doch Networking heißt nicht, besonders viele Kontakte jedweder Art zu knüpfen. Viele Situationen erfordern nur wenige Kontakte, dafür aber genau die richtigen. Um diese herzustellen muss man **Initiative** zeigen und **Vorleistung** erbringen. Denn es geht darum, mit Fingerspitzengefühl Vertrauen aufzubauen. Wer hingegen vorschnell Erwartungen äußert, verspielt seine Chancen nur allzu leicht.

Eine Methode, die sich für Jobsuche, Bewerbung und Networking gleichermaßen eignet, ist das aus den USA stammende **Life Work Planning**, das in drei Schritten abläuft und in Seminaren oder im Selbststudium mit Hilfe von Ratgeberliteratur (Bolles 2007) erlernt werden kann (mehr dazu: http://www.learn-line.nrw.de/angebote/lwp). Absolventen müssen sich nicht mehr mit den vorhandenen Stellenangeboten zufriedengeben, sondern können systematisch ihr eigenes Profil herausarbeiten und sich dann einen Arbeitgeber suchen, der zu ihnen passt. Angeblich haben durchschnittlich 86 % aller Teilnehmer/innen ein Jahr nach einem LWP-Seminar einen erfüllenden Job.

- In **Schritt 1** soll sich der Jobsuchende über seine Ziele, Wünsche und Fähigkeiten klar werden, z. B. indem er sie aufschreibt. Denn: Je genauer jemand weiß, was er will, desto eher findet er es auch.
- In **Schritt 2** wird überlegt, wie sich die persönlichen Interessen in einen Beruf einbringen lassen. Wer sich dabei fragt »Was kann ich mit meinem Studienfach anfangen?« schränkt die Auswahl automatisch ein. Besser ist die Frage: Welche Berufstätigkeit strebe ich an? – denn es gibt mehr Möglichkeiten, als viele denken.
- **Schritt 3** schließlich ist der schwierigste: Jetzt wird aktiv nach Kontakten gesucht, und zwar indem man gezielt Leute anspricht, die eine Stelle haben, die einen interessieren würde. Aber: In dieser Phase geht es noch nicht um die eigentliche Jobsuche, sondern um das Sammeln von Informationen und den Abgleich zwischen Realität und persönlichen Vorstellungen.

Wer ohne allzu viele Hintergedanken offen auf andere zugeht, wird die erstaunliche Entdeckung machen, dass die meisten Menschen sich über Interesse an ihrer Person oder Arbeit freuen und gerne Auskünfte geben.

Wer weiß, was er will, bringt bei der Bewerbung auch ehrliches **Interesse und Eigeninitiative** mit. Das stellen die Personalchefs häufig schon anhand der äußeren Form der Bewerbung fest. Daher sind standardisierte Bewerbungen Tabu, ganz zu schweigen von Massen-E-Mails, die den Eindruck von Beliebigkeit erwecken. Besser ist es herauszustellen, dass man sich intensiv mit dem Unternehmen befasst hat und weiß, was einen dort erwartet – und das möglichst kurz und knapp: Im Schnitt nimmt sich ein Personaler 30 Sekunden für eine Bewerbung und sortiert alles, was nicht passt, sofort aus. Die häufig gestellte Frage:

»Warum wollen Sie gerade bei uns arbeiten?« zielt ganz klar darauf ab, welchen Nutzen das Unternehmen von einer Mitarbeit des Bewerbers haben könnte – und das sollte sich ein Bewerber schon im Voraus überlegen (s. Kap. 21: Bewerbungstraining).

22.5 | Mehr Wissen schadet nicht: Aufbaustudiengänge und Weiterbildung

Bei der Jobsuche von der Frage auszugehen, welche Möglichkeiten ein geisteswissenschaftlicher Studienabschluss bietet, ist auch deshalb zu kurz gedacht, weil sich vorhandene Kompetenzen jederzeit durch **Weiterbildungen** und **Aufbaustudiengänge** erweitern lassen. Dabei ist die Finanzierung nicht das Hauptproblem, da es hier **Stipendien, Kredite** und **staatliche Förderungen** gibt (vgl. Janson 2007a, 49–53). Weitaus schwieriger ist es, im Angebotsdschungel den passenden Inhalt und Abschluss zu finden. Denn: Auf dem gesetzlich kaum reglementierten Weiterbildungsmarkt gibt es neben zahlreichen auch international anerkannten Angeboten (etwa dem Master of Business-Administration in verschiedensten Variationen) auch Zertifikate einzelner Institute, die auf dem Arbeitsmarkt völlig unbekannt sind. Wer jedoch Zeit und Geld in eine Weiterbildung investieren will, sollte genau darauf achten, wie potentielle Arbeitgeber den Abschluss annehmen. Das ist z. B. dann gewährleistet, wenn ein Studiengang (in der Regel ein Master) akkreditiert wurde und in einschlägigen Rankings auftaucht oder wenn eine berufliche Weiterbildung mit einem IHK-Abschluss beendet wird. Und auch inhaltlich bringt die Weiterbildung nur dann etwas, wenn sie auch **konkret und praxisnah** auf eine ganz bestimmte Berufstätigkeit vorbereitet, z. B. durch **Praxiseinheiten** innerhalb des Kurses (vgl. Janson 2007a, 36–41; Janson 2008b).

22.6 | Aufbruch ins Ungewisse: Existenzgründung

Existenzgründung ist eine immer populärer werdende Alternative: Im Schnitt machen sich 9 % der Geisteswissenschaftler/innen eines Jahrgangs selbständig, und zwar vor allem in den Dienstleistungssektoren Kultur, Medien, Beratung, IT, Übersetzung, Bildung oder Wissenschaft. Damit liegen die Geisteswissenschaftler/innen zwar hinter den Architekten (20 %) und Juristen (16 %), aber noch vor den Psychologen, Medizinern, Naturwissenschaftlern, Ingenieuren und Informatikern (vgl. Kerst/Minks 2005, 7–29). Die Motive für Gründungen sind unterschiedlich: Bei den einen ist die Entscheidung langsam gewachsen, bei anderen ist die Selbständigkeit nur eine Notlösung in Ermangelung anderer Alternativen. Als Selbständiger muss man sich um rechtliche

Dinge sowie die Versicherungen selbst kümmern (vgl. Janson 2007c) und hat keinen gesetzlichen Anspruch auf Lohnfortzahlung im Krankheitsfall oder auf Urlaub. Die Honorare müssen manchmal sogar auf dem Weg des gebührenpflichtigen Mahnverfahrens beim Amtsgericht eingetrieben werden.

Persönliche Kompetenzen sind für eine erfolgreiche Gründung besonders wichtig: Dabei spielt das an der Hochschule erworbene Fachwissen nur eine untergeordnete Rolle. Wichtige **Schlüsselqualifikationen** sind viel eher

Persönliche Schlüsselqualifikationen für Existenzgründer
- Verhandlungsgeschick
- Verantwortungsbewusstsein
- Flexibilität
- Selbstdisziplin
- Sorgfalt

Ebenso wichtig, um den anstrengenden Arbeitsalltag eines Existenzgründers zu bestehen, sind aber auch einige Fähigkeiten, auf die ein eigenverantwortlich durchgeführtes geisteswissenschaftliches Studium hervorragend vorbereitet:

Schlüsselqualifikationen
- Zeitmanagement (s. Kap. 2)
- Projektmanagement (s. Kap. 3)
- Begriffsbildung (s. Kap. 5)
- Soziale Kompetenzen (s. Kap. 19)
- Organisationstalent (s. Kap. 20) und Selbstorganisation
- Die Fähigkeit, sich immer wieder auch kurzfristig in neue Themenbereiche einzuarbeiten (vgl. Janson 2007b)

Tipp

> → Wer sich selbständig macht, muss ständig aufs Neue dazu bereit sein, seine **Dienstleistung** zu verkaufen. Jede Zurückhaltung ist da fehl am Platze, denn die beste Arbeit bringt nichts, wenn sie nicht entsprechend präsentiert wird!

Die Existenzgründung an sich ist nicht weiter kompliziert: In der Regel genügt bei Freiberuflern die **Anmeldung beim Finanzamt**. Die wirkliche Schwierigkeit besteht darin, die ersten Jahre, in denen sich das neue Unternehmen am Markt durchsetzen muss, durchzustehen. Dabei ist es wichtig, trotz Rückschlägen hartnäckig weiterzumachen und die eigenen Fehler als Chance zu begreifen, etwas dazuzulernen. Wer dabei immer noch die Hoffnung auf eine Festanstellung im Hinterkopf hat, sollte sich lieber gleich einen entsprechenden Job suchen. Motivierend ist es viel mehr, sich immer wieder vor Augen zu führen, warum man selbständig ist und welche Vorteile dieser Status bringt. Viele Existenzgründer schätzen es etwa, eigene Ideen verwirklichen und sich selbst organisieren zu können. Dafür nehmen sie dann auch den **höheren Arbeitsaufwand** in Kauf (vgl. Janson 2007d).

Zur Vertiefung

Eine Existenzgründung beginnt in der Regel mit der **Geschäfts-idee**, die man am besten in einem **Businessplan** niederlegt. Dann sollte man sich um die **Finanzierung** kümmern und die **Rechts-form** festlegen. Es folgen **Gewerbeanmeldung** und die **Anmeldung beim Finanzamt** sowie die **Beschäftigung mit Steuerfragen**. Erst danach kann man unter bestimmten Bedingungen eine Förderung der Arbeitsagentur beantragen. Am Ende der To-Do-Liste steht der Abschluss geeigneter Versicherungen (zu den Schritten einer Existenzgründung vgl. Janson 2008a). Das Büro für Existenzgründung (http://www.bfe.de) bietet in München in Zusammenarbeit mit der Agentur für Arbeit Seminare für Existenzgründer an. Ebenfalls in München bietet UnternehmerGeist (http://www.u-geist.de) Seminare speziell für geisteswissenschaftliche Gründer an. Weniger geeignet sind für Geisteswissenschaftler/innen in der Regel die Seminare der Industrie- und Handelskammer (http://www.ihk.de) sowie der Handwerkskammern (http://www.hand werkskammer.de).

Literatur

Berger, Anja (2002): Karrieren unter der Lupe – Geschichtswissenschaftler. Würzburg: Lexika.

Bolles, Richard Nelson (2007): Durchstarten zum Traumjob. Das ultimative Handbuch für Ein-, Um- und Aufsteiger. Frankfurt a.M.: Campus.

Christ, Sebastian (2007): »Die Nachdenker«. In: Zeit Campus 2/2007 (http://www.zeit.de/campus/2007/02/Geisteswissenschaftler/innen-jobs?page=1).

Friedmann, Jan/Meyer-Althoff, Martha (2004): »Geisteswissenschaftler/innen beim Berufsstart. So schön klagt keiner«. In: Unispiegel 5.7.2004 (http://www.spiegel.de/unispiegel/jobundberuf/0,1518,306625,00.html).

Jacoby, Anne (2006): »Jobhopper und Lebenskünstler. Generation Patchwork«. In: Frankfurter Allgemeine Hochschulanzeiger 5/2006 (http://www.faz.net/s/RubB1763F30EEC64854802A79B116C9E00A/Doc~E31692D8B3B1843AE80D356ADC0E7E1EA~ATpl~Ecommon~Scontent~Afor~Eprint.html).

Janson, Simone (2004): Studienführer Kulturwissenschaften. Eibelstadt: Lexika.

— (2007a): Der optimale Berufseinstieg. Perspektiven für Geisteswissenschaftler/innen. Darmstadt: Wissenschaftliche Buchgesellschaft.

— (2007b): Selbstorganisation und Zeitmanagement (Erfolgreich Selbständig). Heidelberg: Redline Wirtschaft.

— (2007c): Vom Start weg richtig versichert (Erfolgreich Selbständig). Heidelberg: Redline Wirtschaft.

— (2008a): 8 Schritte zur erfolgreichen Existenzgründung (Erfolgreich Selbstständig). Heidelberg: Redline Wirtschaft.

— (2008b): Praxisleitfaden Weiterbildung: Karrierefaktor Weiterbildung – Weiterbildungsmöglichkeiten und Förderung. Berlin: Akademie.de (http://www.akademie.de/direkt?pid=48972&tid=24234).

Kerst, Christian/Minks, Karl-Heinz (2005): Selbständigkeit und Unternehmensgründung von Hochschulabsolventen fünf Jahre nach dem Studium. Eine Auswertung der HIS Absolventenbefragung 2002/2003. Hannover: HIS.

Krings, Dorothee (2007): »Die Berufsaussichten der Absolventen. Der lange Weg zum festen Job«. In: RP-Online 31.1.2007 (http://www.rp-online.de/public/article/aktuelles/beruf/special_studieren/geisteswissenschaften/402030).

Rang, Marion (2007): Arbeitsmarkt Kompakt 2007. Informationen für Arbeitgeber/innen: Geisteswissenschaftler/innen. Bonn: Zentrale Auslands- und Fachvermittlung (ZAV) sowie Arbeitsmarkt-Informationsservice (AMS) (http://www.arbeitsagentur.de/zentraler-Content/Veroeffentlichungen/AM-Kompakt-Info/AM-Kompakt-Geisteswiss-AGeber.pdf).

Schwertfeger, Bärbel (2004): »Online-Bewerbung. Bitte, bitte keine E-Mails versenden«. In: Unispiegel, 13.5.2004 (http://www.spiegel.de/unispiegel/jobundberuf/0,1518,299645,00.html).

Simone Janson

Die Autorinnen und Autoren

Millie Baker: Studium der Fächer Anglistik und Deutsch als Fremd-sprachenphilologie in Heidelberg; Seminarleiterin für wissenschaftli-ches und geschäftliches Präsentieren und Schreiben; derzeit Promotion in Literaturwissenschaft zum Thema englische nationale Identität im zeitgenössischen Roman *(Kap. 12: Medien-, Präsentations- und Visuali-sierungskompetenzen)*.

Irina Bauder-Begerow: Studium der Anglistik, Geschichte und Politik-wissenschaften in Tübingen, Heidelberg und Norwich (GB); seit 2006 Wiss. Mitarbeiterin am Anglistischen Seminar der Universität Heidel-berg; das Dissertationsprojekt »Weibliches Schreiben im 18. Jahrhun-dert.« wird seit 2007 von der Studienstiftung des deutschen Volkes gefördert *(Kap. 4: Recherchieren)*.

Helga Esselborn-Krumbiegel: Studium der Germanistik, Anglistik und Komparatistik in München, Bristol (GB), Bonn und Köln; Promotion in Germanistischer Literaturwissenschaft; leitet das Schreibzentrum des Kölner Studentenwerks an der Universität zu Köln. Forschungsschwer-punkte: Wissenschaftliches Schreiben, Hermann Hesse, Bildungsro-man, Autobiographie *(Kap. 8: Wissenschaftliches Schreiben; Kap. 9: Prüfungsvorbereitung)*.

Simone Falk: Studium der Geschichte und Anglistik in Heidelberg; 2006 1. Staatsexamen; 2002-2006 Tutorin für Schlüsselkompetenzen; derzeit Promotion im Bereich der Medien- und Literaturwissenschaft *(Kap. 2: Zeitmanagement)*.

Stefanie Fuleda: Studium der Pädagogik und Psychologie in Gottin-gen und Hamburg; Promotion Erwachsenenbildung 2000; Wiss. Mit-arbeiterin in der Berufs- und Arbeitspädagogik, Fakultät für Geistes und Sozialwissenschaften an der Helmut-Schmidt-Universität Hamburg; Trainerin im Themenschwerpunkt Schlüsselkompetenzen. Forschungs-schwerpunkte: Kommunikation als universaler Schlüssel zur Aus- und Weiterbildung von Kompetenz, Gesprächsanalyse *(Kap. 14: Modera-tionskompetenzen und Verhandlungsführung)*.

Joachim Funke: Promotion in Allgemeiner Psychologie 1984 in Trier; 1990 Habilitation in Psychologie an der Universität Bonn; Professor für Allgemeine und Theoretische Psychologie an der Universität Heidel-berg. Forschungsschwerpunkte: Denken und Problemlösen, Umgang mit Komplexität *(Kap. 15: Kreativitätstechniken)*.

Angela Hahn: Promotion in Allgemeiner und Angewandter Sprach-wissenschaft 1983; 2004 Habilitation in Englischer und Angewandter Sprachwissenschaft; Professorin für Englische Mediendidaktik und Angewandte Linguistik an der LMU München; Leitung des Sprachen-zentrums der LMU (Fremd- und Fachsprachen Programm). Forschungs-schwerpunkte: Zweitsprachenerwerbsforschung, Mediendidaktik, Sprachlehrforschung, Fachsprachenerwerb und -vermittlung, Korpus-linguistik, Phonologie und Aussprache *(Kap. 21: Bewerbungstraining)*.

Janine Hauthal: Studium der Angewandten Theaterwissenschaft in Gießen und Bristol (GB); 2008 Promotion mit einer Arbeit zum Metadrama; seit Juni 2007 Geschäftsführerin des »Zentrums für Graduiertenstudien« (ZGS) an der Universität Wuppertal. Forschungsschwerpunkte: Drama und Theater, Metaisierung, Theatralitäts- und Performativitätstheorien, Lecture-Performances *(Kap. 20: Organisatorische Kompetenzen und Eventmanagement)*.

Fotis Jannidis: Promotion in Deutscher Literaturwissenschaft 1995; Professor für Neuere Deutsche Literaturwissenschaft an der Universität Darmstadt. Forschungsschwerpunkte: Literaturtheorie, Narratologie, Computerphilologie, Editionsphilologie, Literatur der Goethezeit, Geschichte des Romans, Computerspiele *(Kap. 5: Begriffsbildung)*.

Simone Janson: Studium der Mittleren und Neueren Geschichte, der Vor- und Frühgeschichte und der Italianistik in Heidelberg, Siena (Italien) und Bonn; freiberufliche Fachpublizistin für Beruf- und Bildungsthemen; Blog über Beruf und Bildung unter www.berufebilder.de. Veröffentlichungen zu Studium, Aus- und Weiterbildung, Existenzgründung, Selbstmanagement und Kommunikation *(Kapitel 22: Ausblick: Berufschancen und Berufsfelder für Geistes- und Kulturwissenschaftler/-innen)*.

Uwe Peter Kanning: Studium der Psychologie und Soziologie in Münster und Kent (GB); 1997 Promotion in Psychologie; 2007 Habilitation; Dozent für Organisationspsychologie an der Universität Münster. Forschungsschwerpunkte: Personalauswahl, Soziale Kompetenzen, Personalentwicklung *(Kap. 19: Soziale Kompetenzen)*.

Rachel Lindner: Studium der Linguistic and International Studies an der Universität zu Surrey (GB); Tätigkeit im Verlagswesen und als freiberufliche Dozentin für Englisch; seit 2002 Wiss. Angestellte am Department für Anglistik und Amerikanistik der LMU München, Autorin und Koordinatorin des Projekts »Jobline LMU – Bewerbungstraining auf Englisch« *(Kap. 21: Bewerbungstraining)*.

Jürgen Lüsebrink: Inhaber des Lehrstuhls für Romanische Kulturwissenschaft und Interkulturelle Kommunikation an der Universität Saarbrücken; 1998–2004 Sprecher des DFG-Graduiertenkollegs »Interkulturelle Kommunikation in kulturwissenschaftlicher Perspektive«; Leiter des trinationalen Master-Studiengangs »Grenzüberschreitende Kommunikation und Kooperation (Saarbrücken, Metz, Luxemburg); Gastprofessuren in Frankreich (EHESS, Limoges), USA (UCLA, Northwestern University), Kanada (Montréal, Québec) sowie in Österreich, Dänemark, Kamerun, dem Senegal und Burkina Faso. Forschungsschwerpunkte: Deutsch-französische Beziehungen, Theorie und Methodik der Interkulturellen Kommunikation mit Schwerpunkt Kulturtransfer, frankophone Literaturen und Kulturen außerhalb Europas mit Schwerpunkt Afrika und Québec *(Kap. 16: Interkulturelle Kompetenzen)*.

Caroline Lusin: 1998–2004 Studium der Fächer Anglistik und Slavistik in Heidelberg und St. Petersburg; seit 2005 Wiss. Mitarbeiterin am Anglistischen Seminar der Universität Heidelberg; 2007 Promotion mit einer

Studie zu Virginia Woolf und Anton P. Čechov; Habilitationsprojekt: »Die Dynamik von Selbst- und Fremdbildern in britischen Ego-Dokumenten aus Indien, 1850-1900«. Forschungsschwerpunkte: Modernism, englischer Roman der Gegenwart *(Kap. 3: Projektmanagement)*.

Birgit Neumann: 2005 Promotion mit einer Arbeit zu Erinnerung, Identität und Narration in kanadischer Gegenwartsliteratur; 2006 Visiting Professor an der Cornell University; seit 2006 Principal Investigator des »International Graduate Centre for the Study of Culture« (GCSC); 2007 Habilitation mit einer Studie zur »Rhetorik der Nation in britischen Medien des 18. Jahrhunderts«; seit 2007 Vertretungsprofessur im Fach Anglistik an der Universität Gießen; 2008 Visiting Professor an der University of Madison. Forschungsschwerpunkte: Britische Literatur und Kultur des 18., 19. und 20. Jahrhunderts, Kulturgeschichte des Britischen Empire, Narratologien, Intermedialität *(Kap. 11: Rhetorik und Vortragstechniken)*.

Ansgar Nünning: Promotion in Anglistischer Literaturwissenschaft 1989; Habilitation 1995; seit 1996 Professur für Englische und Amerikanische Literatur- und Kulturwissenschaft an der Justus-Liebig-Universität Gießen; seit 2002 Teilprojektleiter im DFG-Sonderforschungsbereich »Erinnerungskulturen« und Wiss. Projektleiter des vom DAAD geförderten Internationalen Promotionsprogramms »Literatur- und Kulturwissenschaft« (IPP); Gründungsdirektor und Geschäftsführender Direktor des »Gießener Graduiertenzentrums Kulturwissenschaften« (GGK) sowie des »International Graduate Centre for the Study of Culture« (GCSC), 2007 ausgezeichnet mit dem »Exzellenz in der Lehre«-Preis des Hessischen Ministeriums für Wissenschaft und Kunst. Forschungsschwerpunkte: literatur- und kulturwissenschaftliche Theorien, Narratologie und kulturwissenschaftliche Ansätze der Erzählforschung, Kulturelles Gedächtnis und Erinnerungskulturen, Literatur- und Geschichtswissenschaft, Kulturgeschichte des »British Empire«, Gattungstheorie, der historische Roman, komparatistische Imagologie *(Kap. 7: Textsortenkompetenzen)*.

Vera Nünning: Promotion in englischer Literaturwissenschaft 1989; Habilitation in neuerer Geschichte 1995 in Köln; 2000–2002 Professorin für Anglistische Literatur- und Kulturwissenschaft an der TU Braunschweig; seit 2002 Professorin für Englische Philologie an der Universität Heidelberg; seit 2006 Prorektorin für Internationale Beziehungen. Forschungsschwerpunkte: englische Kultur des 18. und 19. Jahrhunderts, britische Literatur vom 18. zum 20. Jahrhundert; zeitgenössischer britischer Roman; Narratologie; Gender Studies; kulturwissenschaftliche Ansätze *(Kap. 1: Einleitung)*.

Wulf Rüskamp: Studium der Germanistik, Geschichte und Philosophie in Erlangen-Nürnberg und Köln; Promotion in Germanistik 1984; Redakteur der Badischen Zeitung und Lehrbeauftragter an der Universität Freiburg (Zentrum für Schlüsselqualifikationen) *(Kap. 18: Journalistisches Schreiben)*.

Stefanie Schäfer: Studium der Anglistik und Französischen Philologie in Trier und Minnesota (USA); 2005 Magister Artium und 1. Staatsexamen; seit 2007 Wiss. Mitarbeiterin am Anglistischen Seminar der Universität Heidelberg; derzeit Dissertation über den zeitgenössischen amerikanischen Roman. Forschungsschwerpunkte: amerikanische Literatur der Gegenwart *(Kap. 10: Lern- und Memorierungstechniken)*.

Christine Schwanecke: Studium der Anglistik, Germanistik und Geschichte in Heidelberg und London; 2007 1. Staatsexamen; seither geprüfte Wiss. Hilfskraft am Anglistischen Seminar der Universität Heidelberg; derzeit Dissertation in englischer Literaturwissenschaft zur Intermedialität im englischen und amerikanischen Roman der Gegenwart *(Kap. 6: Analysieren, Strukturieren, Argumentieren)*.

Simone Winko: Promotion in Deutscher Literaturwissenschaft 1989; Habilitation 2001; Professorin für Neuere deutsche Literatur am Seminar für deutsche Philologie der Universität Göttingen. Forschungsschwerpunkte: Literaturtheorie, Theorie der Wertung und Kanonbildung, Literatur um 1900, Digitale Literatur *(Kap. 5: Begriffsbildung)*.

Martin Zierold: Studium der Kommunikationswissenschaft, Angewandten Kulturwissenschaften und Englische Philologie in Münster; 2006 Promotion mit einer medienkulturwissenschaftlichen Arbeit über »Gesellschaftliche Erinnerung«; seit 2007 Geschäftsführer des »International Graduate Centre for the Study of Culture« (GCSC) an der Universität Gießen; freie Tätigkeiten als Autor und Journalist, u. a. für das von der ZEIT preisgekrönte Fußballmagazin VfLog *(Kap. 13: Kommunikation und Metakommunikation)*.

Barbara Zorn: Studium der Fächer Latein, Anglistik und Geschichte in Heidelberg; 1. Staatsexamen; Mitarbeiterin am Anglistischen Seminar der Universität Heidelberg; seit 2008 Vorbereitungsdienst für das Lehramt; Dissertationsprojekt zum Thema »Blut in der Literatur des Spätviktorianismus« *(Kap. 17: Didaktische Kompetenzen)*.

Printed in the United States
By Bookmasters